현대환경행정론

- 사례중심 Confidence -

현대환경행정론

- 사례중심 Confidence -

김 진 욱
한 만 봉 共著

KSI 한국학술정보㈜

머리말

이 책은 대학에서 환경행정과 정책학, 교육학을 강의하는 가운데 실질적인 도움을 주기위해 알기 쉽게 만들어 졌다. 주지하다시피 시중에는 수십 종의 책들이 즐비하게 출판되었다. 그러나 대부분의 책들은 원론적 수준을 뛰어넘거나, 내용이 방대하여 학생들은 읽는 순간부터 지루함과 부담을 느끼는 책들이 대부분이었다. 대학에서 한 학기에 가르치는 내용 중에서 기본적으로 가르치기에는 너무 방대하고, 이론적인 면들이 너무 많음을 인식하였다. 학생들에게 대화하듯이 가르치고, 재미있게 기억시키고자 이 책을 발간하게 되었다. 환경학과, 행정학, 교육학을 강의하고 있었음에도 학생들의 요구사항을 제대로 파악하지 않고 기존의 책 답습에 연연했던 것을 이번 기회에 제대로 된 환경정책을 알려주고 강의 하고자 책을 출판하게 되었다. 이 책은 환경정책학, 행정학, 교육학을 두루 넘나드는 포괄적인 강의 교재이다. 한마디로 희망의 환경행정학, 희망의 행정학, 희망의 교육이라고 할 수 있다. 젊은이들에게 비전과 꿈과 소망을 심어주며 학문으로서 만의 대학 교재가 아니라 현장교육, 현실적용의 살아있는 대학교재인 것이다. 이 세상에 단 하나밖에 없는 대학교재이며, 이후로도 이러한 책은 큰 용기가 있지 않는 한 나오기 힘든 책이라고 할 수 있다. 이 책은 학문의 기본적인 내용을 포괄적으로 다루는 데 중점을 두고, 학생들이 한 학기동안 교수의 강의를 그대로 듣는 느낌을 최대한 살린 책이다. 각 전공분야를 전공하지 않은 사람들까지 이 책을 읽음으로써 어렵지 않게 전문가가 될 수 있게 배려를 하였다. 다만 내용을 개괄적으로 다루다보니 각 학문에서 필히 다루어야 할 부문들을 누락시킨 부문들이 없진 않다. 내용 및 전개상 여러 부분들을 국내외 학계, 전문가의 이야기들을 요약 발췌한 부문이 있다. 그러나 독창적인 아이디어로 예화, 적용을 통해 재미있게 접근함은 필자의 독창성임을 밝혀둔다. 한권의 책을 만들고 난 후의 느낌은 좀더 잘 만들 걸 하는 후회함이 조금 있게 된다. 그러나 미흡한 부문들은 앞으로 계속 보완해 나가 세계에 두루 사용되는 대학교재로서 손색이 없도록 만들겠다. 끝으로 이 책이 출판되기까지 물심양면으로 도움을 주신 분들께 감사를 표합니다. 아무쪼록 본 대학교재를 통하여 교수님들과 학생들이 하나가 되어 보다 재미있고, 활기차며, 그리고 크게 배우는 효과적인 교육의 좋은 결실이 이 책을 통하여 이루어졌으면 하는 바 이다.

2006년 7월 저자 씀

차 례

명강의와 명교재

▌강의 시작 전 준비

1. 강좌에 따른 전략적 준비를 하여야 한다. 강의할 시간을 준비하고, 시간 계획을 제대로 세워야 한다. 단순히 가르친다는 의미보다 그들의 마음을 사로잡을 이벤트를 한다는 마음을 가져야 한다.

2. 교과서를 무엇으로 할 것인지를 정하여야 한다. 어렵지 않은 교과서 택하기

3. 강의노트를 준비하고, 학생들의 이름을 외워야 한다. 어떤 교수님은 매번 강의에 들어갈 때마다 학생들 5명씩 집중적으로 질문공세를 퍼부어 학생들이 긴장하며 강의를 받게 된다고 한다. 이를 통해 학생들은 교수가 자기 이름을 불러주는 것에 감동을 받고, 교수는 이를 통해 학생들의 이름 외우는 기회로 삼는다고 한다. 이렇게 매번 돌아가면 한 학기 끝나기도 전에 학생들 이름을 모두 외우게 된다고 한다. 이를 위해 이번 주 강의 시간에는 누구에게 집중적으로 질문하고 외울 것인지를 선택하고 메모를 해 가야 할 것이다.

▌강의시작과 강의

1. 강의시작 5분전에는 강의실에 도착할 것. 늦게 도착하고 시간을 지키지 않거나, 코리안 타임이라고 시간을 항상 늦으면 학생들은 교수에 대한 신뢰도가 적어진다. 이에 시간 관념이 철저하여야 한다.

2. 긴장을 풀고 들어가야 한다. 집에서 부부싸움을 하고 나왔더라도 얼굴을 풀고 긴장하지 않고 들어가는 것이 좋다. 인상 찌푸리고 들어가면 학생들 가르침이 단순히 직업으로 인식된다.

3. 첫날 첫 시간이 제일 중요하다. 이미지를 확실하게 잡아 분위기 좋은 명강의를 시작

하는 것이 좋다.

4. 지각생이나 졸고 있는 학생을 키워서는 안 된다. 지각생과 졸고 있는 학생들은 확실히 감점 대상이라는 점을 인지, 주지시키는 것이 중요하다.

5. 선입견을 깨뜨리는 말을 하라. 고정관념을 파괴하는 이미지 변신을 꾀하여야 한다. 학생들과의 유대관계를 돈독히 하는 말로 시작하는 것이 좋다.

6. 남녀 비하의 말이나 성추행의 말은 절대로 하면 안 된다. 야한 이야기를 원할 지라도 정도를 넘어서는 이야기는 남녀 학생들 모두의 귀를 불편하게 하고 교수 이미지에 절대적인 손실을 가한다는 사실을 기억하여야 한다. 영웅주의 우월주의로 이런 말을 하는 사람들이 종종 있는데 교육자는 이를 염두에 두고 절제할 줄 알아야 한다.

7. 호기심과 기대를 불러일으키는 말을 하여야 한다.

8. 꿈과 비전을 심어 주어야 한다.

9. 농담으로 강의를 시작하면 안 된다. 강의의 품위를 낮추게 되고 학생들의 지적 호기심을 추락시키는 것이 된다.

10. 시각자료를 강의 시작 바로 적용하는 것은 효과를 떨어뜨리고 집중력을 떨어뜨리게 된다.

11. 자기비하, 자기를 너무 낮추는 강의를 하여서는 안 된다. 교육자로서의 권위를 지켜야 한다. 학생들도 그런 교수를 존경하게 된다.

12. 학생들과 양 방향의 강의를 하여야 한다. 과거 교육처럼 단 방향의 획일적 강의가 아니라 쌍 방향의 교류인 커뮤니티의 강의가 이루어져야 한다.

13. 때때로 질문을 던지며 분위기 쇄신을 하여야 한다.

14. 목소리 높이를 일정한 톤으로 지루하게 하지마라. 높낮이를 분위기 있게 살려야 한다.

15. 발음은 분명하게 똑똑한 소리로 큰 소리로 하여야 한다. 마지막 말을 흐리지 말아야 한다.

16. 너무 빠르거나 느리지 않게 하여야 한다. 한 가지 톤이 아니라 다양함을 가져야 한다. 중요한 부분은 강조해야 한다.

17. 습관적으로 불필요한 뒷말을 하지 말아야 한다. 으……에……저…… 등

18. 칠판에 종종 적으며 가르쳐야 한다. 그래야 학생들이 집중한다.

19. 기자재 활용을 하여라. 파워포인트, OHP, 슬라이드, 실물화상기 등

20. 때때로 영어로 된 아티클, 한자로 된 아티클을 나눠주고 번역하며 진행하는 것도 도움이 된다. 번역할 때는 집중하여 적기 때문이다.

▌강의 끝마침

1. 강의 내용을 정리해주라. 그날의 강의를 더 돋보이게 한다.

2. 배운 내용에 대한 질문시간을 준다. 의문점을 해소하고 나가는 정확함을 주는 것이다. 대부분 시간이 없어 질문 시간을 주지 않고 넘어가는 경향이 많은데 질문 시간을 줌으로써 한 번 더 생각하게 만들어 준다.

3. 다음 시간에 배울 내용을 예고하여야 한다. 학생들이 예습하고 올 부문들을 알려줌으로써 1주일 동안 놀지 않고 무엇인가 생각을 하게 된다.

4. 시간 마치면 바로 학생을 보내 주라. 질질 끌고 있으면 잘 된 강의도 지저분한 느낌이 든다. 뒤가 깨끗한 이미지를 주어야 한다.

5. 멋진 모습을 하고, 다음 시간에 만나자고 분명하게 말하고 경쾌하게 강의실을 나온다.[1] 이 모습에 반하는 학생들도 있기 때문이다. 나오는 도중 학생들이 따라오면 다정하게 이야기를 나누어라. 너무 과장되거나, 음담패설은 절대로 해서는 안 된다. 영원히 멋있는 교육자의 품위를 유지하여야 한다. 교육의 효과는 교육할 때보다 그 뒤 에오는 모습 때문에 영향을 더 많이 받게 된다는 점을 기억해야 한다.

---

1) 조벽 교수의 강의 기법을 응용하여 나름대로의 명강의 기법을 응용하여 만들었다.

Ⅰ. 환경행정학과 행정의 개념

환경문제는 현대사회가 당면하고 있는 가장 중요한 문제 중의 하나이다. 환경문제는 그동안 지속적으로 심화되어 왔으며, 이는 각종 법규와 제도의 불비(不備)보다는 실천 부족에 그 원인이 있다는 자성이 이루어지고 있다. 아무리 법과 제도가 훌륭해도 제대로 실행에 옮겨지지 않는다면 소용이 없다. 중국을 비롯해 환경오염이 심한 많은 국가들의 경우에도 환경법규는 잘 갖추어져 있으며, 우리나라의 경우에도 지속적인 규제 강화와 정부의 다각적인 노력에도 불구하고 환경오염 및 파괴 행위는 여전히 계속되고 있다(한기주, 2000). 이처럼 환경관련 법과 제도가 제대로 이행되지 않는 원인은 다양한 측면에서 분석할 수 있으나, 그 중 하나는 환경정책을 담당하는 환경행정조직에서 찾아볼 수 있다. 환경을 보호하기 위한 각종 법령에서는 기본이념과 방향을 제시하고 환경에 관한 기본정책을 규정하는 한편, 환경관련 각종 규제와 정책집행 등도 규정하고 있다. 이러한 법적 토대 아래에서 정부는 환경관련 활동들을 수행하며, 이러한 정부활동을 보다 체계적·효율적으로 수행하기 위하여 환경행정업무를 전담하는 환경행정조직을 두게 된다. 우리나라의 경우 환경행정에 관한 기능과 권한은 환경부를 중심으로 관련 중앙행정조직에 분산되어 있고, 지방자치단체들도 고유사무와 위임사무를 통해 환경행정에 참여하고 있다.

환경행정조직은 각 나라마다 다양한 양태로 상이한 기능과 업무를 수행하고 있다. 그것은 각 나라마다 당면한 환경문제의 중요도가 다르며, 환경문제에 대한 인식 및 이해의 정도가 다르며, 환경문제에 접근하는 방식도 동일하지 않기 때문이다. 따라서 한 나라의 중앙환경행정조직을 분석 하여보면, 그 나라가 어떤 환경문제를 중요시하며, 어떤 측면을 강조하고 있는가를 이해할 수 있게 된다.

1. 환경에서, 환경행정으로

결코 휩쓸리지 마라. 충동이 일 때 먼저 정의(justice)의 요구를 충족하는지를 보아야한다.
○ 정의(justice)를 발견하고 행하는 것은 계속적인 인간의 과업이다. 환경의 정의 실현임.
○ 정의에 대한 노력(struggle)은 우리와 다른 사람들 간의 올바르고 적절한 관계를 어떻
게 설명하는가와 관련된다. 즉 환경과 인간과의 관계, 자연과 인간과의 관계성이다.
○ 이러한 관계를 정의하는데 있어서 우리는 "우리"가 누구이며 어떠한 부류의 사람인지
와 "다른 사람"이 누구이며 어떠한 부류의 사람인지를 정의해야 한다.
○ 오늘날 환경의 정의는 환경정치에 의해서 형성될 수 있다(지금도 새로운 행위자 및
새로운 각종 문제가 발생하고 있다).
  − 고대사회 인간은 자연의 소유물(수단적 존재)이었다. 현대는 다양성의 의미로 본다.
  − 현대 세대에서는 자연이 인간의 소유물이다. 때로는 자연의 지배를 받는다.
  − 오늘날에 있어 인간과 자연세계와의 관계에 대해 재정의가 필요 하다.
  ● 인간이 지구를 완전히 장악했을 때 마찬가지로 우리 인간은 지구(자연)에 의해서
  지배된다. 수해를 통해서도 우리는 자연의 지배를 받고 있음을 느낀다.
  ● 우리 인간이 지구(자연)로부터 자유롭게 될 때 오히려 자연에 속하려는 속성을 발
  견한다. 자연을 떠나서는 인간이 존재 할 수 없다. 상생의 관계이다.
○ 환경이라는 말은 우리에게 좋은 것 또는 나쁜 것으로 존재할 수 있다.
○ 우리(we)라는 의미를 이해하면 환경행정이 더 잘 보인다.
  − 인간 내에서의 (사회학적, 지리학적)장소에 의해서 정의 된다: 누가 어떠한 환경을
  얻는가? 왜 그러한가? 와 같은 인간들 사이에서의 배분적 문제와 관련된다.
  − 종족으로서 공유하는 질(quality): 비인간세계와의 관계: 인간과 자연세계의 나머
  지와의 관계를 이해하는 것이다. 더불어 사는 행정이 여기에서 나오는 것이다.

2. 상황적 정의(ituating Justice)

○ 환경윤리에 관한 많은 글은 사회적인(심지어 전 세계적인) 틀을 가정하는 질문 제기하면서 시작한다. 이러한 질문 속에 자기만의 이권이 개입되면 의미가 회석되기도 한다.
○ ─인간을 유지케 하는 지구의 자원 능력을 말한다.
   ─ 인간의 쓰레기를 흡수할 수 있는 생물권의 능력도 포함한다.
   ─ 기후변화 (왜 기후변화가 21세기에는 많아지는가를 파악해야 한다.
   ─ 비인간류(non-human species)가 증가되고 멸종율과의 관계를 생각 하여야 한다.
   ─ 부유한 국가의 삶을 유지하기 위해 가난한 나라의 환경을 이용하기도 한다. 다국적기업의 현태 (매연, 오염물질, 폐수가 나는 공장은 후진국에 세우고 이익만 가져감)
   ─ 미래세대의 이익의 체계적인 할일 중의 하나를 알아야 한다.
   ─ 숲과 바다의 거대한 손실, 그리고 동물의 산업적인 이용을 생각해야 한다.
○ 황폐화를 막기 위해서는 공동미래사회(our common future)의 구축이 필요하다 (Brundtland Report, 1987). 글로벌한 국가차원의 공동 협조능력이 필요하다.
○ 정치적이고 환경적 윤리는 수많은 생태학적이고 사회적 문제는 체계적이고 구조적인 basis를 가지고 있기 때문에 큰 그림(거시적)으로 다루어져야 한다.
○ 그럼에도 불구하고 정의에 대한 투쟁(노력)이 현실세계과정(a real world process)이라면 우리는 추상적인 개념과 실제의 사건을 연계시킬 수 있는 방안을 명백하게 해야 한다.
○ 환경갈등의 속성에 대한 세 가지 사건(1995년)
   1. Anglo-Dutch 다국적 기업인 Sell이 북대서양에서의 오래된 기름의 유정장치 중의 하나를 수몰시키려는 것이다.
   2. 태평양 산호섬 지하에서의 핵실험(프랑스) 등을 생각해 보아야 한다.
   3. Papua New Guinea에서의 호주 다국적 기업(Broken Hill Pty Ltd)에 의한 철광석 채광을 보아야 한다. 한국의 과거 공단지역의 오염을 생각해야 한다.

3. 유정장치의 처분(Disposal of the 'Brent Spar')

○ 유정굴착장치가 오래 되었을 때 처분하는 문제가 발생한다.

○ Exxon과의 공동소유자인 Shell은 British Brent Spar 유정장치(강철이고 콘크리트 튜브)를 북대서양 쪽에 견인해서 심해에 버려서 이를 처분하려고 한다.

○ 바다에 버린다는 것에 유럽녹색운동, 국제단체인 그린피스, 특히 독일, 덴마크, 네덜란드에 의해 반대되었다.

○ 유럽정부는 Oslo와 파리협약에서 북 해협에 쓰레기의 처분을 규제하는 조치를 취하였다.

○ 소비자 보이콧으로 Sell의 연료판매에 영향을 주었다.

○ 보이콧보다는 독일정부에 의해서 추진된 유럽 정부상호간의 조치가 아마도 결정적인 것이다.

  - 사전예방원칙을 적용하는 독일정부는 위험(risk)이 근원적이라고 주장한다.

○ 그린피스가 승리했지만 처분해야할 수많은 유정장치가 존재한다.

○ 이러한 이슈의 초점은 위험(risk)의 생산(production)보다 위험의 분배(distribution)이다.(Lake and Disch, 1992; Dryzek, 1987)

○ 유정장치를 처분하는 것에 반대하는 사람에게는 위험의 대표화가 주요한 목적이 됨.(조심스러운 판단이나 검토가 없다. 자국의 이익만을 위하려는 태도가 문제다.)

4. 태평양에서의 프랑스 핵실험(French nuclear test in the Pacific)

○ 프랑스정부 - 단단한 암석의 매우 깊은 곳에서 핵실험이 이루어졌기 때문에 환경에 영향을 주지 않는다고 말한다.

○ 전문가들은 이에 대해 동의하지 않고 있다.

  - Le Monde에 의하면 Mururoa 늪에서 금이 간(화산구조에서 3미터의 폭과 수많은 킬로미터의 길이) 사진을 제시하였다.

- Pierre Vincent(프랑스 화산학자)는 물아래에 있는 현무암의 측면이 잘려나가 바다에 떨어지고 있음을 주장하였다. 이는 화산폭발의 징조인 것이다.
- 뉴질랜드에서 수행된 컴퓨터 시뮬레이션은 방사능이 이미(언제 간 백년 안에) 깨어진 현무암의 측면으로부터 바다로 누출될 수 있음을 제기하고 있다.

○ Ulrich Beck(1995)은 주로 환경에 대한 강의는 위험에 관한 강의 일 수밖에 없음을 말한다. 미리 대처하기에는 힘이 별로 없다. 다만 알리는 수준에 있다.
- 비록 위험이 적더라도 재난의 파급효과는 매우 크다.(체르노빌에 관련된 사건들을 통해서 볼 수 있다.)

5. Papua New Guinea에서의 광산
   # (Mining in the Papua New Guinea)

○ 파푸아 뉴기니 정부와 긴밀한 협력을 지닌 호주광산회사인 BHP는 세계에서 가장 큰 탄광(구리와 금)을 개발하였다.

○ 기니아 정부는 탄광에서 30%의 자산을 취득하였다.

○ 탄광은 기니아 국가에서 가장 큰 Fly 강의 일부인 Tedi 강(Ok Tedi)근처에 있는 Febilan 산에 위치하고 있다.

○ 탄광(산에 거대한 구멍을 팜)은 지역 열대 다우림을 파괴하고 Ok Tedi 상류에 매일 80,000톤(석회암 진흙)을 방출하였다.

○ 진흙-구리성분(최고 18%)을 포함한 많은 화학적인 광물이 포함되어 있다.

○ 우기 동안 강수위가 갑자기 상승하며 불 침투성의 광물퇴적물이 수풀이 무성한 강 하류에 침전됨으로써 숲이 죽어가고 있다.

○ 환경적인 손해를 더 이상 복구할 수 없다는 것을 기니아 정부가 인정한 것이다.

○ 1984년 광산회사(Ok Tedi Mining Ltd)는 진흙을 담을 수 있는 맞춤형 댐을 건설하려다 건설도중에 댐이 붕괴되었다.(연간 최대 10미터의 폭우가 내리는 불안전한 지역에서 댐을 건설하는 것은 불가능하다)

○ 물고기나 멧돼지가 사라지고 있었다.

○ 프로젝트는(탄광) 파푸아 뉴기니 경제에서 중요한 역할을 하고 있다.
  - 1991년 세계에서 16번째로 부채가 많은 국가
  - 부채가 GDP의 1.30%를 차지한다.
  - 연간 이자를 갚기 위해서는 높은 수출구조가 필수적이다.
  - Ok Tedi 광산은 적어도 국가수출 수입의 16%를 차지한다.
  - 1994-5년 수익률 ＄A250.9백만(£115백만)
  - 인근주민에게 ＄A13백만의 가치에 해당되는 회의장, 신선한 물, 샤워장의 형태로 제공한다.
  - 그러나 마을 주민은 그들의 삶을 유지케 했던 환경을 잃고 있다
  - 원 탄광협정에 포함되지 않았던 탄광하류에 있는 주민들은 ＄A40억을 요구한다.
  - 그러나 마을주민에게 ＄A1억이 제공된다.
○ 보상에 대한 소송의 문제
  - 법안에는 마을 주민들이 소송을 제기할 수 없도록 만들었다.
  - 이에 Melbourne 법률회사가 빅토리아 대법원에 소송을 제기하였다.
  - 빅토리아 대법원은 경멸 소송(contempt action)을 막는 것은 헌법위반이라고 판결을 내렸으나 빅토리아 정부는 독립검사로부터 정부 그 자체로 경멸 절차를 시작할 수 있는 권한을 이전하도록 사법적인 협약을 변경하였다.
  - 빅토리아 법무부 장관을 통해 정부는 BHP를 경멸죄로 고소하는 것을 거절하였다.
  - 그 당시 법무부 장관이 BHP의 주식(＄A 12,000)을 가지고 있었다.
○ Baker(1996)
  - 서양제국(호주기업)이 아시아(인도네시아, 필린핀, 베트남)에 적극적인 진출하려는 것은 본국에서 기업을 행하는 데 장애물이 존재하기 때문이다.
  - 환경규제, 고관세, 개발할 곳이 적다는 점이다.
○ 그래서 아시아의 국가들과 호주에서는 환경과 생태학적 정의에 대해 이중적인 기준을 적용(천부적인 소유권 법률(native title legislation)에는 토착민에 의한 대륙의 첫 번째 점유를 인정하고 있으며 조약이나 계약 없이도 유럽정착민에 의한 대지의 몰수를 인정하고 있다)
○ 차기 Lihir 프로젝트도 문제가 있음-금광에서 청화법을 사용할 경우 부스러기(tailing)가 극단적으로 유독하며 해저환경이 황폐해질 것이다.

6. 동서에서의 환경적 퇴화

○ 남아프리카에서 두 번째로 큰 탄광인 Guyana에서 연못의 벽이 붕괴함에 따라서 청산칼리가 포함된 폐수가 발생하였다.
○ 소비에트 연방에서의 공해문제 이었다.
○ Islands의 공해
○ Aral Sea가 고갈되는 재난(목화 단작 농업)
○ 국가사회주의에서 발생했던 환경피해와 이전 동부권 국가들에서 자본주의로서의 전환 과정에서의 위험 존재(Cater and Turnock(1993))
○ 호주의 전기회사 매각(경제적 논리의 결과로서 온실효과의 주원인인 이산화탄소 유발)
○ 우리가 직면하는 가장 기본적인 선택은 지구환경의 질(quality)을 유지(maintaining)하는 것과 인간을 위한 생활품(commodities)생산을 위해 개발(exploitation)하는 것 사이에서 발생한다.
○ 도덕적 선택은 지속가능한 개발이라는 공식을 적용함으로써 당분간 회피할 수 있을 것 같다.
○ 두 가지의 긍정적으로 들리는 말을 결합하는 것은 계속적인 성장에 근거한 경제와 영구적인 높은 질의 지구환경사의 갈등을 한순간에 해결할 것처럼 보인다.
○ 이러한 goods는 생산 활동을 조직화하는 경제가 환경을 저해하지 않을 때만 가능하다.
○ Brundtland 보고서(1987): 지속가능한 발전이라 함은 그들 자신(현세대)의 욕구를 충족시키기 위해 미래세대의 능력을 손상시키지 않고 현재의 욕구를 충족시키는 발전이다.
○ 이런 종류의 갈등이 과연 만족스럽게 해결될 수 있을까?

7. 지속가능한 발전, 환경적 위험과 생태학적 현대화

○ 지속가능한 발전이라는 것은 반드시 모든 발전이 환경을 퇴보시키지 않는다는 관찰에 근거한다.

20

- 열대우림의 예(Jacobs, 1991 : 57)
  - 열대우림의 파괴의 비율에 대비해 제로 성장을 한다면 이러한 우림에 의해 제공된 서식처는 예측 가능한 미래에 파괴될 것임 즉 제로성장이 아니라 제로 파괴가 필요하다.
  - 다른 한편으로 산업부문에서 경제성장이 증가할 지라도 환경적 향상과 양립할 수 있음 기존의 산업처리과정을 깨끗이 청소할 욕구에 부합하는 새로운 산업부문의 성장이 한 예일 것이다.
- 부인할 수 없는 것은 발전에 대한 찬성하고 반대하는 부문이 있을 것이며 더 나아가 그러한 판단은 국가에 의해 만들어지고 조건화되는 시장에서의 개별화된 생산자와 소비자에게 더 이상 맡겨져서는 안 된다는 것이다.(이후 world government ?)
- 목재산업
  - 첫 번째 목재산업의 경우(native forest를 베어 내는 것: 벌채산업).
  - 여분의 나무를 사용하는 것은 많은 동물의 서식처를 없애는 것이 된다.(환경에 저해)
  - 식림지의 목재를 개발하는 것을 들 수 있는데 이것으로 소나무 식림지를 eucalypus로 교체하였다.(환경을 개선시키지는 못하였다)
  - 둘 다 지속적인 개발이 될 수 없다.
- 지속가능한 개발은 복잡한 문제임(벌채산업은 사양산업인 데도 불구하고 정부가 다양한 방법으로 국고보조를 행하였다.)
- 지속가능한 개발에 대해 Jacobs(1991)는 다음과 같이 논의하였다.
  - 다른 산업과 그러한 산업에 의존하는 사람사이의 이해상충
  - 선진국과 개발도상국간의 이해상충
  - 세대간의 이해상충
  - 이러한 갈등은 공정한 해결책을 요구한다.
  - 환경정의가 없는 지속적인 개발은 빈 공식으로 디자인 된 것이다.(유일하게 통합된 목표에서의 이익을 쫓아 버리는 것)
- Beck(1992)
  - 현대사회에서 부의 생산과 배분은 "risk"의 생산과 분배에 의해 동반되었다.
  - risk라는 것은 전혀 새로운 것이 아니다.
- 농작물 개발은 항상 지나친 개발의 risk에 의해 항상 동반됨으로써 결국 기근을 초래

하였다.

○ 인식(awareness)은 우리가 어떠한 효과가 미칠지 정확하게 알 수 없는 지식에 의해 수반된다.

○ 우리가 많이 알수록 우리는 지식의 한계를 점점 더 인식하게 되었다.

○ 과정과 본질이 해가 없다고 생각한 것이 20년 내에 삶을 위협하는 것으로 나타나게 되었다.(Wenz, 1988)

○ 과학적인 지식의 생산이 실험실에서 벗어남(과학적인 논쟁이 결국 대중의 정치적인 영역으로 편입되게 되었다).

○ escape의 함축적인 의미는?

　　1. 지식 내에서 risk가 존재함(위험을 정의하는 데 책임을 지는 집단이 사회적이고 정치적인 지위를 차지하게 된다).

　　2. 어떤 것에 대한 과학적인 담화와 인간에게 이러한 것의 의미에 대한 담화 사이의 경계가 해체되고 있음(모든 과학적인 risk의 지식이 정치적인 과정에 진입되는 증거로서 본질적으로 변론과학이 된다).

　　3. 지식의 배포를 통해서 risk는 생산시스템의 목표가 된다.

○ 우리가 누구이며, 우리의 삶이 갈등하는지, 인간의 인류애가 자연의 자연미와 갈등하고 있는지, 다른 우리와 그들 사이의 갈등을 어떻게 해결할 것인지와 같은 물음의 답은 정의의 문제를 포함하고 있는 윤리기준 없이는 불가능하게 되었다.

○ 정의라는 것이 불일치, 긴장, 자가당착, 모순으로 차게 된다고 해서 정의가 실패했다고 간주하지 말아야한다 오히려 이러한 것이 살아있는 인간과정, 논리적인 과정, 정의를 찾는 과정이라 보아야 한다.

정의, 사회, 자연의 논리

○ 우리는 두 가지의 주요한 문제에 직면한다.

　　1. 인간이 환경이 제공하는 특정한 이익의 공평한 몫을 주장할 수 있는가? 환경적 정의란 무엇인가?

　　2. non human nature, 혹은 적어도 자연의 입장에서 정의를 주장할 수 있는가? 생태학적 정의가 무엇인가? 우리는 다루기 힘든 하나의 문제에 두 가지를 다루어야 하

며 이러한 해결책은 정치적인 정의윤리에 의해야 한다.
○ 법치주의가 환경위기의 대안이 될 수 있는가
○ 정의의 basis로 "desert", "rights", "needs"로 Miller(1976)에 정의 할 수 있는가.
○ 다른 방법으로 결합된 정의의 basis에서의 방법은 정치적 정의의 첫 번째 수준의 시스템을 창조한다..
○ 정의의 논리(윤리학과 다른 사고시스템 간, 정의와 다른 윤리시스템 간, 정의 그 자체의 basis 사이, 정치적 정의의 다른 시스템 사이에서의 긴장(tension)의 주요 차원을 탐구할 것이다.
  - 논리에서의 3가지 단계를 확인해야 한다.
  ▶ 도덕적 단계(1단계)
  ▶ 정치 – 윤리 단계(2단계) – 도덕적 문제를 해결하려는 단계
  ▶ 전 세계적인 정치 – 윤리 단계(3단계) – 정치윤리시스템이 작동될 수 있는 논쟁
  - 국제적인 정치경제를 생산시스템과 거버넌스 시스템을 간주할 수 있다.
  - 생산시스템은 세 가지 관점으로 나누어서 볼 수 있다.
  ▶ 시장환경주의즘(ME) – 생태적인 문제에 대한 해결책은 시장주의로의 전환한 것이다.
  ▶ 생태적 현대화(EM) – 현재의 자본주의의 방향이 잘못됨을 지적하면서 주요한 제도적 변화의 방향을 지적하였지만 일관된 지침서가 UN 협상지침서 수준을 능가하지 못한다는 단점을 가지고 있다.
  ▶ 생태사회주의(ecosocialism) – 세계화된 자본주의의 정치경제와 정치제도적 구조에 깊이 있는 변화를 원함 그러나 구체적인 제도변화의 방향을 제시하지 못한다.
  - 거버넌스 시스템 – 한편으로 UN의 협상지침에 의해서 조정되고 있는 반면에 또 다른 한편으로 시장중심의 세계경제에 의해 놓여져 있다.
  ▶ UN협상지침은 포괄적이지 못하며 환경이나 생태적인 정의를 전달할 만한 힘이 불충분하다.
  ▶ 시장중심의 경제는 국가의 자치권을 급속하게 감소시키고 있으며 적절한 환경규제의 적용을 막고 있다.
○ 현재 존재하고 있는 세계 거버넌스(world governance) 시스템을 세계정부(world government) 시스템으로 전환하는 원칙을 지지한다.
  - 세계정부에 반대도 고려해 볼 수 있지만 이때의 세계정부라 함은 개혁된 UN에 기

초한 적절한 헌법을 지님으로써 현 시스템보다 지역자치권과 지구환경을 훨씬 더
잘 보호할 수 있을 것이다.
- 개혁된 시스템은 획일적인 피라미드 국가로 형성되는 것이 아니라 책임질 수 있는
  정부당국간의 연계로서 형성된다.
- 세계정부를 이룰 수 있는 첫 단계는 환경의회(선출직)와 환경 국제 사법소(임명
  직)를 구성하는 것이다.
- 과연 제도적인 기관이 설치된다고 해서 모든 이해관계가 사라진다고 볼 수 있는
  가? 좀 이상적이면서 극단적인 사고가 아닌가.
○ 환경적 위기에 대한 대중(public)의 반응
  - 1960년대~1980년대의 반응: consensus(교감)의 시대
  ● 과학적 연구와 환경개발의 전 세계적인 결과에 대한 관심, 그리고 세계는 특정한 재
    난을 초래할 만큼 비합리적이지 않다는 믿음을 들 수 있다.
  ● 환경적으로 합리적인 인식을 실행할 수 있는 방법 혹은 오랜 기간의 합리성이 부분
    이익을 추구하는 단기간의 합리성에 의해 결국 저해될 수도 있을 것에 대한 관심이
    거의 없었다.
  ● consensus(교감)의 근본적인 희망인 시대
  ● 녹색정치를 창조하기 위해 녹색정당뿐만 아니라 Greenpeace와 같은 전 세계적인 조직
  - 1980년대 이후: 권력투쟁(power struggle)의 시대
  ● 환경위기는 과학적(scientific)일 뿐만 아니라 정치적인(political) 문제라는 인식의 성장
  ● 환경정치가 consensus에 의해 특징되는 것이 아니라 새로운 환경정치에 의해 제기
    된 모든 정치적인 문제에 관한 부문이다.
  ● 환경 분쟁에 승자와 패자가 있을 뿐만 아니라 배분적인 문제에 판결을 내리는 데
    원칙에 대한 협정(agreement)이 없다.
  ● 지속적인 발전이라는 말은 불공평한 선택을 숨기는 것으로 의심받기 시작한다.
  ● 환경 분배는 점차적으로 권력투쟁(power struggle)에 의해서 해결되는 것처럼 보인다.
  ● 권력투쟁(국가, 전 세계적 단계에서 이루어지든 간에)은 지역문화, 통제에 대한 지
    역열망, 지역정치역사와 제도에 따라서 특정한 지역 형태를 항상 취한다.
  ● 기업의 거대한 경제력과 국가의 강제력에도 불구하고 이러한 권력투쟁의 결과는 이
    미 정해진 결과가 결코 아니며 기업의 수익성과 정치영역의 안정성은 지역주민의

평화스러운 협력에 의존 된다.
- 철학자들은 논란이 되는 정의의 속성뿐만 아니라 현대사회에서 선택에 직면하게
될 때 정의 그 자체가 적절한 개념인지를 문제 제기를 한다.

○ 세계 환경의 문제에도 불구하고 우리는 본질적으로 보편적인 윤리(ethics) 없이는 살
아갈 수 없다.
- 그러나 포스트모드니스트 정치사회철학자들의 입장에서 보편성(universalism)에 대
해 설득력 있게 비판을 한다는 점이 논쟁될 수 있으며 사실상 조심스럽게 평가되
어야 한다.
- 일치하지 않는 합리주의가 존재한다는 것은 인간자유에 요구되는 사고의 다원주의
를 이해하는 것처럼 보인다.

Ⅱ. 21세기 환경문제 전망과 대책

1. 21세기 환경문제

그 동안의 산업화 과정에서 경제성장 우선 정책을 추진한 결과, 환경용량을 초과하는 환경오염의 증가로 인하여 대기, 수질 등 환경 질은 지속적으로 악화되어 왔다. 물론 법적 및 행정적으로는 1980년에 환경 전담 부서인 보건사회부의 환경청이, 그리고 장관급으로 1990년도에 환경처가 1994년 환경부가 설립되었으나 정부는 적극적인 환경보전대책이라기보다는 경제개발 및 성장위주의 정책에 환경보전을 고려한 대책을 시행하거나 사후환경문제에 대처하는 수준이라고 할 수 있었다. 더욱이 환경관련 업무 중 많은 부문을 개발정책을 주도하는 부처에서 여전히 수행하고 있어 환경부처 중심의 종합적이고 포괄적인 환경체계는 구축되지 못하고 있는 실정이다. 따라서 사후오염처리에 치중하는 현행 환경행정 추진체계에서 환경보전을 위한 사전예방 중심의 적극적인 환경행정의 기능강화가 요구되고 있다.

1992년 리우에서 UN환경회의가 개최된 후 국내적인 환경오염과 파괴뿐 아니라 국제적인 환경문제가 또한 해결하여야할 과제로 등장하였다. 국제적 환경문제로 당시에 오존층 파괴에 의한 자외선 복사량 증가, 대기층에 탄산가스증가에 따른 기후온난화 현상 및 생물다양성 파괴 등이 등장되었고, 근래에는 환경호르몬에 의한 생태계 교란문제가 거론되고 역시 해결하여 할 과제로 나타났다. 환경파괴와 환경오염문제는 근본적으로 우리나라의 물리적으로는 자연용량(국토의 크기, 생태계, 산림, 강, 토양 등), 그리고 인구, 산업 및 경제활동에 달려있다. 그러나 정책적으로 환경보전 우선시책이 보다 중요하다. 대기, 수질, 폐기물 등 매체별 관리 중심으로 발전되어 온 현행 환경행정 조직과 기능을 재검토하여 통합적인 환경관리를 위한 대안을 모색하고, 효율적인 정책수행을 위한 환경행정 기능 및 추진체계의 개선방안을 고찰한다.

문제의 제기

　우리나라의 환경문제는 이미 앞에서 언급한 바와 같이 30~40년간의 경제개발 위주의 성장 정책을 추구하여 온 결과로서, 구미 각국에서의 200여 년에 걸쳐 발전과정을 한꺼번에 경험하게 된 것이었다.

　특히 60~80년대 초기 경제개발기간 동안에는 자연자원도 풍부하지 못하고 과학기술도 수준에 미치지 못하였으며 각종 기반시설(도로, 항만시설, 에너지 공급체계)들이 미비하여 에너지를 다량 사용하는 중화학 공업 위주로 발전하게 되었고 또한 산업 기반시설을 건설하는데 환경보전을 감안한 개발이 이루어졌다고 볼 수 없다. 또한 산업구조상의 변화로 도시인구가 팽창하게 되었고 무계획적이라고 할 만큼 거대한 도시들이 형성되었다. 이러한 발전 가운데 1980년 이래 환경관리 전담 부처인 환경청, 환경처 및 환경부가 행정적으로 계획과 관리를 수행하고는 있으나 사전 예방적 환경보전정책이라기보다는 사후관리에 그치고 있었던 실정이다. 따라서 그르친 개발이 방치되고 또한 사후 처리하는 데 너무 많은 행정력을 소모하고 있다고 보여 진다.

　더군다나 현행 정부조직에서는 환경부의 기능이 협의의 환경행정으로 규정되어 있어 복잡한 환경 관련 업무에 대한 조정이 어렵고 종합적인 환경정책의 추진에도 많은 제약이 있어 관계부처의 경제, 산업, 국토개발 등 각종 개발정책과 환경정책간의 갈등 발생시 부처간 조정기능이 미흡한 실정이다. 국토개발, 토지이용, 교통, 농업, 산업 등 환경 분야 와 연계성이 높은 부문의 정책이 환경과는 괴리되어 추진되고 있는 바, 환경문제의 근본적인 해결에 걸림돌이 되고 있으며 부처간 정책조정도 효과적으로 이루어지지 못하고 있다. 즉, 오염유발과 관련된 정책은 건설교통부, 상업자원부 등이 수행하고 있으며 오염된 사후처리에 관한 정책은 환경부가 전담하고 있어 오염의 사전예방과 사후관리가 종합적으로 추진되지 못하고 있을 뿐만 아니라 이로 인한 사후 환경관리비용도 과다소요 되고 있다.

　미시적으로는 대기오염, 수질오염, 폐기물오염 등 제반 환경오염문제가 상호 밀접하게 연관되어 있어 통합적 환경관리가 절실히 요청되고 있으나 현행 환경조직에서는 관리업무가 분산 집행되어 통합적 환경관리가 절실히 요청되고 있다.

　본 보고서에서는 현재까지 이슈로 등장한 환경문제들(환경부, 환경백서, 1997)과 이들에 대한 전망을 시도하여 보고 21세기 우리 행정이 나아가야 할 새로운 환경정책 패러다임과 좌표를 제시하고자 한다.

2. 21세기 환경과제와 그 전망

1) 환경문제

(1) 대기오염

주요대도시 및 공업단지 내에서 대기오염문제는 심각한 수준이라고 본다. 주요대도시 주변의 대기오염은 주로 교통기관에 의한 것이고 특히, 겨울철에는 난방을 하기 위한 연소로 기인한다. 과거에는 도시주변의 대기오염은 부유분진과 아황산가스에 의한 것이었으나 근래에는 저유황 연료를 사용함으로써 아황산가스에 대한 오염문제는 감소하였으나 새로이 미세분진과 교통기관으로부터 질소산화물과 휘발성 유기오염물질(VOC) 배출문제가 등장하고 있다. 이들 질소산화물과 휘발성유기오염물질들은 햇빛과 반응하여 광화학적 스모그와 오존(O_3)을 발생하고 있으며, 대도시에는 매 수십 차례씩 오존 경보를 내리고 있는 실정이다. 그리고 미세분진(호흡성 분진, PM10)의 새로운 건강 유해성이 제기되어 있어 이에 대한 대비책이 논란의 대상이다.

한편 공업단지 주변에서는 각종 유해물질과 악취고 피해 진정이 끊이지 않고 있다. 1996년 이래 여천공업단지에서의 유해물질유출과 대기오염으로 인한 피해 진정사례는 큰 사회적 문제였다(소재진, 1999). 이러한 대기오염문제는 국소적인 문제가 아니라 대부분의 도시 및 공업단지 부근에서 일어나고 있으며 이는 자연 생태계 파괴와 국민의 건강한 삶에도 큰 영향을 일으키고 있다.

(2) 수질오염

우리나라의 수자원은 주로 한강, 낙동강, 금강, 섬진강, 영산강 등 하천이다. 하천을 중심으로 도시와 공업단지가 발달하면서 수질오염문제가 제시되었고 수질보전대책이 1970년대부터 본격적으로 시작되었다. 2000년 현재, 생활하수의 총 배출량에 대하여 하수관거 수거율이 약 40% 수준으로, 총 하수발생량의 60%는 하천으로 다시 방류되고 있어 모든 하천들이 대체로 상류는 상수원수 1~2급수로 유지되고 있으나 중류와 하류는 3급수 이하로 오염되어 있는 실정이다.

한강수는 대체로 도시 생활하수가 유입되어 유기물질이 오염되고 있으며 낙동강은 주변의 공단과 도시로부터 공장폐수와 생활하수가 유입되고 있어, 화학물질과 유기물질의 오염이 문제가 되고 있다. 그리고 금강유역은 주로 댐으로 조성되어 있고 주변의 도시들과 농토들로부터 유입되는 유기오염물질로 인하여 부영양화(富營養化, eutrophication)현상이 자주 발생하여 조류의 대 발생이 일어나고 있다. 조류 대 발생은 상수처리를 어렵게 하고 유해한 소독부산물생성의 전구물질로서 작용한다. 1980년 이래로 수도 수에서 염소소독부산물인 THM(trihalomethane, 발암물질)의 생성과 존재가 확인되었고 그의 안전성(safety)이 논란의 대상이 되고 있다. 특히 유해화학물질들의 수질오염에 의한 건강 유해성(risk)문제가 대두되었다.

전국하천은 국민의 상수원인 동시에 오염물질 배출처 이기도 함으로 자연 자정능력을 고려한 오염물질 방류대책과 근원적인 오염물 처리 후 배출, 유해물질관리 그리고 오염물질 배출 등 많은 관리상 문제점들이 있다.

(3) 생활환경오염과 관련된 문제

환경파괴와 오염문제는 과거에는 국민의 경제력에 따른 위생적 안전성에 관한 것이었다. 그러나 국민의 생활수준의 향상으로 안전성뿐만 아니라 쾌적성을 요구하여 앞으로 심미성(審美性)까지 포함된 문제가 나타날 것이다. 현재까지 건설공사 현장과 공단 주변에서의 소음과 악취 문제가 제기되고 있으며 이미 도시 주변의 고속도로 주변에는 방음벽 설치가 시행되고 있다. 그러나 도시내의 집단거주지 주변의 도로로부터 소음문제 해결을 각 도시들이 안고 있는 숙제이다.

또한 대기오염과 수질오염과 더불어 이들의 연장선상에서 근래에는 실내 환경오염문제가 대두되고 있다. 건물 외부로부터 유입되는 오염물질뿐만 아니라 실내에서 취사, 난방, 가구 및 시설물에서 배출하는 오염물질로 기인한 건강장애 문제가 거론되고 있다. 특히 사무실에서는 병든건물증후(sick building syndrome)현상이 호소되기도 한다.

근래에 농약류(DDT 등), Dioxin, 가소제(phthalate), 첨가제(bisphenol A 등) 및 각종 미량화학물질에 의한 토양과 식품오염으로 인한 생태계변화, 특히 내분비계 교란현상

(endocrine disruption)이 사회적 이슈로 대두되고 있다. 이런 사회적이슈는 환경문제에 큰 영향을 주고받는다. 또한 소각장건설에 따른 Dioxin 배출, 하수, 쓰레기 및 분뇨처리장 등 혐오시설 건설문제 등이 지역이기심(not in my back yard)과 맞물려 어려움을 겪고 있다.

(4) 국제적 환경문제

환경오염물질의 이동으로 국제간에 분쟁 또는 협의 사항으로 등장하고 있는 산성비, 오염물질의 월경, 황사 등의 과제가 있다. 오존층 파괴 방지를 위한 국제적 협력(몬트리올 협정, 교토 협약 등), 지구온난화 방지를 위한 각종 무역상의 제제(탄소세)와 협력들이 논의되고 있는 실정이다. 유해폐기물의 국제간의 이동, 그리고 범지구적 생태계의 종 다양성 상실들이 국내문제와 더불어 해결되어야 할 과제이다. 근래에 수입되고 있는 식품 및 약재 등에서 오염된 유해물질의 검출문제는 국제적 유통에 있어 원산지 관리와 유해물질의 규격관리의 논쟁을 불러일으키고 있다. 특히 유전자조작(GMO) 농산물과 광우병에 걸린 수입소고기 문제는 간접적으로 생태계 파괴 문제와 연결되어 있는 것이다. 이제는 국제적인 경제권 내에서 인류가 공존하여야 하는 조건 속에서 삶을 영위한다는 것을 잊어서는 안 될 것이다. 환경문제와 연관된 국민적 인식은 깨끗(clean)하고, 안전(safe)하며 쾌적(comfort)한 환경 중에서 인간답게 더불어 사는 사회적으로 갈구하는 것으로부터 출발한다. 환경문제의 제기는 직접적이고 단순한 것이 아니고 국민생활, 문화, 교육, 경제, 정치, 과학기술 등의 모든 분야의 한 반영으로서 그의 해결도 역시 사회 통합적 차원에서 이루어져야 한다. 그러므로 환경보전은 국민복지의 기본으로서 사회·경세 및 자연환경의 지속성을 다루는 생활의 질을 결정하는 원초적인 것이다.

3. 환경행정수요 변화 전망

(1) 지구환경문제에 대한 행정수요 증가

국제적으로는 온실가스배출 감축 압력, 환경을 명분으로 한 무역규제 강화 등 지구환경문제에 대한 대응이 중요한 국가적 과제가 될 전망이다. 이에 지구환경문제는 새로운 국제질서 형성을 위한 주요 이슈로 부각되고 있으며, 최근에는 정치적 쟁점으로도 등장하여 국제외교문제로 비화하고 있다. 환경문제의 발생과 해결방안이 경제 및 개발 활동과 밀접한 결과를 가짐에 따라, 국제적인 환경문제 해결 노력도 이러한 경제, 통상활동과 연계되어 진행되고 있다.

(2) 환경유해물질의 급증

최근 생태계 및 인간의 생식기능 저하, 기형, 성장장애, 암 등을 유발하는 물질인 내분비계 장애물질(환경호르몬) 문제가 국내외에서 큰 사회적 관심사로 등장하고 있으며, 이에 대한 대책마련을 위하여 새로운 행정수요가 요구되고 있다. 또한 산업화의 진전에 따른 독성화학물질의 사용 및 환경에의 노출이 크게 늘어날 전망이어서 화학물질의 유해성 평가, 유해물질의 유동관리, 그리고 환경성 질환의 조사 등에 대한 대책 수립과 관리업무 강화가 요구되고 있다. 따라서 환경안전을 전담하는 행정수요가 급증할 것으로 전망되고 있다.

(3) 쾌적한 생활환경에 대한 수요 증가

깨끗한 생활용수의 공급과 대도시에의 맑은 대기질 유지 등 쾌적한 생활환경에 대한 수요는 더욱 높아질 전망이어서 환경행정개선의 기본원칙도 쾌적한 생활, 주거환경 향상에 주안점을 두고 있다. 생활수준이 향상되고 환경문제에 대한 인식이 높아져 환경오염에 따른 인체피해가 중요한 정책과제로 부상될 전망이다. 따라서 인구, 식량, 주거, 토지이용, 건축, 에너지, 교통, 관광, 유통, 소비 등 환경과 관련된 거의 모든 인간 활동을 건전하게 운영할 수 있는 환경행정 수요가 요구되고 있다.

(4) 첨단 환경기술에 대한 수요 증가

첨단 환경기술의 개발과 실용화, 관련 기술정보에 대한 용이한 접근 등에 대한 수요가 크게 늘어나게 될 전망이다. 환경부 중심으로 추진되고 있는 환경기술 이외의 환경친화적인 과학기술영역에 포함되어야 할 보다 광범위한 기술 분야를 설정하고 이에 대한 범국가적인 지원체계 구축을 위한 종합조정기능의 강화가 요구된다. 우리의 환경산업은 효율적인 지원을 통하여 환경산업이 수출전략사업으로 육성될 수 있도록 강화해야 할 필요가 있다.

(5) 환경친화적 행정수요의 증가

과거의 환경문제는 주로 오염 배출산업의 오염물질 배출에 의한 산업부문 오염에 초점을 맞추어 생산과정으로부터의 오염 배출을 최대한 억제하는 데 환경행정의 비중을 두었다. 그러나 오늘날의 환경문제는 자연계의 자생능력을 크게 초과하는 대량소비나 과소비에 의한 오염현상이 심화되고 있으며, 이에 따라 소비패턴의 변화를 통한 녹색소비로의 전환이 시급하고 이를 위한 행정수요도 증가할 전망이다. 환경친화적 소비생활의 정착을 위한 행정수요의 단순한 지도, 단속을 위한 기능강하뿐 아니라 환경정보공개와 교육담당을 포함하는 광범위한 영역이다.

4. 환경복지 정책의 새로운 패러다임과 Agenda

지금까지 한국 사회는 경세성장에 가상 큰 역점을 두어왔으며 복지요소들은 부수적인 것으로 소극적으로 다루어 왔다. 그러나 오늘날 우리나라는 경제성장도 어느 정도 이루어져 절대 빈곤시대는 벗어났으며 국제적으로도 상당한 위치에 도달하여 1996년 말 OECD에 가입하게 되는 등 본질적인 인간의 삶의 질에 대하여 적극적으로 관심을 갖게 된 시대를 맞았다.

오늘날 국내외적으로 환경문제는 삶의 질을 결정하는 중요한 요소가 되었으며 더욱이 이 문제는 국제적 경제분쟁의 요인으로까지 발전되고 있다.

이제 온 세계는 환경적으로 건전하며 환경적으로 지속가능한 개발(ESSD, Environmentally Sound and Sustainable Development)을 지향하고 있다. 따라서 앞으로 미래에 국민 모두가 질적 삶을 살 수 있는 바람직한 사회가 되기 위하여서는 깨끗한 환경, 쾌적한 환경을 이루는 노력이 복지정책의 근간이 될 것이다(Theodore Panayotou, 1993).

21세기를 맞아 더불어 건강하게 사는 복지시대를 이루는 꿈을 이루기 위한 환경 정책적 제안을 하여 본다.

1) 환경복지 정책을 위한 기본방향의 정립

미래는 펼쳐지는 것이 아니고 창조되는 것이다. 지속적인 경제성장과 형평성 있는 분배가 이루어지며, 사회복지환경이 확충되고 쾌적한 물리적 생활환경과 자연보존이 이루어지며, 과학기술의 발전이 지속적으로 이루어져서 보다 편리하고 안락한 삶을 살며, 민주적 시민사회가 정착이 되며, 인간이 존중되는 가치관과 문화적 기본권이 보장되는 것들이 포괄적(comprehensive)으로 이루어진 한국의 미래를 창조하는 일이 우리들의 오늘날 과제이다.

삶의 질을 결정하는 요소들의 여러 영역은 서로 동시에 연관되어 있으며 어느 한 분야만을 우선적으로 강조하는 경우 다른 분야가 소홀하게 되고 후에 뒤쳐진 분야에 대한 보상적 투자는 보다 막대하게 요구된다. 대체로 환경보존의 문제는 경제개발의 문제와 대비되어 생각되는데 이들의 관계는 마치 저울의 양쪽 접시와 같다는 것이다. 한쪽에 무게를 더 주면 다른 쪽이 기울고 이 기우는 것을 바로잡으려면 무거운 쪽의 추의 무게를 줄이든가 그렇지 않으면 기우는 쪽의 추의 무게를 올리는 것이다. 여기서 경제개발과 환경보전과의 관계에서 경제개발 쪽에 무게가 더 가해져 있는 경우 경제를 후퇴시키기는 매우 힘들 것이다. 경제개발의 후퇴는 또한 다른 복지 분야에 엄청난 혼란과 희생이 따를 것이다. 따라서 환경보전을 기본적으로 감안한 경제개발, 즉 환경보전에 보다 무게를 주는 정책적 투자가 이루어져야 된다는 것이다. 정책적 투자는 Kuznet Curve에서 예시된 것과 같이 어느 정도 경제가 발전된 국가에선 환경적 투자의 효과가 크게 나타나고 있다. 여기서 정책적 투자는 경제적인 투자뿐만 아니라 환경의 질 개선을 위한 모든 정책적 배려와 우선적 실행이라고 할 수 있다. 오늘날 환경문제는 정치, 사회, 경제, 과학, 문화 등 모든 분야에서 우선적 고려사항으로 등장되고 있다. 따라서 환경복지를 위한 기본방향으로서 모든 정책수립과 수행과정에서 우선적으로 환경보전을 고려해야만 할 것이 제안된다.

2) 환경행정 강화를 위한 기본방향

(1) 개발정책과 환경정책의 조화

환경관련 국가정책에 대한 통합, 조정기능을 강화하여 개발정책의 환경성과환경정책의 경제성을 동시에 고려하고 사회경제적 비용효과분석을 통한 정책의 조화를 추구한다. 환경정책의 분야를 광의로 파악하여, 국토이용 및 발전계획과 환경보전을 병행 추진하는 노력과 산업발전과 환경친화를 연계하는 노력이 강화되어야 한다.

(2) 자원관리와 환경관리의 일원화

자원관리와 환경관리는 동전의 양면과 같은 관계로써 '종합적 환경관리 방식 지향'이라는 원칙에 입각하여 이를 통합할 경우 사전예방적인 수요관리 중심의 환경행정이 가능할 수 있다. 따라서 분산되어 있는 수자원관리, 에너지효율성관리 등의 기능을 환경관리기능과 통합하여 자원절약과 환경개선을 동시에 충족한다.

(3) 통합 환경관리 체제로의 전환

현행 행정조직 및 법체계는 오염물질을 대기, 수질 등 매체별로 다루고 있으나 이를 하나의 유기적 체계로 통합관리하기 위해서는 산업특성에 따른 환경규제가 필요하다. 종래의 대기, 수질 등 환경매체별로 수행하던 환경관리를 통합하여 관리하는 통합오염예방관리체계로의 개편도 필요하다.

(4) 환경정보 체계수립

환경과 관련된 정보는 수없이 많다. 모든 인간의 생활사가 환경과 관련되어 있기 때문이다. 수많은 정보는 잘 정돈되어야 하고 신빙성이 있는 것이어야 한다. 전 세계적으로 과학기술에 대한 정보전쟁은 매우 치열하다. 선진국과 후진국의 차이는 바로 정보에 의해서 좌우된다고 하여도 과언이 아닐 것이다.

행정당국이 정책을 기획, 집행 및 관리하는 데 있어 과거와 같이 폐쇄적 행정조직으로는 포괄적이며 합리적인 정책수행을 하기 어렵다. 폐쇄적이며 경직된 행정은 항상 수직적이며 명령적이다. 특히 정책개발을 위하여 전문가, 전문단체 그리고 관련된 조직(기업, 연구소, 시민단체 등)으로부터 의견을 청취 또는 전문가에게 포괄적인 연구를 수행케 하고 여기서 도출되는 내용을 정책에 반영토록 하는 공식절차와 제도가 마련되어야 할 것이다(소위 extramural system). 더욱이 작은 정부를 지향하면서 국민의 의견을 수렴하여 정책에 반영하기 위하여서는 발전된 정보수렴 체계가 필요하다. 또한 행정자료의 공개체계도 이루어져야 할 것이다.

특별히 요구하는 행정자료에 대응하여 처리하는 방법은 매우 수동적 방법이다. 현재도 환경백서 및 환경연감이 출간되고 있으나 각종 오염자료, 행정지도 자료 등이 공개되어 수시로 원하는 국민들이 열람(인터넷에 개방)할 수 있는 체계를 세우는 것이 필요하다.

또한 사회 각계각층의 의견청취를 위한 합리적 체계가 필요하다. 근래에 환경장관과의 인터넷 대화방 개설은 매우 바람직한 일이다.

올바른 환경정보의 제공은 그에 알맞은 정책개발에 가장 기본이 되는 것이다.

(5) 환경영향평가제도의 확대 및 충실화

1980년 이래 우리나라에서도 대규모 개발사업에 대하여 사전에 그 개발사업이 환경에 미치는 악영향을 최소화하는 방안을 제시하여 그 개발사업과 같이 추진하도록 제도화되어 있다. 1999년 말까지 약 1500여 건의 개발사업에 대하여 환경영향 평가가 이루어져 왔으나 많은 개발사업이 추진되는 가운데 또는 개발된 후 운영단계에서 예기치 못한 악영향의 대책을 세우지 못하였거나 또는 환경영향 평가에서 제시된 대책을 무시하고 추진된 경우도 있어 많은 논란을 가져온 것도 사실이다. 환경영향평가는 개발의 사전에 환경과 인간에 유해성을 미리 추정하는 것으로 반드시 계획단계에서 실시되는 것으로 매우 중요한 수준이다. 종래의 환경영향평가는 개발을 합리화하는 수준에서 이루어진 것도 많다. 개발계획이 구상단계에서 또는 계획단계에서 환경영향평가를 실시함으로써 설계, 건설 또는 운영시의 환경영향에 대한 검토의견이 반영될 수 있도록 한다. 개발당사자가 환경영향평가 팀을 운영하고 이들로 하여금 환경영향에 대한 의견을 개진한 경우도 있어 객관적이 못되기도 하였다. 그리고 환경영향평가에 따른 환경보전 대책이 제대로 시행되는가의 여부를 철저히 모니터링 하여야 되나 그 동안 사후관리가 이루어지지 않은 것도 사실이다. (1) 환경영향평가제도는 점차 규모가 작더라도 중대한 영향을 미칠 수 있는 사업에 대해서 확대하여야 할 것이다. 또한 (2) 개발사업 이외에도 각종 제품에 대하여서도 환경에 영향을 미칠 수 있는 사항에 대하여 평가하고 이에 대책을 세우고 보완하는 사항이 제시되는 평가제도가 있어야 할 것이다. 제품에 대한 환경영향평가제도는 제품의 생산·소비 그리고 폐기물이 발생하는 경우 환경오염의 최소화를 위한 각종 처리대책 그리고 재활용 대책 등이 강구될 수 있을 것이다(life cycle assessment). 또한 (3) 현행 환경영향평가제도가 자연환경과 생활환경의 물리·생물·화학적 평가를 중점적으로 실시하는 것에 대하여 개발사업에 따른 사회·경제에 미치는 영향에 대하여서도 확대실시가 이루어져야 할 것이다(social impact assessment).

개발사업 후에 개발이익의 부당한 분배로 기존 주민과의 마찰, 새로운 개발사업으로 인한 새로운 생활양식의 변화에 따른 각종 풍속과 문화의 변화 등과 새로운 범죄의 발생 등 사회적 변화양상이 대상이 된다. 급속한 경제개발로 산업화하는 과정 중에 환경파괴뿐 아니라 사회적으로 미풍양속의 파괴 또는 심미적 경관의 파괴도 무시되어 왔던 것이기 때문이다.

환경영향평가에 있어 어떠한 개발사업이라도 국가 전체적인 환경보전 정책 방향과 일치되어야 하며, 국가적인 이익과 지역의 이익이 상충될 때에 조화로운 개발계획을 조정할 수 있는 수단으로 활용될 수 있는 제도로써 그 운영이 합리적일 때에 그 뜻이 크다. 환경영향평가제도는 계속적으로 분석, 평가되어 발전시켜야할 중요한 정책적 제도이다.

더욱이 과거에 무계획적으로 개발된 곳들은 생태적으로 잘 복원되어야 함으로 이때에도 계획적 차원에서 환경영향평가제도가 앞으로 응용될 수 있을 것이다.

(6) 새로운 수요에 대한 대국민 서비스 강화

새로운 환경행정수요를 수용하여 능동적으로 대응하기 위하여 유관 환경업무를 담당하는 기구의 확대, 개편을 추진한다. 환경정보의 공개와 국민의 알권리보장 그리고 주민과 시민단체의 환경관리과정에의 참여를 확대하고 환경정책 수립단계에서 정책설명회를 정례화 한다.

그리고 국민들을 대상으로 환경에 대한 교육을 철저히 하여 생태학적 환경교육을 유도하는 것도 중요하다. 과거의 교육 중에도 환경교육의 내용이 전혀 없었던 것은 아니다. 그러나 종래에는 주로 개발 위주의 내용을 다루었으므로 "자연과 환경을 어떻게 하면 잘 이용하겠느냐"하는 것으로 매우 파괴적 발상이었다고 볼 수 있다. 즉 자연과 환경은 단지 인간을 위하여 존재하는 것으로 이들의 조화와 생태를 이해하여 보전하면서 인간이 이용한다기보다는 개발이라는 개념으로 파괴하여 왔다고 볼 수 있다. 환경교육의 바탕은 자연과 환경을 인간과 조화하는 것이므로 사랑을 근본으로 한다. 이는 또한 나라사랑으로 이어진다. 개발 위주의 교육내용을 살펴보면 자연과 환경이 가지고 있는 생동역학적인 것이 무시될 때가 있다. 생물의 생명력을 주시하기보다는 생물이 가지고 있는 단백질, 무기질 성분 등 인간에게 유용한 성분이 무엇이 존재하는가에 더욱 관심이 있었다. 이들 생물의 생명현상 그리고 이들 생물과 인간과의 생태적 관계는 소홀히 다루어졌었다. 자연의 생명력을 이해하고 보전하는 것이 바로 환경교육이 될 것이다. 인간의 친구는 나무, 나비, 풀, 그리고 자연환경이며 이들에게 사랑을 베풀어야 인간도 풍성한 마음을 가지며 인간관계도 더욱 긴밀하게 될 것이다. 우리의 사회(community)는 단지 인간들만의 사회가 아니고 eco-community인 것이다. 환경교육은 바로 인성교육이며 윤리교육이라는 인식이 필요하다. 모든 과학기술을 취급하는 학교 교과서 및 교육과제들은 생태학적 환경교육을 강조하도록 하여야 한다. 또한 학교 이외에도 지역사회, 유치원, 직장 등에서 환경교육 및 실천화 프로그램 등이 개발되어 다루어지도록 한다. 그리고 이들 교육과 연구개발에 많은 지원이 있어야 할 것이다.

3) 환경행정 기능, 체계 강화방안

(1) 정부 환경정책 조정기능 강화

현행 물 관리 체계에서는 크게 수질관리는 환경부가 수량관리는 건설교통부가 분할 관리하고 있으나 효율적인 물 관리정책을 추진하기 위해서는 수량과 수질이 통합된 관리체계를 모색할 필요가 있다. 또한 에너지정책과 대기보전정책이 서로 분리되어 추진되고 있으나 에너지 절감과 이용 효율화정책을 대기보전정책과 연결하는 정책연계성이 요구되고 있으며 기후변화협약 등 지구환경문제에 대응할 범정부적 차원의 대책 수립도 필요한 시점이다. 주요 국가정책과 환경정책의 통합성 및 조정기능을 강화하기 위하여 미국, 프랑스 등에서 운영하고 있는 대통령 직속의 '지속발전위원회'를 설치, 운영하여 국가정책 수립 시 사전에 환경친화성을 검토, 평가하고 관계부처 환경정책간의 업무조정을 활성화한다. 장기적으로는 국토개발, 토지이용, 자원관리, 환경보전 등을 하나의 부처로 통합하여 정책조정기능을 강화하거나 영국의 경우처럼 환경부장관을 보좌하는 환경담당, 교통담당, 지역담당, 주택담당차관직의 도입도 검토해 볼 수 있다.

그 밖에 환경부 산하에 국토관리청, 자원관리청, 환경관리청 등의 외청을 두어 집행기능을 수행하도록 함으로써 환경부는 환경정책 통합조정기능을 수행하고 외청은 환경행정 전담부서로서의 기능을 강화한다.

(2) 환경부 기능, 조직 강화

여러 국가정책과 환경정책의 조정을 위하여 환경정책실의 정책평가 부서를 두고 산업발전, 국토개발, 토지이용 등 주요 국가정책 수립시 환경성 검토 및 평가 업무를 수행한다. 그리고 남북한 및 동북아 환경협력 업무와 무역 업무 등 새로운 지역 환경 관련 행정 수요가 증가함에 따라 이를 전담하는 부서를 두어 내외환경협력기능을 강화한다. 또한 사전 예방적 통합관리 체제로 전환하기 위하여 환경관리기능을 편담하는 예방 관리부서를 두어 사전예방정책과 통합오염관리업무를 효과적으로 수행힌다. 이는 환경선신국에서 흔히 볼 수 있는 기능조직으로 특히 영국의 경우 1991년부터 통합오염관리 제도를 시행하고 있으며 미국은 1990년 '오염방지법'을 제정하여 통합관리 및 사전관리체제로 전환하였다. 그리고 예방관리부서에서는 최근 강조되고 있는 에너지절약과 에너지이용효율화 업무도 함께 수행한다. 참고로 영국의 '환경·교통·지역성'에서는 '에너지효율·폐기물국'을 두고, 에너지효율제고, 에너지절약 촉진 등의 업무를 수행하고 있다.

새로운 환경유해물질관리에 대한 행정기능을 강화하기 위하여 환경안전 전담부서를 두고 독성화학물질의 체계적 관리와 인체 유해성 평가, 환경방사능관리 등의 업무를 수행한다. 미국의 환경보호청의 경우 '종약유독물질국'을 두고 있으며, '연구개발실'레서는 인체 유해성 평가 업무를 총괄하고 있다. 폐기물의 자원화뿐만 아니라 자원의 효율적 사용을 위하여 기존의 폐기물 관리 부서를 자원관리부서로 확대하여 원료투입에서부터 폐기물의 발생·처리까지의 전 과정을 자원절약, 재이용, 재활용촉진 등 체계적으로 관리하고 궁극적으로는 상품생산과정의 녹색화를 유도한다. 그리고 정보화시대를 맞이하여 기획관리실의 환경정보담당기능을 확대하여 정보화 추진업무 외에 환경정보의 공개, 국민들의 '알권리'충족, 환경관리과정에의 주민참여 촉진 등의 업무를 수행한다.

(3) 지역 환경관리 기능·체계 강화

수량과 수질을 통합관리하기 위하여 수계별 '환경관리청'을 중심으로 '지방 국토관리청'의 하천관리기능 등을 실질적으로 통합하여 유역관리체계로 전환함으로써 수계별·유역별 통합적 하천관리, 댐 방류량 조절 등 수량관리, 환경오염물질 배출행위감시, 하천주변 토지이용규제 협의·조정 등의 업무를 수행한다. 또한 주요 하천별로 관련 시·도, 환경부 등이 참여하는 '수계관리위원회'를 설치하여, 수계별 물 관리 종합대책, 상수원주변 개발, 토지이용변경 등을 심의하고, 상·하류 간 비용분담 등 현안문제를 협의·조정한다. 산업체 환경오염행위 감시·단속기능을 강화하여 '환경관리청'은 일정 규모이상의 유해성이 높은 배출업체에 대한 허가 및 단속 업무를 수행하고 지방자치단체는 소규모 배출업체에 대한 업무를 수행하되, 환경관리 능력, 성과를 기준으로 권한위임의 범위를 차등화한다. 환경부의 '중앙기동단속반'도 정규화 하여 권한을 위임한 배출업체에 대해 지역별, 업종별로 기피단속 업무를 수행하고, 개발사업에 대한 사전예방과 환경관리기능을 강화하여 지역개발사업에 대한 환경영향평가 및 자치단체 환경관련 시책 등에 대한 사전 환경적 검토 기능을 강화한다.

(4) 적극적인 국제적 대응

리우 환경선언, agenda 21에 따라 구체적인 〈기후 온난화 방자협약〉, 〈오존층파괴방지를 위한 몬트리올 의정서〉, 〈폐기물의 국제간 이동을 제한하는 바젤협약〉 및 〈생물종 다양성 보전협약〉들이 실현단계에 들어갔다. 이러한 국제적 규제들은 산업과 경제활동에도 지대한 영향을 가져올 것이 예상되고 있다. 우선 지구 온난화 방지협약이 실현되면 화석연료의 사용이 제한되므로 산업 활동을 지속하기 위하여 대체에너지 개발에 막대한 경제적 부담을 안게 될 것이 분명하여 더욱이 이 협약을 어기는 경우는 지구를 파괴하는 부도덕한 국가가 되어 또한 각종 무역규제를 감수하여야만 될 것이다. 이러한 국제적 환경규제는 새로운 무역전쟁 소위 그린라운드(green round)를 일으킬 것이며 이는 아마도 우루과이라운드보다는 그 규제가 강력할 것이라는 예상이다. 이미〈몬트리올 협정〉에 의하여 오존층파괴 물질로 알려진 냉매제이며 용매제인 CFC 및 메틸브롬 등이 포함된 상품은 국제적 무역을 규제하며 앞으로는 이들의 사용금지, 즉 생산금지를 규제하는 내용이 발표되고 있다. 우리나라도 이미 이 협약에 서명하였으며 세계적으로 약 140개국이 가입하고 있다. 이제 우리나라도 UN의 한 회원국가로서 국제적 위상에 알맞게 적극적으로 대처하도록 정책적 배려가 요구된다.

새로운 세기에 펼쳐질 한 분야의 변화를 정확히 예측하는 일은 불가능할 것이다. 다만, 많은 미래학자들이 예견하듯이 21세기에 인류에게 제일 중요한 과제 중의 하나가 환경문제라는 데는 이견이 그 과제를 해결하기 위한 가장 중요한 시기는 바로 지금이다. 과거 40여 년간을 환경 파괴시대라 보면 이제부터는 환경 개선시대이다. 지금의 환경투자는 절대로 비경제적인 것이 아니며 오히려 꿈을 심어 선진한국을 건설하는 원동력이 될 것이다. 환경복지 문제는 단지 기술적이며 경제적 투자로만 이루어지지 않는다. 정부당국·기업·국민이 모두 환경보전에 대한 의식으로 생활화되어야 환경개선이 이루어질 것이다. 위에서 논의되고 제안된 제안들은 환경보전을 위한 좌표(agenda)로서 깨끗하고 쾌적하며 아름답고 살기 좋은 미래의 선진한국을 이루는 환경복지 정책의 길이 되기를 바란다.

5. 환경행정을 이해하기위한 행정적 지식

환경행정학을 이해하기 위해서는 행정을 바로 이해하여야 한다. 행정의 기반 아래서 환경행정을 다루어야 제대로 된 환경행정을 다루는 것이다. 행정을 살펴보면 다음과 같다.

1) 행정(public administration)의 어원적 의미

Public	1. 정부와 관련이 있다. 2. 공익(불특정 다수인에게 혜택이 돌아가는)과 관련이 있다. 3. 경제적 특징으로서 공공성, 외부효과 등이 존재한다.
Administration; ad(=to)+ministrare(=serve)	* 공공서비스로서의 행정의 특징 1. 자발적이다. "행정은 최대의 서비스산업" 2. 무대가성 3. 요구권이 존재

→ 대륙법계의 국가에서의 행정과 미국의 행정은 많은 차이가 존재

대륙법계 행정법은 종래 왕권행사에 대한 제한이 목적이었으나, 미국식 행정학은 국민의 요구에 대응해 국민을 보호하는 것이 목적이다. 일반적으로 행정은 국민의 사회적 욕구(social needs)를 충족시켜 주고자하는 정부의 활동 또는 노력을 의미하는 것으로 이해된다. 행정에 있어서는 이성과 감정, 전문화와 조정, 개인과 집단의 노력, 제재와 보상, 목적과 수단, 집권과 분권 등의 대립적 요인들이 융합되어 있다. 행정의 개념에 관한 학설 정리

⇒ 행정관리설(정치행정이원론, 공사행정일원론, 기술적 행정, 전통적 행정학, 능률적 행정학)

→ 대표학자: Wilson, White, Willoughby

→ Appleby는 『정책과 행정』에서 행정을 법이나 정책을 구체화 또는 집행하는 관리과정으로 이해하는 개념

→ Dimock은 『행정의 철학』에서 행정의 있어서의 능률은 사회문제의 해결 정도 라고 파악(사회적 능률을 제시)

→ 행정을 경영과 동일시하는 개념(Wilson은 행정의 본질을 관리라고 함)

→ 사실 중심적 이론, 지나치게 정태적

→ 엽관주의를 극복하기 위해 등장

⇒ 정치기능설(정치행정일원론, 공사행정이원론, 통치기능설)

→ 대표학자: Appleby, Dimock

→ 행정을 정책의 집행과 정책의 형성 내지는 결정을 포함하는 것으로 이해

→ 행정과 행정환경의 유기적 관계 파악

→ 가치 판단적인 정치 기능을 행정이 담당하는 것으로 이해

→ 1930년대 대공황을 맞으면서 대두(이로 인해 행정국가화 현상 초래)

⇒ 행정행태론(신이원론)

　→ 대표학자: Simon(카네기학파), Thompson

　→ 행정현상을 조직구성원의 협동적 집단행위로 인식

　→ 의사결정에 있어서의 사실명제에 대한 고찰기능으로 행정개념을 한정

　→ 사회심리학적 접근방법

　→ 논리실증주의에 입각해 행정현상 연구(가치와 사실의 구분)

　→ 1940년대 행정의 과학화 추구

⇒ 발전기능설(신일원론)

　→ 대표학자: Esman, Weidner

　→ 행정을 국가발전의 계획과 집행활동으로 이해

　→ 행정 우위적 일원론

　→ 발전행정인의 가치관과 효과성 강조(동태적 성격이 강함)

　→ 1960년대 발전행정과 더불어 대두

	2000년대 후	1930년대	1940년대	1950년대	1960년대 이후
행정이론	과학적 관리론 관료제이론 행정관리론	인간관계론	생태론 행태론	체제론 비교행정론	발전행정론 신행정론
행정변수	구조	인간	인간(행태)	환경	가치관과 태도

Ⅰ. 행정국가의 대두와 행정의 기능

1. 행정국가의 대두 배경: 행정수요의 증대 및 수요의 전문화, 복잡화, 다양화

2. 행정의 기능: 종래의 소극적 기능(치안, 국방 등의 사회 안정화 이론)에서 적극적인
기능(복지, 경제개발 등의 사회변동기능)으로 전환하였다.

Ⅱ. 정부기능에 대한 시각의 변화

1. 고전적 시각

전통주의적인 자유주의적 국가관에서는 정부의 기능을 소극적으로 시장의 실패영역
에 한정할 것을 주장. 최소 행정이 최선의 행정

2. 행정국가의 시각

경제공황과 복지국가의 대두에 따라 정부의 적극적인 역할이 강조 최대의 봉사가 최선의 정부라고 생각하며 이를 중점적으로 수행하고자 한다.

3. 생산성의 제고 노력

1970년대 후반 이후 영국·미국·독일 등의 신보수주의의 영향으로 작고 효율적인 정부의 추구, 대대적인 행정개혁과 규제완화의 추구

2) 현대행정의 경향

오늘날 응용사회과학으로서 행정학은 지배적인 연구대상, 연구방법, 이론이 없이 유행과 다양성을 바탕으로 전개되고 있다. 행정학 연구가 이와 같은 결과를 가져오게 된 요인은 현대사회의 복잡성과 급격한 변화에 기인한다. 그러나 이들의 공통적인 속성은 전통적 행정학에 대한 반발적인 특성을 가지고 있다는 것이다. 앞으로의 행정학의 과제는 이러한 혼돈 속에서 질서를 찾는 것이라 하겠다.

정부부문과 민간부문의 조화

시장원리를 가장 중시(행정국가에서는 시장원리에 수정을 가해왔음)

J. Q. Wilson 과거의 권위적인 자원배분의 형태에서 민간부문의 효율적 관리로 전환 governance 등의 용어를 사용한다.

행정학 연구의 최근경향, 이것은 환경행정을 이해하는 데 중요하다.

1. 다양한 접근방법의 채택(다양한 방법론 수용, 포괄적인 접근법을 주로 사용한다).
2. 종합 과학적 성향(종합 과학적 접근법의 채택한다).
3. 연구대상의 확대(행정국가화의 심화되었다).
4. 정책지향성(정책평가 등의 강조, 정책과정상 시민참여와 행정공개의 강조한다).
5. 행정의 기준으로서의 합리성의 확대(순수합리성→제한된 합리성→정치적 합리성).
6. 규범의식(사회적 형평성, 행정의 민주화, 고객지향의 행정).

7. 행정학의 처방성 강조(조직발전, 정책과학, 관리과학 등의 강조).

8. 후기행태주의 방법론(투입〈 산출, 정치〈 정책, 지식〈 과학).

전통적 행정학의 관심사	새로운 행정학의 관심사
정치·행정이원론	정치·행정의 상호관련성(행정우위론적)
행정의 중립성	윤리적 책임
능률과 생산성	문제해결의 효과성
집권화와 통제	분권화와 참여
기능의 유지	기능과 과업의 재설계
종합적 합리적 계획	참여적 사회적 계획
수동적 문제해결	능동적 문제 해결
사실과 가치의 분리	사실과 가치의 비판적 검토
특수이익집단의 영향의 강조	다원론적 참여적 민주주의
정책분석에서 전문가 역할 강조	시민참여의 강조
수직적 조정과 권위관계	수평적 협동관계와 인간유대관계
풍부한 자원을 바탕으로 조직의 성장 강조	제한된 자원의 효과적 이용
정보의 축적	정보의 공유와 정보망

한국 행정학의 본격적 연구의 시작은 1955년 정인흥 교수의 〈행정학〉출간, F. R. Riggs 의 내한 강의와 그의 권유에 의한 한국행정학회(KAPA)의 창립에서부터이다. 그러나 행정학 연구의 여건미비와 미국문화의 압도적 영향으로 이에 휩쓸리다가 60년대 중반 이후 한국행정학 스스로의 위치를 찾으려는 노력이 나타나기 시작하였다. 행정이념은 60년대 초반까지는 민주성과, 합법성, 60년대 이후 행정이념은 경제개발에 따라 행정의 효과성과 능률성, 80년대에 들어와서 민주성, 형평성이 전면에 대두되있고 합법성, 효과성, 능률성 도 계속 요청된다. 주체성 위기를 하나의 굴레로 쓰고 있는 행정학은 오늘날 그의 대상, 접근방법 등에 있어서 다양성을 보이고 있다. 그리고 행정학 연구에서도 유행과 분화의 혼돈을 벗어나고 있지 못했다. 앞으로 행정학이 해결해야할 과제는 변증법적인 차원에서 전통적 행정학과 새로이 대두되는 이론을 어떻게 조화시키고 통합하느냐에 있다. 그리고 한국행정학의 발전을 위하여 필요한 토착화의 노력은 외국이론의 정확한 소개, 행정현상 에 대한 정보의 축적, 비교연구의 확대, 연구방법의 다양화와 세련화 등을 요구하고 있다. 인간의 역사를 보게 되면 인간은 줄곧 환경의 파괴자의 입장이었다. 그렇지만 인간의 환 경파괴는 자연의 재생산 능력 안에서 이루어졌기 때문에 인간과 환경은 공존할 수 있었 다. 그러나 산업혁명 이후 인간의 과학기술은 인간으로 하여금 환경의 재생산 능력을 뛰

어넘을 수 있는 능력을 주었다. 이러한 능력을 한마디로 표현한다면 나는 '시간과 공간의 압축'이라고 하고 싶다. 산업혁명 이전의 인간이 영향을 미칠 수 있는 환경의 범위는 극히 한정되어 있었으나, 과학기술의 발전은 인간이 시간과 공간의 한계를 뛰어넘게 만들었고 이는 환경의 파괴로 직결되게 되었다. 인간이 환경에 대해 지배권을 어느 정도 갖추게 된 것이 100% 나쁘다고는 할 수 없지만, 지배권을 행사하는 방식이 자본주의의 논리에 따라 이루어지면서, 인간의 가치를 위해 환경이 사용된 것이 아니라 자본의 무한증식을 위해 환경이 파괴된 것이 문제인 것이다. 더욱이 한국 사회는 식민통치 이후 외세에 의한 해방과 내부분열, 전쟁, 계속되는 독재를 거치면서 시·공간의 압축이 왜곡되었다. 개발과 성장으로 상징되는 '한강의 기적'의 미명하에 한반도의 남쪽은 심각한 훼손을 입게 되었다. 하지만 환경파괴를 통해서 얻은 잉여가치는 사회의 일부계층과 다국적 자본에게 집중되었고, 훼손된 환경은 사회의 힘없는 계층의 생활공간이 되었고, 이들에게 안락해야 할 여가시간조차 심각하게 위협받게 된 것이다(오염된 환경에서 무슨 여가를 즐기겠는가? 오염되지 않은 공간에 대한 기회비용-시간을 포함하여-는 대부분의 계층에게는 너무나 크다). 성장을 통해 이득을 챙긴 계층에게는 시간과 공간에 대한 능력이 무한히 확장되었지만, 그렇지 못한 대다수의 계층에게는 실질적으로 그들이 영향력을 행사할 수 있는 시간과 공간은 오히려 줄어들었다고 할 수 있다. 이렇게 환경문제를 시간과 공간의 측면에서 바라보게 된다면 환경문제가 단순히 환경에만 그치는 것이 아니라 사회적 구조와 제도에 밀접하게 연관되어 있다는 것을 알 수 있게 된다. 시·공간의 축소가 대다수 사회의 피지배층에 해당되지만, 사회의 피지배층에서도 차별적으로 행사되기 때문이다. 여성(현재 자본주의의 경제 질서 내에서 노동 가치를 제대로 인정받지 못하고 있는 가사노동과 육아가 사회적 관습으로 집안이라는 여성의 공간과 시간에 맡겨지는 것)·노약자(노동을 할 수 없다는 것은 자본주의 질서 내에서 소외되는 것을 의미한다. 노인의 봉양이 대부분 가정에서 이루어지는 한국의 현실에서 노인문제도 결국 여성의 부담으로 지워지게 된다) 계층이 차별의 대상이 된다. 이러한 차별의 대상들은 축소된 생활공간에서도 극히 한정된 공거버넌스만을 차지하고 있으며, 그들의 시간은 사회의 주류 질서에 편입되지 못하고 있는 것이다. 환경문제가 발생했을 때 피해자들 중 활동의 주류를 이루는 계층이 주로 여성들과 노약자들인 것도 이들이 이러한 피해의 직접적인 대상이기 때문이다. 한국 사회에 있어서 환경문제는 결국 한국사회가 걸어온 현대사의 왜곡된 모습의 투영이라고 할 것이다. 이러한 문제를 단순히 성장과 보존이라는 가치갈등만으로 인식한다면 그 해결의 과정은 쉽지 않을 것이다. 많은 환경 분쟁이 난항을 겪는 이유도 성장에 따른 환경파괴에 대한 재산권적 보상만을 대안으로 고려하는 경우가 많아 피해자들과의 협상이 평행선을 이루는 경우가 많기 때문이다. 앞으로 환경문제를 해결하기 위해서는 환경이 인간의 생활공간이면서 그 공간에서 인간이 보내는 시간의 가치를 고려하는 정책대안이 추진되어야 하리라 본다.

  우리나라의 환경·행정관계

  환경과 행정은 양분될 수 있기보다는 연속적 형성체라고 본다.
  강력한 중앙집권적 권력 구조 때문에 행정이 고도의 정치적 기능을 수행한다.
  1960~70년대를 걸쳐 행정 주도하에 발전이 이뤄졌다.
  앞으로 행정과 환경의 균형적 발전이 필요하다.

  행정이념 간 갈등·조화 문제를 볼 수 있는데 이것은 환경문제와 환경행정의 대립적 상황을 행정을 통해 해결할 수 있는 근거를 제시할 수가 있게 되는 것이다.

6. 에너지 문제

  인간이 무지한 이유는 한치 앞도 내다볼 수 없다는 데에 있다. 1960년대 한국이 자본주의화 되어 갈 때는 먹고사는 문제의 해결만이 중요했지 산업화로 인해 환경오염이라는 문제가 발생할지는 꿈에도 몰랐다. 그 전에는 공장에서 나는 시커먼 연기를 보고도 배불러 했으니 말이다. 이런 이유로 인해 우리 경제를 빠르게 발전시키기 위해서는 석유 같은 에너지가 필요했고 이는 필연적으로 경성에너지(중앙에서 에너지 공급)체제로 발전할 수밖에 없었다. 하지만 세월의 흐름에 따라 국민이 국가행정에 요구하는 서비스도 달라지듯이 지금은 무조건적인 경제발전보다는 환경을 같이 고려하면서 경제발전을 추구하기를 국민들이 더 원한다. 그만큼 우리국민의 환경에 대한 의식수준이 향상되었다고 볼 수 있다. 하지만 우리의 에너지정책은(구조) 국민이 환경을 생각하는 의식수준을 따라가지 못하는 것 같다.

　요즘은 지역주민의 의견과 욕구를 잘 반영할 수 있는 지방자치(분권화)가 선호되듯이 에너지정책에 있어서도 중앙에서 일방적으로 공급하는 경성 체제보다는 그 지역의 특성에 맞게 그 지역이 바람이 많이 불면 풍력을 이용하는 연성이 더 선호되고, 석유나 원자력같이 환경에 나쁜 영향을 주는 에너지원보다는 태양열이나 풍력 조력과 같이 환경에 적은 피해를 줄 수 있는 에너지체제가 필요한 것이 사실이다. 지금까지 경성 체제와 같은 화석연료, 원자력 등이 우리의 에너지체제로 사용되고 이런 에너지 정책이 가능했던 이유는 에너지정책의 담당주체가 산업자원부와 같이 개발이나 성장을 더 중요시하는 부서에서 정책을 결정하였기 때문에 지금과 같은 에너지정책 구조가 유지될 수밖에 없었다고 본다. 환경부에서 힘을 쓰지 못하기 때문에 환경친화적인 에너지 정책이 수립되기 힘들었던 것이다. 우선 환경친화적인 정책이 이루어지기 위해서는 의식의 전환부터 필요하다. 즉 에너지문제가 경제발전만을 위해서 에너지를 안정적으로 공급하는 게 가장 중요한 게 아니라 에너지의 안정적인 공급은 물론 환경에 해를 끼치지 않는 환경친화적인 에너지의 사용이 필요하다는 인식이다. 이를 위해서는 환경부에 힘을 실어주기 위해 환경시민단체는 물론 환경문제에 관심이 있는 일반 국민들이 에너지정책에 참여할 수 있게 제도적 장치의 마련이 필요하다고 본다. 이와 함께 환경부가 에너지 정책에 적극적으로 관여해야 하는 이유는 부안 핵폐기물 문제의 예에서 찾아볼 수 있다. 이 문제의 근본 원인은 에너지 공급정책과 관련되어 있고 이 정책의 잘못된 결과로 방사능오염이라는 환경피해를 가져올 수도 있는 데도 산업자원부에서만 이 문제를 중점적으로 다루는 것은 너무 한쪽에만 치우칠 수 있기 때문에 좋지 않다고 본다. 지금의 상황과 같이 환경부가 전혀 자신의 목소리를 내고 있지 못하는 것은 문제가 있다는 뜻이다 환경부가 지금보다 좀더 적극적으로 에너지정책에 참여할 수 있다면 환경친화적인 대체에너지의 개발이 좀더 활성화 될 수 있을 것이다. 환경친화적인 에너지체제를 가로막는 가장 큰 문제인 돈이 많이 드는 문제는 에너지 가격의 현실화로 해결할 수 있다고 본다. 에너지가 더 이상 값싼 존재가 아니라는 인식을 심어주기 위해서라도 가격을 현실화한다면 자연적으로 에너지를 절약할 것이고 여기서 마련된 재원을 환경친화적인 대체에너지개발에 투자할 수 있을 것이다. 이런 노력들로 대체에너지가 먼 미래의 꿈이라는 인식부터 바꾸어야 한다. 불과 10여 년 전만 해도 컴퓨터가 지금의 모습으로(복합 가전제품, 영화, 인터넷, 문서작성, 오락) 사용될지는 누구도 예상 못했다. 이와 마찬가지로 대체에너지도 꿈의 에너지가 아닌 현실의 에너지가 될 수 있다. 대체에너지개발을 현실화시키기 위해서는 대체에너지의 필요성에 대한 국민적 합의를 바탕으로 이 에너지체제가 현실화 가능한가의 연구도 필요하다.

7. 지속가능한 환경정책

○ 환경영향평가(EIA)는 세대 간과 세대 내 형평성을 촉진할 수 있는 많은 구성요소를 포함하고 있기 때문에 지속가능한 개발을 위한 유용한 도구이다.

사례를 보면, 스웨덴 생물연료발전소의 EISs(Environment Impact Statements)는 지역 및 지구차원의 평가, 자원의 이용, 프로젝트에 의한 공공(public)의 영향, 대안 프로젝트 설계 등과 같은 세대간·세대내적 형평을 가지는 구성요소를 포함하는가를 살펴보아야 한다.

○ 1972년 개최된 스톡홀름회의는 최초로 산업화에 의한 환경영향에 대해 세계적인 관심을 끄는 계기가 되었다. 당시, 환경과 개발은 일반적으로 분리된 것으로 인식되었으며 개발과 보존의 종합 및 통합의 필요성이 제기되고 있었다. 몇 년 후, WCED(브룬트란트 보고서로 알려진)에서는 환경과 개발의 이슈를 경제·사회·환경적 측면에서 종합하였다 (Reid, 1995).

○ 1992년 리우선언은 지속가능한 개발의 개념을 더욱 발전시켰고, 몇 가지 중요한 합의에 도달하였는데, 여기에서 합의된 27가지 원칙 중 환경에 중요한 반대 영향이 예측되는 활동을 책임지는 EIA가 포함되어 있다(UN, 1992). EIA는 프로젝트 영향의 평가, 지역의 의견 등을 포함하는 과정이며 지속가능한 개발의 목적을 증진시킬 수 있는 유용한 도구가 될 수 있다(Lee and George, 2000). Morgan(1998)은 EIA가 정책결정자들이 프로젝트의 환경영향을 고려해야 할 때 유용한 정보를 제공할 수 있다고 제안한다. 프로젝트 개발자들은 개발 초기 단계에서 가능한 환경활동에 대한 정보를 얻을 수 있다. 이러한 정보를 통해, 프로젝트는 반대적 환경영향을 피할 수 있게 된다.

○ 하지만 Smith(1997)는 단지 정보를 수집하는 도구로서 EIA의 개념은 초점을 좁게 하고, 어떻게 다른 영향이 정의될 수 있는가를 강조한다고 지적하였다. 그러므로 공공을 위한 도구로서 EIA의 적용을 고려하는 것이 또한 중요하다

○ 공공(public)은 특정한 프로젝트의 정보를 얻기 위해 EIA를 이용할 수 있고, 프로젝

트의 개발과 위치, EIA과정의 결과 논평에 의한 영향 등을 표현할 기회를 가지게 된다. 어쨌든, 이상적으로 EIA에서 공공은 프로젝트과정에 포함되고 계획의 초기단계에 참여하게 된다.

○ 스웨덴은 1981년 환경보호법에서 EIA가 도입되었다(SFS, 1969: 387). 당시에는 프로젝트의 환경영향을 단지 기술하는 것만 요구되었다. 10년 후, 프로젝트의 EIA의 일반적 요구사항은 영향평가를 요구하는 자연자원관리법에서 실행되었다(SFS, 1987: 12). 스웨덴에서 EIA의 광범위한 실행은 스웨덴 정부가 더욱 환경적으로 적합한 의사결정과정을 개발하고 이용하기를 원했기 때문이다. 즉, 환경·공공위생·안전·자연자원의 지속적 이용에 관한 중요한 프로젝트나 방법에 대한 결정은 환경에 대한 영향이 확인되는 곳에서 이루어져야 한다(Government Bill, 1990/1991: 90).

○ Kvarnback(1995)과 Swedish National Audit Office(1996)에 의하면, 스웨덴 EIA는 의도한대로 작동되지 않고 있다. EISs의 평가과정에서 상당한 결점이 발견되고 있는데, 영향의 기술·평가·대안 등이 적절히 적용되지 못하고 있다는 것이다. EISs에서 단지 오염만이 고려되었지 건강과 자원관리 측면에서는 전혀 고려되지 않았다.

○ 스웨덴 EIA의 기본목적은 의사결정 이전에 영향에 대한 정보를 수집하는 것이었다. 자연자원관리법의 목적에서는 "환경영향은 환경적 입지·활동·방법, 건강, 자연자원관리의 영향평가를 실행하는 것을 허용 한다"고 하고 있다. 이 법에서는 EIS의 내용이 특화되었는데, (1) 프로젝트가 없는 곳의 미래 환경영향이 기술되어 있는 곳의 "no action" 대안, (2) 부지 대안, (3) 대안적 기술설계 등이 포함되어야 한다는 것이다.

○ 하지만 1999년 EIA의 목적은 스웨덴 법령이 EC법령에 채택되고, 앞서 언급된 결점을 다루기 위해 새로운 환경코드(SFS, 1998:808)가 소개되는 동안 바뀌었다. 현재 EIA의 목적은 계획된 활동이나 방법은 인간과 다른 생명체인 식물·토지·공기·기후·경관 등과 문화환경, 토지·물·기타 물리적 자원, 에너지관리 등의 직·간접적 영향을 정의하고 서술하는 것이다. 또한, 공공의 건강과 환경에 대한 영향을 종합적으로 평가하는 것이 목적이다. EIA과정과 EIS의 전체적인 내용은 새로운 환경법에 소개되어 있다.

○ 이 글의 목적은 어떻게 EIA가 지속가능한 개발의 도구가 될 수 있는가에 대해 논의하는 것이다. 나아가 스웨덴의 EIS가 지속가능한 개발 측면에서 어떻게 고려되고 있는가를 보여주는 것이다. 사례연구에서는 최근 빠르게 진행되는 생물연료 발전소를 연구하였다. 종합적으로, 지속가능한 의사결정이나 다른 의사결정도구들, 즉 사회영향평가나 비용편익

분석 등은 또한 필요하다.

○ George(1999)는 여러 국가에서 실행되고 있는 EIA가 지속가능한 개발의 목적을 포함하지 못하고 있다고 하였다. 대신, EIA가 일반적으로 지역이나 국가계획을 위한 목적의 도구로 이용되고 있다. 하지만 George에 의하면 지속가능성의 목적은 리우선언의 세대 간·세대 내의 형평성 개념을 이용하여 EIA로 쉽게 이행될 수 있다고 하였다. EIA 측면에서, 세대 간 형평성은 미래세대가 비록 프로젝트 개발이 진행 중이라도 현세대와 동일한 가능성을 가져야 한다는 것을 의미한다. 세대 내 형평성은 소수집단의 차별 없이 현세대 간의 자원의 공평한 분배를 말한다. 이것은 프로젝트에 영향을 받는 모든 소수집단과 다수집단이 프로젝트 개발을 논의할 기회를 가진다는 것을 의미한다.

○ EIA가 1987년 WCED의 개념으로 제시된 점을 감안하면 EIA는 지속가능한 개발을 위한 목적으로 실행되지 못하고, 명쾌한 도구로서 개발되지 못하는 등 크게 주목받지 못한 것으로 보인다(Weston, 1997; Modak and Biswas, 1999). 하지만 비록 EIA 자체가 지속가능한 개발의 목적을 모두 성취하지 못하더라도 지속가능한 개발을 위한 목적의 시도에서 도움을 주는 많은 부분을 포함하고 있다.

○ EIA의 일반적인 목적은 프로젝트의 환경영향을 평가하는 것이다. 평가가 제대로 이루어진다면, 프로젝트의 직간접적 환경영향은 장단기, 지역·지구적 차원으로 평가될 수 있다. 즉, 현재와 미래세대 모두의 프로젝트에 대한 환경영향은 정의되고, 의사결정자와 프로젝트 개발자 모두에게 이용될 수 있다. 또한, 프로젝트의 목적이 여러 가지 측면에서 충족되면, EIA의 또 다른 중요한 부분은 대안의 제시이다. 프로젝트 위치와 기술적 설계를 모두 고려한 개발의 대안은 표현되고 비교되어야 한다.

○ Glasson et al.(1999)은 대안들의 고려는 프로젝트의 다른 접근의 고려를 확실하게 하고 선택간의 차이에 중점을 두는 것임을 지적하였다. 프로젝트 대안에 대한 논의는 프로젝트설계가 결정되기 전 초기 계획단계에서 맡겨져야 한다(스웨덴 환경보호국, 1995). 하지만 가장 중요한 대안은 프로젝트의 영향이 비교될 수 있는 기준의 역할을 하는 "no action" 대안이다(Morgan, 1998). 프로젝트 설계를 위한 대안 논의는 지속가능한 개발의 관점에서 현재나 미래세대에 부정적 영향을 끼치게 되어 필요하다면 바뀔 수 있다는 것을 의미한다.

○ 공공의 참여는 최소한의 지속가능한 개발의 목적을 성취하기 위해 도움을 줄 수 있는 EIA의 다른 부분이다. 많은 국가의 EIA시스템에서는 공공의 참여가 포함한다. 즉, 공공이 프로젝트 설계를 논의할 기회를 가지고, 프로젝트 개발에 대해 관심을 표현할 수 있

다는 것을 의미한다. 소수집단을 포함한 모든 공공을 위한 가능성의 제공으로 프로젝트 개발자는 세대 내 형평성이 만난다(meet)는 개념을 보게 된다.

○ EIA에서 지속가능한 개발을 평가하는 George의 기본개념이 스웨덴 EIA시스템과 생물연료발전소 사례에 적용된다면, 세대 간·세대 내 형평성은 스웨덴시스템과 생물연료 발전소의 환경영향에 맞게 채택되고 변화될 필요가 있다. 이 연구에서 언급되는 일부 생물연료발전소는 비재생연료의 재생연료로 대체를 포함한다. 화석연료(fossil fuel)에서 생물연료(biofuel)의 전환은 공기 중에 탄소산화물의 순증가가 없음을 의미 한다: 이러한 전략은 연료소비에 의한 지구온난화의 영향을 감소시킬 것이다.

○ 그렇지만 프로젝트의 향후 지구차원의 영향평가는 미래세대에 어떠한 영향을 미칠 것인가를 위해 필요할 것이다. 장기간의 영향평가에 의해서, 지속가능한 개발의 일부 목적과 세대 간 형평성과 관련된 것은 제기될 수 있다. 산림연료와 같은 생물연료(biofuel)로 변환은 적절한 자원이용의 증가를 의미한다. 비록, 생물연료발전소가 화석연료를 이용하지 않더라도, 자원관리에 관심을 가지게 된다. 자원의 대규모 이용은 자원을 이용하는 미래세대에 영향을 미치게 된다.

○ 자연자원관리법에서(SFS, 1987: 12) EIA의 목적은 자연자원관리의 평가를 위한 필요성을 강조하는 것이다. 새로운 발전소의 배출물이 공공의 건강에 영향을 미치게 되고, 미래 이웃 간의 불쾌감을 주게 된다. 즉, 배출량은 여러 가지 경로로 환경에 영향을 미치게 된다. 따라서 에너지발전소가 건설되지 않았다거나, 다른 곳에 건설되었다면 어떠한 일이 발생할 것인가를 고려한 대안들을 기술하고 비교해야 한다. 대안은 현세대와 미래세대가 새로운 에너지발전소의 결과로 희생하고 얻게 될 것을 제안하기 때문에 반드시 필요하다.

○ 스웨덴의 EIA과정에서 공공의 참여활동의 주요 부분은 주민에게 프로젝트 개발 결정전이나 시행 후 프로젝트에 대해 논의를 할 수 있게 한다는 것이다(Grandell, 1996). 공공의 논의는 EIS에서 중요한 부분으로 의사결정자들은 공공의 의견을 고려하게 된다. 이 것은 지역차원의 세대간 형평성이 만나는 것을 확실하게 하는 것을 도와준다.

○ EIA 과정의 각 단계 발견들이 EIS 내에서 기록될 때, EIS문서는 지속가능한 개발의 일부 측면이 생물에너지 발전소의 사례에서 고려되었는가를 연구하기 위한 실행가능한 방안이 되었다. 그러므로 사례연구에서 EISs가 세대 간이나 세대 내 형평성의 일부와 지속가능한 개발의 목적을 고려하는 도구에 영향을 주었는가를 조사하는 것이다.

○ 이 조사는 환경보호법(SFS, 1969:387)에 의해 만들어진 연결된 EISs를 가진 개발허

가를 위한 55개 사례평가에 기초한다. 평가된 EISs는 1995년에서 1998년 동안 생물에너지 분야에서 만들어진 것이고, 특히 이 기간 동안 스웨덴 생물에너지 분야의 모든 EISs가 포함되어 있다. EISs에는 새로운 에너지 발전소 건설·용량의 확대·새로운 가스응축설비 건설·지속적인 에너지발전소 보존·배출량을 고려한 법적 상황 등의 몇 가지 다른 목적을 포함하고 있다. 에너지발전소의 용량범위는 11에서 200MW이다. 환경보호법(SFS, 1989: 364)에 의하면, 10MW 미만의 생물에너지 발전소는 개발허가가 필요하지 않다.

	적용 횟수
목적의 분포	
◦ 발전소 작동의 연속성	11
◦ 생물연료발전소로 전환	8
◦ Flue gas condensing	2
◦ 생물연료발전소의 건설	22
◦ 전기와 열 생산량이 확장	9
◦ 배출량을 고려한 법적 상황	3
에너지 발전소의 용량(MW) 분포	
◦ 1-20	9
◦ 21-60	28
◦ 61-100	4
◦ >100	13

○ 또한, EISs에서는 또한 방법·대안의 고려·공공의견이 평가되었다. 평가에서 3가지 기준이 이용되었다: 적당함(모든 필요한 성보가 EIS에 포함됨), 불충분함(더 많은 정보가 요구된다)

○ 계획된 프로젝트의 영향은 지역 및 지구차원의 영향에 대한 모든 상황을 얻기 위해 평가되어야 한다. EISs에서는 55개 중 44개가 적당하게 현재의 프로젝트에서 대기와 수질 배출량을 기술하였다. 즉, 배출원의 종류와 양을 제시하였다. 4개의 EISs는 단지 배출원의 종류만을 기술하여 불충분하였다. 7개의 EISs는 어떠한 배출원도 언급하지 않았다. 계획된 프로젝트의 배출량은 48개 EISs가 적당하게, 2개가 불충분, 5개가 전혀 제시하지 않았다.

○ 대기와 수질오염물질이 자연환경에 미치는 직접적인 영향은 55개 중 23개 EISs에서 적당하게 제시되었다. 10개의 EISs는 불충분, 22개는 어떠한 영향평가도 제시되지 않았다. 자연자원에 대한 간접적인 영향은 9개의 EISs에서 적당하였고, 2개는 불충분, 나머지 44개

는 어떠한 영향도 고려되지 않았다. 또한, 문화환경에 대한 직접적인 영향은 1개의 EISs만 적당하였고, 5개는 불충분, 나머지 49개의 EISs에서는 어떠한 평가도 제시하지 않았다. 또한, 문화환경에 대한 간접적인 영향은 모든 EISs에서 고려되지 않았다.

○ 게다가 공공의 건강에 대한 배출량의 직접적인 영향평가는 7개의 EISs에서 적당하게 제시되었고, 17개 EISs는 불충분, 나머지 31개에서는 어떠한 측면도 언급되지 않았다. 공공의 건강에 대한 간접적인 영향은 6개 EISs에서 적당하였고, 나머지 49개에서는 전혀 제시되지 않았다.

평가된 이슈	이슈를 포함한 EISs의 수		
	적당함	불충분함	정보부재
◦ EIS 내 현재 프로젝트의 대기 및 수질배출량의 기술	44	4	7
◦ EIS 내 계획된 프로젝트의 대기 및 수질배출량의 기술	48	2	5
◦ EIS 내 자연환경의 직접적인 영향평가 포함	23	10	22
◦ EIS 내 자연환경의 간접적인 영향평가 포함	9	2	44
◦ EIS 내 문화환경의 직접적인 영향평가 포함	1	5	49
◦ EIS 내 문화환경의 간접적인 영향평가 포함	-	-	55
◦ EIS 내 공공건강의 직접적인 영향평가 포함	7	17	31
◦ EIS 내 공공건강의 간접적인 영향평가 포함	6	-	49

○ 이러한 결과는 대부분의 EISs가 환경영향이나 공공의 건강을 평가하지 않았다는 것을 보여주는 것이다. 따라서 개발자들이 계획된 프로젝트의 완벽한 영향의 기술을 하지 못했다는 것을 추측할 수 있다. 더욱이 의사결정자들은 많은 경우에서 그들의 결정 기초가 계획된 프로젝트의 직간접적 영향을 명백히 서술하지 포함하지 않아 왔기 때문에 결정을 위해 계획된 프로젝트 개발에 대해서 매우 충분해야 한다. 또한, EIA는 지역과 지구 차원의 영향을 기술해야 한다.

○ 생물연료발전소는 화석연료 이용의 감소가 대기 중에 질소산화물의 증가를 감소시키는 것을 고려한다면 미래 지구온난화의 영향을 완화시킬 것이다. 생물연료발전소가 지구차원의 환경영향은 감소시키지만, 동시에 미립자와 휘발성 유기물질의 증가 등 지역차원의 영향은 증가시킬 수 있다. 이 연구에서는 EISs의 중점은 지역차원이 우선적이다. 지역 환경에 영향을 미치는 배출량을 고려한 평가는 EISs에서 고려되지만, 지구차원의 영향

은 고려하지 않는다. 이것은 에너지 발전소의 입지와 Bruhn and Eklund(2000)에서 제시된 인접성에 중점을 두기 때문이다. 이것은 또한, 전체에서 개별적 기여의 중요성과 비교함으로써 지구차원의 영향을 평가하는 어려움의 결과일 수 있다(George, 1997). 이러한 어려움은 또한 이 연구에서 개발허가를 위한 논쟁 시 인지되어 왔다. 또한 Carlman(1993)에 의해 제기되었던 계획된 프로젝트의 장점을 허가당국에 확신을 주려고 할 때, 프로젝트 개발자들의 공통적인 의견으로 언급되는 "the argument of relative insignificance"에서 인식되어 왔다.

○ 자연자원관리는 생물연료발전소의 영향평가에서 또 다른 중요한 측면이다. 55개 EISs 중, 22개는 현재 프로젝트에서 이용되었던 자원의 종류와 양을 적당하게 제시하였고, 4개는 단지 프로젝트 이용되었던 자원의 총량만을 제시하여 불충분하였고, 29개는 이러한 정보가 전혀 없었다. 계획된 프로젝트에서 자원의 예측이용은 55개 EISs 중 32에서 적당하였고, 5개는 단지 총량만을, 18개는 전혀 고려하지 않았다.

○ 자연자원관리의 직접적인 영향평가는 3개의 EISs에서 적당하게, 10개는 불충분, 42개는 전혀 고려하지 않았다. 또한, 간접적인 영향평가는 55개 EISs 중 단지 1개만이 고려되었다. 자연자원관리를 고려한 결과가 제시되어 있다.

평가된 이슈	이슈를 포함한 EISs의 수		
	적당함	불충분함	정보부재
◦ EIS 내 현재 프로젝트에서 이용되는 자원의 종류 및 양의 기술	22	4	29
◦ EIS 내 계획 프로젝트에서 이용되는 자원의 종류 및 양의 기술	32	5	18
◦ EIS 내 자연자원관리의 직접적이 영향평가 포함	3	10	42
◦ EIS 내 자연자원관리의 간접적인 영향평가 포함	1	-	54

○ 비록 발전소에서 재생 가능한 자원을 이용하더라도, 여전히 벌목잔여량(logging residues) 형태로 자원이 이용된다. 증가된 에너지 생산량에 따른 벌목 잔여량의 제거 증가는 장기적으로 변화(예를 들어, 산림생태계의 생산성)를 이끌게 된다. 이것은 현재와 미래세대가 산림을 자원이나 휴양장소로 이용할 수 있는 능력에 영향을 미치게 된다.

○ 하지만 일부 학자(Neumayer, 1999)는 지속가능성을 "약함", "강함"의 측면에서 논의하고 있다. Pearce(1992), Turner(1992)에 의하면, 약한 지속가능성은 훼손된 자연자본이 다른 형태의 자본(기계, 도로 등)에 투자되는 동안 자연과 환경자원의 이용은 정당하

다는 견지에서 언급되고 있다. 강한 지속가능성은 모든 자본은 인공이든 자연이든 미래 세대를 위해 반드시 보존되어야 한다는 입장이다.

○ 생물연료발전소의 측면에서, 약한 지속가능성의 경우 적용될 수 있다는 것을 의미한다. 즉, 자원의 이용과 자연자원관리의 영향은 자원이용이 산업과 가정에 공급되는 열과 전기 생산을 이끌기 때문이다. 만약, 강한 지속가능성이 프로젝트 의사결정에 적용된다면 자연자원관리의 영향은 매우 중요한 이슈가 된다. 강한이든 약한 지속가능성이든 생물연료발전소 프로젝트에 적용은 현재 EISs에 근거가 없기 때문에 정의되기는 힘들 것이다. 하지만 이 연구에서는 자연자원관리의 영향을 평가한 EISs가 없어 이러한 이슈가 프로젝트 개발자나 의사결정자 모두에게 중요하게 고려되지 않고 있음을 의미한다.

○ 서로 다른 프로젝트 설계의 효과를 비교할 수 있는 대안은 생물연료발전소의 EISs에서 반드시 고려되어야 한다. 이 연구에서 14개 EISs는 적당하게 "no action" 대안을 기술하였고, 22개는 불충분하였다. 즉, 단지 "no action" 대안을 간단하게 기술하거나 현재의 상황만을 언급하였다. 19개 EISs는 "no action" 대안을 전혀 고려하지 않았다. 최소한 개발적 관점에서, "no action" 대안은 세대간 형평성 측면에서 프로젝트 개발자, 허가기관, 공공이 프로젝트의 영향을 평가하기 때문에 고려된다는 것을 의미한다.

○ 새로운 발전소의 건설에는 토지가 이용되기 때문에 서로 다른 입지의 평가를 요구하게 된다. 다른 입지 간의 비교는 가치 있는 환경, 서식지 등의 훼손을 방지할 수 있고, 에너지 발전소 인근 주민의 반대 등의 부분을 유지할 수 있게 한다. 55개 EISs 중 27개는 최소한 1개 대안 입지를 제시하였고, 적당한 방법으로 다른 대안 입지들이 포함되지 않았는가를 설명하였다. 3개는 불충분, 25개는 이러한 이슈를 전혀 포함시키지 않았다. 프로젝트의 대안적 기술설계에서 55개 EISs 중 12개는 적당하게 표현하였고, 2개는 불충분, 41개는 대안적 기술 설계에 대해 전혀 논의되지 않았다.

○ 이러한 결과는 EISs의 대부분의 경우가 프로젝트 설계가 이미 결정났을 때 이루어졌다는 것을 의미한다. 이러한 상황은 필요시 프로젝트가 더욱 환경친화적으로 변경되기 어렵다는 것을 의미한다. 또한, 세대간 형평성 부분들이(지속가능한 개발을 위한 목적들 중 하나) 프로젝트 설계가 단지 개발자 간에 논의되는 동안, 만나지(meet) 않는다는 것을 나타낸다.

○ 프로젝트에 영향을 주고 설계를 논의하기 위해 공공은 프로젝트에 논평할 수 있다. 55개 EISs에서 24개 프로젝트 개발자들은 공공의 논평을 적당하게 고려하였고, 3개는 어떠한 논평을 고려하였는지 특별히 제시하지 못했고, 28개는 공공의 논평을 포함시키지 않았다.

평가된 이슈	이슈를 포함한 EISs의 수		
	적당함	불충분함	정보부재
◦ EIS 내 "no action" 대안 포함	14	22	19
◦ EIS 내 대안 프로젝트 입지 포함	27	3	25
◦ EIS에서 대안적 기술설계 논의	12	2	41

○ 공공의 논평이 허가된 경우에는 예를 들어, 공청회에서 협의(protocols)는 어디에서 개발자들이 프로젝트 설계를 논의하기보다 방어하였는가의 상황을 보여준다. 이것은 공공의 논평이 가능할지라도 설계는 이미 결정되었고 단지 프로젝트를 정당화시키는 기능을 하는 공청임을 의미한다. 앞서 언급했듯이 프로젝트 논평의 기회는 충족된 조건으로 세대간 형평성을 촉진한다는 측면의 하나이다. 따라서 EIA는 지속가능한 개발을 위한 목적의 도구로서 제공되지 않는다는 것이다.

평가된 이슈	이슈를 포함한 EISs의 수		
	적당함	불충분함	정보부재
◦ EIS에서 프로젝트에 대한 공공의 논평 포함	24	3	28

○ 환경·공공의 건강·자연자원관리의 영향평가와 관련된 이슈·대안 프로젝트·공공의 논평은 지속가능한 개발 측면의 평가방법으로 가능하지만 단지 지역 프로젝트 차원에서이다. 앞서 언급했듯이, 생물연료발전소는 스웨덴 에너지정책이 국가수준에서 지속가능한 개발을 다루기 위헤 도전 받았기 때문에 개발되었다. 55개 EISs 중 10개는 지속가능한 개발을 이용하여 이러한 이슈를 예를 들어, 연료전환을 위한 허가 적용 등에 의해 인식하여왔다.

Ⅰ. 지속가능한 환경행정의 발전 개념

○ 인간의 욕구와 열망의 충족이 발전의 주요한 목표

- 모든 사람들의 기본욕구를 충족시키고, 더 나은 삶을 향한 열망을 만족시킬 수 있는 기회를 모든 사람들에게 확대하는 것이 환경행정의 주목적이다.

- 환경적 능력의 한계를 넘어서지 않고, 모든 사람들이 함께 나눌 수 있는 소비수준을 지키도록 권장할 수 있는 가치체계를 널리 확산시켜 나가야 한다.

- 경제성장이 이루어져야 하며, 성장의 내용이 지속가능성과 타자에 대한 비 착취라는 폭넓은 원리를 반영해야만 지속가능한 발전은 경제성장과 양립

- 지속가능한 발전을 이루려면 사회의 생산 잠재력을 높이고 모든 사람들에게 공평한 기회를 보장함으로써 인간의 욕구를 충족시켜야 한다.

- 지속가능한 발전은 인구 변동의 추세가 생태계의 변화하는 생산능력과 조화를 이룰 때에만 추구될 수 있다.

○ 성장은 일정한 한계를 넘어서면 생태학적 재앙이 발생한다.

궁극적인 한계가 존재하기 때문에 지속가능성을 유지하려면 한계에 도달하기 전에 한정된 자원을 공평하게 사용하고 압력을 줄이기 위한 기술적 노력을 해야 한다.

- 경제성장과 발전에는 분명히 물리적 생태계의 변화가 수반된다.

자원을 지속가능한 방식으로 최대한 사용할 수 있는가를 결정하려면 먼저 그러한 자원의 사용이 생태계체계의 미치는 포괄적인 영향력을 고려해야 한다.

지속가능한 발전이 이루어지려면 재생불 가능한 자원의 고갈이 가능한 미래의 선택가능성을 미리 배제하도록 해서는 안 된다.

- 발전은 생태계를 단순화하고 생물종의 다양성을 줄이는 경향이 있다.

그러므로 지속가능한 발전은 식물종과 동물종의 보존을 요구한다.

생태계의 전체적인 통일성을 유지하기 위해 대기, 물 그리고 그 밖의 다른 자연요소에 대한 부정적 영향을 최소화해야 한다.

본질적으로 지속가능한 환경행정의 발전은 자원이용, 투자방향, 기술적 발전의 방향 설정 그리고 제도적 변화가 모두 조화를 이루어 인류의 욕구와 열망을 충족시킬 수 있는 현재와 미래의 잠재력을 모두 높여나가는 변화과정을 말한다.

이러한 변화를 인식하지 못하면 환경을 제대로 파악하지 못한 것이 된다.

Ⅱ. 공평성과 공동이익

- 개인들을 설득해 공동이익을 위해 행동하도록 교육과 제도 개선 그리고 법적 강제에서 찾을 수 있다. 자원고갈이나 환경압박과 관련한 많은 문제들은 경제 권력과 정치권력상의 불균형 때문에 발생한다.
- 생태계의 상호작용은 개인적 소유권이나 정치적 관할권에 의해 제한을 받지 않는다.
- 전통적인 사회에서도 물, 삼림, 토지와 관련된 농경의 관행이나 전통적인 권리를 통제
- 지방간의 상호의존을 크게 증가하고 국제적 수준으로 확장
- 개인들은 자기이익을 위해 행동하며 법률이나 교육, 세금과 보조금 그리고 다른 방법을 통해 이러한 고립적 행동 제한 가능
- 국제적 수준으로까지 확장 되었지만, 문제를 해결할 수 있는 초국적 권위는 존재하지 않는다. 따라서 공동이익은 국제 협력을 통해서만 확보될 수 있다.

국민경제를 통제할 수 있는 정부의 능력도 국제경제의 상호작용이 증가함으로써 줄어들고 있다.
- 만일 발전과 환경문제가 모두 모든 사람이 이전보다 더 잘 살 수 있는 방향으로 해결되면 공동의 이익을 훨씬 수월하게 추구할 수 있으며,

많은 문제는 자원접근도의 불평등성에서 발생한다.
- 따라서 지속가능한 발전을 통해 공동이익을 증진시키기 못하는 이유는 국내뿐만 아니라 각국간의 경제적 - 사회적 정의문제가 상대적으로 무시되기 때문인 경우가 많다.

Ⅲ. 전략적 요구

○ 세계의 모든 나라는 현재의 종종 파괴적인 성장과 발전과정에서 지속가능한 발전경로로 이행해 나갈 수 있는 전략을 신속하게 입안해야 한다.
○ 지속가능한 환경행정의 발전 개념에서 파생되는 환경과 발전정책의 중요목표
- 성장을 소생시킬 것
- 성장의 질을 변화시킬 것

- 직업, 식료품, 에너지, 물, 위생설비에 대한 기본 욕구를 충족시킬 것
- 지속가능한 인구수준을 유지할 것
- 자원기반을 보존하고 사용효율을 높일 것
- 기술과 위험관리의 방향을 재설정 할 것
- 의사결정 과정에서 환경과 경제를 종합적으로 고려할 것

성장을 위한 노력과 환경문제

- 빈곤은 자원을 지속가능한 방식으로 이용할 수 있는 능력을 감소
- 절대빈곤은 없애려면 제3세계의 일인당 소득을 상대적으로 급속히 상승시켜야 하며 반드시 1980년대의 성장정체 또는 쇠퇴추세를 역전시켜야 한다.
- 현재의 인구성장률이 그대로 유지되는 아시아의 개발도상국에서는 연간 약 5%, 남미에서는 5.5% 아프리카와 서아시아에서는 6%의 국민소득 성장률이 필요하다.
- 개발도상국에서 성장은 소생되어야 하며 이들의 발전은 선진공업국의 성장수준과 유형에 달려있으며, 노력을 계속한다면, 3~4%의 성장률이 환경적으로 지속가능할 것이다.
- 개발도상국의 시장은 너무 작다. 그리고 재정 수입을 위해, 즉 급속한 발전으로 빚어질 자금수요를 충당하기 위해 개발도상국은 수출 특히 비전통적인 품목의 수출을 고성장시킬 필요가 있다. 국제경제 관계의 방향을 재설정할 필요가 있다.

성장의 질적 변화가 필요하다

○ 지속가능한 발전은 단순한 성장 이상의 것을 의미한다. 그것은 성장 내용의 변화를 요구하고, 물자와 에너지 집약도를 줄이고 그 영향에 대해서는 더 공정하게 부담할 것을 요구한다. 환경적 자본을 유지하고 소득분배를 개선하며, 경제위기에 대한 취약도를 감소시키기 위한 일련의 방책의 일부로서 모든 나라에서 그에 필요한 조치를 취해야 한다.

- 경제발전은 발전을 지속시켜줄 수 있는 실제 자본의 양을 현실적으로 타산하면서 견실하게 현실에 기반을 두어야 한다.
- 빈국이건 부국이건 모든 나라들은 경제성장을 평가할 때 자연자원 비축량의 개선 또는 악화 여부를 고려해야 한다.

○ 소득분배는 성장의 질을 규정하는 한 측면이다. 소득분배의 악화와 결합된 급속한 성장은 빈민을 위한 재분배와 결합된 저속 성장보다 더 유해할 수 있다.

- 만일 성장으로 인해 위기에 대한 취약성이 증가한다면 경제발전은 지속가능할 수 없다.

○ 성장을 취약성의 감소와 결합시키는 발전 경로는 그렇지 않은 방법보다 훨씬 더 지속가능하다.

지속가능성을 확보하려면 인간적 욕구와 복지 속에 교육과 보건처럼 그 자체로 향유되어야 할 가치, 깨끗한 공기와 물 그리고 자연미의 보호와 같은 비경제적 변수가 함께 통일되어 있는 것으로 보아야 한다. 또한 지속가능성을 유지하려면 생태적으로 취약한 지역에서 불리한 조건 속에 살아가고 있는 집단들의 능력을 향상시켜야 한다. 성장의 질을 바꾸려면 발전문제에 대한 우리의 접근법을 바꾸어 발전이 미치게 될 모든 영향을 고려해야 한다.

○ 경제발전과 사회발전은 서로를 강화시킬 수 있으며, 교육과 보건의 향상을 위해 사용되는 돈은 인적 생산성을 높일 수 있다. 경제발전은 불리한 집단들에게 기회를 제공하거나 교육을 급속히 확산시킴으로써 사회발전의 속도를 가속화 시킬 수 있다.

필수적인 인간욕구 충족이 이루어져야 한다.

○ 인간적 욕구와 열망의 만족이 생산 활동의 분명한 목표이며 개발도상국 세계의 주민들의 점증하는 욕구와 열망을 충족시키는 것이 발전의 핵심적인 과제가 되고 있다. 생계유지와 지속가능한 일거리를 만들 수 있도록 경제발전의 속도와 유형을 조정하고, 가난한 가구들이 최소한의 소비수준을 충족시킬 수 있을 정도의 생산성을 유지하여야 한다.

○ 더 많은 사람들을 먹여 살리기 위해서만 아니라, 영양부족 상태를 개선하기 위해서도 많은 식량이 필요하다.

- 식량의 안정적인 공급에 초점을 맞출 수밖에 없고, 단백질의 섭취도 또한 높은 비율로 늘려나가야 한다.

○ 에너지는 인간의 욕구를 충족시키기 위해 필요하며, 에너지 소비유형을 바꾸지 않는다면, 그에 대한 욕구를 보편적으로 충족시키기는 불가능하다.

○ 주택, 수도공급, 위생설비 그리고 보건 등 서로 밀접하게 관련된 기본적인 욕구들도 환경적으로 중요하다.

○ 인구성장과 도시로의 유입은 문제를 한층 악화시킬 우려가 있다. 계획책임자들은 공동체의 자발적인 노력을 지원하고, 저렴한 기술을 효과적으로 사용할 수 있는 방도를 찾아야만 한다.

계속적인 인구수준을 유지해야 한다.

○ 발전의 지속가능성은 인구성장의 움직임과 밀접하게 관련되어 있다.

인구의 크기가 생태계의 생산능력과 양립할 수 있는 수준에서 안정화될 때 한층 순조롭게 추구될 수 있다.

- 선진공업국의 출생률은 주로 경제발전과 사회발전 때문에 쇠퇴하고 있다. 소득과 도시화 수준의 상승 그리고 여성의 역할변화 모두가 중요한 역할을 했다. 이와 비슷한 과정이 지금 개발도상국에서도 전개되고 있다.

인구정책은 여성교육, 보건, 빈민들의 생계기반의 확충과 같은 그 밖의 다른 경제계획이나 사회발전계획과 통합되어야 한다. 개발도상국은 출산을 줄일 수 있는 직접적인 방책도 함께 권장해 인구를 부양할 수 있는 생산 잠재력을 근본적으로 넘어서는 사태를 피해야 한다.

- 개발도상국의 인구성장은 농촌과 도시지대에서 불균등하게 나타나고, 개발도상국 도시들은 당국의 대처능력보다 훨씬 빠르게 성장하고 있으며, 도처에서 주택, 물, 위생시설, 대중교통수단이 부족한 형편이다.

- 공기와 물의 오염 그리고 공업재해나 자연 재해에 무방비상태로 방치되어 있으며, 인구성장률을 낮출 수 있을 때 도시의 관리도 훨씬 용이하다.

- 도시화 자체는 발전과정의 한 부분이나 삶의 질의 심각한 악화를 피하기 위해 그 과정을 관리해야 하며, 소도시 개발, 빈민을 위한 주택자금지원과 도시 시설의 증진과 수도공급, 위생설비 그리고 그 밖의 다른 서비스의 제공을 위한 재정지원이 필요하다.

자원기반의 보존과 사용효율성의 향상이 있어야 한다.

○ 지속가능한 기반 위에서 욕구를 충족시키려면 지구의 자연자원 기반을 보존하고 사용효율을 높여야 한다. 선진공업국의 현재와 같은 높은 소비 수준과 개발도상국의 최소한의 생활수준을 충족시키기 위해 필요한 증가분 그리고 예상되는 인구성장에 제대로 대처하려면 정책을 크게 변화해야 한다.

- 생계를 지속가능한 방식으로 꾸려나갈 수 있는 선택의 여지를 크게 넓히는 데 주안점을 두어야 한다.

- 농업자원의 보존도 긴급한 과제이며 사용효율을 높여야만 한다. 농업과 임업부문의 토지사용은 토지의 산출능력에 대한 과학적 평가에 기초해야 하며, 표토층, 어족, 삼림자

원의 연갈 고갈량은 재생률을 초과해서는 안 된다.

- 유기비료나 해충을 막기 위한 비화학적 수단의 사용 확대뿐만 아니라 물과 농화학물의 엄격한 통제에 기초해야 한다.

○ 전 지구적 발전의 궁극적 한계는 에너지자원의 이용 가능성과 에너지 사용의 부산물을 흡수 할 수 있는 생물권의 능력에 의해 결정될 것이다.

- 석유자원의 고갈, 채굴비용, 환경에 영향에 의한 공급문제와 산성오염, 지구온난화 등의 배출문제가 있다.

○ 지속가능성은 에너지의 보존과 효율적인 사용에 초점을 맞출 필요가 있으며 일인당 소비를 감소시키고, 비오염적 자원과 기술로의 이동을 촉진하기 위해 도시개발, 공업입지, 주택설계, 수송체계 그리고 농업기술과 공업기술의 선택에서 새로운 정책이 입안되고 추진될 필요가 있다.

○ 비화석 광물자원은 공급문제가 없으며 효율성의 증가, 재활용, 대체물질의 개발을 통해 산업은 얼마든지 자원부족 사태에 적응할 수 있다는 점을 보여준다.

○ 공기와 물의 오염을 방지하고 축소하는 문제는 자원보존의 중요한 과제로 남아 공기와 물의 질은 비료와 농약의 사용, 도시의 하수, 화석 연료의 연소, 몇몇 화학물질의 사용 등의 영향을 받는다.

- 폐기물의 양을 줄일 수 있는 기술사용을 촉진하고, 새로운 생산물과 기술 그리고 폐기물의 영향을 예측함으로써 이러한 오염문제를 예방해야 한다.

기술 운용 재설정과 위기관리가 필요하다.

○ 인간과 자연의 핵심연결고리인 기술의 방향을 재설정해야 한다.

① 개발도상국의 기술적 혁신능력이 크게 향상되어야 하며, 원료가공기술, 에너지 보존, 정보기술, 생명공학 분야에서 이루어진 최근의 혁신이 개발도상국의 요구에 부합되지 않고 있으며, 이러한 격차는 제3세계의 연구, 설계, 발전 그리고 성장 능력을 높여 나가야 한다.

② 모든 나라에서 대안적인 기술을 개발하거나 전통적인 기술의 수준을 향상하고, 수입기술을 선택하여 응용할 때는 반드시 환경자원에 미치는 영향도 함께, 세제혜택이나 세금 증세 등의 방법을 통해 기술을 개발할 때 환경적 요소를 철저하게 고려하는 편이 이익이 된다는 점을 확실히 깨닫도록 한다.

- 기술의 개발은 위험관리 문제와 핵발전소, 전기와 그 밖의 다른 공공서비스의 분배망, 통신체계 그리고 대중수송체계는 취약성이나 과거의 실패를 면밀하게 분석해 기술 설계, 표준 제정, 사고대비 계획에 응용한다면 실패나 사고의 위험과 영향이 적용한다.

- 안전장치의 설계와 통제, 사고예방, 사고대비계획, 손상경감, 구호물자의 비축을 위해 법적−제도적 메커니즘을 적극 활용하는 것뿐만 아니라 새로운 기능과 기술을 개발할 필요가 있음.

○ 국내의 여러 기구나 국제기구들은 신기술의 생산, 이용, 처분이 신기술이 널리 확산되기 전에 잠재적인 영향을 평가하고 잘못된 결과에 따른 책임강화와 함께 강제적인 조치도 강구 필요하다

환경과 경제를 생각한 종합적인 의사결정이 있어야 한다.

○ 정책을 결정할 때는 반드시 경제와 환경에 대한 고려를 통합할 필요가 있으며, 태도와 목표, 제도적 장치를 모든 수준에서 바꾸어야 한다.

- 경제적 고려와 생태적 우려가 대립하는 것은 아니다.

- 산업의 부문 조직들은 각 부문의 목표를 추구하면서 다른 부문에 미치는 영향을 제대로 고려하지 않으며, 고려하지 않을 수 없는 경우에도 그저 부차적인 효과로만 다루는 경향이 있다.

- 환경과 발전문제의 다수는 책임이 이처럼 부문별로 파편화되어 있는 데서 뿌리를 찾을 수 있다. 지속가능한 발전을 위해서는 이러한 파편화를 극복해야만 한다.

- 지속가능성은 정책결정의 결과에 대한 포괄적인 책임을 요구한다. 이를 위해서는 공동이익을 확보할 수 있는 법적, 제도적 틀의 변화가 있어야 한다. 기준으로 공적, 사적 자원을 사용할 수 있는 권리를 적절한 사회적 맥락에 보건과 복지에 적합한 환경이 필수적이라는 따라 조정하고, 각각의 조치가 지향해야 할 목표를 설정해야 한다.

○ 법률만으로는 공동의 이익을 확보할 수 없다. 이를 위해서는 원칙적으로 공동체의 각성과 지원이 필요하며, 이를 통해 더 많은 대중이 환경에 영향을 미치는 결정에 참여할 수 있도록 해야 한다. 또한 시민의 주체적인 참여를 촉구하고, 일반 시민조직에게 권한을 부여하고 지방민주주의를 강화할 필요도 있다.

○ 개발이나 환경영향에 관한 공개조사와 공청회는 다양한 측면에서 관련정보에 자유롭게 접근하고 실행여부를 국민투표를 통해 승인을 받을 필요하다.

○ 환경규제는 안전규정, 벌금부과 규정, 오염통제 입법과 같은 통상적 조치 외에 환경적 목표는 세제, 투자와 기술 선택에 대한 사전승인 절차, 무역에 대한 혜택부여 그리고 발전정책의 모든 구성요소까지 확대해야 한다.

○ 경제적-생태적 요소 제도 내 정책결정 체계에 통합하는 작업은 국제적 수준과 합치해야만 하며 무역, 재정, 투자 그리고 여행을 통한 경제적 상호작용도 늘어나고, 경제적-생태적 상호의존성도 증가 지속가능한 발전 전략은 인간간의 인류와 자연간의 조화의 증진을 목표로 하고 지속가능한 발전을 추구하려면 다음사항이 요구된다.

○ 정책결정에 시민들이 효과적으로 참여할 수 있도록 보장해주는 정치체제

○ 자립적이며 지속적인 기반 위에서 잉여생산물과 기술적 지식을 생산할 수 있는 경제체제

○ 부조화 스러운 발전에서 발생하는 긴장을 해결할 수 있는 사회체제

○ 발전을 위한 생태적 토대를 보존해야 할 의무를 존중하는 생산체제

○ 끊임없이 새로운 해결책을 찾을 수 있는 기술체제

○ 지속가능한 유형의 무역과 재정흐름을 촉진시키는 국제체제

○ 유연하고 자기교정 능력을 갖고 있는 행정체제이어야 한다.

○ 우리는 미래(특히 현재 살아가고 있는 우리가 죽은 이후)의 가치 있는 삶을 보전하기 위해 관심을 가져야 함.

○ 우리가 미래세대를 위해 충분히 행하고 있지 못하다는 광범위한 회의론적 시각도 존재하지만 충분하다는 것을 어떻게 판단할 것인가에 대한 문제도 존재하고 있다고 본다.

○ 이러한 점에 관해 저자는 세대간의 정의의 관점에서 접근하고 있다.

○ 미래세대와이 관계에 대해 우리의 사고에 도움을 줄 수 있는 유사한 노수가 손재하지 않음으로써 친숙한 것에서 친숙하지 않는 것으로 시각을 전환할 필요 존재한다.

○ injustice와 wrongness를 광범위한 개념으로 동일시하고 하고 있다.

한편으로 동일시하지 않는 2개의 경우를 설명한다.

▶ 1. 나쁜 행동을 행하나 부정의한 것이 아닌 것(정의로운 것)이 존재한다.

● 인간이 아닌 동물에 관련해서 잘못된 행동을 행할 수 있다는 것은 논쟁거리가 못된다. 인간 간의 관계를 벗어나서는 정의의 개념이 적용될 수 없다.

▶ 2. 인간(sentient being)의 이익이 관련되지 않더라도 잘못 행동할 가능성이 존재한

64

다. ○ 미래세대에 대해 부정의하게 행동하는 것은 나쁜 것이지만 미래세대와 관련하여 현세대가 할 수 있는 유일한 행동이 나쁜 것은 아니다.(정의의 광범위한 관점)

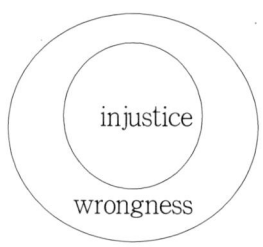

　　○ 우리가 배분적 정의를 이익의 갈등에 초점을 둔 좁은 의미의 정의로서 규정한다면 세대간의 정의의 문제는 세대간의 배분적인 정의와 관련된 문제이다.
　　○ 지속가능성의 윤리적 지위를 파악코자 한다.
　　지속가능성이 세대간의 배분적 정의의 필요조건인가 아니면 충분조건 인가?라는 질문을 통해 볼 수 있다.
　　○ 현세대의 배분적 정의의 요구(demands)에 관한 문제를 통해 세대간의 요구 문제로 접근하고자 한다.
　　○ 인간은 기본적으로 평등하다는 것을 전제한다.
　　- John Stuart Mill
　　- Bentham's 격언: 모든 사람은 하나로 셀 수 있으며, 어떠한 사람도 하나 이상은 될 수 없다.
　　- 고통과 즐거움도 동일한 강도라는 공리주의적 계산을 볼 수 있다.
　　○ 공리주의에 억매이지 않도록 도덕적으로 합리적인 예증을 제시함으로써 다른 사람에 대한 다른 적용도 정당화되어야만 한다.
　　○ 기본적인 평등을 전제한 이론
　　1. 평등권(equal rights): 시민권리와 정치권리는 동등해야만 한다. 예외적으로 다른 사람들과 비교해서 감소된 권리가 부여된 사람들의 동의를 받을 때에만 정당화될 수 있다.
　　2. 책임성(responsibility): 다른 사람에 대한 다른 결과의 합법적인 원인은 그들이 다른 자발적 선택을 행하고 있다는 것임(그러나 이러한 원칙은 공정한 권리, 자원, 기회 시스템의 배경 하에서만 충분히 발휘될 수 있다는 점임). 이러한 원리의 반대편에는 어느 누군가가 책임을 지지지 않는 나쁜 결과는 보상에 대한 문제를 제공한다.

3. 주요 이익(vital interests): 인간에게는 행복한 삶을 살수 있고 가족을 양육하고 능력껏 일할 수 있고 사회적 정치적 삶에 참가할 수 있는 객관적인 요건이 존재함. 정의는 모든 인간이 다른 욕구를 충족시킬 수 있는 것 보다 이러한 욕구를 충족시키는 수단을 가지고 있다는 것을 보장하도록 좀 더 높은 우선권을 필요로 한다.

4. 상호간의 이익(mutual advantage): 정의의 부차적인 원칙은 모든 사람이 위의 세 가지 원칙의 이행에 의해 만들어진 사건으로부터의 이익을 추구한다면(?) 변화하는 정의와 양립 가능하다(그러나 변하지 않는 것은 올바르지 못하다).

○ 이러한 정의의 원칙이 세대간의 정의에 대해 어떠한 함의가 존재하는가? 차례로 보자

1. 평등권(equal rights): 이러한 원칙이 직접적으로 세대간의 적용을 가지고 있는지를 볼 수 없음 왜냐하면 평등권의 원칙이라는 것은 현세대간에만 적용되기 때문(과거의 문제는 해당이 안 된다) 그러나 현세대는 미래의 평등권에 영향을 줄 가능성이 존재한다.

환경적인 스트레스가 많아질수록 우리는 우리의 미래세대에게 평등권에 대해 빈약한 전망으로 대처하게 만든다.

2. 책임성(responsibility): 선택으로부터의 불평등성을 정당화하기 위해 현 세대뿐만 아니라 미래세대도 이러한 원칙이 적용된다. 미래에 있는 사람들은 그들이 물려받은 물리적인 상태에 대해서 책임을 질 수 없다 그래서 미래에 있는 사람이 우리보다 이러한 측면에서 못산다면(worse off) 정의롭지 못한 것처럼 보인다(부유하다 혹은 형평이 어렵다는 기준의 문제가 발생함). 미래세대가 책임을 질 수 있는 것은 그들 중 많은 사람이 주어진 특정시점에 어떻게 존재하는가에 관한 것이다. 책임성의 원칙을 인구규모에 적용한다면 세대 간의 정의의 요건에 대한 보다 유의미한 함축적 의미를 가질 것이다.

3. 주요 이익(vital interests): 시공긴적인 위치가 합법적인 주장에 영향을 주지 않는다는 기본적인 아이디어는 미래세대의 주요 이익과 같다.

4. 상호간의 이익(mutual advantage): 이론상 상호이익원칙은 세대상호간의 함의를 가지고 있을 가능성이 있음 그러나 저자는 먼 미래세대가 무엇을 선호(preference)할 지에 대해 알 수 없는 것이기 때문에 이를 부인하고 있다.

5. 지속성(Sustainability)

○ 지속성에 대한 두 가지 문제를 지적할 수 있다.

　　첫째 일관적이고 포괄적인 지속성의 정의를 만드는 문제

　　둘째 그러한 정의로부터 구체적인 정책함의를 이끌어 내는 문제

○ 우리가 미래세대를 속이는 것이 아닐까 하는 의심으로 시작하여야 한다.

우리가 즐기는 것보다 적게 미래세대에게 남겨주는 방식으로 행동해서는 안 된다는 것을 의미하고 그러한 것을 지속성으로 부를 수 있다.

○ 지속가능성의 핵심적 개념으로 우리가 어떠한 것을 행할 수 있는 권한을 가지고 있는 한 미래세대에까지 X의 가치가 유지되어야만 하다는 것이다. 이러한 것은 X의 내용이 무엇이 되어야만 하는지에 대한 논의에 대해 개방적이다.

○ 효용성을 경제적인 선호의 관점에서 보면 생산력을 저하시키지 않는 환경적 퇴화는 과학적인 진보에 의해 보상을 받을 수 있다 (대체제의 인식) ex. 플라스틱 나무.

○ 자연자본(natural capital)을 보장해야 한다고 주장하는 사람은 대체제를 부인한다.

○ 이러한 것은 사실의 문제에 대한 불일치가 아니라고 저자는 말하고 있다.(사람들이 양자의 시각을 가질 수 있음을 전제한다)

○ 자연자본의 손실은 부가적인 생산능력으로 거래될 수 없다(자연은 인간 이익에 독자적으로 기여를 할 수 있는 가치를 가지고 있다는 시각을 깔고 있다).

○ 자본의 용어에 대한 문제 지적

자연자본의 지지자들은 특정한 지점이상 넘어갈수록 미래생산이 위험에 처할 수 있는 자연적 기반을 가지고 있다.

대체론 학파는 대체론적 시각에서 접근

자본이라는 말은 본질적으로 경제학적 학문 내에 위치하는 것이다.

저자는 자본이라는 말과 자연이라는 말을 동시에 사용하는 것을 삼가야 한다고 지적한다.

욕구충족(want-satisfaction)이라는 가설을 버린다.

○ 미래세대를 위해 유지해야 하는 것은 그들에게 좋은 삶을 살 수 있는 기회를 부여하는 것이다.

- 과연 좋은 삶이라는 기준을 어떻게 정할 것인가의 문제로 귀착된다.

- 현세대가 이러한 기준을 정하는 것은 오히려 미래세대의 선택권을 선점하는 결과도 될 수 있다.

- 미래세대에게 그들의 관념에 맞게 좋은 삶을 살 수 있게 하는 기회를 부여하는 것이 중요하다.

- 이러한 것은 우리의 관념에 따라 그들이 좋은 삶을 살 수 있는 것을 포함함. 그러나

그들에게 다른 선택권을 남겨 두는 것이다.

○ 그렇다면 세대간의 공평한 기회가 부여된다고 볼 수 있는 가의 문제에 봉착함.

- 공평한 기회는 믿을 수 없다.

○ 기회(opportunity)라는 측면의 문제점은 두 가지로 요약될 수 있다.

- 기회를 산술 하는 것(이러한 문제점은 유사한 세 가지의 것(동일한 세 개의 사과)이 다른 두 가지의 선택(사과와 오렌지)보다 좀더 많은 기회를 부여한 것이라고 할 수 있는 가로 나타날 수 있음→ 이는 욕구충족(선호도에 따라서 달라질 수 있다).

이러한 것은 결국 선택의 일련 즉 선택될 수 있는 사항이 어떠한 것인가에 따라서 가변할 수 있다는 점이다(예를 들자면 선택할 수 있는 사항이 많아지더라도 선택자의 선호를 충족하지 않을 경우에는 선택의 다양성은 아무런 의미가 없음). 그러므로 기회를 산술하는 것은 문제가 있음을 저자가 지적한다.

- 선호가 주어진 것으로 보는 것도 문제가 있다.

미래세대는 플라스틱 나무를 우리가 실제나무를 선호하는 것과 마찬가지로 선호할 수도 있다.

○ 그러나 우리는 기회의 범위의 개념은 기회의 수나 선호된 선택의 유용성으로 감소될 수 없음. 우선적으로 X라는 기준(미래에서의 좋은 삶?)을 설정하는 이유를 찾아서 기회를 정의해야만 한다.

예를 들자면 기준에는 적절한 영양섭취, 깨끗한 음료수, 의복과 주거, 건강과 교육과 같은 주요이익(vital interests)에 반하는 것은 포함하지 않아야 한다.

○ 이장에서 저자가 주장하고자 하는 것은 지속성의 개념은 감소할 수 없는 규범이고 따라서 그러한 정의에 대한 분쟁은 당연히 다른 가치를 반영할 것이나. 지속성의 기본적 관념이 미래세대에 있어 중요한 것을 보존하는 것이라면 불가피하게 그것의 개념은 중요한 것에 대한 개념과 관련이 있다.

6. 지속가능성과 세대간의 정의(Sustansibility and Intergenerational Justice)

○ 지속성과 세대간 정의는 연계해서 생각해야 한다.

○ 지속성은 적어도 세대간 정의의 필요조건 이다.

○ 우리와 동일한 수준(X 수준)을 유지하는 잠재력은 다음세대가 어떻게 하느냐에 달려 있다.

○ 세대간의 정의는 현세대와 미래세대의 정의와 관련된 것으로 과거세대와 비교하는

것은 논리에 맞지 않는다.

○ 결국 세대간의 정의 현재와 미래와의 관계와 관련된다.

○ 현재(now)는 시간을 초월한 의미에서 현재를 말한다.

○ 인구규모를 어떻게 다룰 것인가의 문제

- 미래인구의 규모는 책임성의 원칙 범위 내에서 이루어져야 한다.

- 우리는 세대간의 정의를 다음과 같은 가정(인류의 증가는 현명한 통찰의 가이드라인 안에서 이루어져야 함)으로 한정한다.

- 미래세대의 인구증가에 대해 그들이 어떻게 하든 우리가 관여할 바가 아니다.

○ 이러한 문제에 대해 볼 수 있는 올바른 방법으로는 인구와 자원이 지속성에 포함될 수 있는 두 가지 변수라고 생각하는 것임. 즉 지속성=f(인구, 자원)이다.

8. 지속가능한 발전 의 필요성

　지속가능한 발전은 실제로 모순되거나 논리적으로 혼잡한 것이라고 주장한다. '강한' 지속가능성은 완전히 비실용적이거나 실제로 수용하기 어려운 것이다. 그리고 보상을 통해 자원을 소비한다는 '약한' 지속가능성은 전통적인 경제적 후생 극대화를 넘어서는 아무 것도 제공하지 않는다. 인간 행복이 감소하지 않게 한다는 '지속가능성'은 비합리적인 것으로 보여 진다. 후생 경제학은 분배적 고려사항들을 수용하고 있고 후생 개념은 행복에 대한 주관적 변화의 효력을 포함하고 있다. 그러므로 왜 후생 극대화가 최우선 정책대상으로 남아서는 안 되는가에 대한 이유는 불충분하다. 아직 논증되지 않은 둘 사이의 명백한 갈등이 없는 한 지속가능성은 후생 극대화의 '억제'로서 간주되지 않는다. 이는 세대간 정의의 중요성을 부정하거나 만약 환경이 사회적 최적방식으로 관리되어진다면 시장 불완전성을 개선하기 위한 경제적 인센티브의 요구를 부인하는 것은 아니다. 광물이나 다른 한정된 일차 생산품에 크게 의존하는 몇몇의 작은 개발도상국을 제외하고는 '지속가능한' GNP의 보다 넓은 개념의 측정은 시간의 낭비이고 산출된 측정방식은 실제로 값어치가 없다.

1) 지속가능한 발전: 기술적 조건인가 아니면 도덕적 억제인가

지난 몇 년 동안 가장 유행하는 환경에 관한 담론은 '지속가능한 발전'이었다. 그것은 많은 문헌들을 낳았고 많은 연구 기관들을 통해 많은 지지를 얻었다. 환경 단체들은 현재 환경 담론에서 중요한 새로운 공헌을 하는 개념으로써 지속가능한 발전을 표명하고 있다. 그들은 지속가능한 발전이 환경에 대한 새로운 시각을 가져왔고 미래세대의 이익이 정책 분석에 반영될 수 있게 되었다고 주장하였다. 그러나 사실 그것은 단지 논점들을 복잡하게 한다. 이 방면에서 저명한 두 학자 Partha Dasgupta와 Karl-Göran Mäler는 '지속가능한 발전에 관한 대부분의 저서들은 단지 긁어모은 것에서 출발하였고 일부는 절망적일 정도로 잘못된 것으로 나아가고 있다. 사회과학에서 그러한 지적 퇴보를 보여줄 수 있는 다른 분야에서의 연구 노력을 찾기가 어렵다.'라고 지적하였다. 과거에 경제 정책이 환경적 이슈를 무시하는 경향이 있었던 것은 사실이다. 그러므로 지금은 정책 행위에 있어서 환경에 대해 적당한 위치를 주어야 하는 것이 옳다. 그러나 이는 지속가능성을 정책의 최우선 기준의 상태로까지 올라가지 못한 채 이루어졌었다. 무엇보다도 지도자들이 매우 바람직한 수많은 인간행동들에 대해 생각하지 불명확한 지속가능성에 대해선 생각하지 않는다고 확신한다. 1992년 Rio de Janeiro에서 유엔은 세계 대다수의 국가들이 참여한 환경과 개발에 관한 회의(UNCED)를 개최하였다. 이 회의에서 국가들은 '의제21'로 알려진 수백 페이지의 중요 안건을 채택하였고 각 국가들은 그들 국내 정책에 있어서 환경에 대한 고려를 할 것과 '지속가능성'의 관점에서 그들 자신의 개발에 대해 감독할 것과 새로 설립된' 지속가능한 개발위원회(CSD)'에 정기적으로 보고서를 제출하는 것에 동의하였다.

지속가능한 발전이라는 개념 그 자체로는 기본적으로 온전한 것이 아니다. 이는 그것을 추구하기 위해 한 특별한 발전 경로의 기술적 특징들과 윤리적 억제가 혼합된 것이기 때문이다. 어느 특별한 발전 경로가 기술적으로 지속가능한 것인지 아닌지에 대한 정의는 그 자체로 어떤 특정 도덕적 힘을 수행하지 않는다. 그러나 대부분 시장에 대한 지속가능한 발전의 정의는 일부 윤리적 억제와 결합하는 경향이 있다. 윤리적 억제와 기술적 특징의 결합결과는 어느 발전 경로의 지속을 위협하려는 것에 관한 실용적 계획과 특정 발전 경로의 최적화와 관련된 규범적 계획 사이의 구분을 불분명하게 만들었다. 대신에 지속가능한 발전은 단지 특정 기간 동안 지속되어지는 것으로 정의되었고 그것이 수반되어야 하는 것인지는 다른 문제이다. 다른 말로 그것은 순수하게 기술적 개념으로 치부되어야 한다. 순수 기술적 개념으로써의 지속가능성과 규범적 개념으로써의 최적화 사이의 구분은 지속가능하지 않는 많은 경제적 활동들이 온전히 최적화되거나 지속가능한 많은 활동들이 최적화는 물론이고 심지어 바람직하지 않는 것에서 명확히 드러난다.

2) 지속가능한 발전에서의 변화

지속가능한 발전의 정의들 중 가장 유명한 것은 1987년 세계 환경개발위원회 보고서의 '우리 공동의 미래'에 포함되어 있다. 후에 이 위원회의 의장이 되는 노르웨이 수상이었던 Brundtland의 이름을 딴 Brundtland 보고서로 알려진 이 보고서는 지속가능한 발전의 정의를 '미래세대의 욕구를 충족시키는 능력을 손상시키지 않고 현세대의 욕구를 충족시키는 발전'이록 정의하고 있다. 과거 몇 년 동안 지속가능한 발전에 대한 수많은 정의가 내려졌다. 그러나 그들 사이에 한 분명한 경향이 발견된다. 초기에는 지속가능성은 오늘날 우리가 볼 수 있는 그 모든 환경을 손상시키지 않고 보전하는 것을 해석되어졌다.

3) 최적화와 지속가능성

누군가 자신의 직업을 추구하는데 있어서 두 가지의 경우 중에서 하나를 선택할 수 있다고 가정해보자. 그리고 논의를 위해서 두 직업 사이에서는 오직 벌어들이는 소득 수준과 이 소득을 바탕으로 하는 소비의 수준만이 다르다고 가정해보자. 대충 근무조건, 명성, 직업만족, 지리적 위치 등등 다른 조건들이 같은 것으로 가정한다. 우리는 일정시점에서 그녀의 후생수준이 그 시점의 그녀의 소득과 관계가 있다고 가정한다. 이제 한 직업은 꾸준하지만 매우 완만한 소득수준을 보장하고 다른 하나는 전자에 비해 매년 소득/후생 수준이 높아지지만 그녀의 삶 중반에 몇 년 동안 감소한다고 한다. 그녀는 어떤 길을 선택할 것인가? 당연히 후자이다. 그녀의 최적화 경로는 그녀 인생을 통틀어 후생수준을 극대화 시키는 것이다. 이 단순한 예에서 그녀 평생소득의 '현재가치'는 전자보다 후자가 더 높다. 일시적 감소를 전망하는 한에서 그녀는 단지 초창기에 보다 많이 투자하고 그 후 소득이 줄어드는 몇 해 동안에 그녀의 수입을 올리기 위한 여분의 소득을 사용할 것이다. 물론 이 예에서 문제를 두 가지 방법으로 단순화 시켰다. 첫 번째로 지속가능하지 않은 경로에서 기대되는 후생 수준이 지속가능한 길에서의 것보다 매년 크다고 가정했고, 둘째로 오직 한 사람만이 포함되어 두 소득 경로가 인구의 다른 구성원들 사이의(다른 세대 사이는 말할 것도 없이) 소득 분배에 있어서의 공평성에 미치는 영향에 대한 방식을 고려할 필요가 없었다. 우리는 다음 장에서 전체 사회로서의 후생 최대화를 고려할 때 분배적 고려사항들에 대해 살펴볼 것이다.

한편 첫 번째 문제와 관련하여 합리적인 개인은 교차하는 소득의 두 경로 사이에서 선택의 문제에 직면하게 되는 것을 가정해 볼 수 있다. 이 경우 두 소득 경로에서 현재가치를 비교하기 위해 그녀는 그녀가 저축과 투자를 할 수 있게 하는 이자율에 따라 미래소득을 할인할 것이다.

그러나 다시 왜 합리적인 개인이 평생 동안에 소득의 일시적 감소에 특별한 중요성을 부인하는지에 대한 마땅한 이유가 없는 것처럼 보인다. 그녀 평생을 통한 소득 흐름의 시간경로는 할인 연습에 의해 소중히 여겨질 것이다. 그녀는 빌려주거나 빌리는 데 자유롭고 그 같은 방식으로 그녀의 후생의 현재가치를 최대화 시키려는 방법으로 소비를 분배할 것이다.

(1) 지속가능성은 순수하게 어느 계획, 프로그램, 발전 경로의 기술적 특징으로 해석되어져야지 어떤 도덕적 억제나 선택의 최우선적 기준으로써 해석되어지는 것이 아니다.

(2) 사회의 최적화 선택은 시간이 세대간 정의의 상대적 관점으로 어떻게 간주되든지 후생의 현재가치를 극대화 시키는 것이다.

(3) 여하튼 대부분 환경론자들이 '강한' 지속가능성을 포기하고 지금은 얼마나 전체 자산 저장의 다른 요소들을 후생에 기여할 것인가라는 관점에서 '지속가능성' 조건을 정의하고 있으며 사회가 후생을 극대화시키는 것을 추구하는 한 지속가능성 상황은 복잡하게 되고 심지어 억제로서 취급되어질 수 없다. 어느 것도 우리가 최적의 정책이 무엇인지를 결정하려는 시도를 할 때 심각한 환경문제를 내버려두는 것을 의미하지 않는다. 항상 주장하는 것은 세계가 실제 환경문제들에 직면해 있다는 것이다. 환경문제와 관련된 이들에 대한 진지한 연구가 전 세계의 다양한 연구기관에서 수행되어지고 있다. 또한 수많은 위원회들이 이에 대한 보고서를 제출하고 있는 것과 그것을 측정하기 위하여 수많은 연구 프로그램이 고안되고 있는 것을 포함하여 너무 많은 시간과 노력이 지속가능한 발전 개념의 함의를 발전시켜나가는 데 희생되고 있는 것은 불행한 일이다. 일부 광물 또는 다른 일차 생산품의 한정된 공급에 크게 의존하는 몇몇의 개발도상국들을 제외하고 '지속가능

한 GNP'의 보다 넓은 개념의 측정은 시간과 노력의 낭비이고 선진국에서 개발된 그와 같은 측정은 실제로 무가치한 것이다. 그러므로 지속가능은 타 분야와의 유기적 연결이 필요한 것이다.

약한 지속가능성에 의하면 자원은 하나의 복합적 총체로서 존재하기 때문에 상호 대체적으로 사용될 수 있고, 개별 자원이 고갈되어도 복합적 총체로서의 자원은 시간이 경과하더라도 변하지 않기 때문에 자연자원을 많이 이용해도 괜찮다.

반면 강한 지속가능성은 자원은 서로 보완관계일 뿐 대체관계가 아니기 때문에 자연자원은 보전되어야 한다는 입장이다. 따라서 강한 지속가능성에 의하면 각종 자연자원은 적극적으로 보전하여 미래세대에 남겨 주어야 한다.

- 지속가능한 개발에 대한 Berkerman의 논의에 대한 Daly의 반박이 있다.
- 강한 지속가능성을 옹호하지만 Bekerman의 도덕성과 실행성 부문 주장을 비판하기도 하였다.
- 우선 Daly는 Bekerman이 '약한 지속가능성'의 효율적인 파괴에 대해 이것에 여전히 매달리는 환경경제학자들을 변화시키기를 희망한다.
- Bekerman의 강한 지속가능성의 개념은 약한 지속가능성이 인공 및 자연자원이 기본적으로 대체가능하다고 가정함. 반면, 인공 및 자연자원이 기본적으로 보충가능하다고 가정한다.
- 여기서 Bekerman은 완전하게 하나를 놓쳤다. 강한 지속가능성의 의미를 어떠한 종(species)도 멸종하지 않고, 어떠한 비재생자원도 토지에서 취할 수 없을 것이라 생각한 것이다.
- Daly는 이러한 생각을 반박하기 위해 '모순된 강한 지속가능성'의 개념을 언급하였다.
- 즉, 인공 및 자연자원은 대체나 보충가능한가? 이것이 실제로 약한 지속가능성과 강한 지속가능성 사이의 이슈이다.
- Daly는 Bekerman의 약한 지속가능성의 개념을 옹호하지만 강한 지속가능성에 대한 주장은 불합리하다고 설명한다.
- Daly는 강한 지속가능성의 핵심단어인 '상보성(complementarity): 相補性)'에 의문을 제기
- 만약 인공 및 자연자원이 대체가능하다면(약한 지속가능성) 어떠한 것도 제한 요소일 수 없다. 그러나 만약 보충가능하다면(강한 지속가능성) 단기 공급이 제한적일 수 있다.

- Bekerman의 약한 지속가능성과 미래세대를 복지의 관점에서 지속가능한 개발을 정의하려는 시도에 거부한다.

- 즉, 그의 근거에 나는 세대의 복지문제는 우리의 통제를 넘는 것이고 기본적으로 우리와 관련이 없다고 생각한다.

- 예를 들어, 모든 부모들이 알고 있듯이 복지를 증여할 수 없다. 단지 복지의 물리적인 것만 넘길 수 있는 것과 같다. 미래는 우리가 무엇을 남겨 두든가 스스로 비참해지는 것에 자유롭다. 따라서 우리의 의무는 미래세대의 복지를 보증하는 것이 아니라 자연자원의 최소수준 형태로 생산할 수 있는 능력을 보증하는 것. 이것은 간단한 관리규칙에 의해 조절될 수 있고, 다음과 같이 계획(강제) 될 수 있다.

· 생산(output) 규칙: 폐기물 생산은 자연적인 흡수능력 내에 있다.
· 투입(input) 규칙: (a) 재생자원 투입의 경우 수거율은 재생율을 초과하지 않아야 한다. (b) 비재생자원 투입의 경우 소모율은 재생가능 대체제가 개발될 수 있는 비율과 같아야 한다.

- 규칙(b)은 '유사한(quasi) 지속가능성'으로 비재생자원의 개발을 위한 것임. 재생가능 대체자원으로서 적당한 것에 대한 질문은 매우 중요하고, 강한 지속가능성에 대한 약한 지속가능성과 관련된다.

- 약한 지속가능성은 요구 수익률을 가진 어떠한 자산의 수입을 포함. 강한 지속가능성은 단순히 금융적 대체자원보다 실제자원을 요구한다.

- 즉, 석유자원 고갈에 대비한 비축자원은 에너지 효율성 증진을 포함하는 새로운 자원공급에 투자되어야 함. 그러나 법학학교, 의학연구소, 맥도널드 햄버거 점에서는 그렇지 않다.

- 논쟁의 중점은 인공 및 자연자본이 보충가능하다는 것임. 많은 경제학자들은 이것을 대체재라고 주장하였고, Bekermand은 이를 무시했지만 실제로 주요 이슈가 된 후에 여기에서 상보성을 위한 사례로 언급할 필요가 있다.

(a) 만약, 인공자본이 자연자본의 완벽한 대체자본이라면, 자연자본은 인공자본의 완벽한 대체자본일 수 있다.

- 그러나 만약 실제로 그렇다면 인공자본은 축적할 이유가 없다. 따라서 인간은 이미 완벽한 대체제에 가까운 것을 자연에 의해 부여받음. 그러나 역사적으로 우리는 인공자본을 축적해 왔는데 이는 인공자본이 자연자본과 서로 보충적이기 때문이다.

(b) 인공자본은 자체적으로 자연자원의 물리적 변화이다. 따라서 추정된 대체제(인공자본)를 더 많이 생산하는 것은 물리적으로 대체될 수 있는 자연자본을 더욱 많이 필요로 하게 된다.

(c) 인공자본은 원자재를 투입하여 생산물을 얻는 자원흐름 변화. 자연자원 흐름은 생산물의 물리적 원인; 원자재를 투입하여 생산하는 자본은 생산의 효율적 원인. 효율적인 원인으로 물질적 원인을 대체하지 못함 - 누구도 목재의 절반으로 똑같은 집을 지을 수 없다. 또한, 많은 목재를 많은 주택으로 같은 기간 동안 처리하기 위해서는 더 많은 톱과 목수가 요구된다. 확실히, 인공과 자연자본의 기본적인 관계는 지속가능성이 아닌 상보성의 일종이다. 물론 목재를 벽돌로 대체할 수 있다. 그러나 그것은 투입 자원을 대체한 것이지 자원을 위한 자본의 대체는 아니다.

- 만약, 자연과 인공자본이 명확하게 보충적이라면, 경제학자들은 압도적으로 대체재로 다루지 않았을까?

- 이에 대해 근거로, Leontier의 예로 고정요소비율의 가정을 갖는 투입-산출모형은 보충재로서 모든 요소를 다룬다는 것. 둘째, 공식적으로 상보성과 대체성의 수학적 정의는 2요소의 경우 상호 대체적이어야 한다. 셋째, Cobb-Douglas는 자원 자본에서 무한한 요소간의 대체가능성이 있다고 함. 다행히도 경제학자들은 보존 법률로 이러한 대체재를 규제하기 시작하였음. 넷째, 배타적이고 근시안적인 작은 차이에 대한 관심은 대체에 대한 매우 제한적이고 최소한의 가능성의 결과를 갖는다. 예를 들어, 여분의 자동차 유지를 위한 민간비용은 감소한 도로의 공공비용으로 대체될 수 있다. 그러나 이러한 대체성의 최소요인은 자동차와 도로는 기본적으로 자본의 상보적인 형태라는 사실을 흐리게 해서는 안 된다.

- 자원자본의 대체를 변화시키는 것은 심각한 혼란에 있음. 일부 경제학자들은 지식, 기술, 관리기술의 향상을 '자본'으로 계산하고 있다.

- 만약 이것이 유용하다면, '자본'과 자원은 같은 관점에서 대체될 수 있음. 그러나 효율성으로 자본을 정의하는 것은 투입과 생산비를 효율적이고 투입량을 자본으로 생산의 신고전주의 이론을 헛되게 하는 것이다.

- 상보성의 이슈를 깊이 고려하는 것이 필요함. 왜냐하면, 상보성은 강한 지속가능성의 열쇠이고, Bekerman은 이것을 빠뜨리면서 지속가능한 개발의 논쟁에서 가장 중요한 이슈를 다루는 데 실패하였다.

- 다른 문제로 넘어가서 Bekerman은 할인(discounting) 자원에 대한 현재와 미래의 균형을 위한 적절한 방안으로 생각한다.

- 그러나 할인율은 가격구조의 일부이고, 가격은 소유권 분배와 관련됨. 주요 문제는 주어진 소유권 분배와 다른 세대간에 있음. 만약, 자원이 현세대에 모두 소유된다면, 우리는 할인율을 포함한 한가지 가격을 가지게 되고, 자원이 많은 세대에 분배된다면, 우리는 서로 다른 할인율을 가지는 완전히 다른 가격구조를 가지게 된다.

- 강제성에 의한 강한 지속가능성은 미래세대에 자원에 대한 권리를 제공하는 방법임. 여기서는 현세대보다 미래세대가 더 많은 자연자본에 대해 권리를 가지게 된다.

- 즉, 강한 지속가능성은 보충물을 고려하기 때문에 인공자본과 자연자본이 개별적으로 유지되기를 요구함: 약한 지속가능성은 대체재를 추정하기 때문에 단지 두 자본의 합이 유지되는 것을 요구한다.

- Daly는 Bekerman이 주장한 약한 지속가능성은 혼란스럽고, 미래세대의 복지 측면에서 조절가능하지 않다는 것에 동의한다.

- 그러나 강한 지속가능성에 대한 Bekeman의 관점이 잘못된 개념에 기초한다고 생각함. 강한 지속가능성에 대한 적절한 정의는 논리적 강제성으로 Bekerman의 축복을 유지시킨다. 왜냐하면 이것이 실제로 현세대의 복지극대화를 제한하고 동일한 복지극대화의 관점에서 함축적으로 정의되지 않는다. 강한 지속가능성은 또한 할인율보다 미래세대의 권리 측면에서 나은 방안을 제공함. 나아가 이것은 Hicksian의 소득개념의 논리적 확장을 표현하는 것이다.

- 지금까지 제기한 근거로 나는 지속가능한 개발이 필요한 개념임을 확신함. 모든 중요한 개념들은 논증적으로 약간의 차이에서 애매모호하다.

- 지속가능한 개발은 최소한 '화폐'의 개념만큼 명확해야 한다.

- 즉, 화폐는 실제로 M1 또는 M2, M1a인가? 우리는 유러달러에 기초한 대부금을 미국 통화 공급 체계로 포함시킬 것인가? 한 자산이 준화폐로 통용되기 전에 얼마나 유동적이어야만 하는가? 그러나 인간은 영리하여 화폐의 정의를 다룰 수 있을 뿐만 아니라, 화폐의 개념 없이는 어려운 시간을 보낼 수도 있다. 지속가능한 발전의 개념도 이와 같다.

9. 환경문제의 사회적 불평등

1) 머리말

○ 일반적으로 환경문제는 모든 개인들에게 또는 모든 활동주체들에게 피해와 고통을 주는 것으로 인식되고 있다.

○ 자원·환경문제는 또한 기업의 생산 활동과 정부의 역할수행에도 큰 지장을 초래한다.

○ 환경문제에 관한 연구는 불평등의 현상을 파악하고 원인을 분석하고 불평등을 해소하기 위해 많은 노력이 필요하다.

○ 그 동안 환경문제에 대한 연구는 주로 문제의 전반적 실태 파악에 집중, 환경오염에 의한 환경문제 및 통제를 위한 피해의 사회 공간적 차별성이나 환경자원의 제공, 시설이나 수단들의 불평등한 보유·이용에 대해서는 거의 관심이 없었다.

① 우선 환경문제의 사회 공간적 불평등이 나타나는 양상들을 유형화 하여

② 그 구체적 사례들을 객관적 자료 및 시민들의 인지자료에 근거하여 살펴보고

③ 불평등이 유발되는 자연 지리적 및 사회구조적 배경을 개념적으로 추론하여 세부적으로 분석하고

④ 마지막으로 환경문제의 불평등을 해소 또는 완화시킬 수 있는 대안적 방안들을 경제적(기업) 정책적(정부), 사회 문제적(시민) 측면에서 제시한다.

2) 환경문제의 불평등에 관한 유형분석

(1) 환경과 관련된 편익과 비용

○ 환경 그 자체는 인간의 산물이 아니라 자연에 의해 주어진 것이며, 모든 인간은 이러한 환경을 벗어나서 생존할 수 없다.

○ 환경은 개인 생존과 사회의 발전을 절대적으로 필요한 "편익"을 제공하는 반면에 유용한 자원을 소비하고 끊임없이 그 부산물들을 외부 환경에 배출함으로 "비용"을 발생

시킨다.

○ 환경과 관련하여 얻는 편익은

① 자연으로부터 직접적으로 얻는(물질적 및 심미적) 편익

② 자연자원을 가공 생산하는 기업으로부터 얻는 편익

③ 공공재로서 국가의 공공시설로부터 얻는 편익

④ 환경오염 통제를 위한 국가의 공공시설로부터 얻는 편익 등이고

비용으로는

① 상품으로부터 자연을 이용한 대가로 지불하는 비용(상품가격 비용)

② 공공재로서 자원을 이용하거나 또는 환경오염 통제시설을 이용한 대가로 지불하는 비용(수수료나 세금 등)이다.

③ 오염물질의 배출비용(공공처리시설 또는 자연환경으로 배출비용)

④ 환경오염으로 인한 직·간접적 피해비용

⑤ 정부가 공공재로서 자원을 생산하기 위해 투입하거나 오염 통제시설을 조성하기 위해 투자하는 비용 등이 포함한다.

○ 자연이용 및 환경오염과 관련된 편익과 비용발생에서 현대도시의 특징은

① 인간이 환경으로부터 편익을 얻는 방법과 그에 상응하는 대가로 비용을 지불하는 방법은 역사적으로 변화한다.

② 환경오염 물질들의 처리방법과 이를 위해 비용을 지불하는 방법도 변화한다.

③ 자연자원을 가공 생산하는 시설(원자력발전소) 또는 환경오염 물질을 통제 관리하는 시설들(쓰레기매립장, 소각장) 자체가 부차적 환경오염 원인이 된다.

④ 도시정부의 환경정책은 자연이용이나 환경오염과 관련된 편익과 비용을 적절하게 배분 또는 통제함으로써 자연·환경문제를 해결하고자 하는 경향을 가지게 된다.

(2) 환경과 관련된 편익과 비용의 분석

○ 환경과 관련된 편익과 비용분석을 위해서는 공공투자정책에서 사용하는 비용-편익 분석의 개념을 비판적으로 원용 가능하다.

○ 이 분석은 총 편익에서 총비용을 뺀 순 편익을 최대화 시킬 수 있도록 활동 또는 사업규모를 결정하기 위한 것으로 자원·환경문제에 개념적으로 도입가능하다.

○ 이 분석은 사회 계층성, 상이성 등을 반영하기 어려움으로 네일(O'Neill)은 이를 경제적 비용-편익분석 사회적 비용-편익분석을 구분하고 있다.

- 경제적 비용-편익분석은 총합의 효율성 원리만을 채택

- 사회적 비용-편익분석은 효율성의 검정을 통과한 프로젝트에 추가적인 분배적인 제약부과 또는 특권적 집단에 비해 비특권적 집단의 편익에 가중치를 둔다.

○ 이 연구에서는 사회적 측면에서의 편익비용 분석 개념에 함의된 개념을 비판적으로 도입하는 근거를 제시하고 있다.

① 자원·환경문제 분석은 총체적 방법(총편익-총비용)으로 이루어 질 수 없고, 편익과 비용주체를 명확히 구분하고 이들의 기여도를 규명하는 것이 필요하다.

② 다양한 유형의 방법들 중에서 관련 주체들이 어떤 유형을 택하고 있으며 그 결과가 어떻게 될 것인지를 확인할 수 있어야 한다.(많은 편익을 위해 비용 줄여야 함)

③ 편익과 비용의 차별적 배분 또는 향유와 불평등한 비용지불 방식이 선택하게 된 배경설명이 제시되어야 한다.

④ 자연·환경문제와 관련된 편익과 비용분석은 이러한 문제를 해결할 수 있는 대안을 제시해야 한다.(오염자부담원칙, 수혜자부담원칙 등)

○ 따라서 우리는 환경생존권 또는 환경평등권과 관련하여 기본적 편익은 보장되어야 하며, 발생하는 비용에 대해 모든 사람은 부담을 져야 하고 부담능력이 없을 경우 사회적 지원이 필요하다.

(3) 환경문제의 사회적 불평등의 유형

○ 환경문제의 편익과 비용분석에서 우선 사회적 불평등이 드러나는 향상을 확인하기 위해 그 유형을 구분할 필요가 있다.

○ 편익향유와 비용부담을 환경자원의 이용과정, 환경문제의 통제과정과 교차시켜 네 가지 유형으로 불평등의 양상을 확인할 수 있다.

구 분	환경자원의 이용과정	환경문제의 통제과정
편익의 향유 (정적(正的) 효과)	이용(또는 공급)의 불평등	통제시설 및 수단의 불평등
비용의 부담 (부적(負的) 효과)	환경오염 피해의 차별성	통제비용 부담의 불합리성

○ 환경문제의 사회 공간적 불평등의 유형은 분석적으로 구분된 것이지만, 현실에서는 서로 혼합되어 동시적(순차적)으로 발생될 수 있으며 불평등으로 인한 희생은 증폭될 수 있다.

 - 빈 곤 계 층: 환경자원의 이용 → 환경피해의 발생 → 통제수단의 제공 → 통제과 정의 부담과정에서 차별성이 악순환
 - 부유한계층: 불평등 발생하더라도 만회 기회를 가진다.

3) 환경문제 불평등의 사회적 양상

(1) 편익의 불평등한 배분

○ 인간생활에 필요한 대부분의 주요 환경자원들(물, 공기, 흙 등)은 자연 상태에서 이미 불평등하게 분포되고, 시설이나 수단들은 사회적으로 불균등하게 분포되며 편익은 사회적으로 차별화 될 수 있다.

○ 에너지자원의 소비 및 상·하수도의 보급 및 처리시설을 통해 얻게 되는 편익을 살펴볼 수 있다.

 - 에너지자원이용 유형은 무연탄의 소비량이 감소되고 전력량이 늘어나고 전력의 경우 대도시들 서울에서 높게 나타난다.
 - 상·하수도 율은 서울의 100%이나 그 외 도는 40~50%이고 서울이 위생적인 생활이다.
 - 환경자원의 제공의 지리적 차별성은 전국적 규모뿐만 아니라 도시 공간 내부에도 나타난다. 도시가스 보급률은 강남 종로나 중구, 성북구 등이 높다.
 - 서울시 수돗물 보급도 구별로 팔당물을 쓰거나 팔당댐 물과 잠실수증보 물을 섞어

서 정수한 수돗물을 공급받고 있다.

  - 전기요금도 고소득층과 저소득층의 부담차이가 있고 주택용·산업용 차이가 있고, 전기요금은 다른 국가에 비하면 상대적으로 싼 편이다.

  - 상수도는 광역상수도와 지방상수도로 이원화 되어 있고 요금체계도 상이하게 구성되어 있다.

  - 도시가계에서 수도료, 전기료, 연료비 등 환경자원의 사용에 따라 실제 지출하는 비용이 가계 총 소비 지출에서 차지하는 비중은 계층별로 완전한 역관계를 보인다.

  ○ 환경자원의 제공(이용 또는 접근)에서 사회적 차별성은 이상에서 제시된 자료 외에도 여러 가지 다른 측면에서도 지적될 수 있다.

  ○ 그 외 전국적으로 볼 때 환경오염방지 시설업체, 환경영향평가 대행기관 등 환경문제 통제와 관련된 기관 대부분 서울에 집중, 이는 환경문제의 불평등을 드러내는 주요한 지표이다.

(2) 비용의 불평등한 부담

  ○ 환경문제는 환경오염으로 인한 피해의 차별적 전가나 환경오염 통제수단의 제공을 위한 비용의 부담이라는 점에서도 불균등성을 내포하고 있다.

  - 폐수, 폐가스, 소염, 폐기물 등 환경오염 물질들의 배출량 또는 배출시설들이 지리적으로 차별적이다.

  - 오염배출시설이나 배출량은 대규모 공단들이 입지해 있는 동남 임해지역이나 경기도 지역에 대체로 밀집, 서울의 경우는 상대적으로 적다.

  - 서울은 대기오염물질 배출은 적어도 대기오염에 비해서는 높은 수치를 보인다.

  - 서울의 대기오염도 서울시내 지점별로 많은 차이가 있다.

  - 지역별 소득수준과 아황산가스의 오염도는 거의 완전한 반비례 관계를 나타내고 있음. 오염도는 해당지역의 지가 및 주택유형과 상당한 관계가 있는 것으로 분석된다.

  - 오염물질을 유발하는 시설의 입지지점 주변에서 환경오염은 상대적으로 미세한 거리의 차이에 따라서 차별적으로 나타난다.

  - 환경문제의 사회 공간적 불평등은 발생한 환경문제의 처리(상주인구 1인당 지역 청소비용) 통제비용의 불합리한 배분에 의해서도 증폭될 수 있다.

- 쓰레기 발생량을 줄인다는 종량제도 수수료를 가구별 소득이나 부담능력과 무관하게 발생량에 따라 부가되고 이 수수료 체계의 변화는 저소득계층에서 부담증가율이 매우 높다.

(3) 환경문제 인식에서의 상이성

○ 환경문제의 불평등을 객관적 실측이나 조사 자료로 확인될 뿐더러 어떤 계층이나 지역에 속하는 사람들의 주관적 인식에도 반영되어 나타날 것으로 추정된다.
- 저소득계층(지역)은 객관적으로 환경문제가 심각하더라도 주관적 민감성은 상대적으로 낮고, 고소득계층(지역)은 객관적 심각성이 낮다고 하더라도 주관적 민감성은 상대적으로 높다.
- 환경문제 인식에서의 상이성은 우선 서울시 구별 주민들이 자기가 살고 있는 거주지역의 환경오염에 대한 심각성의 인식정도에 관한 자료 분석을 통해 확인될 수 있다.
- 대기오염의 심각성에 대한 평가는 지역별 보다는 소득계층별로 더 큰 차별성을 나타낸다.
- 이와 같이 환경문제에 대한 인식도는 객관적 심각성을 정확히 반영하지 않고 주관적 민감성의 사회경제 특성에 따라 상쇄된 효과를 보이기도 함. 전반적으로 환경문제에 대한 인식도에서 나타내는 상이성은 환경문제의 사회적 불평등을 반영한다고 할 수 있음. 이는 환경오염으로 인한 거주 지역 변경의사에서 여실히 드러나고 있다.

4) 환경문제 불평등의 구조적 배경

○ 우리는 환경문제에 고유하게 자연 지리적으로 내재된 불평등과 경제적·정치적·사회문화적으로 유도된 불평등의 구조적 배경을 해명해야 함.(사회적 불평등의 구조적 배경)

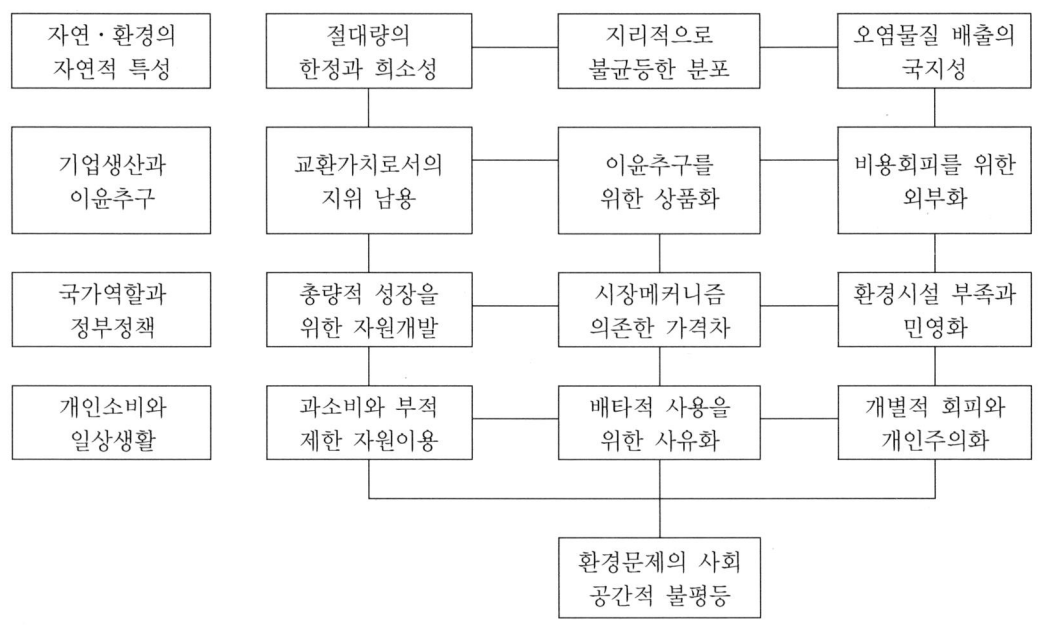

(1) 자연 지리적으로 내재된 불평등

○ 우리는 환경 자체, 그 자체 또는 환경문제의 주어진 속성이 이러한 차별성을 유발할 수 있음을 확인할 수 있다.

① 환경자원은 절대적 및 상대적으로 한정되어 있다.

② 환경자원 또는 환경요량은 지리적으로 불균등하게 분포된다.

③ 대부분의 환경문제들은 점(點)적 또는 국지적으로 발생한다.

(2) 경제적으로 유도된 불평등

○ 오늘날 환경문제 특히 불평등의 문제는 산업사회 또는 자본주의사회에 내재된 메커니즘에 의해 발생된다.

① 고도의 기술과 조직적 생산 공정을 통한 기업들의 대규모 생산은 엄청난 양의 환경자원을 소모함으로써 이의 희소성을 점점 가중시키고 있다.

② 기업의 이윤추구 활동은 과거 자유재 또는 공공재로 이용되었던 환경자원들을 상품

화시킴으로써 이에 대한 이용과 접근을 차별적으로 통제하게 된다.

③ 기업의 생산 활동은 지리적으로 불균등하게 분포하며 이에 따른 오염물질의 배출을 불균등하게 유발된다.

④ 경제문제와 환경문제와의 관계

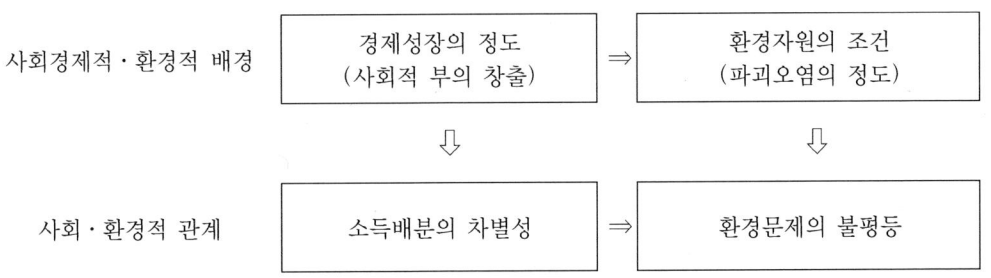

○ 환경문제가 악화된 상황에서 소득이 차별적으로 분배되었다면 환경문제의 사회적 불평등은 필연적으로 유발된다.

○ 소득배분의 차별성과 환경문제의 불평등 간의 누진적 관계는 국가가 어떠한 역할과 정책을 수행하는가에 따라 완화될 수 있다.

(3) 정치ㆍ정책적으로 유도된 불평등

○ 우리나라 정부의 역할과 정책 환경문제의 사회적 불평등을 촉진시키는 경향이 있다.

① 정부는 그동안 총량적 경제성장을 뒷받침하기 위한 정책으로 일관했으며, 환경자원의 고갈이나 오염문제에 큰 관심을 기울이지 않았다.

② 정부는 재정부족으로 직접적 개입전략을 줄이고 시장메커니즘 이용 또는 환경재의 공급을 민영화 하고자 한다.

③ 정부는 경제성장을 위한 총력적 지원과 기타문제(국방부의 과잉 부담 등)로 인해 매우 편향되고 취약한 재정구조를 운영해 왔다.

○ 세제나 제도들의 불합리한 적용은 총체적 환경문제를 어느 정도 완화시킬 수 있을지는 모르지만 환경문제의 사회 계층적 차별성을 증폭시키게 될 것이다.

(4) 사회문화적으로 유도된 불평등

○ 환경문제의 불평등은 개인의 과시적 소비 및 일상생활에 있어서의 문제성이나 환경문제에 대처하고자 하는 노력에 있어서 부 적절성으로 인해 더욱 가중되는 경향이 있음.

○ 사회문화적으로 유도된 환경문제의 불평등을 구체적으로 보자면 다음과 같다.

① 개인의 무절제한 소비생활이나 무분별한 파괴행위는 환경자원을 고갈시키고 환경오염을 가중시키는 중요한 요인이 된다.

② 환경자원의 희소성이 증대하고 환경오염 문제가 심화됨에 따라 개인들은 이를 독점적으로 소유하고 배타적으로 이용하고자 하는 경향이 생긴다.

③ 개인들은 차별적으로 전가되고 있는 환경문제에 대해 공동으로 대응하기보다는 개인적으로 적당하게 회피하고자 한다.

5) 환경문제 불평등의 대안적 해결방안

(1) 해결을 위한 기본입장의 설정

○ 이상에서 고찰된 환경문제 불평등의 가시적 양상과 구조적 배경은 사회적 갈등을 유발하고 나아가 환경문제를 전반적으로 더욱 악화시킬 수 있다.

○ 사회적 갈등의 심화와 경제·정치적 한계에 봉착하기 전에 환경문제의 불평등을 해결하기 위해 몇 가지 기본적인 입장이 설정되고 이에 기초하여 구체적인 해결방안들이 개발·시행되어야 할 것이다.

우선, 환경문제의 사회 공간적 불평등을 해결하기 위한 몇 가지 원칙을 다음과 같이 천명할 수 있다.

① 환경문제의 사회적 불평등으로 인해 피해를 입고 있는 주민들에게 적합한 보상이나 구제방안들이 마련되어야 한다.

② 환경문제의 사회 공간적 불평등을 조장하거나 이를 심화시킬 수 있는 전략이나 정책은 억제되어야 한다.

③ 환경문제의 불평등을 극복하기 위해 이를 유발하는 메커니즘의 개선방안들과 환경

문제 완화방안이 모색되어야 한다.

④ 환경문제 불평등 해소노력은 소득이나 자산소유 또는 사회정치적 힘의 배분 차별성을 시정하기 위한 노력과 병행되어야 한다.

⑤ 환경문제의 불평등과 경제·정치적 능력의 불평등을 시정하기 위해 총량적 성장과 개발 또는 이를 조장하는 도구적 이성이나 물질문명이 아니라 인간의 삶과 질을 위한 환경 그리고 이를 실현시키기 위한 보편적 가치로서 공동체 의식과 사회정의가 강조되어야 한다.

(2) 경제적 측면에서의 환경문제 방안

○ 환경문제 불평등의 해소뿐만 아니라 전반적 환경문제의 완화 또는 해결을 우선 경제적인 측면에서 고려되어야 한다.

○ 경제성장보다도 환경보전이 우선 되어야 한다고 인식하는 사람들의 비중은 저소득층일수록 더 높게 나타난다.

○ 경제 분야에서 환경문제를 불평등하게 해소하기 위한 대안적 방법은

① 기업들은 자신의 이윤을 목적으로 공공적으로 사용해야 할 환경자원들을 무분별하게 개발하고 배타적으로 소유하는 전략을 포기해야 함.

② 기업들은 열악한 작업환경을 개선함으로써 생산현장에서 노동자들이 입게 되는 산업재해 들을 줄여야 할 것이며, 또한 공단 주변지역 주민들이 입게 되는 피해에 대해 적정한 보상을 해주어야 한다.

Ⅲ. 환경정책과 환경문제 사례

1. 팔당 상수원수질보전과 상류지역주민보상의 환경이슈

서 론

팔당 상수원은 서울주민들의 식수원으로 사용되어오며 그 수질이 관심대상으로서 집중되어왔다. 이에 역대정부는 팔당물 문제 해결을 위하여 그간 여러 가지 노력을 해 왔다.

'75년 팔당호 주변을 상수원 보호구역으로 지정하였고' 82년에는 자연보전권역으로, 그리고 '90년에는 특별대책지역으로 지정하여 각종 규제를 강화해 왔다. 그럼에도 불구하고 팔당물이 점점 나빠짐에 따라 팔당 유역의 개발은 곧 수도권 주민의 비판의 대상이 되었다. 이에 따라 법적·제도적으로 개발이 가능한 사업들에 대해서도 규제가 뒤따랐다. 실제로 지난 5년간 팔당 상류지역의 개발 사업 중 환경보호를 이유로 보류된 것이 80여 건에 이르고 있다. 지방공단개발, 관광휴양지개발, 아파트건설, 4년제 대학설립, 군 청사 이전 등 다수의 지역숙원사업들이 팔당물의 오염을 우려하여 무산되었다. 수질보전이라는 이름 하에 상류지역주민들은 경제적인 인센티브나 동기 부여 없이 생업과 관련된 행위까지도 규제받는 경제적 피해를 받게 되고 이는 필연적으로 지역차원갈등의 향상을 띄게 되었다.

1. 팔당호의 수질보전

1) 팔당호 수질 등 오염현황(BOD)

(1) 팔당호 수질(BOD)

최근팔당호의 수질은 90년 이후 크게 악화되어 BOD가 평균 1.5에서 최근 2.0으로 크게

악화되고 있고 BOD뿐만 아니라 호소의 부영양화의 기준이 되는 총인 총질소의 수준이
수질목표등급인 1등급 수준을 크게 벗어나고 있다고 한다.

(단위: mg/ℓ)

구 분	1990	1991	1992	1993	1994	1995	1996	1997	1998	1999	2000	2005
평 균	1.0	1.1	1.1	1.2	1.2	1.3	1.4	1.5	1.5	1.5	1.4	1.3
최 고 (월)	1.2 (5, 6)	1.4 (10)	1.4 (8, 9)	1.5 (9)	1.5 (4, 8)	1.6 (8)	1.6 (8, 9)	2.1 (5)	2.0 (3, 4)	1.9 (4,5)	1.9 (5)	1.8 (5)
최 저 (월)	0.9 (1, 2, 3, 12)	0.7 (1)	0.7 (1)	0.8 (1)	0.8 (11)	1.1 (1)	1.1 (1)	1.2 (10)	1.1 (11)	1.3 (8, 11, 12)	1.1 (1,2,12)	0.9 (1,3)

(2) 한강수계 오염도(BOD)

□ 강 상: 경기도 양평군 강상면 교평리(남한강 하류 양평교)

연도	평균	1월	2월	3월	4월	5월	6월	7월	8월	9월	10월	11월	12월
1992	-	-	-	-	-	-	-	-	-	-	-	-	-
1993	-	-	-	-	-	-	-	-	-	-	-	-	-
1994	-	-	-	-	-	-	-	-	-	-	-	-	-
1995	1.6	1.1	1.1	1.2	2.0	1.4	1.3	2.5	2.1	1.0	3.1	0.9	1.3
1996	2.0	-	1.0	2.2	1.9	1.6	2.6	1.7	1.9	2.9	2.0	2	1.8
1997	2.0	1.5	1.5	3.1	3.7	2.3	2.1	0.7	1.2	2.9	1.8	1.4	1.5
1998	1.9	1.1	3.5	2.7	2.3	2.0	2.7	0.8	1.3	2.0	1.4	1.2	1.4
1999	2.2	1.4	1.7	3.6	1.5	2	1.2	3.9	2.5	2.5	2.5	2.2	1.4
2000	1.8	1.4	1.2	1.2	2.2	3.9	3.2	2.4	1.9	1.1	1.4	1.0	0.8
2005	1.6	1.2	1.2	1.5	1.9	1.8	1.8	2.0	1.5	2.0	1.5	1.6	1.3

□ 삼봉리: 경기도 남양주시 조안면 삼봉리(북한강 하류)

연도	평균	1월	2월	3월	4월	5월	6월	7월	8월	9월	10월	11월	12월
1992	-	-	-	-	-	-	-	-	-	-	-	-	-
1993	-	-	-	-	-	-	-	-	-	-	-	-	-
1994	-	-	-	-	-	-	-	-	-	-	-	-	-
1995	1.6	3.6	2.7	1.0	1.3	1.6	1.8	1.8	1.4	1.1	1.1	1.1	1.2
1996	1.3	1.1	1.3	1.5	1.4	1.4	1.4	1.7	0.8	1.8	1.2	1	1.2
1997	1.3	1.3	1.6	1.2	1.8	1	1.5	0.6	1.6	1.5	1.1	1.1	1.1
1998	1.2	1.1	1.9	1.7	1.9	1.0	1.1	1.2	0.8	0.9	1.0	0.9	1.1
1999	1.6	1.5	2.8	0.9	1.8	2.1	1.2	1.8	1.2	1.2	1.2	2.5	1.2
2000	1.1	1.2	0.9	0.9	1.3	1.6	1.1	1.0	1.2	0.9	1.4	1.1	0.7
2005	1.3	1.0	1.1	1.1	1.4	1.4	1.4	1.6	1.4	1.5	1.2	1.4	1.2

□ 경안천6: 경기도 광주군 퇴촌면 광동리(경안천 하류 광동교)

연도	평균	1월	2월	3월	4월	5월	6월	7월	8월	9월	10월	11월	12월
1992	3.5	4.3	-	1.4	5.5	5.2	3.8	3.3	2.4	4.2	2.4	3.5	3.0
1993	3.4	2.3	2.3	3.1	4.6	2.5	2.1	1.9	2.8	6.4	3.7	5.4	4.0
1994	4.5	4.1	2.2	4.8	5.6	12.2	2.4	6.0	3.1	3.8	2.1	4.0	4.2
1995	4.1	5.0	2.7	5.1	4.5	6.3	2.8	2.5	2.2	3.8	5.6	5.1	3
1996	4.4	2.8	6.2	5	3.4	6.9	8.5	3.6	5.2	2.8	3.0	1.8	3.2
1997	4.8	2.9	3.1	4.8	5.8	8.2	9.2	3.6	4.8	2.8	3.7	4.2	3.9
1998	4.5	5.1	2.3	6.7	5.9	7.5	4.2	2	0.9	4.7	4.6	4.8	4.7
1999	5.0	4.9	1.3	5.4	6.5	8.4	8.7	3	5.9	7.1	3.6	3.4	2.3
2000	4.3	3.7	3.3	6.3	7.7	4.4	5.3	5.6	3.0	1.3	3.3	4.2	3.4
2005	4.5	4.4	3.5	4.8	10.9	9.3	2.9	2.7	1.7	4.3	4.4	2.0	2.8

（3）팔당하류 오염도（BOD）

□ 구리: 경기도 구리시 토평동（왕숙천 합류전 강동대교）

연도	평균	1월	2월	3월	4월	5월	6월	7월	8월	9월	10월	11월	12월
1991	1.7	1.2	2.1	2.4	2.2	1.6	2	1.7	1.2	1	1.6	1.8	1.3
1992	1.6	1.5	1.9	2	1.9	1.8	1.9	1.7	1.1	1.1	1.4	0.9	1.7
1993	1.7	1.8	1.9	2	2.4	2.1	1.4	1.4	1.4	1.4	1.6	1.9	1.5
1994	2.2	1.5	2	2.2	3.1	2	1.1	5.3	1.5	2.4	1.9	1.9	1.5
1995	1.7	2.3	2.1	2.1	2.5	1.7	1.5	1.5	1.8	1.8	0.9	1.1	1.3
1996	1.9	2.1	2.8	2.3	1.9	2.8	1.1	1.5	0.9	2.8	1.4	1.7	1.7
1997	1.8	2.9	2	3.9	2.3	2.3	1.6	0.8	1.3	0.9	1.3	1.2	1.2
1998	1.7	2.5	2.5	2.2	3.4	1.8	1.4	0.9	1.1	1.4	1	1.2	1.5
1999	1.7	1.4	2.6	2.2	2.5	2.2	2.2	2.6	0.9	0.7	0.8	0.9	1.7
2000	1.5	1.5	1.1	1.5	2.0	2.2	1.7	1.8	1.5	1.0	1.3	1.2	1.2
2005	1.5	1.3	1.3	1.6	2.6	2.0	1.6	1.2	1.3	1.1	1.3	1.1	1.1

□ 구의: 서울시 광진구 광장동（왕숙천 합류후 천호대교）

연도	평균	1월	2월	3월	4월	5월	6월	7월	8월	9월	10월	11월	12월
1991	1.9	2.1	2.9	3	2.6	1.1	1.8	1.1	1.2	1.3	2.1	2.0	1.9
1992	1.8	2.1	1.9	2.6	2.4	2.3	2.0	1.9	1.2	1.2	1.5	1.5	1.5
1993	1.9	1.6	1.9	2.3	2.8	2.4	1.5	1.4	1.5	1.5	1.6	2.0	2.3
1994	1.9	1.9	2.1	1.7	3.2	0.7	2.0	2.4	1.2	2.4	1.8	2.1	1.6
1995	2.1	1.8	2.0	2.8	3.0	2.7	1.5	2.4	2.4	2.0	1.3	1.5	2.1
1996	2.1	2.4	1.8	3.5	2.9	2.5	2.4	1.7	1.6	1.6	1.8	1.7	1.5
1997	2.5	1.9	1.9	3.8	4.4	4.4	2.2	1.6	1.5	2.1	1.7	1.8	2.5
1998	2.0	2.3	2.9	3.3	3.6	2.4	2.7	1.3	1.1	1.0	1.0	1.1	1.4
1999	1.8	1.8	3.2	1.9	2.7	2.1	2.1	1.5	1.6	0.9	0.6	1.1	1.7
2000	1.5	1.4	1.4	1.6	1.9	2.1	1.8	2.0	1.3	0.9	1.4	1.2	1.4
2005	1.8	1.4	1.8	2.1	2.9	2.4	2.2	1.3	1.9	1.1	1.4	1.4	1.4

2. 팔당호 수질보전을 위한 대책

1) 팔당 상수원보호구역의 지정과 수질보전특별대책지역의 지정

(1) 팔당 상수원보호구역지정관련 법규

팔당 상수원지역은 수도법에 의하여 상수원보호구역 환경정책기본법에 의하여 팔당 상수원수질보전대책지역 수질환경기본법에 의하여 청정지역으로 중복 지정되어 토지이용 및 행위를 규제받고 있으며 국토이용관리법 도시계획법등에 의하여 다중으로 규제받고 있다.

(2) 팔당 상수원보호구역의 지정

상수원보호구역은 수도법에 의하여 상수원수질을 오염과 유해물질로부터 보호하기 위해서 지정된 일정한 구역으로 취수구 상류의 수면과 인접 토지를 말하며 현재 우리나라의 상수원 보호구역은 386개소에 이르고 있다. 팔당 상수원보호구역은 1975년 7월에 경기도지사가 취수구주변의 하남시, 남양주시, 광주군, 양평군의 4개시 군 28개 리 동, 157.3km²에 대하여 상수원보호구역으로 공고함으로써 지정되었다.

(3) 팔당 수질보전특별대책지역의 지정

1990년 7월 제정된 환경정책기본법 제22조에서 환경부장관이 환경오염의 우려가 있는 지역을 특별대책지역으로 지정 고시하고 환경보전을 위한 특별종합대책을 수립하여 관할시 도지사에게 이를 시행하게 할 수 있음을 규정하고 있다. 이에 환경부장관은 1990년 7월 팔당상류지역에 수질보전특별대책지역 제Ⅰ권역과 제Ⅱ권역을 지정 고시하고 특별종합대책을 마련하여 오염원에 대한 각종 규제를 시행하고 있다.

2) 상수원 오염예방을 위한 보호관리

오염예방차원의 관리로서 다음과 같은 노력을 할 수 있다.

(1) 특별대책지역 신규 오염원 관리

(2) 오염총량제도

기존 수질관리정책은 오염원증가사전예방보다는 환경기초시설의 확충과 배출허용기준의 강화에 중점을 두어왔으나 사후대책으로는 오염물질관리가 어렵고 수질개선효과가 낮다.
신규오염원의 사전입지제한은 지역의 산업 활동이나 개발을 제한하게 되어 주민들의 반발을 초래하므로 수질목표달성과 지역개발의 조화를 이룰 수 있는 오염 총량제를 실시할 수 있다.

(3) 상수원보호구역·특별대책지역 국·공유지 민간불하 제한

팔당특별대책지역 내 국공유지 310㎢(특별대책지역 면적의 15%) 중 '90~'97기간 동안 43㎢(14%)가 민간에 불하됨으로 인해 국공유지 민간불하는 상수원지역의 개발을 촉진하고 신규 오염원의 입지를 유도하여 수질오염의 유발요인이 되어왔다.

(4) 축산시설 신규 입지 제한 및 축산분뇨 처리·자원화 촉진

한강수계 상수원유역의 축산분뇨 발생량은 2%에 불과하나 BOD발생부하량은 24%로 상수원 수질오염의 주요인으로 작용하고 있다.

(5) 비점오염물질 배출 최소화

한강수계 상수원지역의 오염물질배출부하량 중 토지이용, 쓰레기투기 등에 의한 비점오염원의 비중이 28.3%에 달하고 있다. 강우 시 도시지역의 쓰레기 등 각종 오염물질이 하천으로 집중 유입되고 있으며 비료·농약사용은 하천의 부영양화와 녹조발생의 주요인이 되고 있다.

3) 수질오염행위에 대한 상시 감시·단속체계의 구축

(1) 감시·단속 전담조직 정비

오염업소에 대한 감시·단속업무가 한강환경관리청, 자치단체, 환경감시대 등으로 중복 분산되어 있어 체계적이고 효율적인 감시단속이 어렵다.

(2) 오염원 감시·단속 기능 강화

환경기초시설 및 오·폐수 배출시설에 대한 인력중심의 비과학적인 감시로 효율성이 낮다. 유류·유독물질 차량전복 등 수질오염사고 발생에 대한 대응책 미비하며 수변근접 지역의 불법건축물에 대한 엄정한 법집행 미흡하다.

(3) 수질오염행위에 대한 민·형사 책임 부과

불법적인 환경 및 수질오염행위로 각종 피해와 손실이 발생하고 있으나 이에 대한 처벌이나 구제장치가 미비하다. 수질오염행위와 손실발생·피해 간의 인과관계 입증이 곤란하며 환경오염 피해액 산정이 어렵고, 피해액이 큰 경우가 많아 손실배상책임의 담보가 곤란하다.

(4) 민간단체 환경감시활동 적극지원 및 수질오염도의 주기적인 측정·공표

현재 한강수계 상수원에 운영 중인 민간자율감시반(2,345명)은 전문지식 부족 등으로 효과적인 감시업무 수행에 한계가 있으며 운영 중인 수질측정망은 대부분 인력중심으로 자동측정망 확충이 시급한 실정이다.

3. 상류지역주민 보상 문제

1) 상·하류 간 경제적 편익의 불균형

(1) 하류 지역의 경제적 편익

예를 들어 서울(하류지역대표)과 경기(상류지역)를 비교해보면 수질관리관련예산비율의 현저한 차이와 지자체 간상수도 요금비교표를 보았을 때 상류층지역에서의 수질관리기능으로 인해 정수비용의 절감에 의한 저렴한 상수도 요금 등의 경제적 혜택을 어느 정도 받고 있음을 가늠해볼 수 있다. 즉 서울을 비롯한 수도권시민들이 싼 물 값의 혜택을 받고 있는 이유는 바로 상류지역에서의 수자원관련예산투입과 광역적 수질관리 노력의 결과로서 얻어지는 것으로 얘기할 수 있을 것이다.

(2) 상류지역에서의 경제적 손실

상류지역에서 야기되는 문제는 경제적손실과 발전의 불균형이라는 문제 나눌 수 있다.

즉 한강상류 지역에 살고 있는 주민들 대부분은 위에서 열거한 환경기초시설의 건설 및 운영 그리고 기타 수질보전기능의 수행으로 인한 막대한 지방재정지출에 대한 사항은 물론이고 현재 자신들의 지역이 지금까지 수도권상수를 보전하기 위해 정책적으로 개발이 억제되어 왔음에 불만이 가득하다.

본격적인 지방자치시대를 맞아 모든 지자체 정부는 공평한 기준에 의한 자신의 지역발전을 위해 경주하기를 원하고 있다 따라서 현재 주로 상류지역에 적용되고 있는 청정지역이라는 기준은 특정상류지역에 대한 개발의 족쇄로밖에 느껴지지 않는 것이다.

① 주민기피 시설의 입지

팔당상수원 지역은 도시지역주민기피시설의 입지공간으로도 활용되고 있는데 그 예를 들면 특수병원 장애자 복지시설 공동묘지 화장실 납골당 저유시설 또는 개인충전소 등 일반적으로 인구 밀집지역의 주민들이 기피하는 시설 등이 팔당상류지역에 입지하고 있는 것이다. 이와 같은 도시민들의 지역설치기피시설이 입지하게 되면 인근지역주민들에게는 지가하락 또는 혐오감 발생 등 경제적 정신적 손실이 초래됨에도 불구하고 이들 시설의 수혜자는 대부분 팔당 하류 지역주민이라는 점에서 비용과 편익 간의 지역적 불일치

현상이 나타나고 있어 지역주민에게 불만이 제기 된다.

② 비효율적인 규제관리 제한

현행 팔당상수원은 유사한 목적을 달성하기 위해 여러 행정기관에서 중복규제로 인해 다른 일반지역보다 주민불만이 고조되고 있는데 팔당상수원 유역 중 중복규제로 인해 특히 광주군 지역이 가장 심각한 것으로 제기되어 광주지역 주민궐기대회와 최근지역가평 군민궐기대회로 최근해당지역주민들의 주민불만이 늘어나고 있다.

③ 팔당상수원 보호구역내의 행위규제

상수원보호구역의 경우 환경부장관이 지정권을 가지고 있으나 당해 구역의 관리책임은 상수원보호구역을 관할하는 시장 군수에게 있으며 상수원보호구역이 2개 이상 시 군의 관할구역에 걸치거나 기타 특별한 사유가 있는 경우에는 대통령령이 정하는 도지사 또는 시장군수가 관리하도록 규정하고 있다 이 규정에 의해 현재 팔당상수원 보호 구역의 관리는 경기도가 담당하고 있다.

수도법 제5조 4항에는 건축물 기타 공작물의 신축개축이전변경 또는 제거 죽목의 지배 또는 벌채 토지의 굴착 성토 기타 토지의 형질변경에 대해서는 시장군수의 허가를 받도록 하고 있다 그러나 시장군수의 허가에 있어서 환경부장관이 제정한 상수원 관리 규칙에 의해 엄격하게 제한되고 있다. 특별 대책 지역 내 행위규제를 살펴보면

1) 학교시설의 증개축규제

2) 농촌민박규제

3) 용문산 관광지조성 제한

4) 공장시설 증대 규제 등이 있다.

구분	상수원보호 구역	특별대책지역		수 변 구 역
		Ⅰ권역	Ⅱ권역	
면 적 (지정)	157㎢ ('75년 7월)	2,102㎢('90년 7월)		
공 장	입지불허	o 특정수질유해물질 배출시설 입지불허 o 500㎥/일 이상 폐수배출시설 입지 불허	o 특정수질유해물질 배출시설 입지 불허 o 기타시설은 규모에 상관없이 입지하여 BOD 30ppm 이하처리 또는 하수처리장 유입 입지허용	입지불허
숙박업	입지불허	o 연면적 400㎡ 이상 입지불허 - 하수처리장 유입처리 시 입지 가능	o 규모에 관계없이 BOD 20ppm 이하 처리 또는 하수처리장 유입·처리 시 입지허용	입지불허 o 단, 특별대책지역 외 수변 구역에서는 규모에 관계없이 BOD 10ppm 이하 처리 또는 공공처리시설에 유입·처리 시 입지허용
식품 접객업	입지불허	o 연면적 400㎡ 이상 입지불허 - 하수처리장 유입처리 시 입지 가능	o 규모에 관계없이 BOD 20ppm 이하 처리 또는 하수처리장 유입·처리 시 입지허용	입지불허 o 단, 특별대책지역 외 수변 구역에서는 규모에 관계없이 BOD 10ppm 이하 처리 또는 공공처리 시설에 유입·처리 시 입지허용
축산 시설	입지불허	o 허가대상시설 입지 불허 (우사: 450㎡ 이상, 돈사: 500㎡ 이상) o 신고시설은 입지가능 (우사: 450㎡ 미만, 돈사: 500㎡ 미만)	o 규모에 관계없이 입지허용 - 허가대상: BOD 및 SS 50ppm 이하로 처리 - 신고대상: BOD 350ppm 이하로 처리	입지불허 o 단, 특별대책지역 외 수변 구역에서는 오분법 제2조 제4호의 규정에 의한 축산폐수배출시설의 범위 내에서 BOD 10ppm 이하 처리하거나 전량 퇴비화 또는 공공처리시설에 유입·처리 시 입지 허용

구분	상수원보호구역	특별대책지역		수 변 구 역
		Ⅰ권역	Ⅱ권역	
양식장	입지불허	o 신규입지 및 면허기간 연장불허	o 신규입지 및 면허기간 연장 불허	-
어업 유·도 선업	무동력선 행위가능 (어업)	신규면허·허가·신고 (증설포함) 불허	입지가능	입지가능
일반 건축물	주택(신축) (100㎡ 이하, 영농시설 공공시설 제한적 허용)	o 연면적 800㎡ 이상 입지 불허 - 하수처리장 유입처리 시 입지 가능 o 공공복리시설은 입지 허용 - BOD 20ppm 이하처리 시 입지가능	o 규모에 관계없이 입지허용 - BOD 20ppm 이하처리 또는 하수처리장 유입 처리 시 입지 허용	o 규모에 관계없이 입지 허용 - BOD 10ppm 이하처리 (오수처리시설) ※ 오분법시행규칙 제9조
골프장	입지불허	o 입지불허 ('95. 2. 9부터)	o 입지불허 ('95. 2. 9부터)	-
집단 묘지	입지불허	o 공공묘지와 재단법인이 설치하는 사설묘지의 신규입지 불허	o 공공묘지와 재단법인이 설치하는 사설묘지의 신규 입지 불허	-

4. 팔당상수원 지역갈등 극복방안

1) 팔당상수원지역의 주민지원사업 관련법규

팔당화 수질보전특별종합대책에서는 팔당수질보전특별대책지역지정에 의한 지역주민의 경제적 손실 등에 대한 지원사업으로 수질보전기초시설설치 생활황경조성사업 소득원개발사업의 3가지를 정하고 있으나 여기에 소요되는 구체적인제원조달방법에는 명확한 언급이 없다 1994년 4월 수도법개정에 의하여 상수원 보호구역내의 주민에 대한 재정지원제도가 도입되었다 수도법 6조 1에서는 상수원보호구역을 관리하는 도지사 또는 시장군수는 상수원보호구역 안에 주민에 대한 지원사업계획을 수립 시행할 수 있다고 명시하고 있으며 수도 법6조 2항에서는 주민지원사업의 종류를 소득증대사업 복지증진사업 육영사업 기타 대통령령이 정하는 사업으로 정하고 있다 주민지원사업에 필요한 재원은 수도법 6조 3과 동법 시행령 제11조 5에 규정되어있는바 상수원보호구역의 지정으로 이익을 받은 수도사업자의 출연금 차입금 환경개선 특별회계로부터의 보조금을 통해 확보된다.

2) 재정지원확충망의 재정비

팔당상수원주변지역은 규제지역에 따라 다소차이가 있으나 하루지역수도권주민의 상수원수질을 보전하기 위한 각종 규제로 인해 재산권행사에 제약을 받는 등 많은 비용과 고통을 감내해온 만큼 이에 대한 보상이 충분히 이루어 져야 할 것이다

재원조달을 위해 수도권자치단체 간 투자비의 적절한 분담과 수질개선을 위한 중앙정부예산지원증대와 경기도 자체의 지원확대로 나누어 볼 수 있다

경기도의 상수원관리를 위한 수질개선 대책관련 투자의 지리적 외부효과는 경기도의 행정관할 구역내에 국한되지 않으며 수도권전체에 파급됨에 따라 수혜자 부담 중심의 재원조달 체제를 강화하는 한편 수도권의 자치단체들 간에 있어서도 수질개선 부담비용을 적절히 보상하여야 할 것이다 팔당 유역수질개선을 위해서는 주가 경기도 관할구역 내에 이루어지지만 상수원보호와 깨끗하고 안전한 상수도 및 각종 농업공업용수는 국민생활의 기초적이면서 필수적인 만큼 중앙정부의 적극적인 지원이 확대되어야 할 것으로 생각된다.

3) 주민지원 확충

(1) 주민사업지원

팔당상수원보호를 위하여 규제를 받고 있는 주민들의 피해의식해소와 자발적인 수질개선에 대한 참여를 유도하기 위하여 주민지원의 확대와 보상의 필요성이 제기된다.

팔당상수원 보호구역의 환경기초시설정비비용에 대한 보조율의 상향조정 사회복지시설과 교육관련 시설의 설치 세금감면 등 지역주민들이 실제적으로 보상 받을 수 있는 시설의 설치 및 세금감면 등 지역주민들이 실제적으로 보상 받을 수 있는 혜택을 점차적으로 늘려야 할 것이다.

또한 이들 지역에 대한 지가 하락에 대한 보상 토지의 매수 등 재산권 피해에 대한 직

접적 보상방안을 강구하며 한편 정부는 팔당 상수원 보호구역내 주민지원 사업이 1998년 12월부터 간접지원방식에서 직접지원 방식으로 바뀌어 과거보다 많은 지원과 혜택을 주민에게 제공해야 할 것이다 이에 따라 상수원보호구역지정으로 각종 피해를 받고 있는 주민들에 대한 피해보상방법이 마을 공동단위로 공동시설을 설치해 주던 간접지원방식에서 가구별로 지원하는 직접지원방식으로 지원해 주어야 할 것이다

（2）환경농업육성지원

팔당 지역주민에 대해 농업 분야에 있어서 화학비료 농약의 과다사용에 대한 농법으로 인하여 상수원 수질오염이 가중되고 있는 상태이다 이러한 수질오염방지를 위해서는 유역주민들에 대해 환경보전형농법인 계약재배를 통한 유기적 농산물 생산을 적극 지원하여야 하고 또한 유기적 농법으로 생산한 것에 대한 판로를 보장하여 생산농민과 시민을 보호함은 물론 수질오염방지에도 크게 기여할 것으로 기대 된다.

4) 수혜자 부담의 원칙 - 물 부담금

수혜자 부담원칙의 강화를 통한 지역간 수평적재정지원은 다른 재정수단에 비해 많은 장점을 가지고 있어 수질관리 기능이 제공하는 편익과 반대급부보다 명확하게 드러나 지역의 특수성이 잘 반영될 수 있다 따라서 수혜지역 수질관리 기능수행과 관련하여 의사결정에 직접 참여할 수 있는 기회가 확보되어 재정지원의 흐름이보다 명확하게 됨에 따라 법으로 정하는 사항 외에도 팔당 상수원 지역 수질보호기능을 자발적으로 수행할 수 있는 유인을 제공하여야 한다. 일반적으로 환경보전기능의 수행에 따르는 수혜자는 무임승차 경향을 보이는데 수질보전의 기능의 경우 수혜자와 피해자의 범위가 뚜렷하게 구분된다는 점에서 수평적 재정지원을 통해 가능성과 필요성은 매우 높게 나타나기 때문에 수평적 재정지원을 통해 가능성과 필요성은 매우 높게 나타나기 때문에 수평적 재정지원이 실현되기 위해서는 급부와 반대급부가 명확히 제기되어야 할 것이다 이러한 재정을 조달하는 방안으로는 팔당상수원지역의 수도사업자인 수혜자인 지방자치단체에게 직접수혜지역 물 부담금을 조달하는 방안으로서 수혜지역물 부담금은 팔당상수원지역의 시군에게 일정한 재원부담기준을 정하여 자체 재원으로 부담시키는 방안을 고려할 수 있다. 또한 수혜지역 물 부담금제는 협의체가 구성되지 않은 경우 행정협약을 통해서 추진해야

할 것이다.

5) 비용분담의 확대

우리나라는 외국과 비교할 때 수도요금이 매우 낮은 설정으로서 이러한 저렴한 수도요금은 수돗물의 과대한 사용과 연결되어 결국 오폐수 양을 증가시키고 하천과 호수를 오염시켜 상 하수 처리비용을 증가시키는 원인이 되고 있다. 최근 들어 정부 또는 각 지방자치단체가 수도요금을 현실화 시키는 원인도 이러한 맥락에서 추진되는 것으로 제기된다고 볼 수 있다. 물론 단기적으로 볼 때는 주민의 가계에 부담이 된다고 하지만 장기적으로 볼 때에는 팔당상수원수질개선에 매우 효과적이라고 할 수 있다. 이러한 상수도 요금의 현실화는 상하수도 설비의 투자재원확보 측면에 못잖게 수돗물 사용으로 인한 수질오염비용을 물을 사용하는 원인자가 부담하게 함으로써 개인의 물소비 행태를 환경친화적으로 유도할 수 있는 계기를 마련하는 데 중요한 의미를 갖는다. 팔당 상수원의 수질보전 및 적정관리를 위하여 팔당 상수원지역은 2~3 중의 중복지정에 의하여 각종 개발사업 및 주택의 신 증축까지 엄격히 규제를 받고 있으며 이로 인하여 팔당 지역 주민들은 아무런 경제적인 인센티브나 동기부여 없이 생업과 관련된 행위까지도 규제받는 등 일방적인 경제적 피해를 당하고 있다. 팔당 상수원 지역의 주민지원사업은 주로 수질보전기초시설의 설치를 중심으로 지원되고 있으며 주민의 소득원, 복지증진 사업에 대한 지원은 거의 지원되고 있지 않기 때문에 팔당상수원지역 주민들의 불만은 고조되고 있다. 또한 팔당특별대책지역에 대한 주민지원은 매우 미비하며 해당 시 군의 열악한 재정으로 인하여 수질보전기초시설의 설치마저도 지연되고 있는 형편이나 환경기초시설 설치에 대한 국 도비 보조율은 타 지역과 동일하여 전혀 혜택을 받고 있지 못하다.

팔당 상수원 보호구역의 수질보전이라는 측면과 주민불이익이라는 측면에서 살펴보았다 팔당 상수원 보호구역의 수질보전과 주민 불이익의 문제는 어느 하나가 희생될 수 있는 문제가 아니므로 이는 동시에 해결하여야 할 문제로 향후 팔당 상수원 수질보전 대책은 환경친화적인 개발이라는 측면에서 접근하여야 할 것이다. 이러한 목적을 달성하기 위해서는 주민지원사업의 재원마련과 제도적 규정이 필요하며 지역주민의 적극적인 의견수렴 및 교육이 필수적으로 수반되어야 하며 하류지역주민들이 상대적으로 누리고 있는 편익을 지역주민들의 경제적 불이익에 분배함으로써 지역간 형평을 이뤄야 할 것이다.

5. 팔당상수원을 둘러싼 지역주민과 정부와의 갈등문제

종종 팔당호 수질보전 규제 방안을 둘러싸고 환경부의 입장변화로 인해 팔당호 주변 주민들이 반발하고 있다는 소식을 접하게 된다. 팔당호의 물은 한강 본류에서 서울시, 인천시, 경기도 등 수도권 주민 약 2000만 명에게 공급되고 있는 만큼 시민이 직접 마시고 있는 수돗물의 수원이 되고 있는 팔당호를 둘러싼 문제는 중요한 문제가 되곤 한다.

1) 팔당 상수원의 개략적 설명

(1) 팔당 상수원의 규모와 역할

팔당호에 대한 개략적인 설명을 하자면 다음과 같다. 팔당호는 1966년부터 1974년에 걸쳐 발전과 용수공급이라는 목적으로 건립된 인공호수로서 경기도 양주군 능내리에 위치하고 있다. 팔당호는 남한강과 북한강 및 경안천의 합류지점에 위치하며 물이 하류 쪽으로 계속하여 흘러 내려가는 하천형 호수이다. 또한 높이 29m, 길이 575m, 유역면적 23,800㎢인 수도권 최대의 상수원으로서 남한강, 북한강, 경안천으로부터 물이 유입되고 있으며 그 중 일부는 상수원으로 취수되고 나머지는 하류로 방류되고 있다. 이러한 규모는 세계 어느 도시에서도 찾아 볼 수 없는 단일 상수원이다.

(2) 팔당 상수원의 현황

이와 같이 팔당상수원은 경기도의 주민뿐 아니라 서울시와 인천시의 주민들도 이용하고 있기 때문에 팔당상수원의 수질 보전 문제는 해당 지방자치 단체만의 문제로 보기보다는 수도권 전체의 사회문제로 대두되고 있으며 팔당호의 수질보전문제와 늘 함께 등장하는 것이 팔당 상수원보호구역의 주민대책 문제이다. 팔당호가 갖는 이러한 막중한 역할과 중요성, 위험성을 감안하여 정부에서는 각종 법률에 의거해 팔당호 수질보전을 위한 각종 지역을 지정 관리해오고 있고, 1990년부터는 이곳을 '상수원 수질 보전 특별대책지역'으로 지정하여 특별히 관리해 오고 있다.

2) 팔당상수원과 관련된 각종 규제 사항

이처럼 역할이 중요시되는 팔당 상수원과 관련된 각종 규제사항들을 살펴보면 팔당 상수원을 수도법에 의하여 상수원 보호구역으로 정해놓았다. 여기서 말하는 상수원 보호구역은 상수원 수질을 오염과 유해물질로부터 보호하기 위해서 지정된 일정한 구역으로서 취수구 상류의 수면과 인접 토지를 말한다. 또 팔당 상류지역에 수질보전 특별 대책지역을 지정고시하고 특별 종합대책을 마련하여 오염원에 대한 각종 규제를 시행하고 있다. 팔당 상수원 보호구역 지정과 관련된 법규에는 국가의 환경보전시책에 관한 기본법으로서 환경보전에 관한 국민의 권리 의무와 국가의 책무를 명확히 하고 환경에 관한 기본적인 사항을 정하는 환경정책기본법, 상수원 보호구역의 지정 및 관리에 대한 규정 및 각종 행위를 제한하고 있는 수도법, 필요할 경우에 환경기준의 유지와 관계없이 엄격한 배출기준을 새로이 정할 수 있도록 하고 오염물질을 총량으로 규제할 수 있도록 함으로써 수질 오염 현상에 효과적으로 대처할 수 있도록 한 수질 환경 보전법, 수도권 전역을 과밀억제권역, 성장관리권역, 자연보전권역의 3개 권역으로 나누어 권역별로 차등적인 토지 이용 규제를 하고 있는 수도권정비계획법이 있다.

3) 팔당 상수원 지역주민들에 대한 지원 현황

다음으로 팔당 상수원지역의 주민지원 현황에 대해서 살펴보도록 하자. 팔당 수혜지역 시, 도 협약에 의하여 서울시, 인천시, 경기도가 비용을 분담하여 팔당 상수원 수질관리사무소의 운영비를 지원하고 있으며 팔당 수질보전 특별대책지역을 대상으로 분뇨처리시설을 제외한 환경기초시설에 대하여 환경기초시설 운영관리비 전액을 지원하고 있다. 또한 현재 팔당 수질보전 대책지역의 시, 군의 관계율은 매우 낮아 생활하수에 의한 수질오염을 삭감하기 위해서는 오, 우수 분류식 하수관거의 설치가 시급한데 팔당 수질보전 특별대책지역의 시 군에 대하여 사업비 전액을 경기도비로 투자하여 오, 우수 분류식 하수관거를 설치하는 공사가 진행되고 있으나 사업비 전액을 경기도비로 투자하여 추진함으로써 재정부담 과다에 따른 사업추진이 지연되고 있어 팔당호 수질의 악화가 우려되고 있다. 따라서 팔당 수질보전 특별 대책 지역 내의 오, 우수 분류식 설치를 위한 경비는 경기도비만으로 충당하기 어려움으로 지속적인 지원을 위한 국비보조 또는 수혜지역의 분담 등에 의한 투자가 필요하다. 또 환경부는 수도법에 의거하여 각 시, 군, 구가 상수원수를 취수하면서 부담하는 지자체, 수자원공사의 출연금과 국고에서 보조한 금액을 일정 비율로 조정하여 조성한 총 예산을 확보하여 전국의 상수원보호구역의 주민지원사업을 진행해오고 있다. 팔당 지역의 경우 수도법에 의하여 지정된 팔당 상수원 보호구역만이 지원대상으로 지원사업은 소득증대, 복지증진, 육영사업 등이다. 마지막으로 팔당 상수원 지역 주민 지원현황으로는 팔당 수질 보전지역의 주민지원사업 중 주민들의 소득원과 관련 있는 사업으로 서울시와 농협이 공동으로 실시한 팔당 상수원 보호구역 환경 육성사업이다. 화학비료와 농약의 사용을 줄임으로써 서울시민에게 맑은 물과 신선한 농산물을 공급하고 참여 농가는 고품질 환경 농산물을 생산함으로써 농가소득을 도모할 목적으로 시작되었다. 서울시는 저리대출로 인한 이자 차액의 일부를 부담하고 구청별로 환경농산물 판매장을 설치하는 등의 지원을 하고 있다. 농협은 유기농가, 톱밥축사의 조성을 위하여 자체적으로 환경 농업 실천기준을 설정하고 주민을 상대로 농작방법 등 실제 교육을 실시함으로써 농민들의 의식전환을 통하여 팔당 유역의 오염 부하량 저감에 성과를 올리고 있다. 현재는 재원의 한계 등으로 인하여 주민지원을 중단하고 사후관리만 실시하고 있는 상황이어서 팔당호 인근지역의 주민 지원 사업은 재원부족으로 지속적인 실시가 어려운 실정이다.

4) 팔당 상수원을 둘러싼 지역주민들과 정부와의 갈등

위에서 대략적으로 현재 팔당호가 가지고 있는 중요성과 역할, 팔당 상수원지역 주민지원 현황 및 관련 규제에 대해서 살펴보았다. 위에서 설명한 바와 같이 팔당호는 그 중요성과 역할이 매우 커서 그것을 둘러싼 관련 규제도 많고 그에 따라서 지역주민들에 대한 지원도 이루어지고 있는 것이 현실이다. 하지만 지원이 이루어지고 있다고는 하지만 아직 보완해야할 부분이 많고 팔당호 주변 지역의 규제로 인하여 팔당호를 둘러싸고 정부와 지역주민들의 갈등이 존재하게 되었다. 이제부터는 팔당호를 둘러싼 정부와 지역주민 사이의 갈등요인에 대해서 살펴보도록 하겠다. 팔당호는 앞에서 설명했듯이 수도권 주민의 대다수의 유일한 식수원으로서 규모면에서도 세계 어느 도시에서도 찾아 볼 수 없는 단일 상수원으로서 팔당호가 갖는 이러한 막중한 역할과 중요성, 위험성을 감안하여 정부에서도 팔당호 수질보전을 위해 특별히 관리해 오고 있지만 팔당호 유역은 지정학적으로 개발 잠재력이 무척 큰 지역이다. 서울에서 30분에서 1시간 거리 이내에 입지하고 있을 뿐만 아니라, 한강과 어우러진 수려한 자연경관 등으로 인해 쾌적한 환경을 찾아 즐기려는 탐방 객들의 수가 매년 급속히 증가하고 있어 인구증가와 관광개발 수요가 큰 지역이기도 하다. 따라서 이 지역 연평균 인구증가율이 전국 평균치를 훨씬 상회하고 있으며 인구증가와 함께 아파트수도 크게 증가하고 있고, 숙박업소와 음식점수도 증가하고 있다. 팔당호 수질보전을 위해 특별한 규제를 하고 있음에도 불구하고 이렇게 개발속도와 양이 큰 것은 이 지역의 개발 잠재력이 그만큼 크다는 것을 반증하는 단적인 예라고 볼 수 있다. 이렇게 개발 잠재력은 대단히 큰데 이를 인위적으로 내려 누르니 그 반작용, 부작용이 클 것은 어찌 보면 당연한 일일 것이다. 지역 주민들 역시 지역의 개발 잠재력을 정부가 하류지역의 물 공급을 위해 각종 규제 수단을 동원하여 불공평하게 억누르고 있다고 인식하여 불만과 갈등이 심하다. 그리고 직접행위 규제와 이해관계가 없는 지역주민은 특별대책지역에 살고 있는 사실조차 모른다는 사실은 심각한 일이 아닐 수 없다. 또한 이천만 수도권 시민이 상수원으로 이용하는 팔당호 주변의 창고시설 4곳 중 1곳은 불법적으로 용도가 변경돼 오염물질을 배출하고 있는 것으로 드러나기도 했다. 그렇지만 주민들은 환경부가 규제강화를 추진하는 것은 "재산권과 행복추구권을 무참히 짓밟는 지역주민 탄압정책"이라며 "개정안을 백지화하지 않으면 헌법소원과 피해보상 청구소송을 제기하겠다"고 공언함으로써 정부와 팔당호 지역주민 사이의 갈등의 골이 더 깊어지고 있는 실정이다. 더욱이 최근에는 팔당호 주변 7개 시, 군 주민들이 환경부의 팔당호 수질정책에 반발해 또다시 집단행동에 나설 움직임을 보이고 있다. 환경부와 해당 시, 군이 팔당호 수질정책을 총괄하는 정책협의회 구성에 합의했으나 협의회의 법적 지위의 인정여부를 놓고 이견을 좁히지 못하고 있기 때문이다. 팔당호를 둘러싸고 이렇게 지역주민과 정부사이의 갈등이 있는 이유는 팔당호가 수도권 주민의 상수원이기 때문에 수질을 보호해야 하는 정부의 입장과 수질보호를 위해 각종 규제가 이루어지고 있는 지역에 살고 있는 팔당호 지역 주민 사이에 피할 수 없는 문제일 것이다. 물론 규제에 대한 보상 대책으로 위에서 설명한 것과 같이 각종 주민 지원이 이루어지고 있지만 아직 보완해야 할 문제점들이 많은 실정이고 팔당호의 수질 문제도 아직까지 안심할만한 수준에 도달하지 못하였으며 수질이 오염되어가고 있는 상황이어서 그 문제는 심각하다.

5) 팔당 상수원 지역의 수질문제

수도권 2000여 만 주민의 식수원인 팔당호는 수질에 있어서 그 안전성이 가장 중요한 문제라고 할 수 있다. 하지만 현재 팔당호 호반에는 러브호텔, 음식점, 전원주택, 아파트 등이 우후죽순처럼 들어서고 있고 그런 시설물에서 쏟아져 나오는 오폐수의 절반정도가 정화되지 않은 채 그대로 팔당호로 유입되고 있다고 하니 1998년 마련된 '팔당호 등 한강 수계 상수원 수질관리 특별대책'이 제대로 추진되고 있는지 의문이다. 건축물의 급증은 법제도의 허점 때문으로 여겨진다. 환경보호 차원에서는 분명히 이해될 수 없는 일인 데 도 해당 지방자치단체들은 적법한 절차에 따른 건축이라 문제가 없다는 것이고, 환경부도 법률적으로 규제할 방법이 없다고 하는 실정이니 정말 큰 문제가 아닐 수 없다. 몇 년 전 착공돼 물의를 빚은 양평군 내 초고층 아파트는 호반에 붙어있어 주민 입주 시 호수의 오폐수 오염이 뻔 하지만 아파트단지는 하수처리장이 있는 지역이고 도시계획지역에 위 치해 법률상 문제가 없다는 것은 도저히 납득할 수 없는 일이었다. 초고층 아파트 건축은 사업자가 적절한 보상책이 마련되면 건설을 철회할 용의가 있다고 밝혔지만, 상수원 보호 에 역행하는 편법적 건축사례는 비일비재하다. 외지인이 현지주민의 명의를 빌려 건축하 는 것은 일반적인 방법이며, 한 필지에 여러 채의 집을 짓기 위해 필지를 분할하는 방법, 축사나 버섯 재배사로 허가를 받은 뒤 형질 변경을 받는 방법 등은 모두 법망을 피하는 수단이라는 것이다. 환경부는 98년 마련한 특별대책에 따라 북한강과 남한강 양안 500～ 1000m를 수변 구역으로 지정하고 오염배출시설인 숙박시설, 음식점, 축사, 목욕탕, 공장의 설치를 일절 금지했다. 그러나 하수처리시설이 있는 구역, 취락지역 등에 대해서는 각종 개발이 가능한 '예외지역'으로 정했다. 땅임자나 투기사업자들은 이와 같은 법의 허점을 이용하여 수변 구역에서는 주택을 '예외지역'에서는 고층아파트를 건축하는 것이다. 생명 과도 바로 직결될 수 있는 팔당호의 수원을 둘러싼 문제에 대해서 이렇듯 편법이 난무할 수 있다는 사실에 대해서 조사하는 과정에서도 놀라지 않을 수 없었다. 이에 팔당호 수질 을 2005년까지 1급수로 만들겠다는 환경부는 수변 구역 이외의 '예외지역'에서도 토지를 매입할 수 있도록 법을 개정하는 방안을 고려중이고, 건설교통부는 '예외지역'에서도 아파 트나 숙박시설 및 음식점을 신축할 때는 시도지사의 사전승인을 받도록 법령을 개정키로 했다고 한다. 하지만 이런 조치가 어느 정도의 효과를 거둘지는 알 수 없다. 따라서 식수 원 보호를 위해서는 좀더 세심하고 강력한 종합대책이 뒤따라야만 할 것이다. 또한 팔당호에 행락객들이 늘어나면서 이들이 버리고 간 각종 오염물들이 크게 증가해 팔당호가 각종쓰레기로 심한 몸살을 앓고 있다. 이밖에도 팔당상수원의 각종 수질오염사고도 급증하고 있다. 이에 팔당 상수원관리 사무소 측은 팔당호 주변의 수려한 자연경관과 수도권에 위치한 편리한 교통 등의 양호한 입지 조건에 따라 행락객이 많이 찾고 개발수요가 늘어나는 것이 수질악화의 가장 큰 원인이라고 분석하였으나 별다른 대책은 마련하고 있지 못하는 실정이니 정말 큰일이 아닐 수 없다. 한편 팔당 상수원 수질은 상수원수 2급수이지만 지난 1998년 생물화학적 산소 요구량이 1.5ppm에서 지난 2001년 1.3ppm으로 수질이 개선되다 2002년 다시 1.4ppm으로 수질이 악화되고 있어 대책마련이 시급한 것으로 나타났다. 이는 수도권 지역 맑은 물 공급을 위해 지금까지 팔당 권역에 수천억원이 넘는 막대한 투자를 했음에도 이러한 결과가 초래되었기 때문에 문제의 심각성이 더하다. 대체 식수원이 전혀 없는 상황에서 볼 때 국가 안보 관점에서도 대단히 중요한 일임은 분명하나 2중, 3중의 개발규제 장치에도 불구하고 실제적인 오염원 증가 억제에 실패함으로써 새로운 대책마련이 시급한 실정이다. 최근 정부는 이와 같은 상수원 위기 상황을 심각히 깨닫고 범정부적 차원의 특별대책 수립기획단을 구성하여 지금까지의 대책과는 차원을 달리한 zero-base에서 새로이 출발한 특별대책을 수립하구 이러한 상수원 관리의 위기상황은 각종 언론 및 민간 환경단체에서 그 동안 지속적으로 우려와 대책마련을 촉구해 온데 반하여 정부의 안일한 환경 무감증이 빚은 결과로서, 이번에도 수질개선에 실패한다면 그 영향과 파장은 심대할 것으로 예상된다.

6) 팔당 상수원 지역의 문제해결을 위한 대책

이처럼 팔당호는 수질보호를 위한 각종규제 사항과 이러한 규제를 피하고 지역 개발을 도모하려는 지역 주민들 사이의 갈등 속에서 수질의 기준도 유지 못하고 지역주민들의 불만도 해소하지 못하는 이것도 저것도 아닌 상황에 처해 있다. 따라서 팔당호를 둘러싼 이러한 문제를 해결하는 데는 수질관리에 관한 대책, 토지 이용 측면에 관한 대책, 제도 개선 측면에 관한 대책 등과 같이 한 방향에서만 팔당호 문제를 해결하려 하지 말고 여러 방면으로 그 대안들을 살펴보아야 할 것이다.

(1) 수질관리 측면에서의 대책

우선 팔당호지역의 수질관리 문제에 있어서는 팔당호와 유입유역의 환경용량을 평가하고, 이에 따른 유입허용 총부하량을 산정한다. 또한 이에 기초하여 배수구역별로 오염삭감 목표를 설정, 관리토록 함으로써 과학적 수계관리와 합리적 지역개발의 기초가 되게한다. 다음으로, 팔당호 수질오염 부하의 절반 이상을 차지하는 축산폐수의 처리는 이제까지와 같은 축산폐수 폐수처리장을 건설하는 방식으로는 불가하다는 것이 증명된 만큼이 지역의 집단적 관리가 불가능한 축산농가는 타 지역으로 이전시키거나 전업에 대한지원이 오히려 비용효과 분석적으로 볼 때 더욱 경제적일 수 있다. 또한 이전이 힘든 축산농가에는 톱밥축사 등과 같은 축산분뇨 자원화방안을 지원함으로써 분뇨의 배출을 최대한 억제할 수 있도록 한다. 그리고 하수처리장의 건설이 기초 자치단체 중심으로 건설되어 효과적인 수계관리에 장애가 되고 있으며, 하수관거가 제대로 뒤따르지 못하여 처리효율을 대폭 떨어뜨리고 있다. 따라서 앞으로의 하수처리장은 유역권 처리장으로 건설하고, 하수관거 선 설치 위주로 바꿔어야 하며, 발생지 처리를 원칙으로 한 소규모 처리장건설방식으로 전환되어야 한다. 또한 처리장의 전문적 관리와 효율적 운영을 위해 민간전문 업체에 위탁 관리하는 방안도 도입되어야 할 것으로 예상된다.

(2) 도시계획과 토지이용 측면의 대책

다음으로 팔당호주변의 도시계획과 토지이용 측면의 대책은 다음과 같다. 지역주민의각종 불이익을 해소한다는 명목으로 토지이용 규제를 완화하고 하수처리 구역을 무원칙하게 확대하였지만, 그 결과 이 지역 원주민에게 돌아간 경제적 혜택보다는 외지인의 투자에 의한 유흥업소 난립과 수원지 주변의 유원지화만을 초래하였다. 또한 수도권 주민들도 자기가 먹는 물의 수원지를 유원지로 애용해온 태도에 대해 반성이 있어야 하며, 경기도와 기초자치단체들은 팔당호 주변지역에 광폭도로를 건설하여 개발붐을 야기한 책임을동시에 져야 한다. 이러한 무원칙한 건설과 시설의 입지가 제한되도록 보다 강력한 규제와 기준을 만들어야 한다. 한편 잠재적 개발욕구가 높은 현실을 감안하여 수자원에의 영향을 최소화한 친환경적 개발방식의 모델을 찾아나가야 할 것이다. 그리고 지역별 대책을강구해야 한다. 오염원으로부터 발생된 오·폐수는 하천으로 직접 유입되거나 하수관거를통해 하수처리장으로 이송된다. 이때 오염원이 하천 근거리에 위치해 있거나 멀리 떨어져있는 경우에 따라 동일한 오염 부하량이라 하더라도 하천수질에 미치는 영향은 크게 차이가 난다. 따라서 상수원 보호를 위한 도시계획은 일반도시와 다를 수밖에 없고 토지이용 규제도 하천변은 더욱 강화되어야 한다. 필요에 따라서는 하천변 완충지대를 국가나 지방자치단체가 장기 임대하거나 매입하는 방안도 고려해 볼 수 있다.

(3) 제도개선 측면의 대책

마지막으로 팔당호주변의 제도개선 측면의 대책은 다음과 같다. 물 관리 및 통합적 관리체계 방안의 마련의 일환으로 팔당 상수원 관리의 일원화된 책임기관이 없다는 비판이 늘 지적되어 왔다. 수량, 수질의 연계 관리체제가 미약할 뿐만 아니라 수질관리 기관 내에서도 업무협조와 통합조정이 제대로 이뤄지지 못해 체계적인 대책수립이 어려운 실정이다. 이러한 불합리하고 방만한 조직체계를 개선해야 한다는 데는 대부분 이견의 여지가 없다. 경기도에서는 경기도와 도내 해당 기초 지자체가 중심이 된 물 관리의 일원화를 내세우고 있으며, 환경부는 중앙부서 단위의 물 관리 정책조정위원회와 한강수계 관리위원회 등을 구상하고 있다. 다음으로 수혜자 부담 확대와 제도화가 있다. 팔당호 상류지역은 그 동안 개발제한에 따른 불이익과 자치단체의 낮은 재정자립도로 인하여 환경기초시설의 건설과 운영에 수동적일 수밖에 없었다. 최근 팔당의 물 문제가 심각해진 이후 우리사회에서는 수혜자 부담원칙을 확대해야 한다는 데 대하여 대체로 공감을 하고 있다. 이에 따라 재정형편이 취약한 팔당 상류지역의 환경기초시설의 건설·운영비뿐만 아니라, 개발억제에 따른 경제적 보상과 각종 지원방안이 적극 강구되어야 한다. 이러한 재원의 마련은 환경보전 기금이나 상수도 요금인상을 통해 조성할 수 있을 것이며, 이러한 환경요금은 팔당상수원 보호 및 수질개선, 그리고 다양한 지역주민 지원사업에 합리적으로 사용될 수 있도록 사회적 합의를 모아 나가야 하겠다. 팔당 상수원이 수도권 주민들의 삶에 있어서 얼마나 중요한지는 앞에서 여러 차례 거론한바와 같이 아무리 강조해도 모자람이 없을 것이다. 말 그대로 팔당 상수원은 우리의 수원, 즉 우리가 매일 먹고, 마시고, 생활하는 데 쓰이는 물의 근원으로써, 대체할 만한 다른 수원이 없는 현실 앞에서는 실로 그 중요성이란 글로 표현할 수 없을 정도로 클 것이다. 따라서 팔당 상수원의 수질이 보호되고 향상되어야 한다는데 이의를 제기할 사람은 없을 것이라고 생각한다. 수질을 보호하는 데는 우선 일차적으로 기술적인 면도 중요하겠지만, 그에 못지않게 법률적으로도 팔당 상수원을 보호하기 위한 법적 절차를 적합하게 설정하고, 행정적으로 이를 잘 수행해 나가는 일이 동시에 이루어 져야만 할 것이다. 만약 그렇지 아니하고, 기술적으로는 아무리 뛰어나게 수질을 보존, 향상시킬 수 있는 기술을 확보하였다고 해도 법적으로나 행정적으로 적합한 규제 기준이나 시행절차가 마련되지 않는다면 수질이 보전될 수 있다고 장담할 수는 없을 것이다. 팔당 상수원은 이처럼 수원의 수질을 깨끗이 보전해야만 하는 충분한 이유가 있고 또 그럴 필요가 있는 지역이다. 하지만 팔당 상수원도 사람들이 주거하고, 생활하고 경제적 활동이 이루어지는 지역이다. 다시 말해 팔당 상수원 지역도 지금 내가 또는 우리가 살아가고 있는 지역공간과 마찬가지로 그 지역 주민들에게 있어서는 수도권 주민들의 식수원으로서의 공간이전에 그들이 경제적 활동을 하면서 살아가야 하는 삶의 터전이라는 사실이다. 그러한 이유 때문에 팔당 상수원 지역 전역에 이루어지고 있는 각종 규제 사항들이 그 지역 주민들에게는 그들의 삶을 규제하고 억압하는 장애물로 여겨질 수도 있다는 사실을 우리는 인식해야 한다. 하지만 앞에서 말했듯이 팔당 상수원의 수질보호는 우리의 생명과도 직결되는 아주 중요한 문제이기에 이러한 문제점에도 불구하고 팔당 상수원의 수질은 각종 규제를 통해서라도 보호되고 향상되어야 한다. 이처럼 우리는 다음과 같은 두 가지 시각에서 팔당 상수원을 바라볼 필요가 있다. 팔당 상수원의 물을 먹고 마시는 수도권 주민의 한사람으로, 또 팔당 상수원지역을 삶의 터전으로 살아가는 팔당 상수원 지역주민의 한사람으로 말이다. 가장 좋은 방법은 두 입장 모두에게서 불만이나 불평등함이 없이 혜택이 주어지는 것이겠지만 여러 자료를 통해서나 기록을 통해서 보듯이 그러한 해결방법이 결코 쉬운 일이 아니라는 것은 분명한 사실이다. 현재에도 팔당 상수원 규제를 둘러싸고 정부와 지역 주민들 간의 갈등이 심화되고 있는 현실 앞에서 딱 부러지게 만족할 만한 해결방안이 제시되고 있지는 않는 것처럼 나 자신도 팔당 상수원을 둘러싼 갈등을 해결하는 데 있어서 최고의 방법이 무엇이라고 확언할 수는 없다. 하지만 내가 생각하기에 최선의 방법은 있다고 생각한다. 가장 일반적이고 뻔한 소리처럼 들리겠지만 그것은 정부의 과감한 정책 결단력이 아닐까 한다. 다수의 이익이 소수의 이익에 우선하지만 소수의 이익도 무시될 수 없는 것이 지금 우리가 살아가고 있는 사회의 현실이다. 따라서 그 두 가지 모두를 충족시키는 일도 중요한 일이지만 그 사이에서 갈팡질팡하며 수질은 수질대로 악화되고 지역주민은 주민대로 불만에 가득차는 일이 생기게 된다면 차라리 정부가 보다 과감하고 강력하게 팔당 상수원 수질 보호를 위한 규제를 시행해 나감으로써 수질을 향상시키고, 규제로 인한 지역주민들의 불평등은 시간적 여유를 가지고 해결해 나가는 것이 현 시점에서 가장 좋은 방법이 아닐지 생각해본다.

2. 내셔널트러스트 운동을 통한 자연환경보전

　1859년에 영국에서 시작된 내셔널 트러스트운동은 보존가치가 있는 경관, 문화재, 희귀 생태계 등을 소유주로부터 관리신탁을 받거나, 기부금 또는 회비 등으로 매입하여 영구보존, 관리를 하는 시민운동이다. 이 운동은 영국을 효시로 세계 여러 나라에서 환경보존 운동의 새로운 방법으로 정착해 나가고 있다. 우리나라에의 전통적인 관습에도 한 공동체나 마을의 공동재산이었던 동유재산이 있다. 동유재산이란 공동체와 운명을 같이 하여야 할 재산으로 구성원 모두가 동의 하더라도 개인소유 또는 처분의 대상이 될 수 없는 것이다. 이는 1895년, 영국에서 시작한 내셔널트러스트운동의 이념이기도 하다. 우리나라 내에서 내셔널트러스트 방식을 이용한 환경운동은 10여 년 전에 시작되었다고 볼 수 있다. 지금의 광주 "무등산공유화운동"이 10년가량의 역사를 가진 곳이며, 그 외에도 전국적으로 19곳(2003. 6. 30.현재)의 내셔널트러스트 보존 활동을 벌이고 있는 지역이 있다. 최근에 일반시민들의 정성을 모아 (사)한국내셔널트러스트에서 영구 보존이 가능케 된 곳은 '시민 자연유산 1호: 강화 매화마름 군락지'와 '시민 문화유산 1호: 최순우 고택'이 있다. 최근 경기도 고양시에서는 일산2지구 택지개발을 둘러싸고 고봉산 일대의 개발을 저지하기 위한 시민운동이 활발히 진행되고 있다. 고봉산은 일산의 허파역할을 하는 산으로 생태적으로도 매우 우수한 환경을 자랑하고 있다. 자연습지를 가지고 있는 고봉산은 고양시민들의 환경의 안식처이자 정신적 휴식처의 역할을 하고 있다. 또한 고봉산 일대는 2001년 내셔널트러스트 운동본부에서 주관한 내셔널트러스트 콘테스트에서 환경부장관상을 받은바 이는 그 만큼 생태적, 역사적 가치가 높게 평가된 곳이기도 하다. 이런 고봉산 일대를 택지로 개발하기 위한 주택공사에 맞서 시민들이 '고봉산 땅 한 뼘 사기운동'을 벌이며 고봉산을 지키기 위해 노력하고 있다.

제2장 내셔널 트러스트 운동

제1절 내셔널 트러스트 운동의 개념과 역사

내셔널 트러스트를 정의하면 "보존가치가 있는 아름다운 자연이나 역사 건축물과 그 환경을 기부금 등에 의하여 매입하고, 또는 기증, 유증 등으로 취득하여 이것을 보전, 관리, 유지, 공개하는 것으로, 차세대가 이들 자원을 영구히 이용하도록 하는 시민운동"이라고 할 수 있다. 내셔널 트러스트 운동은 궁극적으로 시민주도로 환경, 문화자산의 탈사적 소유를 뜻한다. 영국에서 내셔널 트러스트 운동이 시작된 것은 지금으로부터 1세기 전이다. 당시는 급격한 산업화가 진행되던 시대였던 만큼 그에 따른 정주환경 파괴가 큰 사회문제로 대두하였다. 또한 철도와 자동차의 등장과 도시의 무질서한 팽창으로 인하여 영국의 아름다운 농촌이 파괴되어 갔다. 따라서 이를 해결하고자 전원도시운동, 농촌경관보존운동과 같은 시민 자의식적(市民自意識的)인 실천운동이 출현하였다. 그중 하나가 바로 내셔널 트러스트 운동이었다. 이 운동은 최초 세 명의 선각자에 의하여 시작되었다. 빈민거주지 재개발 운동을 하던 옥타비아 힐(Octavia Hill) 여사, 공유지보존협회의 변호사로서 오픈 스페이스(open space)의 법률적 문제를 담당하던 로버트 헌터(Robert Hunter) 경, 워즈 워드의 자연 보전관을 신봉하여 호수지방보호협회를 만들어 일해 온 하드윅 론슬리(Hardwick Rawn sely) 신부에 의하여 시작되었다. 이 세 사람이 모여 1885년 1월 12일 파크 레인(Park Lan e)에 있는 그로스브너 하우스(Grosven or House)에서 내셔널 트러스트가 탄생하게 되었다. 내셔널 트러스트의 근본 취지는 자연환경과 문화유산을 보전해 일반 대중이 이를 이용할 수 있게 하기 위한 것으로 이러한 목적을 가장 확실하게 달성하는 방식이 바로 그 대상지를 사들여서 보전·관리하는 것이다. 내셔널 트러스트에서 내셔널(National)은 국민이라는 의미로, 국민 스스로의 힘으로부터 신뢰가 생겨나는 자연환경보호의 모임을 의미한다고 할 수 있다. 내셔널 트러스트 운동은 현재 영국 내에서 가장 성공한 시민운동으로 평가받고 있으며 세계 25개국에 그 이념이 전파되어 현재 운동이 진행되고 있다.

제2절 내셔널 트러스트 운동의 동향

1. 해외동향

1) 영 국

영국의 내셔널 트러스트는 다른 자연환경 보존 운동과는 달리 보존가치가 높은 토지, 경관지, 건축물, 정원 등을 매입하여 미래세대가 영구히 보존할 수 있도록 하는 것을 특징으로 하고 있다.

(1) 자산취득

영국의 내셔널 트러스트는 1세기가 넘게 여러 자산들을 취득·관리해오고 있다. 100년이 지난 현재 잉글랜드, 웨일즈, 북아일랜드에 24만ha가 넘는 아름다운 전원지대와 575마일의 해안선, 350여 곳의 역사적으로 중요한 가치를 지니고 있는 건축물이나 정원을 보유하고 있다. 이 보유자산 들은 영구히 보전될 수 있도록 소유권 이전이 법적으로 금지되어 있다. 영국의 내셔널 트러스트의 자산 취득에는 시간의 흐름에 따라 자산의 성격차이가 나타나는데 초기에는 주로 자연경관과 자연경관내의 야생보호를 위하여 토지를 받아들이거나 구입하였고, 1935~60년에는 많은 건물들, 특히 지방의 대저택들을 중심으로 취득하였다. 최근에는 해안지역과 도시지역과 건축적 관심이 높은 주택을 위주로 구입하고 있다.

(2) 회 원

영국의 내셔널 트러스트의 활동을 유지하고 확장시키는 원동력은 260만 명을 넘는 회원들의 힘이다. 회원은 연회원, 평생회원, 개인회원, 가족회원등이 있고 회원에 따라 회비의 차이가 있다. 회비를 통한 영국 내셔널 트러스트의 수입은 총 수입의 30.5%이다. 회원은 내셔널 트러스트의 모든 자산의 무료입장 및 시설이용, 바자회, 축제, 관광, 교육 등 각종 활동과 프로그램에 참가할 수 있고, 회원지를 구독할 수 있다. 기업회원은 시설사용은 물론 이벤트 알선 해택을 받을 수 있다. 이는 내셔널 트러스트 활동의 취지와 부합되는 범주 내에서 기업들이 내셔널 트러스트의 조직과 시설을 사업 활동의 수단으로 활용할 수 있도록 한 것이다.

(3) 재원조달 및 지출

영국은 오랜 역사가 말해주듯이 다양하고 안정된 재원을 확보하고 있다. 재원조달에서 회원회비의 비중이 30.5%로 가장 높고 다음으로 유산의 기증이 18.3%, 보조금과 기부금이 7.1%이다. 또한 내셔널 트러스는 재정을 확보하는 수단으로 기업적인 사업을 펼치는데 그 중 투자 사업을 기획하여 얻는 수익금인 투자수익이 13.8%, 각종 소유시설을 임대사업으로 운영하여 얻는 임대수익이 11.5%를 차지한다. 또한 내셔널 트러스트의 브랜드를 제작하고 서적을 출판 판매하고 있으며 이를 통한 수익은 전체 수익의 11.9%에 달한다.

(4) 특징 및 시사점

영국의 내셔널 트러스트 운동의 특징으로 자연, 문화 자원의 사회적 자본화를 이룩했고, 시민의 자발적인 재산의 기부와 헌신적인 자원 봉사가 그 힘이 되었다는 점을 들 수 있다. 1907년에 법률이 제정되어 그 기반을 다졌으며 사회적 자본화에서 이를 관리하고 이용하며, 경제적인 수익으로 활용하는 등 포괄적인 활동영역을 구축하였다. 전국적으로 볼 때 자율적으로 분권화되어 이들이 체계적으로 조직화되어 조직의 네트워크화가 이루어져 있다. 영국 내셔널 트러스트가 시사하는 바는 다음과 같다. 첫째, 재정적으로 정부로부터 완전치 독립적인 자선단체로써 시민의 힘으로 재원을 직접 조달하고 있다는 점이다. 둘째, 지속적이며 효율적인 활동영역을 구축하고 있으며, 조직화된 네트워크를 통하여 내셔널 트러스트의 저변을 국내외적으로 확산시키고 있다. 넷째, 특별법의 제정으로 법적 지위가 확고히 보장되어 있다는 점이다.

2) 일 본

(1) 역 사

1964년 일본에서 내셔널 트러스트 운동을 도입하고, 일본 풍토에 뿌리를 내리게 한 사람은 작가인 대불차량이다. 일본의 내셔널 트러스트 운동은 아름다운 가마쿠라의 경관 보전을 목적으로 하는 단체에 의해, 가마쿠라 쑤루가오카 하치만 신사뒤편 산등성이를 보호하기 위하여 사단법인인 가마쿠라 풍치보존회를 결성하면서 시작되었다.

이어 100㎡운동이라고 부른 운동이 일어났는데 이는 각 회원들이 시레도코 국립공원의 땅 100㎡를 사는 것을 목표로 한 운동이다. 시레스코 지역은 19세기 말부터 1920년대까지 니이가타현과 후쿠시마현에서 약 200호의 주민이 들어와 개척을 하였으나 2차세계대전 후 북해도개척자집단 이주계획에 의해 주민들을 다른 곳으로 이주시키고 10여 세대만이 살고 있다. 남아있는 주민들도 고령화 등으로 농업에 종사하기가 어려워져 이 지역의 땅을 처분하고 이 지역을 떠나게 되자 대규모 리조트 단지로 변화할 조짐을 보이게 되었다. 이에 시야리초 후지타니 정장을 비롯한 뜻있는 사람들이 모여 대규모 리조트 반대운동을 전개하였다. 이것이 100㎡운동이다.

(2) 일본 내셔널 트러스트의 현황

① 사단법인 일본 내셔널 트러스트

트러스트 활동이 전국에서 계속됨에 따라 1983년에 전국적인 네트워크의 필요성을 인식하고 내셔널 트러스트운동촉진을 위한 전국적인 조직을 결성하였다. 이것이 전 일본 내셔널 트러스트 운동촉진협회이다. 1992년. 이 협회는 사단일본내셔널 트러스트 협회로 개편되었고 환경청으로부터 인 허가를 받아 환경을 보호하는 시민단체로 활동을 하고 있다.

현재 전국에서 활동하고 있는 단체는 42곳이다. 전국규모조직 5개소, 지역단위조직 37개소, 835명의 개인 후원회원이 내셔널 트러스트협회에 등록되어 있다. 일본은 영국의 경우와는 달리 몇 개의 전국적인 트러스트 조직들이 완전히 풀뿌리 조직이다. 그 중 일부는 시민과 지방정부 공동의 노력에 의해 결성되었으며 일부는 지방자치단체가 전국적인 지지자들과 함께 시작한 것도 있다. 관리형태 또한 다양하다. 어떤 것은 순수하게 자선기구인가하면 어떤 조직은 공공서비스 공동운영이며, 어떤 것은 시민과 지방정부에 의한 기금으로 운영되고 있다.

② 재단법인 일본 내셔널 트러스트

가마쿠라의 주민운동과 신문에 실린 대불차량의 기사가 계기가 되어 1968년에 설립되었다. 이시기에 일본은 고도 경제성장과 더불어 개발이 한창이던 무렵이었고 2년 뒤에는 오사카 만국박람회를 앞두고 있었다. 개발이나 사회의 급격한 변화에 따라 공해나 자연파괴, 문화유산의 위기가 초래되어 커다란 사회문제를 지니고 있었다. 1967년 국제 관광의해를 맞이하면서 자연이나 역사적 문화유산은 국민스스로가 애정과 열정을 가지고 지켜 나가야 한다는 의식의 공감대가 확산되었다. 이에 호리끼겐조가 1968년 메이지 100년을 기념하는 기념사업의 일환으로 영국의 내셔널 트러스트를 모델로 하여 26인이 발기하여 설립하였다.

(3) 회원 및 재원

재단법인 내셔널 트러스트는 설립초기부터 회원 제도를 실시하고 이고 회원은 대략 3,000명 정도이다. 현재, 일본 내셔널 트러스트협회의 주요한 자금은 매년 내는 회원들의 회비와 기부금으로 충당한다. 그 외 공적기관, 기업 그리고 트러스트 활동을 지지하는 사람들과 같은 다양한 곳으로부터 자금지원이 있다.

(4) 활동현황

재단법인 내셔널 트러스트의 주된 기능은 지방자치단체에서 활동하는 내셔널 트러스트 단체 간 전국적인 연대네트워크와 정보교환이다. 역사적 거리의 보존, 전통가옥 보전, 모래사장 조사 등 일본 각지에 보전할 만한 가치가 이는 자원을 발굴하여 보전하고 있다. 이들의 활동은 보전사업, 조사연구사업, 보급사업으로 나뉘어져 있으며 이에 따른 다양한 활동을 전개하고 있다.

3) 호 주

(1) 배 경

호주의 내셔널 트러스트는 세습 재산을 보전하는 정부에 의해 소유되거나 운영되지 않는 비정부 적이고 공동체제 기초하는 단체이다. 호주에서 내셔널 트러스트는 시민에 의해 조직되었다. 이 운동은 자연적인 세습재산과 정부의 보호업무 부족으로 인해 파괴되는 광범위한 지역에 관심을 가진 시민단체에 의해서 1945년에 시작되었다. 그들은 산호, 펭귄, 고무나무의 서식지를 보호하기 위하여 New South Wales에서 처음으로 내셔널 트러스트를 설립하였다. 현재 호주의 내셔널 트러스트는 각 주와 영토, 그리고 각 단체가 의회의 법령아래 ACNT(The Australian Council of National Trusts)로 1976년 합병되었다.

（2）소유재산

호주의 내셔널 트러스트 단체들은 호주 전반에 걸쳐 280곳이 넘는 자산을 소유, 관리하고 있으며, 이 중 182개소를 일반인들에게 개방하고 있다. 호주의 다양한 역사를 보여주는 장소로써 해마다 75만 명이 넘는 방문객들이 찾고 있다.

（3）회 원

호주 전반에 있어 명승사적 보존단체의 전 회원은 1998년 약 8만 명에 이르고 있다. 지역별로 회원의 수는 다소 차이가 난다. 회원으로써 얻어지는 특전은 공개된 자산의 무료입장, 내셔널 트러스트 직영가게의 10%할인혜택, 세미나, 관광여행, 이벤트의 초청, 잡지와 회보의 무료구독 등이다.

4) 각국의 내셔널 트러스트운동 비교[2]

구 분		영 국	일 본	호 주
창립년도		• 1896년	• 1968년	• NSW: 1945, QLD:1963, NT: 1976
추진주체		• 순수시민단체	• 30여 개의 풀뿌리 모임	• 8개의 각주와 지방의 연합
성 격		• 자선단체 • 사업체 운영	• 재단/사단법인형태	• 비영리 단체
목 적		• 보존 가치가 높은 토지, 경관지, 건축물을 매입하여 미래세대가 영구히 보존하도록 하는 것	• 아름다운 자연과 중요 한 문화재를 시민의 자발적 참여로 보호, 관리	• 문화, 자연유산을 보호
기 능		• 지원업무 • 조사연구 • 국내외 네트워크 활동 • 환경교육, 보급개발 • 자원봉사 지도, 육성	• 지원업무 • 조사, 연구, 보전사업 • 국내외 네트워크 활동 • 환경교육, 보급개발 • 자원봉사 지도, 육성	• 보전, 관리활동 • 지원업무 • 교육
규 모	회 원	• 250만 명	• 3,000명	• 8만 명
	자 산	• 보전토지: 244,564ha • 역사문화유산: 350여 곳 • 보존해안선 575mile • 건물: 3,200여동	• 36개의 보존계획 • 161가지 조사계획 • 토지 16,470㎡, • 건물:4동, 철도차량: 4량	• 280개소(182개소 지방)
운 영	조 직	• 상용직: 2,537 • 파트타임: 605 • 임시직: 3,625 • 자원봉사: 35,179 • 평의회와 본부 1개소 지역사무소 15개소	• 재단법인: 전국규모 조직 5개(상용직 6명) • 사단법인: 지역단위 조직 37개	• 8개의 각주별로 형성 된 단체의 연합 • 상용직: 350명 • 자원봉사: 8,000명
	재 원	• 회원회비 • 유산기부금 • 직접투자 • 임대수익사업	• 회원 • 기부금	• 회원금 • 후원금 • 증여와 유산 • 입장 및 판매수입
	정부보조	• 없음	• 없음	• 없음
법	재 정	• 의회 NT법 제정 (1907), 세금감면해택	• 법률제정 없음	• 주별로 다름
	재산양도	• 불허	• 규정 없음	• 규정 없음
성공요인		• 사회적 자본화 • 자발적 기부재산과 자원봉사 • 법의제정 • 포괄적 활동영역구축 • 조직의 네트워크화	• 헌신적인 자원봉사 • 시민들과 언론의 효과적 지원	• 헌신적인 자원봉사

---

2) 윤상준(2000), 내셔널 트러스트의 한국적 적용방안에 관한 연구-전통정원, 문중을 중심으로, 서울대학교 환경대학원 석사학위논문 p.45.

2. 국내 내셔널 트러스트 운동의 동향

우리나라에서는 뛰어난 경관과 생태적 가치와 역사·문화적으로 가치가 우수함에도 불구하고, 마구잡이 개발로 훼손 우려가 높은 곳에 대한 보존과 보전을 위하여 내셔널트러스트 운동이 2000년 1월 창립대회를 갖고 공식적으로 출범하였다.

1998년 그린벨트문제 해결을 위한 대안운동으로써 내셔널 트러스트 운동 추진을 선언함으로 본격적으로 우리나라에서 시작된 내셔널 트러스트 운동은 1999년 준비 모임 구성과 운영위원회 구성, 그리고 여러 장소의 답사와 워크숍 개최 등으로 준비해온 끝에 200년 1월 25일 창립대회를 갖고 본격적으로 활동에 들어갔다. 2002년까지 국민총생산(GNP)의 .1%를 자산으로 적립해 보존가치가 있는 지역을 중심으로 전국토의 1%를 매입 또는 임차해 개발로 인한 환경훼손을 막겠다는 목표를 세웠다. 이를 위하여 기업매출이나 가계수입의 1%를 내셔널 트러스트에 기보하는 '1%클럽'회원 100만 명을 모집하여 자연과 문화·유적지 등 보존가치가 있는 지역 1백 개를 발굴해 관리하기로 했다. '1%클럽'은 한국 내셔널 트러스트 운동의 핵심이다. 막연히 때마다 기금을 모으는 것이 아니라, 정기적금의 형식으로 수입의 1%를 예치하여 보호지역을 구매하는 구체적인 운동이다.

1) 오정골을 지키는 시민의 모임

한국 내셔널 트러스트 운동의 첫 성과를 이룬 오정골 인돈학술원은 1995년에 최초로 주택이 건설되어 현재 7동의 근대건축물이 자리 잡고 있다. 또한 52종의 조류와 40~50년생의 자연식생이 원형 그대로 보존되어 있고, 대전 도심에서는 거의 찾아보기 어려운 소생물권 지역이 형성되어 있는 아주 주요한 장소이다. 그러나 이미 특이한 건축양식을 보이는 선교사들의 근대 건축물인 별장촌을 파괴되고, 수십 년 된 수목들이 자본의 논리에 밀려 잘려 나가는 등 황폐화되고 있으며, 또한 주변에 고층 아파트 단지가 건설되고 있어이 일대가 생태 섬으로 남을 절박한 상황에 처해 있다.[3] 이렇게 대전을 대표할 만한 귀중한 자연·문화유산 가운데 하나가 훼손 위기에 놓여 있었다. 그래서 뜻있는 사람이 모여 '오정골을 지키는 시민의 모임'을 결성하여 회원을 모집, 회원들의 회비와 기부금 등을

---

3) 김정동(1999), 땅과 건물을 귀하게 알아야: 내셔널 트러스트 운동, 영국과 일본을 중심으로.(경실련 환경정의 시민연대)

모아 '땅 1평사기 운동'을 1999년 3월부터 적극 전개하여 시민의 힘으로 대전의 마지막 남은 자연, 문화유산을 지키고, 훼손된 건물과 자연생태계를 복원하는 사업을 전개하였다. 전개도중 이곳의 개발이 착수됨에 따라 '오정골을 지키는 시민의 모임'이 지역에 관심을 가진 한남대학교와 소유자간의 계약을 중재함으로써 개발의 위기에서는 일단 벗어나게 되었다.

2) 무등산 공유화운동

무등산 공유화 운동은 1994년부터 전문가와 환경단체에 의해 논의가 이루어지기 시작하여 최근 시민단체, 시의회 행정기관 등을 주축으로 점차 그 공감대가 확산되고 구체적인 제도화 수준에 이르기 직전의 단계에 있다. 시민단체들의 무등산공유화 운동은 '무등산보호단체협의회'가 1994년 3월부터 무등산 공유화기금 조성운동을 펼쳐오고 있다.

(1) 시의회와 행정기관의 지원

광주광역시 시의회에서는 1998년 4월 15일자로 '무등산보호관리기금설치및운용조례'를 제정하였다. 이 조례는 시의회의 적극적인 추진노력에 힘입어 TV토론회, 공청회 등을 거쳐 의회, 행정기관, 학계, 시민단체, 일반시민 등의 의견을 수렵하여 제정되었다.

광주광역시 행정기관에서도 무등산보호단체협의회를 비롯한 시민단체와 학계의 관련전문가들의 지속적인 요구에 따라 '무등산권 보존과 이용에 관한 종합계획' 수립을 완료하고, 이를 토대로 무등산 공유화를 위한 제도적, 행정적 뒷받침이 이루어질 수 있도록 적극적인 관심을 보이고 있다.

(2) 문제점

무등산의 문제점은 무등산 공유화 운동의 원인인 사유자와 관련된 갈등문제이다. 무등산은 사유지가 57%나 차지한다. 이에 개발제한구역이나 공원지역으로 경제적 피해를 보는 토지소유자와, 개발이 된다면 자연환경파괴를 받는 대다수 일반 시민들 간의 현실적 이해관계에 따른 갈등은 무등산권을 중심으로 개발에 의한 사익을 기대하는 측과 보전에 의한 공익을 기대하는 측의 사익대 공익의 갈등구조를 가지고 있다. 또한 재원의 조달이 힘들다는 것이 가장 큰 문제점이다.

3. 고봉산에 대한 환경문제

1) 지역역사 문화의 산실로서의 고봉산

고봉산은 고구려, 백제, 신라가 서로 각축을 벌이던 곳으로 일명 테미산으로도 유명하다. 일산구에서 가장 높은 산이며 인근에 홍이상 묘, 어세공 묘 등의 문화재가 위치해 있다. 조선시대 시대에는 봉수대가 있던 곳으로 유명하다. 산 정상에서 고양시 대부분 지역을 조망할 수 있으며 약수, 성터 그리고 고목, 만경사 등 다양한 볼거리가 있는 지역의 명산인 것이다. 현재 일산이란 이름의 유래도 고봉산에서 나왔다는 설이 존재할 정도로 고봉산은 우리 고양시의 역사를 보여주는 곳이라 할 수 있다. 고려시대에 쓰인 역사서인 김부식의 삼국사기에는 이곳 고봉의 한씨 미녀와 봉화 그리고 안장왕의 전설이 기록되어 있다. 현재 고봉산 정상은 일반인의 출입을 통제하고 있다. 이곳 고봉산의 봉수대는 봉수 중에 가장 큰 직봉으로 5개의 봉혈이 있다. 우리나라 제4노선의 봉수대로 파주의 형제봉에서 받아 동남쪽의 강매동 해포 봉수로 전달하였다.

2) 한북정맥의 하나인 고봉산

한반도는 백두산을 뿌리로 하여 1대간 1정간 13정맥이 나무의 줄기와 가지처럼 펼쳐지면서 이루어져 삼천리강산이 됐다는 개념에서 최근 백두대간 보전 운동이 국가적으로 펼쳐지고 있다. 고봉산은 포천 백운산, 운악산 등과 함께 백두대간 13정맥의 하나인 한북정맥을 형성하는 것으로 북쪽으로 임진강 남쪽으로 한강의 분수령이 되는 지형을 형성한다고 알려져 있다.

제2절 고봉산일대 택지개발을 둘러싼 쟁점

주택공사가 일산2지구 건설을 위한 계획에 의한 C-1 지구의 고봉산 자락 1만 5천 평을 개발하는 문제로 이 지역을 보존하려는 시민단체와 주택공사 간의 갈등이 높아져 가고 있다.

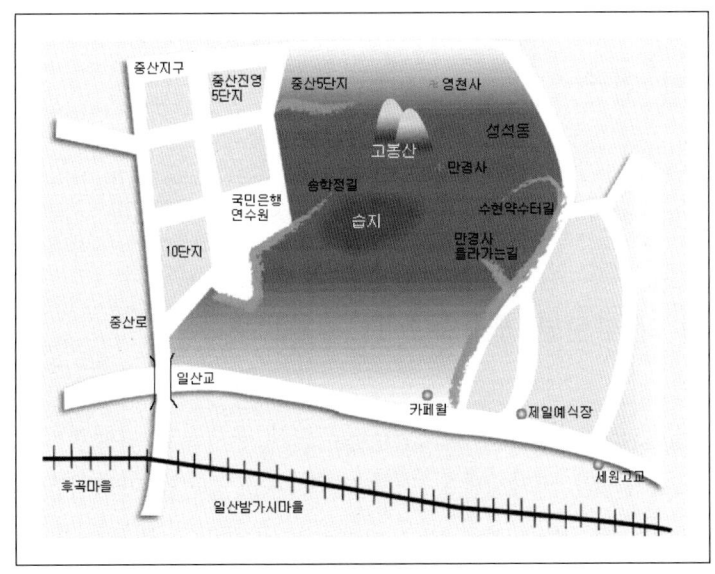

1. 주택공사의 입장

그간의 언론 보도를 통해보면 사업시행의 주체인 대한주택공사 측은 C-1 지역은 이미 환경영향평가 등을 모두 통과하고, 토지보상도 마무리 단계라며 C-1 지역엔 12층 이하, 용적률 180% 일반분양아파트 449가구를 건립할 예정이라고 한다. 또한 습지 보존계획을 세우는 등 나름대로 노력했다고 주장하며 그 지역을 매입한 금액인 108억 원에 다시 그 땅을 매각하라는 시민단체의 요구에 매입한 금액인 108억 원으로는 손실이 너무 커 사업을 포기할 수 없다고 주장하고 있다. 또한 주택공사에서는 앞으로 현재까지 투입된 돈과 앞으로의 개발이익까지 고려해 500억 원을 요구하고 있어 협상의 평행선을 달리고 있다.

2. 고양시의 입장

고양시는 고봉산의 생태적 중요성은 인정하지만 예산부담으로 부지매입에 나서지 못하고 있다. 시 관계자는 "주공이 녹지로 기부하거나, 토지 수용가(108억 원)로 시가 매입해 생태공원으로 발하는 것이 좋은 방법이지만 현실적으로 불가능하다"며 "부지 교환도 대안이지만 마땅한 부지를 찾지 못하고 있다"고 말했다.

3. 시민단체의 입장

시민단체들은 다음과 같은 이유를 들어 택지개발을 반대하고 있다.

1) 도시계획의 각 부문별 계획과 상충 문제

시민단체는 시와 주공은 사회기반시설 확충을 위한 구체적인 실행계획과 예산이 확보되지 않은 상태에서 추가적인 택지개발을 통해 기반 시설 재원을 마련하겠다는 발상을 갖고 있다고 지적하고 있다. 건교부는 한편으로 난개발을 막겠다고 발표하고 있지만 아파트 가격 안정이라는 명분으로 고양시 지역에 추가적인 택지공급을 계획하고 있는 것은 세수 확대를 통한 사회 간접자본 확충이라는 점도 무시할 수 없는데 고양시장은 고양시의 장기 발전계획 속에서 택지 공급에 대한 대안을 마련해야 할 것을 요구하고 있다. 고양도시교통정비 촉진계획에 의하면 고양시의 공원 녹지 체계를 한강수경축－북한산자연공원－고봉산 연결의 환상녹지축과 공원녹지체계를 마련하겠다고 명시하고 있다. 그러나 이 지역에 대규모 택지가 들어서면 이런 계획은 장밋빛 꿈에 불과할 것이라고 주장하고 있다.

2) 무분별한 인구증가 정책

고양 신도시 기본계획 수립 당시와 현재 인구 증가율을 비교 해보면 얼마나 무분별하게 도시를 확장시켜 왔는지 여실히 드러난다.

3) 주차장이 된 도로

고양시 자동차 등록대수는 연평균 38.49%의 높은 증가율을 나타내고 있으며 98년도 기준으로 보면, 인구 1,000명당 자동차 등록대수는 241.70대로 서울의 216.44대보다 높은 수준이며 연평균 38.49%의 높은 증가율을 보이고 있다. 특히 비사업용 자동차의 증가율은 49.77%로 매우 높아 이대로 간다면 고양시의 교통문제가 날로 심각해질 것이다. 고양시의 유출입 교통량 중 교통 수요는 39.61%로 매우 높게 나타나고 있는데 서울을 생활기반으로 한 위성도시 (파주, 김포 등)의 발생교통수요 대부분이 고양시를 통과하고 있기 때문이다. 더구나 향후 주변시군의 대단위 개발계획에 따라 통과 수요는 더욱 증폭할 것이지만 인근 도시의 대단위 택지개발 조성에 따른 도로망 확충 계획은 부재하여 큰 문제가 되고 있다.

4) 고봉산 녹지띠 보전과 경관문제

일산의 주요 녹지는 일산 외곽의 산림과 철로변의 완충녹지, 정발산 공원, 호수공원, 신시가지 외곽도로의 경관녹지대, 보행자도로의 녹지대, 학교, 자연하천, 구시가지 농지, 한강으로 구성돼 있다. 그러나 일산 신시가지를 둘러싸고 있는 산림이 택지개발, 주택건설, 도로건설 등의 각종 개발위기에 놓여있다. 일산 시가지의 자연녹지는 정발산 뿐이므로 주변에 위치한 고봉산, 황룡산, 견달산 등의 산림 자원을 철저하게 보전해야 한다. 특히 고봉산은 역사와 문화가 상존하는 일산의 명산이므로 도시계획 지역으로 지정한다. 더 이상의 개발이 진행되지 않도록 하여 어린이들의 생태학습장으로 개발할 필요가 있다. 고봉산은 현재 대림 아파트만 지어지지 않았더라도 일산 신도시 주민들이 어디어서도 바라볼 수 있고 마음만 먹으면 한달음에 오를 수 있는 주민들의 산이다. 주택공사에서 2만 평을 자연녹지지역으로 보전한다고 하지만 더 큰 문제는 고봉산의 조망권 문제이다. 경관이 중요한 지역에 건축되는 고층아파트는 거대한 담과 같이 경관요소들을 차폐하고 공공의 경관을 사유화 하게 된다. 구릉지나 야산의 경관 문제는 인공 환경에 의한 자연 환경의 훼손 현상이므로 이를 더 방치했을 경우 자연환경을 복원하는 데 많은 시간과 비용이 소요되는 등 어려움이 따른다.

제3절 고봉산 내셔널 트러스트 운동

고봉산 지키기 운동은 2000년부터 진행되어 왔으며 운동의 과정에서 고봉산을 사랑하는 주부 모임에 형성되기 시작했다. 이러한 주민조직의 형성과 교육프로그램은 시민들이 고봉산에 대해 관심을 가지는데 크게 기여했다고 여겨진다.

1. 교육을 통한 주민조직의 형성

고봉산에 관심 있는 주부들을 대상으로 하여 '푸른 고봉산을 가꾸는 사람들'이란 이름으로 주민 조직을 만들고 생태학에 대한 것을 알려주고 있다.

2. 고봉산 산도깨비 어린이 교육

2001년부터 고봉산을 지키는 어린이 모임인 고봉산 산도깨비를 만들어 운영하였고, 이 모임의 유지는 지속적인 생태 교육으로 가능하였다. 일주일에 1회 고봉산을 오르며 숲 탐방을 하고 고봉산의 역사를 배워나가는 과정에서 고봉산 지키기 운동의 필요성이 체감됐으며 산도깨비 발대식 및 졸업식을 통해 고봉산 택지개발 문제를 참여 가족들에게 알리고 함께 동참하는 계기를 만들고 있다.

3. 고봉산 숲 학교 운영

생태 지도자들이 시민들과 어린이들에게 고봉산 생태 안내를 해주면서 고봉산의 중요성과 택지개발 문제를 홍보했으며 생태 안내 참가비를 내셔널 트러스트 기금으로 조성하여 시민들이 편안한 방식으로 이 운동에 동참하도록 했다. 현재는 고봉산 숲 학교를 운영 중이며 3명의 생태 지도자들이 각 1-2개 반을 운영하여 총 60여 명이 일주일에 한번 고봉산을 오르며 생태 수업을 하고 있다.

4. 땅 한 뼘 사기 추진위 결성 및 천연 습지 보존 노력

200년 4월부터 고봉산 택지개발 반대운동을 펼쳐온 결과 2000년 11월 주택공사에서 고봉산 북단 자락을 녹지로 존치하기로 발표 (경관녹지 14,876㎡)하고 2001년 9월에는 반딧불이의 서식처 습지 보전에 대한 여론이 높아서 습지 700평을 포함하여 인근 2,000여 평을 습지로 보전해 준다고 발표하였었다. 그러나 주공 측이 밝힌 습지 보존책은 돌무덤과 고사목을 설치하겠다는 것과 고봉산 자락의 야산에서 흐르는 빗물을 「파이프」로 연결해서 습지를 유지하겠다는 것이다. 고봉산 정상에서부터 흘러내린 물이 논을 타고, 지하수를 타고, 형성된 「자연습지」가 파이프라인으로 잘 가꾸어진 인공공원으로 바뀌어 질 위기에 처해 있는 것이다. 더구나 택지개발 지구의 C-1지구에 속해 있는 고봉산 자락 1만 5천 평은 용적률 180%로 계획되어 있어 15층 정도의 고층 아파트가 들어올 것으로 예상되며 이럴 경우 고봉산의 스카이라인 및 조망권에 심각한 문제를 초래할 것으로 보인다. 더구나 이 지구는 2001년 11월 내셔널 트러스트 운동본부에서 주관한 내셔널 트러스트 콘테스트에서 환경부 장관상을 받은 바 있을 만큼 생태·역사적 가치가 높게 평가된 곳이기도 하다.

제4절 고봉산에 대한 내셔널 트러스트 운동의 평가와 한계

1. 시민운동의 조직화

시민단체들은 고봉산 지키기 운동에 대해 인근 중산마을 주민들에게 마을 설명회를 개최하는 한편 주민 조직화에 노력을 기울였으나, 지역주민들은 교통문제, 기반시설문제, 편의시설문제 등에 대한 갈급함이 오히려 주변에 아파트 단지가 더 들어와야 해결된다는 입장으로 선회해 고봉산 인근 주민들을 반대 운동으로 조직화하기에 어려운 여건이 있다고 자체 평가 하고 있다. 고봉산을 지키기 위한 시민 토론회에서 고양녹색소비자연대 김미영 사무국장은 토론 발제를 통해 "고봉산 택지개발 반대 운동이 여론에 주요한 이슈로 오르내릴 때는 고봉산 생태교육과 택지개발 문제와의 상호 결합이 용이했으나 시간이 지날수록 택지 개발 반대 운동의 힘이 떨어지고 일상적인 생태 교육만 존재하게 되면서 택지개발 문제, 고양시의 장기 발전 문제, 현 도시 계획의 문제 등 투쟁의 핵심적 내용은 간과된 채 생태 교육, 체험 교육만 남게 되는 문제를 노정하고 있다."고 말했다.

2. 재원의 확보

재원 확보의 문제를 들 수 있다. 시민단체는 '고봉산 땅 한 뼘 사기 운동'을 벌여왔으나 현재까지의 성과는 미미하다. 무등산 공유화 운동에서도 보았듯이 안정된 재원의 확보는 내셔널 트러스트 운동의 성패를 결정하는 데 중요한 요소라 할 수 있다.

3. 지방자치단체의 지원

고양시 당국은 예산문제를 이유로 들고 있다. 시 당국은 고양시민에게 갖는 고봉산의 중요성을 많이 인식하지 못하고 있는 것으로 보인다. 또한 택지개발로 인한 세수확보에 더 관심이 있는 것으로 판단된다. 무등산의 사례에서 보여준 광주광역시의 무등산 보전을 위한 적극적인 자세와 비교해 볼 때 행정기관의 지원에 대한 아쉬움이 남는다.

4. 평 가

이러한 어려운 여건에도 불구하고 고봉산 지키기 운동이 꾸준히 전개될 수 있었던 힘은 고봉산의 중요성을 알리고 시민들과 지속적인 접촉을 해왔던 고봉산 생태교육에 있다고 생각된다. 우리나라의 지금까지의 시민운동은 이슈중심의 운동이었으며, 운동의 성패는 여론화의 성공여부에서 찾았다. 그러나 고봉산 살리기 운동은 이슈를 해결해 가는 과정에 시민교육을 통한 여론의 확산과 시민의 자연에 대한 새로운 시각을 갖게 하였다고 평가된다.

5. 대 안

시민단체에서는 이 지역을 고봉산을 역사문화경관지구로 지정할 것을 요구하고 있다. 만약 지방자치단체에서 고봉산을 역사문화경관지구로 지정한다면 지구 안에는 보존이나 건축행위 제한 이외에도 공공 주도의 적극적인 경관 형성 노력을 수행할 수 있다. 즉 건축물이나 장소의 보전, 역사유물 주변의 정비, 무형 역사 자원의 발굴과 활용 등이 종합적으로 다루어져야 한다. 자연환경은 한번 훼손되면 다시 회복하는 데 시간이 많이 걸리고, 아예 회복 불능 상태에 빠질 수 있어서 개발에 신중을 기해야 한다. 이러한 무분별한 개발을 막기 위한 하나의 대안으로 내셔널 트러스트 운동을 살펴보았다. 본 연구는 자연환경에 대한 보전 방법으로 내셔널 트러스트 운동을 설정하여 고봉산 지키기 운동의 성과와 한계에 대해서 살펴보았다. 먼저 내셔널 트러스트가 먼저 시작된 영국을 비롯한 선진국들의 내셔널 트러스트 운동을 문헌과 논문을 통해 살펴보았고, 이를 비교 분석해 보았다. 그리고 우리나라에서 환경에 대한 관심이 높아지면서 10여 년 전부터 태동하기 시작한 내셔널 트러스트 운동들에 대해 살펴보았다. 아직 우리나라에서는 이렇다 할 뚜렷한 성공사례는 없었지만, 얼마 전 강화매화마름군락지의 보존 합의로 인해 일정부분 성공을 거둔 것으로 판단된다. 이러한 연구과정을 통해 내린 결론은 다음과 같다.

첫째, 선진국의 내셔널 트러스트 운동을 살펴봄으로써 ① 오랜 역사 속에서 시민의 힘으로 운영되고 있으며 재정상에서 정부로부터 독립적이지만 제도, 정책적으로는 적극적인 지원을 받고 있다. ② 법률의 제정으로 법적인 보호를 받고 있다. ③ 대상에 대한 보전, 관리, 조사, 연구 활동, 공공교육활동, 자원봉사의지도, 육성, 국내외 관련 단체간의 네트워크 활동을 하고 있다. ④ 운영과 재원확보 측면에서 회원의 역할이 절대적이다. ⑤ 재원의 확보를 위해 다양한 방법을 취한다. ⑥ 운영, 보전, 그리고 회원과 재원의 확보를 위하여 철저한 비즈니스 마인드를 도입한 운동이라는 것임을 알 수 있었다. 둘째, 고봉산 지키기 운동을 살펴봄으로써 고양시 지역의 난개발 문제에 대해 생각을 할 수 있었다. 또한 꾸준한 시민교육을 통한 여론의 형성과정을 살펴 볼 수 있었다. 시민교육의 중요성을 알 수 있었다. 셋째, 내셔널 트러스트 운동이 성공하기 위해서는 시민들의 관심뿐만 아니라 선진국의 사례에서와 같이 행정의 뒷받침이 필요하다. 중앙정부, 지방자치단체의 성의 있는 관심과 지원이 필요하며, 가능하다면 법제화를 통해 지원을 해주는 것이 바람직하다고 여겨진다. 마지막으로, 선진국의 성공 사례를 살펴보면 헌신적인 자원봉사자와 많은 회원수가 성공요인 중 하나인 것을 알 수 있었다. 우리나라에서도 회원증가 방안에 대한 더 많은 노력과 연구가 필요하다고 생각된다.

참고 서적 및 논문

전홍규(2002), 『토토로의 숲을 찾다』, 서울: 이후.

김정동(1999), 땅과 건물을 귀하게 알아야: 내셔널트러스트 운동, 영국과 일본을 중심.

조명래(2002), 한국의 자생 내셔널 트러스트 운동의 평가, 한국지역사회개발학회.

_____, 한국 내셔널 트러스트 운동의 발족과 활성화 과제.

_____, National Trust운동의 이해와 한국사회의 적용.

김진우, 새로운 시민환경운동으로서의 National Trust운동의 이해와 활용 - 국민자연.

신탁(NT)의 법률관계.

윤상준(2000), 내셔널 트러스트의 한국적 적용방안에 관한 연구 - 전통정원, 문중을 중심으로, 서울대학교 환경대학원 석사논문.

오주한(2001), 내셔널 트러스트의 법제화 방안에 관한 연구 - 토지이용관련법을 중심으로, 서울대학교 환경대학원 석사논문.

김미영, 고봉산 내셔널트러스트 운동과 시민교육(고양녹색소비자연대 사무국장).

이인현, 고봉산을 둘러싼 시민운동과 시민교육(고양환경운동연합).

문홍빈, 시지프스의 비극: '투쟁적 이슈와 일상적 교육'의 관계(YMCA연맹).

음식물 쓰레기 처리 문제

음식물 쓰레기가 2005년부터 직-매립이 금지되었다. 현재 각 지방자치단체에서 음식물 쓰레기의 일부를 퇴비로 만들거나 사료화 하여 자원화하고 있지만, 상당수의 음식물 쓰레기는 소각되거나 매립되고 있는 실정이다. 전국의 지방자치단체가 음식물 쓰레기의 처리 방법을 놓고 고심 중에 있다. 대전시의 경우 하루에 발생되는 음식물쓰레기는 전체 쓰레기 발생량 1,000톤 중 약 30%인 300톤에 이르고 있다. 그중 금고동 위생 매립장 퇴비화 시설에서 약 30-40톤 정도 처리하고 있고 대부분은 소각되거나 매립되고 있다. 이러한 문제를 해결하기 위해 대전시와 환경단체는 '음식물쓰레기 자원화를 위한 민·관공동위원회'를 구성하여 직-매립 금지에 대한 대책을 모색하고 있지만 음식물쓰레기 자원화 유도가 생각처럼 쉬운 일은 아니다. 대전시에서 금고동이라는 곳에 각종 쓰레기를 매립-처리하고 있는데 그곳 처리 시설 중 일부인 음식물 쓰레기 처리 시설이 음식물 쓰레기 자원화 시설 기종인 호기성 퇴비화 시설이냐, 아니면 혐기성 퇴비화 시설이냐를 놓고 환경단체와 대전시가 논란을 빚고 있다. 이 논란에 관하여 환경적 관점과 행정적 관점 사이의 갈등을 짚어보고자 한다.

1) 음식물 쓰레기 처리 시설

① 혐기성 퇴비화 시설

혐기성 퇴비화는 음식물쓰레기를 혐기성 상태에서 혐기성 미생물의 분해 작용인 소화에 의해 유기물질을 유기산이나 알콜류로 전환시키고 이것을 다시 메탄형성 미생물에 의해서 메탄가스로 전환하고 발효 후 슬러지를 부숙하여 퇴비화 하는 공정이다. 주요공정은 1차적으로 드럼스크린과 같은 회전선별기에서 비닐봉지 등 이물질을 제거한 후 산발효조에 이송시켜 30~38℃ 중온에서 약 5일 동안 산발효 과정을 거치며, 2차적으로 메탄발효조에 이동되어 메탄발효조에서 36~38℃의 중온 상태에서 15일간 체류시키면서 메탄발효 과정을 거치며, 이때 생성된 가스는 별도로 포집하고 발효가 끝난 슬러지는 탈수한 후 호기성미생물 발효제를 혼합 부숙시켜 퇴비로 이용한다. 그 외에도 혐기성 소화처리 공정을 분뇨정화조와 같이 하나의 탱크 안에 산발효실, 메탄발효실, 알카리 발효실로 구분하여 지하에 매설하는 장치가 다수 개발·시판되고 있으나 이러한 시설은 소규모 처리에 적합하다.

⇒장점: ⅰ. 운영비 저렴
        ⅱ. 소요부지면적이 작다
        ⅲ. 소화 후 슬러지의 생산량이 적다-〉감량률이 크다
        ⅳ. 장기간의 체류기간으로 처리시키기 때문에 슬러지나 폐수내의 병원균 멸균
        ⅴ. 음식물쓰레기 외에 하수, 분뇨를 섞어 처리 가능
        ⅵ. 최종과정에서 메탄가스가 생산-〉에너지의 재이용

⇒단점: ⅰ. 초기설치비용 높다

ⅱ. 퇴비의 질이 떨어짐

ⅲ. 식물성 음식물쓰레기의 경우 혐기 소화가 잘 이루어지지 않음

ⅳ. 분해 중에 생성되는 유기산 등이 악취의 원인.

② 호기성 퇴비화 시설

호기성미생물에 의해 유기물질을 분해하여 무기물질과 같은 부산물과 CO_2, NH_3 등으로 변환시켜 안정화시키는 방법이다. 즉 호기성 상태의 발효기 내에서 투입된 미생물발효제에 의해 음식물쓰레기 내의 유기물질이 안정된 부식토(humus)로 전환되며, 병원균은 지속적인 발효열(60~70℃)에 의해서 사멸되고 최종적으로 흙냄새가 나는 짙은 갈색의 퇴비가 된다. 호기성 퇴비화는 전처리공정, 초기단계, 고온단계, 숙성단계를 거치며, 전처리공정은 선별, 파쇄, 원료개량, 미생물 접종, 혼합 등과 같이 주 퇴비화 공정에 들어가기 전에 효과적인 퇴비화가 진행될 수 있도록 하는 준비단계이다. 초기단계는 폐기물 중에서 분해가 쉬운 물질 즉 당류, 아미노산 등이 이용되는 1~2일간으로 퇴비더미의 온도가 상승하기 시작하는 단계이며, 고온단계는 고온성 분해과정으로 유기성 폐기물의 부피를 차지하는 셀룰 로즈, 펙틴질, 단백질, 지질 등의 분해가 이루어지는 단계로서 폐기물의 부피 감소와 유기물의 부식질화가 진행된다. 숙성단계에서는 온도가 떨어지고 부식함량의 증가로 분해속도가 느려지며, 다시 중온성 미생물들이 정착하는 단계이다. 이러한 4단계를 거쳐 퇴비가 완성되기 위해서는 보통 2~3개월이 소요된다. 음식물쓰레기의 퇴비화 시설의 주요공정은 선별시설, 혼합 및 발효시설, 불순물 제거시설, 숙성시설, 악취제거시설로 구성되며, 혼합발효조에서 수분조절제와 발효제를 투입하여 24시간 교반시켜 함수율을 52% 이하로 만들고 선별시설(트롬멜스크린 등)에서 금속류와 같은 이물질을 제거한다. 퇴비단(퇴비발효장)에서는 28~30일간 체류시키면서 공기송풍과 온도를 55~60℃로 유지시키며, 퇴비이송로더로 일일 20회 정도 교반시킨다. 퇴비숙성 단에서는 공기투입과 교반으로 함수율 42% 이하의 퇴비를 생산한다.

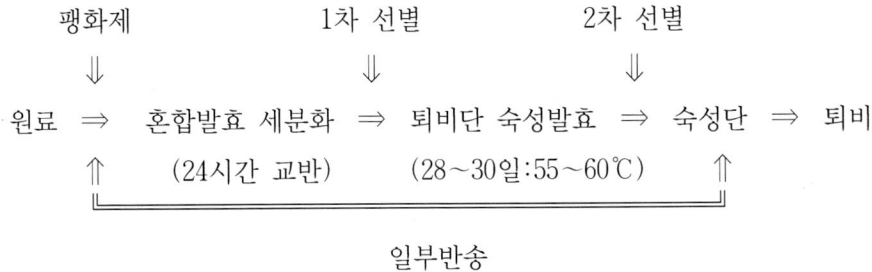

퇴비화 시설 가동 시 발생되는 악취를 제거하기 위하여 혼합·이송·스크린·숙성공정에서 발생하는 악취물질은 포집하여 주 퇴비화 시설로 이송하고, 주 퇴비화 시설에 이송된 악취물질은 압출방식으로 퇴비층을 통과시킨 후 악취제거시설인 바이오필터(미생물탈취상)를 통과시켜 제거한다. 호기성 퇴비화 방법에는 퇴비단법, 수동식 송풍형 퇴비화, 송풍형 정치퇴비화, 기계적 공법 등이 있다.

⇒장점: ⅰ. 설치가 간편하여 초기 설치비용 저렴
　　　　ⅱ. 퇴비의 질이 혐기성 퇴비화에서 만들어진 퇴비보다 낫다
　　　　ⅲ. 퇴비화 기간이 짧으나
⇒단점: ⅰ. 시설설치에 넓은 부지가 필요
　　　　ⅱ. 수분과 염분조절을 위한 첨가제가 필요
　　　　ⅲ. 동력소모가 크다

2) 음식물 민관 공동위원회의 입장 – 메탄발전시설과 연계 운영할 수 있는 혐기성 자원화

① 호기성 복합퇴비화시설은 100ton/일의 음식물쓰레기를 처리하면 습식일 경우 100ton/일 그대 액상퇴비로 배출되고, 건식일 경우도 50ton/일 이상의 퇴비가 발생하는데. 현재 액상퇴비와 건식퇴비는 농장과 기존의 화학퇴비와 혼합하여 일부 사용하는 것이 전부이다.
② 호기성 퇴비 속에 포함된 염분문제로 부산물처리가 문제가 되어서 울산과 같은 기존의 대형 호기성퇴비화 시설에서도 공정개선 등으로 퇴비화시설의 개선을 서두르고 있

는 실정이다.

③ 설치비용이 다른 자원화방법에 비해서 많이 소요된다할지라도 신뢰할 만한 기술로 음식물 자원화를 하는 것이 바람직하다.

④ 이미 건립되어 있는 금고동의 매립가스 발전소와 연계하여 운영 가능한 자원화 방안이 바람직하다.

⑤ 대전시의 일방적인 호기성 음식물 자원화시설 설치결정은 지난 4년간 민관 공동의 지역환경개선과 폐기물 처리정책 개선을 위한 민관 공동의 노력을 부정하는 것이다

3) 시설투자비가 적게 드는 호기성 퇴비화 시설 방안

① 혐기성 업체가 몇 곳 안돼 제한 입찰할 경우 특혜 의혹이 있어 기종제한을 두지 않고 일괄 입찰 방식으로 조달 의뢰했더니 응찰한 업체 3곳이 모두 건설비가 상대적으로 적게 드는 호기성 업체들 이었다.

② 호기성 퇴비화시설에서 나오는 부산물처리를 선정된 업체가 책임진다.

③ 악취 기준을 강화하고 배출되는 퇴비의 염분 농도를 낮추는 등의 보완은 가능하지만 적법한 절차를 거쳐 백지화는 어렵다.

3. 환경정책결정에 있어서의 합리적이고 민주적인 절차를 통한 해결 방안 연구

지역갈등을 사전에 방지하기 위해서는 무엇보다도 각 자치단체 단위에서의 개발행정의 민주화와 이를 위한 계획과정에서의 주민참여 기회의 확대가 필요하며, 이를 원활히 추진하기 위해서는 지방정부 차원에서의 개발정보의 사전공개와 정책의 조기개방 그리고 계획과 입지선정의 객관성/과학성 확보가 시급하다. 지방자치의 근본정신은 주민과 함께 호흡하는 신뢰행정이 바탕이며 주민의 이해와 협조 없이는 어떠한 정책사업도 성공적으로 수행하기 어렵다. 대전시가 진정으로 쓰레기 관련 주체들의 논의와 참여로 쓰레기 문제를 합리적으로 해결하기 위해서는 행정의 민주성과 절차성에 기반 한 적극적 정책개방(high-profile)이 선행되어야 할 것이다.

참고문헌

경기개발연구원, (1998), 음식물쓰레기 재활용 방안에 관한 연구.

환경부, (1998), 음식물쓰레기 자원화 기본계획.

한국자원재생공사, (1997), 쓰레기 퇴비화 시설의 설계, 운영지침 및 모델개발(Ⅲ).

한국환경정책평가연구원, (1997), 음식물쓰레기 처리방법별 기술 및 비용편익분석 연구.

서울시정개발연구원, 1997, 음식물 쓰레기 감량 및 자원화 방안.

손영배, (2002), (주) 순환자원, 음식물쓰레기 자원화사업의 오늘과 내일.

참고사이트

http://news.naver.com/news__read.php?oldid=20031006000026920014&s=458&e=705

4. 동강 댐 과 환경행정정책

물난리 날 때 마다 동강댐에 대한 필요성이 제기되고 있다. 특히 강원도 수해시에는 어김없이 Eoa 설치의 필요성을 제기하고, 일부에선 이의 불필요성을 제기 한다. 그러나 이런 모든 논쟁들이 과연 환경정책하고 얼마나 연관이 되어 있는지는 대부분 생각하지 못한다. 우리가 직면하고 있으며 장래의 문제로서도 우려하고 있는 환경문제는 우리나라에서는 1960년대 이후 경제성장이라는 목표를 가지고 추진해온 산업화 및 중화학공업 육성시책의 결과로 환경오염이 심화되었다. 그 결과로 정부도 지금까지 정책적 사각지대에 방치되었던 환경문제의 심각성을 인식하여 대책을 마련하고 있으나 민간부문과의 상호협조 체제가 확립되지 않아 효과를 거두지 못해왔던 것이 일반적이었다고 보여 진다. 이는 환경재가 공공재로서 지니는 특징을 가지기 때문에 이윤극대화를 추구하는 자본주의적 경제시장을 바탕으로 하고 있는 현대사회에서는 개개인의 자발적인 환경문제 개선노력을 유도하는 데 실패하기가 쉬운 데 있다. 또한 과거 우리나라는 군사정권 이후로 권위주의적이고 국민통제적인 행정문화가 정착되어 성장의 목표에는 어느 정도 도달하였으나, 이후 인권과 민주화에 대한 억압과 부정부패, 정경 유착 등의 정부의 모순이 나타나고, 때문에 기본적으로 정부의 정책에 대한 태도가 부정적으로 작용했을 것이라고 생각된다. 그리고 이에 대한 민주화항쟁 등을 통해 시민단체가 활성화되면서 환경문제의 문제를 해결하는 데 중요한 역할을 담당해왔다. 그러므로 1990년대 민간 환경 단체의 최대 이슈이자, 최근에 이루어진 민간 환경단체의 활동 중 가장 역동성 있는 성공사례라고 할 수 있는 동강댐 백지화 사례이다.

　동강댐으로 잘 알려진 영월 다목적 댐의 건설논의는 1990년 9월 한강 상·하류 지역을 휩쓴 폭우로 인해 시작되었다. 단양지역이 침수되면서 700억 원에 달하는 재산 피해와 1만 5천여 가구의 이재민이 발생했다. 이를 계기로 영월 지역주민과 강원도는 정부에 동강댐건설을 요구했고, 1990년 노태우 대통령 당시 정책화되었다. 동강댐건설계획은 1991년 제3차 국토종합개발계획에 반영됐고, 정부는 1991년에서 1997년까지 사전 검토 작업을 거쳐 1997년 9월 동강댐건설 예정지를 발표하게 된다. 이러한 국가 시책에 대한 분쟁은 삼척MBC가 동감댐건설계획을 보도하면서 시작되었다. 댐건설을 반대하는 여론은 환경운동단체를 중심으로 형성되었으며, 건설교통부와 수자원공사는 댐건설의 불가피성을 주장하면서 댐건설 강행 의사를 재차 밝히게 되면서 동강댐을 둘러싼 갈등이 심화된다. 그리고 댐건설의 찬반론은 동강지역의 주민들 사이에서도 입장이 나뉘게 되었다. 홍수피해 지역의 주민들은 댐건설을 찬성했으며, 피해지역 외 동강 주변 지역주민들은 댐건설을 반대했다. 이러한 과정에서 동강댐건설에 대한 반대 여론이 국민적 지지를 얻으며 확산되었다. 학계·종교계·문화예술계 등의 각계각층에서 댐건설 반대 성명이 잇따랐으며 국제환경단체도 댐건설 반대 메시지를 정부에 전달하는 등으로 인해 동강댐 문제는 국제적인 환경이슈로 부각되기도 했다. 이와 같은 국민의 거센 반대여론에 정부는 민관합동 공동조사단을 결성하여 댐건설의 타당성을 처음부터 다시 조사하게 하였고, 그 결과 김대중 대통령이 2000년 6월 5일 세계 환경의 날 기념식에서 영월 동강댐건설 계획의 완전 철회 방침을 발표하게 된 것이다. 그리고 2006년 강원도와 서울 집중호후로 동강댐 건설의 필요성이 다시금 제기되는 실정이다.

　다음에서는 초기 지역 주민들이 댐건설 찬반론으로 나뉘어져 있는 상태에서 환경운동연합을 비롯한 우리나라 환경단체들이 어떤 다양한 방안을 동원하여 지역 주민의 지지와 참여를 얻게 되었으며, 결과로서 댐건설백지화의 결실을 맺게 되었는지 구체적으로 살펴본다.

1. 동강댐건설 개관

동강은 강원도 영월, 평창, 정선을 흐르고 있는 강으로 훌륭한 자연 경관을 가지고 있다. 동강댐건설 예정지는 단층과 습곡, 절리가 발달한 석회암 지대로 동굴만도 244개나 발견된 곳이어서 안전성 문제가 계속 지적됐다. 만약 이 지역에 댐이 건설된다면 불안정한 지층과 수십 개의 동굴 및 지하 동공으로 인해 지반침하와 댐 붕괴의 가능성이 매우 높은 지역이다. 이 지역은 생태 박물관이라고 할 수 있을 정도로 생물다양성이 높아 생태적 가치가 매우 크며, 구석기 유적이 크게 훼손되지 않은 상태여서 고고학적으로도 매우 중요한 가치가 있는 지역으로 그 보존의 가치가 높다고 할 수 있다. 댐건설 계획이 입안된 것은 1990년 9월 대홍수 때문이다. 이때 단양, 영월지역은 하천 범람 등으로 5,200억원의 홍수피해가 발생했다. 또한 남한강은 북한강보다 유역면적은 1.2배 크나 홍수 조절능력은 북한강의 63%에 불과, 홍수에 매우 취약한 실정이다. 더구나 북한강에는 크고 작은 댐이 많이 건설돼 용수공급 및 홍수조절이 비교적 원활한 반면, 남한강은 충주댐을 제외하고는 이렇다할 댐이 없는 실정이다. 따라서 건교부는 홍수 직후부터 충주댐 상류에 영월 다목적 댐건설을 추진, 1993년 초 남한강에서 발생하는 홍수를 막을 수 있고 2000년 이후 발생하는 물 부족 현상을 해소하기 위해 동강 하류인 강원도 영월읍 거운리에 댐 공사를 착공하여 2001년 완공한다고 구체적인 계획을 내놓았다. 1990년 9월 한강 대홍수로 읍내가 수몰되는 호된 물난리를 겪었던 동강 하류 영월 주민들은 1993년 건설부가 마련한 댐건설 계획안에 대해 처음부터 반대 입장을 나타낸 것은 아니었다. 오히려 영월군 번영회와 단체들이 나서서 조속한 건설을 주장하기도 했다. 반면 동강 상류인 정선에서는 영월댐이 건설되면 정선읍 소재지가 수몰 될 것이라며 대규모 반대시위를 벌이며 반대입장을 나타냈다. 이처럼 영월, 정선 군민들 사이에 희비가 교차하던 영월 댐건설계획은 1996년부터 반대운동이 우세하게 나타나기 시작했다. 1997년 9월 댐 예정지 고시 이후 정선 영월, 평창군의 찬성, 반대 갈등은 더욱 심화된다.

2. 동강댐건설 전개과정과 백지화 과정

갈등의 본격적 계기가 되는 1997년 8월 12일 건교부는 【댐건설 및 주변지역 지원에 관한 법률】 국회에 상정과 동시에 동년 9월 22일 동강댐건설예정 지역을 고시하는데, 이 초안에 따르면 건교부 장관이 댐건설과 관련된 계획의 수립 등의 전권을 가지고 있었다. 이러한 법안의 상정 배경에는 여러 지역에서 댐 예정고시가 발표된 이후에 벌어진 갈등과 대형댐건설을 방해하는 장애들을 사전에 제거할 필요성에 대한인지가 있는 것으로 보여 진다.(문순홍, 2000: 23) 이 법률안을 계기로 환경단체들의 움직임이 보이기 시작했다. 환경운동은 먼저 이 법률안을 반대하는 제안서를 제출, 현장답사 및 조사, 댐법에 대한 입장 및 발표회를 하는 것으로 반대운동을 전개하였다. 제안서의 요지는 이 법안이 자연경관과 환경을 파괴하고, 지방자치단체의 자치권을 침해할 것이 우려된다는 것이었다.(환경운동연합, 1997: 2) 이를 계기로 다른 시민단체와 주민들이 동강댐에 대한 관심을 드러내기 시작하여 11월 6일 "무분별한 댐건설저지 및 댐 피해대책 국민연대"가 결성되고, "환경·문화·역사·생명·경관을 파괴하는 무분별한 댐건설을 반대하는 100인 선언문"을 발표하였다. 또한 시민단체들은 지역단체들과 연대하여 중앙차원에서 지역시민단체들과 그리고 지역주민들을 연결시켜주는 촉매역할을 하였으며, 국민들은 과거 성장 위주의 개발정책 등으로 인한 환경오염의 인식을 하는 계기가 되어 시민단체의 목소리에 공감하기 시작한다. 이러한 시민단체의 적극적인 활동은 이 문제가 공공문제로 이끌어내는 데 중요한 역할을 하였다. 동강댐을 둘러싼 갈등은 계속해서 이어지고 시민단체들은 동강을 사회 이슈화를 목적으로 전문가들로 사회적인 여론을 형성해 나감으로써 대중들에게 그 신뢰도를 높이고 있었다. 7월에는 동강댐건설 백지화를 위한 수자원공사 규탄집회를 열고, 여기에서 "동강은 흘러야 한다."는 선언문을 발표하였으며, 7월 22일에는 사회각계인사 100인 기자회견을 갖고 또다시 선언문을 발표하게 된다. 그리고 중앙부에서의 이러한 운동을 펼치고 있는 가운데 지역에서는 동강댐건설반대에 소극적이었던 영월에서는 정선지역에서 반대하였던 것보다 더욱 강건하게 반대의사 표시를 하면서, 1998년 4월부터 영월·평창·정선 주민들을 중심으로 동강댐건설 백지화를 위한 3개군 투쟁위원회를 결성하는데, 이 백투위는 4월 25일 댐건설을 반대하는 1만 명 서명운동을 시작하여 5월에 들어서 강도를 높여 영월지역 46개 시민단체들과 연대해서 동강댐건설 백지화 집중 캠페인을 벌이는 등 필사적으로 의사표명을 하고 있었다. 여기에 환경부도 동강댐건설 백지화를 위한 대응도를 높이고 있었는데, 1998년 2월 12일 건교부가 환경부에 보낸 환경영향평가서 보완 자료에 대해 환경부는 3월 30일과 4월 29일, 8월 2일, 9월 5일에 걸쳐 재보완을 요청하였고, 이 과정에서 환경부는 환경 영향평가서를 현지에서 확인하는 과정을 거쳤으며 이때 동강유역 대규모 동굴조사사업을 결정하였던 것으로 추측된다. 이에 문화재 고나리국은 수몰 예정지를 현장에서 조사하고 환경부에 종합의견을 전달하는데, 그 내용은 "동강댐을 건설하기보다는 자연생태계를 보호명승지로 정하고 문화재로서 보존해야 한다"는 것이었다. 이처럼 동강댐건설 백지화의 논란이 사회적 문제로 그 갈등 양상이 보다 강경화되면서 특정 개인이나 지역적인 문제로서가 아닌 전국이슈로서 다루어지게 된다.

1998년 8월 초 전국적으로 큰비가 내렸고, 이로 인한 수해가 컸다. 특히 집중호우 등으로 전국적으로 인명피해 348명, 재산피해 1조 5,828억 원이 발생하였으며, 강원도 지역뿐만 아니라 수도권지역에서 피해도 상당히 컸다. 이러한 재해로 인하여 8월 11일 건교부는 동강댐건설의 필요성의 수도권의 홍수조절을 이유로 강조하고 이틀 후 조기강행 발표를 하기에 이른다. 건교부의 조기강행 발표는 동강댐건설을 반대하는 시민단체들에게 그 반대의 의지가 전 국민운동으로서 이 문제가 전화되어 나타나게 되었으며 그 방법에 있어서도 다양하고 구체적인 행동으로 옮기게 된다. 또한 이러한 시민단체의 투쟁에도 불구, 12월 3일 건교부 장관은 어떤 반대가 있더라도 동강댐건설사업을 추진할 것이라고 발표하여 갈등은 더욱더 격화된다. 이에 시민단체들은 연대시위를 통하여 이 기간에 백투위와 연합하여 동강의 문화를 재현한 한강 뗏목시위를 한강 잠원 지구에서 여의도 선착장까지 벌이고, 종교계와 사회단체들은 동강댐건설 백지화 결의대회를 갖고 영월군청까지 시가행진을 하였으며, 시민단체는 전문성을 확보하려는 차원에서 한국동굴학회와 공동의 노력으로 환경영향평가서에 있는 동굴의 수가 60개가 아니라 230개임을 기자회견을 통해 밝힘으로써 환경영향평가서가 허위임을 입증하였다.(방용석, 1999: 45) 그리고 그 밖의 시민단체들의 대응방법으로는 사진전이나 대형 퍼포먼스 등으로 이어지고 있었다. 문학인과 예술가 단체들이 개입하여 동강댐건설반대에 합류하고 있었는데, "동강을 사랑하는 문화예술인 모임"으로 결성하여 이 문제를 예술적으로 접근하려 하였다. 건교부는 1999년 2월 18일 댐건설에 대한 강행발표를 다시 하여, 갈등적 상황이 극대화되었는데, 여기서 동강댐건설 백지화를 위한 각계인사 33인이 밤샘농성 및 성명서 발표가 이어졌다. 이 사건이 동강댐건설 반대의사를 표명한 큰 행사 중에 하나였다. 결국 1999년 4월 7일 김대중 대통령을 "동강댐에 대한 과학적・합리적 접근을 당부 한다"는 발언까지 이끌어냈고, 4월 8일 김진선 강원도지사의 공식적인 반대성명으로 이어졌다. 또한 국제시민단체들의 합류로 또 힘을 얻어가고 있었다. 1999년 4월 이후 시민단체는 동강댐건설에 대한 반대만이 아니라 대안마련의 측면에서 정책토론회를 개최하였다. 이러한 정책토론회의 방향이 바뀌고 시민단체와 여론화 과정에서 동강댐건설에 대한 반대의사가 성공적으로 대중에게 확산됨에 따라 김대중 대통령은 여론을 반영한 재조사 결정을 내리게 된다. 8월 4일 한국산업연구원이 주최한 '영월댐건설의 경제적 효과 분석 및 대안제시' 토론회에서는 동강댐건설과 관련해 정부의 물수요 예측이 과장됐고, 경제적인 효과도 적으며, 동강댐의 홍주조적 효과도 미약하다는 문제가 제기되면서, 댐건설 백지화의 타당성을 높여주는 근거가 되었다. 다음날 김대중 대통령은 "안 지었으면 좋겠다."는 발언을 통해 동강댐 문제가 공공의제에서 정책의제의 전환하는 계기가 되었으며, 발언 이후 국무 총리실은 동강댐건설에 대한 타당성을 원점에서부터 조사하기위한 공동조사단 구성을 발표하는데, 이는 "동강댐 타당성에 대한 객관적 조사를 위해 건교부, 환경단체, 학계, 지역주민 대표 등이 추천하는 30여 명의 전문가로 조사단을 구성할 방침"으로 이루어졌고, 그 다음해인 2000년 6월 2일 공동조사단이 "동강댐건설 백지화" 연구결과 보고로 인하여, 김대중 대통령은 세계환경의 날 기념식에서 "동강댐건설 백지화"를 발표하기에 이른다.

동강댐건설 백지화 결정과정[4]

일시	전개 과정	갈등형태
90. 9 91. 91~97	◆ 영월·단양·일산·김포 등 한강 상·하류 지역에 폭우 – 영월·단양 침수피해액 700억 원, 1만 5,568가구의 이재민 발생 – 이를 계기로 영월지역 주민과 강원도가 정부에 영월댐건설요구 ◆ 영월댐건설계획이 제3차 국토종합개발계획(92~2001)에 선정됨 ◆ 영월댐 타당성조사 실시	갈등의 잠재기
97. 9 97. 10~9 98. 8 98. 10 98. 11	◆ 건설교통부, 댐건설 예정지 공식 발표 ◆ 환경·시민단체 주도의 댐건설 반대운동 시작 – 무분별한 댐건설반대 국민연대 결성 및 집회 – 동강댐 백지화를 위한 수자원공사 규탄집회 – 동강지키기 범국민서명운동 및 동강댐건설 백지화 결의대회 ◆ 동강댐백지화 영월·정선·평창 3개군 투쟁위 결성 ◆ 환경부, 동강댐건설하면 수질악화 우려표명 ◆ 환경부 생태계조사단, 동강보존 주장 ◆ 동강댐 반대 3개군 공동집회	갈등의 표출기
99. 2 99. 2~00 99. 3 99. 4	◆ 건설교통부, 10월에 댐건설 강행 발표 ◆ 댐건설 강행 반대운동의 확산 – 댐건설강행 규탄집회 – 동강지키기 전국시민행동 – 물절약범국민운동 선포식 및 물절약캠페인 시작 – 종교계·문화예술계·언론계의 댐건설백지화 지지표명 – 국제환경단체(그린피스, 시에라클럽, 지구의 벗, 월드워치연구소, 보스앤즈 등) 댐건설 반대 메시지 정부에 전달 ◆ PC통신 네티즌 대상 동강댐건설 여론조사 – 하이텔 여론조사(81.8%반대) – 넷츠고 여론조사(91%반대) ◆ 건교부장관, 동강댐건설여부 다음해로 (년 내 강행에서 후퇴) ◆ 강원도지사 동강댐반대 기자회견	갈등의 확산기
99. 8 00. 3 00. 6	◆ 김대중 대통령, 사견을 전제로 동강댐건설에 반대의사 표명 ◆ 영월댐건설 공동조사단 결성, 댐건설타당성 원점에서부터 조사 ◆ 민주당 동강댐건설 백지화방침 발표 ◆ 공동조사단, 동강댐건설 백지화로 최종연구결과 발표 ◆ 댐건설 백지화(6. 5대통령 선언)	갈등의 조정기

---

4) http://www.dongriver.org 백지화 전개과정 도표.

3. 동강댐건설 백지화의 의의

동강댐건설 백지화에 대한 환경운동연합의 견해는 시민의 승리라 말할 수 있는 환경운동의 승리라고 밝히고 있다. 댐건설 백지화는 시민운동의 승리, 사후 처리 위주의 환경정책이 사전예방으로 전환될 가능성 제시, 공급 위주의 자원정책을 수요관리 위주에서 재검토하는 사례가 됨을 그 의의로 보고 있다. 동강댐 백지화는 환경운동, 환경정책에서 매우 중요한 의미를 갖는다. 첫째, 동강댐 백지화는 시민운동의 승리이다. 동강댐 백지화는 인간 중심의 사고에서 벗어나 인간과 자연이 공생해야 한다는 환경의식이 확산되고 시민 스스로 생태계를 지키기 위해 자발적인 실천을 했기 때문에 가능했다. 동강댐 백지화를 계기로 시민들은 '우리의 환경, 우리 손으로'를 자신하며 환경 실천의 강도를 더욱 높일 것으로 보았다. 둘째, 동강댐 백지화는 사후 처리 위주의 환경정책이 사전 예방으로 전환될 가능성을 보여 주었다. 그동안 정부는 '환경과 개발의 조화'를 표방하면서도 '선개발 후환경'의 구태를 답습해왔다. 환경가치를 보호하기 위해 정부 주도형 대형사업을 철회한 동강댐 백지화 사례는 '선계획 후개발'을 원칙으로 하는 지속가능한 국토 이용의 출발점이 될 것이라고 보았다. 더 나아가 동강댐 백지화는 새만금 간척, 지리산 양수댐건설 등 지금도 계속되는 국토 파괴형 대형사업들이 환경보전의 관점에서 전면 재검토되는 계기가 될 것으로 기대했었다. 셋째, 동강댐 백지화는 공급 위주의 자원정책을 수요관리 위주에서 재검토하는 사례가 되었다. 그동안 에너지, 수자원, 토지자원 등 지속가능한 발전의 핵심을 이루는 자원정책이 사업자가 주도하는 공급 위주로 진행되면서 국토는 급속히 오염되고 파괴되었다. 경제성장과 궤를 같이 한 공급 위주의 정책은 자원낭비, 경제적 비효율, 환경파괴를 초래했지만 강력하게 형성된 이익집단이 정책결정을 좌우하면서 지속가능성과는 거리가 멀었다. 동강댐 백지화는 공급 위주의 수자원 정책에서 탈피하는 것에서 나아가 에너지정책, 토지이용정책을 지속가능한 방식으로 개혁하는 계기가 될 것으로 기대했다.[5]

---

5) 1999, 국제환경 N G O 댐 심포지엄 "댐건설: 문제점과 21세기 대안" 김혜정.

4. 동강 보존 대책

동강은 댐건설 반대 운동과 관련하여 사람들에게 알려지면서 아무런 대비 없이 관광객을 받아들였고 이로 인해 특히, 몇 년 전부터 시작된 '동강러시(Donggang Rush)'는 피서철을 맞아 정점에 이르면서 자연생태계를 파괴시켰다. 지속적인 유지관리와 자연환경의 보존을 위한 대책이 없는 상태에서의 이용은 바로 파괴를 낳으며, 이를 통해 동강의 생명은 단축될 것이다. 현재 거론되는 관리 방안으로는 자연 휴식지, 생태계보전지역 등이 있다. 자연 휴식지는 주민의 행위에 대한 제한은 미약하다고 할 수 있다. 미흡한 부분은 제재 사항이 구체적으로 명기가 되지 않았기에 탄력적으로 관리계획을 지방자치단체에서 강구하였을 경우에는 이용료징수에 대한 올바른 지방자치단체지원이 이루어 질 수 있는 장점과 단점을 가지고 있다. 생태보전지역은 지역주민의 행위제한은 과다한 개발을 원하지 않는 경우는 별문제가 없을 듯 하나 외부자의 출입이 완전 통제가 되기 때문에 탐방객은 항상 허가를 취득한 사람으로 한정되는 문제를 가지고 있으므로 래프팅 및 트레킹에 상당한 지장을 초래할 수 있다. 미국의 경우에는 동강과 같은 하천주변의 야생성, 지질학적인 특이성, 문화적 가치, 생태적 다양성 및 특이성, 경관적 가치 등 하천의 자연 상태가 뛰어나고 문화적, 지질적, 생태적으로 보전할 가치가 있는 하천의 보전과, 국민들의 휴식공간으로 제공을 목적으로 한 자연경관하천법에 의해 보호하고 있다. 이는 국립공원과 비슷한 개념으로 우리나라의 경우에도 적용가능하며 현재 이 제도를 도입하기 위해 준비과정에 있다고 한다. 운영관리의 체계는 지역주민과 지역자치단체, 전문가, 환경운동단체(NGO)등의 협의하에 계획되고 시행되는 것이 적절하다. 운영관리를 위한 주체는 이 지역의 주민이 되도록 하는 것이 바람직하며 이를 위한 주민합의체적 대표기관이 필요한데, 동강에서는 동강보전관리센터를 결성하고, 이러한 조직체를 통해 효율적인 운영관리가 이루어지도록 해야 한다. 또한 정부는 단순히 생태계 보존지역으로만 지정하는 것이 아닌 위락시설의 인근도시로 이전으로 지역경제를 생각하며, 법적 규제를 강화와 동강오염원에 대한 관리를 강화하여 사후처리가 아닌 동강 환경에 대한 사전 예방이 이뤄져야 할 것이다. 동강댐건설은 백지화되었지만 동강을 돈벌이에 이용하려는 수많은 세력들이 동강의 비경과 생물자원을 노리고 있음도 간과해선 안 된다.

사람과 환경이 함께 잘 살아가려면 절충안이 필요하다. 개발은 하되 환경 파괴를 최소화하는 차원에서 해야 하는 것이다. 그런 면에서 동강댐건설 백지화 과정은 우리에게 환경문제가 공론화되면서 전문성을 바탕으로 정책간의 경쟁이 이루어졌다는 점에서 중요한 시사점을 준다. 이는 국가 정책과정에 NGO와 언론이라는 새로운 참여자가 등장했기 때문에 힘이 보태진 것이다. 민간환경 단체의 주도로 전국적인 연대가 형성될 수 있었던 것은 정책 자체의 오류를 전면에 내세운 전문성으로 여론 형성에 설득력을 가질 수 있었기 때문이었다. 동강댐 백지화운동은 단순한 집회나 시위에 그치지 않고 전문가의 조사를 토대로 발전된 모습의 운동방식을 지향했다고 생각한다. 또한 90년대 이후 활발해진 시민단체의 활동에는 항상 학계와 언론계의 뒷받침이 있었다. 대표적 시민운동단체라고 할 수 있는 경실련과 참여연대는 핵심 구성원들의 대부분이 학계나 전문직 분야에 기반을 두고 있고, 활동의 성과는 언론에 보도되어 힘을 얻곤 했다. 그렇기 때문에 동강댐 백지화운동을 인터넷과 대중매체를 이용하여 문제를 여론화시켰던 과정은 정보화시대의 여론화 과정의 표본이 될 수 있었고 시민단체의 조직적이고도 연대적인 활동이 큰 힘을 발휘할 수 있었다. 그러나 이러한 과정에서 시민단체의 한계도 드러났다. 정책의제설정과정 전반에 걸쳐 시민단체들은 적극적으로 동강댐건설 백지화에 대한 문제제기를 하기보다는 공식적 집단 즉, 건교부의 발표에 대응하는 차원에서의 양상을 보이기도 한다는 것이다. 1998년 9월 정부의 동강댐건설 강행발표로 인해 시민단체들이 필사적인 대응을 하였고, 1999년 2월의 건교부의 동강댐건설 강행 발표에 따라 이 문제가 사회적으로 논쟁문제가 되었다는 것에서 알 수 있다. 그러므로 앞으로 우리나라의 민간 환경단체가 더 성숙하고 활성화가 되기 위해서는 조직이나 규모, 재정, 인력 등의 면에서 개선되어야 할 것이다. 우선 시민단체 차원의 방안을 살펴보면, 조직력이 강화되고, 대중성을 확보하여야 할 것이다. 또한 합당한 근거를 통해 구체적이고 합리적인 대안을 제시할 수 있는 능력과 직결되는 것으로서도, 전문성을 증진시키는 것이 중요하다. 한편 우리나라 시민단체의 활성화에 가장 큰 장애요인으로 작용하고 있는 요인 중의 하나인 재정력을 확충하는 것이 필요할 것이다. 또한 시민단체의 활동은 사안에 따라서 여타 단체들과 공동으로 노력할 때 파급효과가 극대화될 것이므로 전국적인 지역시민단체들 사이에 유기적으로 연대협력을 강화할 것이 요구된다. 특히, 환경문제는 거시적인 관점에서 풀어야 하는 만큼 지역적 수준에 그치는 것이 아닌 전국적인 수준의 문제해결을 이끌어내는 것이 장기적인 관점에서 볼 때도 바람직하다고 생각되며, 전국적인 수준의 환경문제일 경우에는 두말할 필요가 없을 것이다.

행정차원의 방안으로 우리 사회가 다원화·민주화로 나아가는 과정에 있는 만큼 공공문제에 대하여 시민들이 의견을 표출하고 자발적으로 시민단체를 결성하여 활동을 할 수 있도록 자율성을 보장하도록 행정이 지원하는 방향으로 나아가야 할 것이다. 같은 맥락에서 이때까지의 사례들을 살펴보면 정부와 시민단체의 상호관계에서 정부가 시민단체를 통제하는 경우가 많았지만, 시민단체의 영향이 커지고 있는 시대에서 상호협력의 관계로 나아가는 한편, 정책결정 및 집행에 있어서 사회문제의 해결을 위해 관련부처를 늘리기보다 시민단체의 기능을 적극적으로 활용하는 것도 좋을 것이다. 또한 정책결정과정에서 비공식 참여자로서의 시민단체들의 참여의 활성화를 유도하도록 하기 위한 제도적 장치의 마련이 필요할 것이다. 그리고 앞으로의 지구는 지구온난화로 인하여 수해가 많이 날 것이다. 집중호우와 폭풍, 폭우 등 국지성 폭우도 많아질 것이다. 이것 또한 환경행정가와 환경단체, 시민은 간과해서는 않된다. 댐 건설이 무조건 필요 없다는 식이 아닌 환경과 여건을 고려한 정책이 되어야 할 것이며, 사후 약방문식이 아닌 예측하고 대비할 줄 아는 환경정책이 되어야 할 것이다.

참고문헌

김옥경. "환경정책 의제설정과정에서의 시민단체 활성화 방안에 관한 연구: '동강댐백지화' 사례를 중심으로" 경희대 대학원 석사논문. 2001.

송영주. "환경정책 결정과정에서의 ＮＧＯ역살 분석" 연세대 보건대학원 석사논문. 2000.

오문환. "동강 살리기: 사회주의 주체의 특성" 21세기 정치학회보 제 10집 2호. 2000.

문순홍. "영월 다목적댐의 전국이슈화 과정에 대한 분석과 평가" 국무총리실 산하 수질개선위원회 동강영월댐 공동조사단 사회문화 평가 팀 최종보고서. 2000.

우리가 영원히 흐르는 동강을 보리라/동강댐 공동조사단 보고대회. 환경운동연합. 2000.

김병완. 『한국의 환경정책과 녹색운동』. 서울: 나남출판사. 1997.

동강보존본본부 http://www.dongriver.com/

환경운동연합 http://kfem.or.kr/

5. 북한산 관통로로 본 환경정책

2001년 정부는 서울 외곽순환도로의 일환으로 북한산 왕복 8차선 관통도로 건설에 대한 결정을 내렸지만 시민단체와 불교단체의 갈등으로 인해 현재 공사를 중지한 상태에 있다. 북한산 통과 도로 건설은 사찰의 환경을 보호하려는 불교계와 북한산의 환경을 보호하려는 환경단체의 개입으로 점차 확산되어 전국적인 관심을 끌게 되었다. 정부는 비용편익 측면을 고려하여 최초 노선이 가장 바람직한 대안임을 증명하며 공사를 강행하여 실시하려고 하지만 환경단체에서는 서울의 허파와 동시에 수려한 경관뿐만 아니라, 역사문화유산이 집중되어 있는 북한산의 가치는 돈으로 환산할 수 없을 만큼 값진 것임을 주장하며 도로건설을 강력하게 반대하고 있다. 연구를 통해 이러한 현상까지 오게 된 원인이 무엇이며 정부와 환경시민단체의 갈등의 원인이 무엇인지 살펴보고 최근 대두되고 있는 환경문제로 인한 갈등들을 해결하는 방안을 알아보자.

기존 문헌과 신문, 인터넷 자료 등을 통해 북한산 외곽순환도로 건설로 인해 겪어왔던 과정과 갈등을 객관적으로 살피고 정부 측, 환경단체 측, 불교단체 측의 주장을 정리해보고 그들의 갈등이 무엇인지 그리고 해결방안이 무엇인지를 분석한다.

2001년 정부가 결정을 내린 북한산을 관통하는 외곽순환도로는 불교계와의 마찰로 인해 약 2년간 중지된 상태이다. 그리고 현재 공사 중단에 따르는 피해액만 5000억 원이 넘어서고 있는 실정이다. 하지만 정부는 어떠한 결정도 내리지 못하고 있고 방향조차 잡고 있지 못하고 있다. 공사를 강행하려 하니 북한산의 사찰에 거주하는 불교단체와 서울의 허파인 북한산의 환경을 보호하려는 환경단체의 반대가 너무 완고하고 공사를 중지하자니 개발업자의 마찰과 지금까지 들어간 비용이 있기 때문이다. 더군다나 최근에 외자 출자를 맡은 일본은행이 정부에 직접 공사의 진행여부를 조속한 시일 내를 결정할 것을 요구하고 그렇지 않을 경우 투자를 하지 않겠다[6]고 하여 골머리를 앓고 있었다.

---

6) 대한일보 2003. 11. 19일 11면.

제2절 사건 개요

1989. 8~91.3	타당성 조사 및 기본설계
1992. 4. 29	노선지정(고속국도 100호)
1996. 3. 2	민자유치 대상사업 선정
1997. 4. 20	북한산국립공원을 지키기 위한 100인 선언
1997. 6. 5	서울외곽순환고속도로(벽제~퇴계원 간)노선 타당성 장흥면 주민설명회
1998. 4. 16	북한산국립공원 통과를 위한 요식적인 공청회
1998. 6. 31	환경영향평가에 대한 의정부지역 주민설명회
1998. 7. 2	환경영향평가에 대한 양주지역 주민설명회
1998. 7. 4	국립공원관리공단의 국립공원관통 고속도로 건설 반대의견 환경부에 제출
1998. 7. 14	서울외곽순환고속도로 노선 수정 요구 시위
1998. 10. 8	'북한산국립공원·수락산·불암산 관통도로 저지를 위한 시민연대' 결성
2001. 6. 30	공사 착수
2001. 7. 11	환경부의 환경영향평가 협의 통과
2001. 8. 15	(사) 한국불교종단협의회 반대 성명서 발표
2001. 10. 24	관통도로 건설 저지를 위한 불교 대책위 출범식 및 제1차 결의대회
2001. 11. 13	관통도로 저지를 위한 불교대책위 제2차 결의대회(의정부역 시청 앞 광장)
2001. 12. 4	북한산국립공원관통도로저지 시민·종교연대 출범식 및 범국민 결의대회
2002. 2. 18	송추 공사현장에서 비구니스님 폭행당함
2002. 2. 21	LG그룹 인권유린 보고 및 항의집회(조계사→여의도 LG본사)
2002. 3. 5	조계사에서 '자연환경보존과 수행환경수호 위반 범불교도 결의대회'
2002. 3. 14	고속도로 건설에 따른 노원·도봉지역 대기오염 악화에 대한 공동기자 회견
2002. 4. 14	도봉산·수락산·불암산 관통도로 저지를 위한 노원도봉 시민결의대회
2002. 7. 4	북한산국립공원 훼손·방관하는 환경부 규탄대회
2002. 7. 14	수락산·불암산 관통도로 저지를 위한 결의대회, 불암산 현장 농성 시작
2002. 7. 15	북한산국립공원 파괴 도로공사를 강행하려는 LG건설 규탄집회
2002. 7. 16	공사중지가처분신청 판결: 회룡사 등 일부구간 공사중단 결정

2002. 7. 16	불교계, LG 규탄 대회 – 승려위장 폭력동원 사태 관련
2002. 7. 18	북한산국립공원 살리기 3보 1배
2002. 7. 25	80여 명의 용역깡패 농성장 난입, 환경운동가와 종교인 부상
2002. 7. 26	북한산 농성장 폭력행위 진상조사 및 책임자 처벌 시민사회단체 기자회견
2002. 12. 4	민주당 노무현 대통령 후보 북한산 관통 서울외곽순환고속도로 백지화 공약
2002. 12. 9	한나라당 이회창 대통령 후보 북한산 관통도로 노선 전면 재검토 공약
2003. 4. 12	북한산 관통도로 터널구간 공사중단
2003. 9. 19	국무총리 주재로 국정현안정책조정회의를 열어 외곽순환도로 사업을 공론조사로 결정하기로 함
2003. 9. 22	노 대통령 조계종 총무원장에 공론조사 참여요청
2003. 9. 26	노선재검토위원회 김안제(金安濟. 서울대 명예교수) 위원장은 북한산 관통노선이 가장 현실적이며 합리적인 노선임을 발표
2003. 11. 5	조계종, 공론조사 수용 불가입장 재확인

정부는 이미 북부 지역을 제외한 서울 외곽지역에 외곽순환도로를 건설하고 마지막으로 북부지역에 외곽순환도로의 미건설부분을 완성함으로 수도권의 종합적인 수송체계를 확립하고, 서울 및 경기 북부지역의 개발을 촉진하며, 대북교류 활성화에 따른 물류 연결로를 구축하려하였다.[7] 또한 북부 지역의 외곽순환도로를 통해 수도권 동북부지역(도봉, 노원, 의정부지역)의 교통난을 해소할 것을 기대하고 있다.[8] 하지만 당초 목적은 외곽순환도로가 북한산국립공원을 관통한다는 바람에 환경단체 및 불교단체와의 갈등으로 사업이 중단된 상태이다. 그리고 현재 이 사업은 2년여의 공사중단으로 손해만 5천억 원에 이르고 있다.[9] 일부 환경단체와 불교단체에서 북한산국립공원을 보호해야한다는 주장아래 대안으로 의정부 북측 외곽을 통과하는 우회노선을 제시하고 있으나 이 노선은 본래 외

---

7) 서울고속도로주식회사 사업영상물 참조.
8) 송도근건설교통부광역교통관리국장
   〈http://www.buddhapia.co.kr/mem/hyundae/auto/newspaper/355/content.asp?code=99955970
   &t=c&sn=355〉
9) 중앙일보 2003년 12월 3일자 30면.

곽순환도로 건설 목적과 달리 수도권 동부지역의 교통량을 처리 할 수 없어 그 기능을 상실하게 될 뿐만 아니라 도로가 10km가량 연장되고 약 7천억 원의 사업비가 추가로 소요되어 고속도로의 건설이 사실상 어렵게 된다. 즉 현재 노선이 각계의 의견수렴을 거치고 환경관계 법령이 정하는 절차에 따라 선정한 최적의 노선이라는 것이다. 또한 국립공원구역을 피하여 고속도로를 건설하는 것이 바람직하지만 수도권의 과도한 집중현상으로 초래한 동북부지역의 심각한 교통난을 완화하기 위해서는 국립공원 구역을 통과할 수밖에 없다는 현실적 불가피성을 반영한 것이기도 하다.[10]

환경단체의 입장

환경단체는 먼저 서울외곽순환도로가 북한산 국립공원을 관통하는 노선으로 타당성조사 및 기본 설계된 시기는 국립공원을 건설부(현 건설교통부)가 '개발'의 관점에서 관리하던 시기이고 정부가 1998년 국토환경정책의 변화와 맞물려 국립공원 관리가 건설부에서 환경부로 넘어감에 이관됨에 따라 '북한산국립공원을 관통하는 도로'의 노선은 근본적으로 재검토해야 한다고 주장하고 있다.[11] 그러한 인식에서 출발하여 북한산 관통도로의 문제점은 첫째로, 생태환경의 파괴이다. 국립공원으로 지정되기 위해서는 자연의 보존상태가 양호하고 훼손 또는 오염이 적으며, 야생동물이 서식하고 희귀식물이 식생하거나 지형의 경관이 수려해야 한다.[12] 이렇듯 북한산국립공원이라는 이름 의미자체에서 보존가치를 엿볼 수가 있다. 만약 고속도로가 건설 될 경우 차량통행 증가로 인해 생기는 소음과 배기가스와 자동차에서 발생하는 열등으로 인하여 주변 생태환경이 파괴될 것이 분명하다는 것이다. 둘째로, 형식적으로 진행된 환경영향평가이다. 환경영향평가에 대한 근본적인 평가 없이 사업계획을 확정하고 도로건설을 실시함으로 사실상 환경영향평가 절차를 회피한 것이고 공청회의 경우 환경단체 참여 없이 주민 2명만 참가하여 이루어져 주민의 의견을 수렴하고 사업에 반영해야 한다는 취지를 전혀 달성하지 못하였다.(윤주옥, 2003) 셋째로, 우회노선이 7000억 원가량 들지만 수도권의 유일한 국립공원의 가치는 돈

---

10) 송도근건설교통부광역교통관리국장.
11) "북한산국립공원 관통도로 건성의 문제점 및 저지 운동 현황" 윤주옥(국립공원을 지키는 시민의모임 사무국장) 2003년 3월 11일.
12) 네이버 백과사전 '국립공원' 검색.

으로 환산할 수 없을 만큼 더 중요함을 강조하고 있다.

불교 측 입장

2001년 10월 15일, 불교단체는 북한산 관통도로의 건설로 인근 사찰이 직·간접적으로 피해를 볼 것이라고 예상됨에 따라 외곽순환도로 저지에 본격적으로 나선다. 불교단체는 외곽순환도로가 북한산을 관통할 경우 천안사·보현사 등 30개의 사찰을 철거해야 하고, 70여 개의 사찰이 소음과 공해 등으로 사찰로의 기능을 잃게 되어 종교문화가 파괴될 것이라고 했다. 그 외 환경에 관한 입장은 환경단체와 크게 다를 바 없으며 같은 입장에서 연대하여 정부의 외곽순환도로 건설을 강력히 반대하고 있다. 불교 측과 정부 측과의 대립은 공사현장에서 스님이 폭행을 당하는 바람에 한 때 첨예하게 대립이 되고, 여러 시위 활동을 통해 범시민적으로 문제를 확산시키는 데 일조를 했다. 현재도 정부에서 공론조사로 문제의 해결방안을 내놓았지만 불교 측에서는 정부의 주최하에 이뤄지는 공론조사는 신빙성이 없다[13]며 공론조사를 거부하였었다.

갈등의 원인 분석 및 해결방안

이 사례의 경우 갈등 구조는 북한산 통과 고속도로를 건설하려는 정부와 그에 반대하는 환경단체 및 불교단체의 양자 대결로 이루어진다. 자칫 잘못하면 이 문제가 환경보존 VS 개발이라는 대결구도로 쉽게 풀지 못하는 원초적 관계라 볼 수도 있었지만 조금만 더 생각해보면 양자 모두 환경을 보존하며 발전해야 한다는 기본 관념은 다를 게 없다. 서울고속도로주식회사의 고위관계자의 말에 의하면 북한산 관통도로에 건설된 터널은 그라우팅[14]공법을 사용하여 환경보존을 최대한 고려하였고, 입출구만 조금 변형될 뿐 나머지 구간은 원래 다 그대로 두는 것이라 한다. 또한 우회도로를 건설할 경우 10km 정도의 구간이 늘어나고 경비뿐만 아니라 산림훼손 면적이 더욱 늘어나기 때문에 현 노선이 최

---

13) 2003년 9월 24일자 조선일보 2면.
14) 토목공사에서 누수방지 공사(漏水防止工事)나 토질안정(土質安定) 등을 위하여 지반의 갈라진 틈·공동(空洞) 등에 충전재를 주입하는 일.

선이라고 주장을 한다. 하지만 환경단체와 불교단체는 길이 4km가 넘는 8차선 도로가 산을 뚫고 지나가는 데 변화가 없냐고 소리를 높인다. 그리고 그런 급격한 변화는 북한산 국립공원의 생물성을 엄청나게 위협할 것[15]이라 지적을 한다. 노선재검토위원회[16]에서 결론격인 노선 선호도 분포는 기존 노선 5인, 북한산 노선 1인, 의정부 노선 5인으로 의견이 갈리고[17] 통합되지 않은 것을 보고, 2년여 넘게 해결되지 못한 채 계속 이어 온 이 문제는 정부 측의 지대한 잘 못도 아니고 이익집단의 자기 이익을 내는 목소리가 아니라 더 근본적인 문제가 있음을 엿볼 수 있었다. 또한 양측에서 내 놓은 비용, 편익에 따른 조사결과가 상이하게 다른 경우는 조사자에 따라 어느 가치를 더 중시하느냐에 따라 비용이 산정되는 것이기 때문에 똑같은 현상 속에서 판이한 결과가 나오게 된 것이라 생각한다. 기술자들은 자신의 전문지식에 대한 강한 자부심을 갖고 산다고 한다. 즉 북한산관통도로 건설을 맡은 측에서는 고위층의 말 한마디에 논의조차 없이 공사가 2년여 간 중지되어 있는 상태가 답답하기만 할 것이다. 어쩌면 자신의 모든 전문지식이 철저히 무시당했다고 생각할지도 모른다. 더군다나 막무가내로 반대만 일삼는 사람들의 반대가 전문가의 주장보다 잘 먹히고 언론의 조명까지 받는다[18]하며 불평을 할지도 모른다. 반대로 환경단체들의 주장은 시화호와 새 만금의 사건을 보며 기술을 신뢰하지 못한다는 것이다. 그리고 개발과 보존의 대립이라는 문제를 당대의 이익을 위한 것에 한정된 것이 아니라 미래를 위한 선택이 돼야하고,[19] 후세대를 배려한 선택이 돼야 할 것이라 생각한다. 우리나라의 민주주의는 서서히 발전한 것이 아니라 급속도로 발전함에 따라 과거 불도저식 개발 정책들의 문제가 이제야 붉어져 나오고 있다. 정부는 이러한 문제들을 빨리 인지하고 책임을 안 지려는 떠넘기기식의 운영이 아니라 책임을 지고 문제 해결에 앞장을 설 필요가 있다. 다행히 노대통령이 나서서 이 문제를 공론화와 한다는 소식을 들었다. 하지만 처음으로 공론조사[20]를 도입하는 경우라 관련 집단들이 상당히 나서길 꺼려하고 있으

---

15) 환경연합 김은숙 간사의 말.

16) 조계종 측 추천인사 5명, 정부 측 추천인사 5명과 양측의 합의로 선임된 위원장 등 11명으로 구성된 위원회.

17) http://www.chosun.com/w21data/html/news/200309/200309260206.html

18) 파이낸셜뉴스 2003년 11월 20일 4면 데스크칼럼 이공계를 살리려면 - 남상인(대우건설부동산부 부장).

19) http://cice.kfem.or.kr/cgi/searchlast.cgi?User=guest&Table=all&Class=all&rt=ejkfem&Id=2264& Cnt=19&Page=4&File=1031203103953.dat

20) "대의민주주의와 기존 여론조사의 한계 때문에 공론조사가 등장했다"며 등장 배경을 설명하고 '1차 서베이→참여자 표본추출→정보제공/토론→2차 서베이' 등으로 이뤄지는 공론조사 구성요

나, 이 방법이 앞으로 생길 많은 갈등의 조정방법으로 채택되어 좋은 선례가 되었으면 하는 바람이 있다. 과거처럼 고위관료자의 말에 의해 결정되는 것이 아니라 국민들이 알고, 이해하고 정책이 되는 것이다. 그것이 국민의 민주주의 의식을 향상시켜 줄 것이고 우리 세대의 선택을 공유하고 책임의식을 갖게 하는 것이 되기 때문일 것이다. 지금의 상태로는 안 된다. 지금은 가만히 있는 게 가장 큰 손실이기 때문이다. 피해액만 눈 덩이처럼 계속 늘어가는 이 시점에서 정부는 조속한 결정을 해야 하고 그 과정을 올바르게 할 필요가 있다. 이 과정에서 각 대립관계에 놓여있는 당사자 측 들은 맹목적인 신념이나 막무가내의 시위가 아니라 관련자들을 설득시키고 국민을 이해시킬 수 있는 준비를 해야 할 것이다.

북한산 관통도로 건설을 통해 정부와 환경단체 및 불교단체의 갈등을 살펴보았다. 현재 대두되고 있는 거대한 환경문제는 거의 환경에 대한 인식이 변하기 전에 결정된 것이 대부분이다. 이는 후진국에서 선진국으로 도약하려는 우리나라의 움직임이 개발을 중시하며 정책을 시행했고 모두가 당연시 여긴 상태에서 선진국들이 생각하는 환경 보존에 대한 개념이 급물결을 타고 들어와 심각한 갈등을 겪는 것이라 생각된다. 너무나 급변했기 때문에 일부 사람들은 우리가 지금 환경을 생각할 때인가 하는 의구심을 표명하기도 한다. 그리고 개발에 더 가치를 두고 있다. 하지만 그 짧은 기간이었지만 우린 무분별한 개발로 인한 많은 피해를 고스란히 당하고 말았다. 분명, 각 사례마다 상황이 다른 문제점이 지적되고 그 사례 안에서 합리적인 해결방안을 선택해야 할 것이다. 그리고 북한산 관통도로 문제를 지금까지 한 번도 시행하지 않았던 공론조사로 해결방법을 찾는 것이 첨예한 대립과 난해한 문제 속에서 해결의 열쇠가 되지 않을까 하는 가를 조심스럽게 점쳐본다. 그러면 그 과정상에서 우리가 지금 선택해야 할 것이 무엇인가가 분명히 드러나야 할 것이고 관련당사자들은 상대방과 국민들이 설득시킬 준비가 되어 있어야 할 것이다.

참고문헌

http://www.me.go.kr 환경부

http://cice.kfem.or.kr 시민환경 정보센터

소를 제시했다. 또 이해 당사자들은 자신의 의견을 대변할 전문가들로 패널(각 2~4명)을 구성해 참여하며, 높은 정당성 창출을 위해 외국에서는 주로 방송사(언론사)가 주관기관 역할을 담당한다.

http://www.hani.co.kr 한겨레신문
http://www.chosun.com 조선일보
http://www.joins.com 중앙일보
http://www.joins.com 서울고속도로주식회사
http://www.kfem.or.kr 환경운동연합

6. 성미산 배수지 건설 계획을 통해서 본 환경정책1

일단 개발과 환경 보전 측의 기본 개념을 살펴보고 특히 환경 보존측 입장인 도시 녹지의 생태학적인 의미를 알아보도록 하겠다. 그리고 구체적인 사례인 성미산 배수지(성산 배수지) 개발 사업을 알아봄으로써 어떤 문제점과 어떤 해결책이 있는지 알아보도록 하겠다.

도시 녹지의 의미

도시 내의 녹지 공간의 가치는 도시 내외에 자연과 자연성을 도입하고 아름답고 쾌적한 자연경관을 조성하는 데 있다. 이와 함께 녹지공간이 내부화된다면 주거, 일, 휴식이 함께 존재하는 이상적인 주거공간으로 바뀔 수 있다. 우리의 도시들은 주거지와 일터, 도시와 자연이 분리되어 있어 일에 대한 불만족은 물론 주거지에 대해서도 상당한 불만족을 보일 수밖에 없다. 도심에서는 일과 주거의 결합은 어려우므로 녹지만이라도 충족된다면 시민생활의 질은 향상될 것이며 일에 대한 즐거움도 커질 것이다. 특히 도시림은 수목을 포함한 야생동물, 기후, 토양, 인공시설물 등이 어우러지는 다양한 생태계이다. 도시림은 자연림 탐방에서부터 수목원, 생태공원 등의 자연학습에 이르는 다양한 휴양기회를 제공한다. 도시내외의 각각의 개별 도시림이 자원성격에 부합되는 독특한 휴양기회제공에 기여할 수 있으며 이들 자원기능이 유기적으로 연결되어 도시인의 휴양기회 욕구를 다양하게 충족시킬 수 있다. 도시림은 야생지를 뒤뜰에 제공하여 현대인의 자연회귀 요구와 경험을 충족시켜 줄 것이다. 특히 경제적 부담으로 인해 야회 휴양을 즐기기 어려운 사람

들을 위해 도시림의 기능향상 및 이용확대는 도시관리 정책의 주요한 방향으로 부각되어야 한다.

1) 환경보전기능

환경보전기능에는 대기정화, 기후조절 수원 함양, 표토 보전, 토사붕괴 방지, 녹지 제공, 경관 제공, 소음방지, 시각 보호, 생태계 보전 등이 포함된다. 특히 도시림은 오염물질 제거능력에 있어 탁월한 기능을 발휘하고 있는데, 주요 식생형에 따른 오염물질의 제거능력은 삼림과 수목이 크고, 초본류와 나지는 작은 것으로 나타나고 있다. 대기 중의 먼지는 도시 대기를 청정하게 유지하는 데 많은 비용을 유발하고, 산성이나 다른 화학물질들을 배출하므로 도시 녹지로 완충지대를 두면 이것을 경감할 수 있다. 따라서 도시 녹지의 조성은 쾌적한 환경유지는 물론 경제적으로도 이익을 가져다준다.

2) 교육문화기능

도시 녹지는 자연학습 및 문화전통 공간기능, 체험제공기능을 제공한다. 최근 들어 시민에 대한 환경교육의 필요성이 강조됨에 따라, 도시 녹지가 교육에 기여하는 효용은 점점 더 커지고 있다. 자연과의 접촉을 통해 인간과 자연과의 공존을 배우고 자연을 좀더 친숙하게 배울 수 있게 된다.

3) 심리적 효과

녹지의 효과가 사람들의 의식에 미치는 영향을 다룬 여러 연구에서는 기상완화나 방음 등의 물리적 효과보다는 휴식공간으로서의 녹지의 효과가 훨씬 크다는 데 인식을 같이한다. 나무를 심고 가꾸고 도시에 숲을 조성해 쾌적한 환경을 만드는 것은 또 다른 심리적 만족감을 준다. 녹지와 자연경관이 형편없이 적은 도시에서 생활하는 사람들은 이것을 메우기 위해 주말에 가까운 숲을 찾기도 하지만 사람에 따라서는 적극적으로 식물을 재배해 이것을 보상하려고 한다. 이처럼 녹지가 지니는 가치, 즉 인간과 자연의 접촉에 있어서 푸름이라는 고유의 효과는 대단히 크다.

구체적 사례 – 성미산 배수지 개발

1) 사건 개요

성미산의 배수지 건설(성산배수지)에 대해 1993. 2월 이곳의 도시 계획을 결정하여 이곳의 부지를 '수도용지'로 용도를 변경하였고 1997년 11월 '성산배수지건설 실시계획결정'을 고시하여 2001년 4월 토지 소유자에 대한 보성절차를 완료하였다. 2004년 12월까지 준공한다는 계획으로 추진 중이었다. 그러나 마포구의 다른 개발사업으로 인해 하나 밖에 남지 않은 성미산에 또 이렇듯 개발 사업을 추진하는 것을 본 마포구민들에 반대에 부딪혔다. 주민들은 '성미산을 지키는 주민연대'를 결성하여 성미산을 개발로부터 지키기 위해 마포구청, 서울시 등에 여러 민원을 제기하였고 숲속 음악회 등 다양한 활동 등을 펴나갔다. 그러나 2003년 1월에 설 연휴와 추운 날씨로 주민들이 없는 틈을 타 기습적으로 성미산 정상부에 6천 평에 나무를 벌목하는 사건이 발생하였다. 이에 더욱 강력한 주민들의 반대와 분노를 경험하면서 2003년 5월 17일 성미산 배수지 개발에 대한 공청회를 열어 주민들과 서울시, 수도사업 본부, 마포구청이 서로의 의견을 조율했으며 결국 9월 10일 시의회 상수도본부 업무보고 자리에서 지역주민들의 반대가 거센데다 인근지역 배수지를 이용하면 수돗물 공급에 지장이 없는 것으로 판단, 일단 건설공사를 유보키로 결정했다. 시의회 환경수자원위상수도본부 업무보고 기록에 따르면 성산배수지 예정지의 장래급수 수요와 주변여건변화, 배수지건설공사 추진여부 등에 대해 기술자문회의를 개최한 결과 인근 지역의 배수지를 이용하면 수돗물 공급에 지장이 없는 것으로 나타났다.

이에 따라 배수지 건설공사는 일단 유보하고, 장래 급수수요가 예측되는 상암택지 및 DMC 개발사업의 추이에 따라 주민 의견수렴과정을 거쳐 최종 결정하는 방향으로 의견이 모아졌다.

2) 각 측의 입장

① 행정당국(수도 사업소)의 입장

성산배수지는 마포구 성산 1동, 망운 1, 2동, 서교동, 합정동, 연남동 등 14만 가구 시민에게 맑고 깨끗한 물을 안정적으로 공급하기 위해 필요하다. 성미산은 배수지가 자연 유하식으로 수돗물을 공급하기 위해 필요한 표고 50미터 이상, 저수용량의 맞는 면적(약 만 평)을 갖추었기 때문에 이 지역을 선택, 현재 대부분의 저수지와 마찬가지로 개방형 배수지로 지어 주민들의 휴식처를 제공하겠다는 입장이다. 여기서 개방형 배수지는 배수지를 지하에 설치하고 구조물이 밖으로 드러나지 않도록 1.5미터 정도 흙을 덮는 구조이다. 1.5미터 정도의 흙을 덮고 현재 성미산의 주요 수목인 자연생태 보존가치가 낮은 아카시 나무를 자연친화적인 자생수종으로 녹지공간을 조성하여 주민들의 휴식처를 제공한다는 계획이다.

② 주민들의 입장

배수지는 시간당 저장용량을 확보하여 단수 없이 상수도공급시설 개선을 위한 공사시간을 확보 가능하게 하고 수요자의 개별저장시보다 수질을 개선할 수 있는 효과를 가져올 수 있다. 그래서 배수지의 효용가치에 대해서는 누구나 인정하고 있다. 그렇지만 이는 어디까지나 현재의 상수공급조건을 개선하기 위한 시설이지 그것이 없다하여 당장 상수공급이 중단되는 절박한 시설이 아닐 뿐만 아니라 서부사업소 관내에도 5군데의 배수지가 있어 성산배수지가 그동안 없었다하여 주민들이 서울시내 다른 지역에 비해 평균 이상으로 훨씬 많은 단수의 피해를 입고 있다고 볼 수도 없다. 또 성미산은 규모가 작음에도 불구하고 한강에 인접하여 천연기념물인 조류 등이 서식하고 있고 서울시에서 보호관리 동식물로 지정한 동식물은 물론이고 수많은 동식물이 서식하는 생태적가치가 높은 산이다. 아울러 산의 생태적 가치는 한번 훼손되면 일반적으로 그 회복에는 수십 배의 시간과 노력이 필요한 것이며 더구나 성미산의 경우 그 규모에 비추어 정상부근 지하에 만 평 가까이 콘크리트 구조물이 들어설 경우 현재의 생태적 가치는 회복이 불가능하다. 따라서 주민들의 판단은 상수공급조건을 개선하기 위한 배수지 설치로 얻는 이익보다 성미산 그 자체의 생태적 가치가 훨씬 높다는 판단이다.

3) 사건 진행 과정 중의 문제점

① 환경적인 문제점

배수지를 지을 경우 성미산처럼 약 3만여 평의 작은 산의 정상부에 만 평 정도의 배수지를 건설하게 되면 결국 산의 가운데 부분을 지하 수십 미터로 파내야 하는 것이라는 결론이 나오고 이는 결국 성미산 전체의 생태적 가치의 본질적 부분을 훼손시키는 것을 의미한다. 또 상수도사업본부에서 애기하는 개방형배수지는 지하 수십 미터로 파더라도 복토하여 그 지상부에는 나무를 심어 주민들의 체육공원을 설치하고 휴식처로 사용하겠다는 것인데 이는 산을 파괴하여 공원을 만들어 내는 것이 절대 환경적으로 친화적인 배수지가 아니다. 공원이 산만큼 생태적으로 가치가 없다는 것은 누구나 알고 있는 사실이다. 또 이렇게 배수지가 건설되면 산의 환경적 가치가 퇴색하여 주변 토지 소유자들이 개발을 요구하고 이를 거부할 마땅한 근거가 부족해 결국 개발 도미노 현상이 일어나게 된다. 이번 개발도 정상에 성산배수지가 건설되고 산 남쪽부근에 아파트가 건설될 계획이어 이는 더욱 이 주장을 뒷받침하고 있다. 이렇듯 실제로는 배수지 건설로 인해 산 하나가 없어지는 것이 되고 만다. 성미산은 해발 66m높이의 야트막한 구릉으로 높이만 보면 마을 뒷동산 수준이지만 3만 평에 이르는 숲으로 성산동을 비롯해 서교동과 망원동, 중동 일대의 허파 구실을 하는 마포구의 유일한 녹지 공간이로 주민들의 휴식공간인 곳이다.

② 행정적인 문제점

행정당국인 서울시와 수도사업 본부에서는 이번 배수지 건설에 대한 결정을 하면서 주민들의 의견을 묻지 않았다. 성미산은 주민들에게는 환경적으로 커다란 의미가 있는 곳임에도 불구하고 사람이 살지 않고 개발이 쉽다는 이유로 성미산을 선택 결정한 것은 행적 편의주의적인 모습을 그래도 보여준 것이었다. 마포구 관계자는 여론조사기관인 미디어리서치를 통해 25-26일 성산배수지 수돗물 공급 예정지역 700명을 대상으로 여론조사를 했더니, 배수지 건립에 대해 45.7%가 반대했으며, 찬성은 45.0%였다고 밝혔다. 또 응답자의 92%는 성미산이 보존가치가 있다고 밝혔다.(2003. 5. 31 네이트 뉴스)라는 소식을 통해서 처음 이 조사에 목적은 배수지 건설에 당위성을 위해 한 것이지만 의외의 결과를 통해서 개발로 인해 직접적인 혜택을 보는 주민들에서도 많은 반대가 나온 것은 주민들이 개발보다는 성미산의 환경적 의미에 더 큰 가치를 두고 있다는 것을 방영한 것이다.

하지만 문제가 되는 것은 이 설문 조사를 하기 전까지만 해도 행정당국은 이렇듯 변화하는 주민들의 요구를 알지 못하고 있었던 것이다. 주민들의 요구에 의해 해야 하는 행정이 주민들의 변화는 요구를 인지하지 못했던 것이다. 또 주민들의 반대가 계속되자 주민들의 의견을 듣고 설명하기 보다는 기습적으로 공사를 강행하여 일단 공사가 시작되면 어쩔 수 없다는 식의 관계자들의 잘못된 인식도 볼 수 있었다. 또 개발 사업을 계획하는 과정에서 사전의 충분한 환경적인 가치를 조사해야만 하지만 이를 무시하고 오히려 지표조사를 하지 않기 위해 면적을 축소했다는 사실도 조사 과정에서 알 수 있었다.

4) 앞으로의 방안

이번 사건은 잠정 유보로 결정이 되었다. 이는 이 개발사업의 전면 백지화가 아님으로 앞으로 또 이런 문제가 나올 수도 있는 상황이다. 진행 과정에서 여러 문제점이 있었지만 이번 사건을 통해서 행정당국은 주민들의 동의 없이는 개발사업을 진행하는 것이 힘들다는 사실과 주민들은 자신의 권리를 직접 지킴으로써 너 나은 주변 환경을 얻을 수 있다는 경험을 배웠다. 앞으로는 이일을 교훈 삼아 문제점을 줄여나가고 더 나은 방안을 찾을 수 있을 것이다.

① 공청회 및 환경영향평가

서울시와 주민, 시민단체, 환경단체, 전문가 등이 참여하는 지속적인 공청회를 통하여 서로의 의견을 좀더 나누면서 해결점을 찾고 환경영향평가를 실시하여 과연 부지선정이 적절한지, 배수지설치와 환경보호 중 어느 쪽의 이익이 더 중요한지에 대하여 처음부터 전문적이고 심층 있는 조사가 필요하다.

② 대안 모색

안정적인 물 공급을 위해 꼭 환경을 파괴하면서까지 배수지를 건설하는 것보다도 기존의 시설의 정비 및 상수도관의 개량을 통해 누수율을 줄임으로써 원래의 시설을 적극적으로 이용하는 방법 등을 생각해 볼 수 있다. 불가피 하게 배수지를 건설하게 되었을 때에는 보다 친환경적인 방법이 검토되어야만 한다.

1) 개발과 보존 사이의 갈등 해결점

오늘날 지역개발과 환경보전 사이의 상충적 관계가 조화가능하다는 주장이 설득력 있게 제기되고 있다. 이러한 주장은 경제적으로 부유한 국가들이 환경관리에 성공적인 데 반해 가난한 국가들이 환경문제로 심한 골치를 앓고 있다는 현실적 경험에 바탕을 두고 있다. 그도 그럴 것이 환경보호는 비용을 필요로 하기 때문에 지역경제의 발전을 전제로 하며, 지역발전의 수준이 높을수록 환경보호에 대한 관심과 환경투자의 규모가 증대될 수 있는 것이다. 따라서 양자의 조화는 추구되어야 할 궁극적 가치이며 환경파괴를 줄이면서 적절히 성장해 가는 지역개발이 요구된다.

이러한 맥락 속에서 리우회담 이후 사람들의 입에 오르내리고 있는 '환경적으로 건전하고 지속가능한 개발'이라는 개념은 지역개발과 환경보전의 관계를 상호보완적인 관계로 파악하려는 적극적 입장을 보이고 있다. 이 '환경친화형 지역개발'은 미래의 우리 후손들이 그들 스스로의 욕구를 충족시킬 수 있도록 그 능력과 여건을 저해하지 않으면서도 현재의 우리 스스로의 욕구를 충족시켜 나갈 수 있는 성장을 꾀할 수 있다는 의미를 담고 있다. 그러나 이 개념이 내포하는 진정한 의미는 개발이 이제는 한계에 이르렀고, 환경을 파괴하지 않는 개발을 하지 않는 한 개발이 인류의 복지에 공헌하지 못할 것이라는 절규에 가깝다. 따라서 '환경친화형 지역개발'이라는 명제는 '경제성장과 환경보전의 조화'라는 주장이 지니는 '이렇게 해야 한다'는 의미와는 다르다. 보다 적극적으로 '그렇게 하지 않으면 안 된다'라는 절박함을 내보이고 있는 명제인 것이다.

2) 환경행정 관련법 - 서울특별시 환경기본조례

제1장 총칙
제1조(목적)
이 조례는 서울특별시(이하 "시"라 한다)의 환경보전에 관한 기본이념과 시·자치구·사업자 및 시민의 책무와 시 환경보전시책의 기본이 되는 사항 등을 규정하여, 시의 환경시책을 종합적이고 계획적으로 추진함으로써 쾌적한 생활환경과 자연환경을 조성·보전함을 목적으로 한다.

제2조(기본이념)

① 시는 시민이 건강하고 쾌적한 생활을 영위하는 데 필요한 환경을 조성하여 미래세대에 계승되도록 환경보전시책을 추진하여야 한다.

② 시의 환경보전은 인간과 자연이 조화롭게 공존하고 지속적으로 발전가능하며 생태적으로 바람직한 도시를 만들어 나가도록 추진되어야 한다.

③ 시는 모든 사업 활동 및 시민의 일상생활에서 지구환경보전을 위한 시책이 추진되도록 하여야 한다.

④ 시의 모든 시책은 제1항 내지 제3항의 기본이념을 최대한 반영하여야 한다.

제8조(시민의 권리)

① 모든 시민은 건강하고 쾌적한 환경에서 생활할 권리를 가진다.

② 모든 시민은 시 환경시책의 수립 및 추진과정 등에 참여할 수 있고 시에서 가지고 있는 환경정보에 접근할 권리를 가진다.

제12조(자연환경의 보전)

① 시와 시민은 자연환경과 생태계보전이 인간의 생존 및 생활의 기본임을 알고 자연의 질서와 균형이 유지·보전되도록 노력하여야 한다.

② 자연환경은 다음의 기본원칙에 따라 보전되어야 한다.

1. 자연환경의 보전은 개발보다 우선되어야 하며, 자연의 이용과 개발은 조화와 균형을 유지할 수 있는 범위 안에서 이루어져야 한다.

2. 자연환경은 오염과 훼손으로부터 보호되어야 하며, 오염되거나 훼손된 자연환경은 원래의 형태로 회복되어야 한다.

3. 야생 동·식물 및 그 서식처는 보호되고, 그 종은 보존되어야 한다.

제16조(환경영향검토)

① 시장은 사업자가 시행하고자 하는 사업이 환경에 영향을 미칠 우려가 있는 경우에는 환경보전에 대한 적정한 배려와 시 환경기준의 유지를 위하여 그 사업이 환경에 미치는 영향을 사업자가 사전에 검토하도록 하는 등 필요한 조치를 강구하게 할 수 있다.

② 제1항의 규정에 의한 환경영향검토의 대상사업 및 절차 등 필요한 사항은 따로 조례로 정한다.

제21조(규제조치)

시는 환경오염의 원인이 되는 행위 및 자연환경의 적정한 보전에 영향을 미칠 우려가 있는 행위 등에 대하여 필요한 규제조치를 할 수 있다.

제28조(환경조사 및 연구의 실시 등)

① 시는 환경실태를 정확히 파악하기 위하여 필요한 감시·측정 등의 체계를 정비하고 지역 내 환경 질에 대한 조사를 정기적으로 실시하여 그 내용과 조치결과를 공표하여야 한다.

② 제1항의 환경질의조사에 필요한 경우에는 관계전문가와 시민, 시민단체 등을 참여시킬 수 있다.

3) 토론 및 고찰

그 동안 하나의 사건이 그 동안 많은 토론 주제였던 환경 보존과 개발사이의 갈등에서 대해 알아보았다. 개발로 인한 혜택만을 생각하면서 그 동안 무시되는 측면이 강했던 환경보존에 대해 사람들에 생활에 가장 밀접히 관계되는 동내 산에 개발사업으로 인해 황폐화되는 것을 주민 스스로가 그것에 반대하여 결국 막아낸 사건을 통해 우리에게 주는 환경의 의미를 다시 한번 생각해 볼 수 있어야 한다. 주민들은 반대하는 과정에서 그동안 소홀한 지역사회와 지역 환경에 관심을 가지게 되는 좋은 기회가 되고 주민들 간의 화합에도 큰 도움을 받을 수 있다. 그리고 사전에 어떤 개발 사업을 진행할 때 충분한 사전조사가 다양한 대안들의 모색이 필요하다는 것도 교훈이라고 하겠다.

참고문헌

1. 성미산을 지키는 주민연대, www.sungmisan.wo.to
2. 윤상욱 외, 생활과 조경, 문음사, 2000.
3. 안영희 역, 녹지생태학, 태림문화사, 2000.
4. 하성규 외, 지속가능한 도시개발론, 보성각, 1999.
5. 이창기 외, 환경행정론, 금왕출판사, 2000.
6. 김재영 외, 환경정치와 환경정책, 삼우사, 1996.
7. 마이어스 노먼, 개발이냐, 보전이냐?: 환경학자와 경제학자의 환경논쟁, 따님, 1997.

7. 을숙도를 관통하는 명지대교 건설 환경정책

생태적 보전가치가 매우 높은 을숙도를 관통하는 교량 건설 사업에 대해 개발과 보전 문제가 첨예하게 대립되고 있는 상황을 언론을 통하여 보아 왔다. 그 당시 환경의 가치에 대해 명지대교건설 반대와 관련하여 짧은 글을 신문고를 통해 제출하고 부산광역시로부터 답문을 받았었다. 답문에는 '철새도래지의 환경피해를 최소화하면서 해안순환도로의 기능을 최대한 살리는 교량을 건설하고자 최선을 다할 것이다'라는 내용의 글이 실려 있었다. 이 사건을 보며 '개발과 보전' 그리고 '경제적 가치와 환경적 가치', '개발이 곧 발전을 의미하는 것인가' 에 대하여 생각하여 보아야 한다. 명지대교 건설을 둘러싼 갈등에 대한 연구의 필요성은 첫째, 이 갈등과 관련된 장소인 낙동강하구는 소중한 국가적 자연자원이라는 점과 둘째, 몇 년간 팽팽한 대립 속에서 풀리지 않은 과제로 남아있다는 것이다. 또한 명지대교 건설이 추진되어지는 과정에서 환경적인 가치 인식과 환경을 고려한 절차를 밟았는지 살펴보고 객관적이며 다양한 자료를 통하여 현명한 가치 인식의 확립이 필요하다.

명지대교 건설은 1994년 계획되었고 지난 9년간 건설여부를 놓고 논란이 되어왔다.

낙동강 하구 - 을숙도의 명지대교 건설계획은 부산시의 해안순환도로 계획의 일부로서, 부산 도심지와 낙동강하구 일원에 진행 중인 명지주거단지, 신호 및 녹산 공단, 가덕 신항만을 연계하기 위해 계획되었다. 강서구 명지동 명지주거단지~사하구 장림동 장림하수처리장 앞을 잇는 명지대교의 길이는 5,145m, 왕복 6차선 규모로 부산신항, 북항대교, 광안대로, 경부 고속도로 등을 잇는 해안순환도로망의 핵심구간이다. 하지만 명지대교 건설에 있어서 꼭 짚고 넘어가야 할 것은, 그 장소에 대한 이해이다. 대립의 근본적인 원인이라 볼 수 있는 이 지역의 환경적 특성에 대해 먼저 살펴보아야 한다. 예전부터 '동양최대의 철새도래지', '신이 내린 축복의 땅'이라 불리던 낙동강 하구 명지대교 건설계획의 장소인 낙동강 하구 유역은 북위 $33°03\sim13'$, 동경$128°48'\sim129°00$에 위치하며, 그 면적은 9,560ha에 달한다. 이곳은 조간대가 넓게 발달한 기수습지가 어우러져 간조 때는 넓은 갯벌을 이루고, 만조 때는 하구를 이뤄 독특한 장관을 연출한다. 대양을 오가는 철새의 중요 관문 및 기착지의 역할을 하며, 겨울에는 따뜻하고 여름에는 시원하여 겨울새의 월동지와 여름새의 번식지로서 중요하다. 이와 같이 먹이조건, 지리, 기후의 3박자가 갖추어져 있어서 낙동강하구는 그야말로 동양 최대의 철새도래지이며 세계적으로 손꼽히는 철새의 보고라고 할 수 있다. 이러한 중요성으로 낙동강하구는 문화재보호구역(문화재청), 자연환경보전지역(건설교통부), 자연생태계 보전지역(환경부), 수질오염 특별관리해역(환경부), 습지보호지역(환경부)으로 중복 지정되어서 보호받고 있다. 해안순환도로 계획의 일환으로 건설 예정인 명지대교는 이 지정구역들을 관통하게 된다. 위와 같은 지역의 특성상 더욱 보존과 개발의 대립이 첨예하게 드러나게 되었다. 개발을 옹호하는 입장은 지자체와 그 계획과 관련된 민간 기업들, 보존을 옹호하는 입장은 환경운동단체와 대부분의 시민들로 대별된다.

우선, 명지대교 건설을 추진하는 입장의 주장을 살펴보겠다.

지자체에서 명지대교 건설을 주장하는 이유를 3가지로 요약해보면,

첫째, 명지대교의 건설위치는 부산시의 도심지 수영도로, 광안대로, 북항 대교, 남항대교, 감천항배후도로와 서부산관의 신호, 녹산 공단, 부산 신항 등 동서 간을 연결하는 해안순환도로망의 중심축에 위치한다. 둘째, 산업, 항만 물동량 수송의 원활을 통한 경제성장과 지역발전을 위해 필요하다. 셋째, 만성적인 도심의 교통난 완화 등 '교량건설의 시급성'이 요구된다는 주장이다.

현재 낙동강 하구 둑에서 명지IC구간 약 4km를 통과하는 데 1시간 이상이 걸린다고 한다. 하지만 명지대교가 들어서면 1시간 이상으로 걸리던 것이 10분으로 줄어들어서 녹산 산단, 신호 산단 등 1,300여 입주업체 2만 5천여 근로자의 출퇴근을 돕는 것은 물론 국가 및 지역 경쟁력 강화에도 크게 기여할 전망이라고 한다. '근로자의 출퇴근을 돕고, 지역. 더 나아가 국가에까지 경쟁력 강화에 기여한다?!' 만약 이 말이 100%진실하다고 가정한다 하더라도 이렇게 훌륭한 계획에 환경단체뿐만 아니라 부산 지역주민들까지 반기를 드는 이유는 무엇일까?

명지대교 건설에 반대하는 시민단체와 환경단체의 주장을 살펴보도록 하겠다. 명지대교 건설에 대한 문제점은 두 가지 측면으로 제시할 수 있다. 첫째는 '다시건설 후 낙동강하구에 미치는 영향'이며, 둘째는 '건설을 진행하는 목적과 과정의 행정적인 문제점'이다. 먼저, 명지대교 건설이 '낙동강 하구에 미치는 영향'부터 알아보겠다. 첫째, 낙동강 하구 문화재보호구역의 생태계 훼손을 가져온다. 명지대교가 지나가는 을숙도 일원은 조류조사에서 2번째로 개체 수가 많다고 조사된 낙동강 하구의 핵심지역이다. 명지대교 건설은 공사중 소음공해, 공사폐기물, 토사유출로 인한 해양 생대계의 피괴, 퇴적작용으로 인한 해안선의 변경 등의 문제를 야기 시킨다. 또한 을숙도의 단절로 철새서식지 분할과 축소로 많

은 조류의 생존을 위협하게 된다.

하지만 이 이유에 대해 다리건설을 옹호하는 일부 전문가들은 '다리는 조류의 서식에 아무런 영향을 미치지 않으며, 나름대로의 균형을 유지하게 될 것이라고 말한다. 이러한 주장에 대하여 나는 '과연 다리의 건설이 조류의 서식에 아무런 영향이 없을까……?'라는 의문을 갖지 않을 수 없었다. 도로건설과 생물의 생육에 대한 관련성을 알아보기 위해서 환경분쟁조정 사례집을 찾아보았다. 2002년에 처리된 '경기. 평택－음성 간 고속도로 공사장 소음, 진동으로 인한 양계의 피해 분쟁' 사건을 보면, 도로건설 시 발생되는 소음과 진동으로 양계의 산란율 저하 및 폐사 피해율이 15-20% 정도로 나타났다. 도로공사와 양계 피해의 개연성이 인정된 것이다. 이 양계장 사건은 '보상을 해주느냐, 안 해주느냐'의 문제로 끝났지만, 을숙도와 같이 흰꼬리수리, 노랑부리 저어 새 등 희귀종의 생존 위험성에 대해서는 '누가, 얼마만큼의 보상을 주장할 수 있으며', 또한 '누가, 얼마만큼의 보상을 해줄 것이며', '그 보상을 받는 주체는 누구일까……?'

둘째, '해안순환도로의 연결로 인한 인근의 난개발 조장'을 가져오게 된다.

해안순환도로는 물류 이동 및 관광을 목적으로 하게 되므로, 대중교통보다는 '자동차 중심의 도로'라 할 수 있다. 이런 점으로 볼 때 해안순환도로는 그 자체가 연안생태계를 단절시킬 뿐만 아니라, 장기적으로 주변의 난개발이 불가피하게 된다고 예측된다. 이미 자연명지주거단지 및 낙동강하구 매립지역에는 각종 음식점들과 모텔들이 난무하다고 한다. 명지대교 건설은 1차적인 을숙도 파괴에서 그치는 것이 아니라, 각종 소비성 난개발을 조장하게 될 것이다.

또한, 시민단체에서 지적하고 있는 '건설 진행 목적과 과정의 문제점'을 요약하면 다음과 같다 .

① 부산시의 낙동강하구 관리 및 보전선언과 불일치.

② 건설 필요성의 과장

③ 해안순환도로건설의 문제점과 관리 계획의 불확실성.

④ 민간유치 사업으로 인한 시민 부담의 증가

⑤ 여론 수렴과정 없이 부산시의 장기계획에 의해 일방적으로 진행됨.

이러한 지적과 함께 시민 단체가 요구는 이러하다.

첫째, 부산시는 일방적인 건설계획을 중단하고 대화와 설득을 통한 행정의 모습을 보여라.

둘째, 낙동강하구 문화재보호구역을 크게 훼손하는 노선은 최선이 아니다. 슬기로운 다른 방법을 마련해라. 셋째, 문화재보호구역 보호를 장려하기 위해서라도 다리는 국비로 건설해라. 시민부담을 전제로 하는 민간유치는 반대한다. 시민단체는 시민홍보, 정기적 조류조사, 언론작업, 전국화, 국제연대, 재정마련, 낙동강하구 시민 모니터링, 법적대응, 전문가 그룹 형성 등의 내용으로 활동하고 있고, 이러한 적극적인 활동으로 인해 명지대교 시공에 브레이크를 걸 수 있었다.

각각의 주장의 대립되는 핵심은, 명지대교 건설을 주장하는 입장은 '도로개발을 통한 지역의 발전과 경쟁력 강화'이며, 반대하는 입장은 '생태적 가치 고려'라고 볼 수 있다.

생태적 가치를 주장하는 환경단체에 대해, 개발 측에서는 "새야, 나도 살자~"라는 식으로 반론을 제기한다. 이 제목의 글을 읽어 보면 내용 또한 '새가 더 중요 하냐, 사람이 더 중요 하냐'가 중심이 되어 생태학적인 가치에 대해 매우 질이 낮은 가치로 치부하고 있다.

생태학적 가치라 생태학적 가치를 만약 경제적 가치로 환산할 수 있다면 과연 얼마나 될까? D. Pearce 교수는 환경을 보전함에 따른 사회적 이익, 즉 보전된 환경가치를 크게 사용가치(use value)와 비 사용가치(non-use value)로 구분하였다. Pearce 교수가 말하는 비사용 가치란, 존재(existence value)하는 것을 의미하는데, 선택가치와는 달리 존재가치란, 현재 또는 미래의 사용가능성 여부에 상관없이 단순히 존재한다는 것을 아는 것만으로도 흡족스럽게 느끼는 가치를 말한다. 예를 들어 Pearce 교수는 열대림의 경제적 가치의 상당한 부분이 존재가치라는 것을 밝혀냈다. 즉, 열대림의 목재로서 가치 또는 산소공급원으로서의 가치보다도 존재가치가 훨씬 크다는 것이다. "을숙도에 서식하는 천염 기념물인 '흰꼬리수리'를 눈에 보이는 경제적 가치로 환산해보십시오."라고 질문한다면, Pearce 교수의 존재가치에서 그 답을 찾을 수 있다. "그렇다면 먼저 당신의 가치를 경제적 가치로 환산해보십시오. 당신은 얼마짜리 사람입니까……?" 존재하는 것만으로도 가치 있는 것이다. 우리는 어쩌면 이 중요한 사실을 잊어버리고 당장 눈에 보이는 금전화되는 이익만을 가치라고 생각하며 살고 있는 것이 아닐까? '존재가치'의 개념을 마음에 두고, 명지대교가 지나갈 을숙도의 생태 가치에 대해 다시 한번 생각해보도록 하겠다. 낙동강하구는 '국제적 주요 습지'로 지정되어 있다. '국제적 주요 습지 기준'이라함은, ① 20,000개체 이상의 수조류가 정기적으로 서식하는 습지.

② 수조류 또는 이종의 전 세계 개체의 1% 이상이 정기적으로 서식히는 습지를 말한다. 2000년 2월 13~14일 겨울철 조류 동시 센서스(환경부)자료에 의하면 낙동강하구에는

50종 21179개체의 수조류가 서식한다고 기록되어있다. 낙동강하구의 상징인 큰고니 및 고니, 천연기념물인 황새, 흑고니, 참수리, 흰꼬리수리, 노랑부리백로 외 21종, 넓적부리도요, 저어새 등 멸종위기새 11종, 낙동강에서 처음으로 기록되고, 한국조류목록에 등재한 고대갈매기, 수리 갈매기, 붉은 발 제비갈매기, 붉은 배 지느러미발도요 4종이 낙동강을 삶의 터전으로 번식하며 생육하고 있다.

이러한 생태적 가치를 과연 얼마만큼의 금전이익으로 바꿀 수 있단 말인가?!

명지대교 건설 계획에 대한 전반적인 내용과 찬성과 반대의 주장, 시민단체의 활동, 을숙도가 가지고 있는 생태적 가치에 대해 알아보았다. 자료를 찾고 읽으며, 정리해 나가는 과정을 통해 '명지대교 건설을 둘러싼 논쟁'에서 시사하고 있는 바를 크게 2가지로 요약할 수 있었다. 첫째는 환경행정에 있어서 지방분권화 역할의 역행에 대해서, 그리고 두 번째로는 문화, 생태적 가치를 제대로 표현하고 주장할 수 있는 기준도, 규제도 부실하다는 것이다. 환경행정에 있어서 지방분권화의 기능, 즉 지방자치의 긍정적인 측면은, 첫째, 지역적 적실성을 갖춘 환경관리가 가능한 것. 둘째, 민주성과 반응성을 갖춘 환경행정이 이루어진다는 점이다.

셋째, 개발 사업의 추진과정에서 환경에 대한 고려가 증대될 것이라는 것.

넷째, 공해를 심하게 발생시키는 기업의 입주가 곤란해질 것이라는 점.

마지막으로 지역 환경문제에 대한 책임행정이 이루어진다는 것이다.

하지만 명지대교 건설 문제를 보면 이러한 지방분권적인 기능이 제대로 발휘되고 있지 않다고 생각한다. 오히려 환경문제에 있어서 지방자치의 부정적 역할, 즉 역기능을 담당하고 있다. 지방자치단체 환경행정의 문제점으로는, 첫째, 개발지향 주의가 지역공동체에 만연되고, 지방선거과정에서 개발 공약이 남발될 가능성이 크다. 둘째, 재정자립을 명분으로 한 개발정책의 필요성이 강조된다. 셋째, 지방정부 간 개발 경쟁을 초래, 정책 결정자들에게 환경우선주의보다는 개발우선주의를 선호하게 한다. 넷째, 환경문제와 관련된 지역 간 이해갈등이 발생할 가능성이 크다. 지방정부는 중앙정부보다 지역의 환경상황을 잘 알 수 있는 입장에 서있으므로, 지속가능한 생태계의 유지나 쾌적한 환경을 만드는 일차적인 책임이 있다고 생각한다. 우리나라의 환경행정의 지방자치도 미국과 독일같이 좀 구체적이며 체계적이고 조직화된 구조로 만들어서 환경친화적 지방자치 방향으로 나가야 하며, 환경행정에 있어서 지방자치가 갖는 긍정적 기능을 모두 수행할 수 있어야 할 것이다. 두 번째로 시사하고 있는 바는 문화, 생태적 가치에 대한 표현과 규제의 부실함이라 생각해본다. 환경영향평가와 관련하여 보면, 현재 반려되어 보완 검토 중인 명지대교 사전 환경성 평가와 향후 진행될 습지보호법에 의한 공작물 금지 허가, 환경영향평가 등이 명지대교 건설 합의를 기본전제로 형식적으로 진행되었다는 점과 수업시간을 통해 배운 것처럼 문화, 생태학적 가치에 관련된 항목은 거의 없고 그것을 나타내는 것도 힘들다는 생각이 들었다. 명지대교 건설을 둘러싼 논쟁에 대해 나는 대안 없는 무조건적인 개발은 안 된다고 생각하는 입장이다. 그 이유는 첫째로 명지대교 착공 후 얻게 되는 이익의 불확실성이다. 여기서 이익의 불확실성이란 엄청난 문화 보호재를 훼손하는 대가로 과연 그만큼의 경제적 이익을 뽑아낼 수 있는가 하는 것이다. 명지대교 착공 후 얻게 되는 경제적 이익 또한 객관적으로 정량해 놓은 자료도 없으며 만약 있다하더라도 어디까지나 미래에 대한 예측이므로 확실 하다. 라고 말할 수 없다. 경제적 성장을 목적으로 환경을 걸고 개발을 하는 것은 하나의 모험이라고 생각한다. 망가지면 회복될 수 없는, 또는 매우 힘든 모험 이다. 또한 '개발이 곧 발전인가……?라는 의문을 품게 된다.

최병두의 지리평론집에 보면 '지역발전의 진정한 의미'에 대해 얘기하고 있다. '지역 개발＝지역 발전(?)' 나는 발전은 그 시대와 상황이 요구하는 것에 맞게 따라갈 때 이루어지는 것, 즉 '발전'을 나타내는 지표라는 것은 매우 유동적이라 생각한다. 심한 난개발과 환경의 파괴로 인해 생존을 위협받는 지역에서도 과연, 개발이 발전일까? 전 세계적으로 점점 환경에 대한 중요성을 인식하고 있는 움직임 속에서 당장 눈앞에 보이는 조그만 경제적 이익을 위해 환경을 파괴하는 개발은 '발전'이라 할 수 없다. 어떤 시점에 도달해서는 '보존＝발전'이라는 개념이 성립되는 날이 있지 않을까? 라는 생각이 든다. 진정한 지역발전이란, 지역주민들의 민주적인 의사결정을 통해 입안된 개발계획을 시행하면서 그 개발의 효과는 지역주민들에서 정당하게 배분되고, 개발의 역효과로서 발생되는 피해는 어느 누구에게도 부당하게 전가되지 않도록 세심하게 통제되면서 이를 통해 지역주민들의 전반적 생활수준을 향상시킬 수 있을 때만 가능한 것이다. 명지대교 건설 문제에 대해 을숙도의 생태를 보전하면서도 교통체증을 해소할 수 있는 방법을 강구 해봐야 한다. 이것이 환경행정에서 이루어져야 한다.

8. 전자파의 유해성 논란과 규제

　정보화 사회의 급격한 발전에 따라 기존의 송전탑, 변전소 등 전기설비 및 기기 등의 사용뿐만 아니라 전파를 이용하는 송수신 무선설비 및 기기의 사용 그리고 컴퓨터, VTR, 전자레인지, 헤어드라이어, 팩시밀리 등 가전제품의 사용이 늘어나면서 인체에 유해한 전자파가 발생할 가능성이 커지고 있다. 여러 언론의 보도나 연구기관의 연구를 통해서 전자파로 인한 인체에의 영향이 끊임없이 발표되고 있기 때문에 국민들의 전자파에 대한 인식도 커지고 있는 것이 현실이다. 그러나 각종 무선통신 기기 등의 사용으로 인한 기기의 오작동, 인체의 유해문제가 현실로 등장하고 있으나 이에 대한 체계적인 검토가 미흡하고 또 그에 걸맞은 규제 체계도 아직 마련되지 않고 있다. 수질, 대기 등의 환경과 같이 오염되었음을 우리의 감각으로 쉽게 느낄 수 없고 또 인체에의 영향에 대한 연구가 쉽지 않은 것은 사실이지만 그렇다고 더 이상 전자파라는 물질에 대해서 간과해서는 안 될 시기이다. 따라서 제4의 공해물질인 전자파 규제의 필요성을 제시하고 전자파로 인한 송전탑 건설 반대 등의 환경 갈등을 중심으로 참여적 정책결정의 필요성을 제시하고자 한다.

제4의 공해물질 전자파

1) 전자파란 무엇인가?

　일반적으로 전자파란 전기 및 자기의 흐름에서 발생하는 에너지로 일명 전파라고도 한다. 즉, 전기가 흐르면서 진동이 일어날 때 그 주위에는 전기장과 자기장이 동시에 발생하는데, 이것이 주기적으로 바뀌면서 생기는 파동을 전자파라고 하는 것이다. 전기장과 자기장은 성질은 다르지만 서로 결합돼 있으며, 전기가 흐르는 곳 어디서나 발생하므로 전기를 사용하는 모든 기기에는 필연적으로 전자파가 발생하게 된다. 물리학에서는 이를 전기·자기파라고 하며 물질이 아닌 에너지로 눈에 보이지 않음은 물론 온도나 질량도 없다. 전자파는 파장과 진폭, 파형에 따라 여러 가지 성질을 갖게 되는데, 파동 사이의 간격의 크기에 따라, 장파, 중파, 단파, 초단파, 마이크로파 등으로 구분되며, 단위 시간당

진동수를 나타내는 것이 주파수이고, 이 주파수는 빛의 속도와 같은 초당 30만km로 진행한다. 또한 전자파는 파괴력에 따라 극저주파, 초저주파, 라디오파, 마이크로파 등으로 나뉘고 이외에 적외선, 가시광선, 자외선과 X선, 감마선 등의 방사선도 전자파에 속한다. 전파는 우리에게 혜택을 주는 것으로 생각하고 전자파는 우리에게 유해하다는 개념의 것으로 생각하는데 거기서부터 현재 사회적, 환경적 문제로 제4의 공해로 이해되는 전자파 문제는 시작된다. 다시 말해서 전파와 전자파를 우리는 흔히 혼동하기 쉽지만 실은 같은 개념의 용어이다. 굳이 이 둘의 개념을 정의하자면 전파 중 우리가 필요에 의해서 선택, 가공하여 사용하는 것을 전파라고 하고, 우리가 필요하지도 않고 사용하기를 원치 않는데 발생하는 전파를 전자파라 할 수 있다.

2) 우리 생활 속의 전자파

전자파는 실제 우리의 일상생활과 매우 밀접하게 연관되어 있어 그것이 악영향을 미치고 있음에도 불구하고 우리들은 아직까지 전자파 장해의 심각성을 널리 인식하지 못하고 있는 실정이다.

가장 대표적인 예가 컴퓨터나 복사기, 팩시밀리 등 각종 사무기기로 가득 찬 사무실에서의 전자파 장해이다. 특히 컴퓨터 앞에서 하루 종일 일하는 직장인들의 호소는 이를 잘 보여주는 예라고 할 수 있다. 이들은 사람에 따라 차이는 있지만 하루 5~6시간, 혹은 그 이상 모니터 앞에 앉아 일을 하고 있고 공통적으로 눈의 피로, 어깨와 목의 통증을 호소한다. 컴퓨터 화면에서 나오는 미량의 방사선이 임신한 여자들에게 좋지 않은 영향을 미쳐 태아의 유산까지도 가능하다는 외국의 보고서가 간간이 보도되면서 국내에도 VDT 증후군, 즉 전자파 비상이 걸려있는 실태이다.

VDT 증후군, 즉 전자파 공해란 TV를 보거나 컴퓨터를 치고 있을 때 화면이 찌그러진다든지, 줄무늬들이 어지럽게 나타난다든지 또는 자동차 시동을 걸 때 라디오에 잡음이 생기는 것, 무선전화기나 핸드폰이나 카폰 통화 중에 혼선을 가져오는 것 등의 현상을 말한다. 이와 같은 전자파에 의해서 발생한 것으로 의심되는 사건, 사고는 계속 발생되고 있다. 최근 많이 일어나고 있는 자동차 급발진 사고라든지 건물에서의 전자파로 인한 엘리베이터 정지 등 많은 사건들이 전자파 장해에 의한 것으로 결론지어지고 있다. 그러나 무엇보다도 더욱 심각한 문제는 전문가들이 지적하는 것처럼 오늘날의 대부분의 가정이 예전의 공장보다 더 많은 전자파를 발생시킨다는 데 있다. 즉, 작업장이 전자파의 해를 줄이기 위해 노력하고 있는 반면 가정의 경우 전자파에 무방비로 노출되어 있어 더욱 위험하다는 것이다. 전문가들은 텔레비전과 컴퓨터, 도시가스, 전자레인지, 전기담요 등에서 인체에 유해한 전자파를 발생시킨다고 지적한다. 사람의 몸은 전자기기와 같이 몸에서 견뎌낼 수 있는 이상의 전자파에 노출되면 이상을 일으키게 되는데, 요즘 어느 가정에서나 볼 수 있는 텔레비전의 경우 보통 사람이 견뎌왔던 땅의 지전류에 비해 3만 배나 강한 전자파를 발생시킨다고 한다. 컴퓨터 또한 마찬가지이다. 컴퓨터 앞에서 장시간 일하는 여성들은 유산이나 기형아를 출산할 확률이 높다는 연구 결과가 나오기도 했다. 도시가스도 인체에 유해한 전자파를 발생하는 것으로 알려져 있다. 도시가스를 사용할 때 섞여 나오는 방사성 라돈가스가 내뿜는 복사선이 건강장애를 일으킬 수도 있다는 것이다. 하지만 가정에서 사용하는 전자제품에서 발생하는 전자파에 대한 이와 같은 위험성에도 불구하고 이에 대한 확실한 대책은 없는 것이 현재의 실정이다. 즉, 생활의 편리를 위해 사용하고 있는 각종 전자제품에서 인체에 유해한 전자파가 발생한다는 것은 문명의 이기 없이는 단 하루도 살기 힘든 현대인들에게 큰 문제가 아닐 수 없다.

3) 전자파를 둘러싼 상반된 논의들

전자파에 대한 유·무 해성 논의는 계속 되풀이 되고 있다. 고압선로 주위 어린이들에게 백혈병이나 뇌종양이 많이 발생한다는 연구결과가 나왔는가 하면 TV나 컴퓨터, 전기담요 등 일상의 가전제품들도 몸에 해로운 전자파를 만들어낸다는 일부 학자들의 주장이 언론의 주목을 받기도 했다. 무선호출기가 남성의 생식기능을 저하시킨다는 해외토픽이 잇따랐고 심장박동기 등 의료기기의 오작동을 유발하는 휴대폰의 병원 내 사용을 금지해야 한다는 여론도 있었다. 급기야 선인장이 전자파를 흡수한다는 헛소문까지 나돌아 한때 시판 중인 선인장이 죄다 동이 나는 웃지 못 할 사태마저 발생하기도 했다. 그러나 이때까지만 해도 전자파 유해론은 학계에서조차 의견일치를 보지 못한 가설에 불과했으며 전자파문제는 한낱 호사가들의 말장난이나 언론의 과장 때문이란 지적이 우세했다. 전자파문제가 학계 차원을 벗어나 본격적인 사회 문제로 떠오르기 시작한 것은 신문·방송을 통해 한양대 환경 및 산업의학연구소의 연구결과가 보도되면서부터다.

서울 지하철이 국제기준치보다 5배나 많은 전자파를 방출해 백혈병, 유방암 등을 일으킬 수 있다는 것이 당시 언론의 보도 내용이었다. 이는 가뜩이나 전자파의 유해성 여부에 반신반의하던 국민들에게 공포심을 불러일으키게 하는 데 충분한 것이었다. 서울시민의 발인 지하철이 일약 건강에 해로운 전자파의 온상으로 떠올랐기 때문이다. 이렇게 되자 주무부처인 보건복지부도 가만히 있을 수 없게 됐다. 전자파 유해론이 아직 검증받지 못한 채 학자들 간에 좌충우돌하는 학설에 불과할지라도 불안해하는 국민들을 안심시킬 수 있는 당국의 유권해석이 다급하게 마련돼야 했던 것이었다. 결국 보건복지부 주재로 전문가 자문회의가 열리게 되었으며 여기에선 전자파에 대한 두 가지 결론이 잠정적으로 내려지게 되었다. 첫째는 서울지하철이 일부 국철구간을 제외하고는 주파수가 0Hz에 해당하는 직류전원에 의해 운행되므로 전자파의 인체피해 우려는 거의 없다는 것이다. 둘째는 아직 전자파가 백혈병, 뇌종양 등 치명적 질병을 유발한다는 직접적 증거는 없지만 몸에 해로울 가능성만은 분명히 인정되므로 일상생활에서 가급적 전자파 노출을 피하는 것이 좋다는 것이다. 이를 위해 보건복지부는 컴퓨터 모니터와 60cm 이상 떨어져 있을 것을 권고하는 등의 내용을 담은 "전자파 노출 줄이기 요령"을 발표했다. 결국 전자파 유해론의 궁극적인 최종 진위판정은 학계의 몫으로 미룬 채 일반인들은 전자파의 잠정적 피해를 줄일 수 있는 몇 가지 예방수칙을 따르는 게 최선이라는 것으로 결론 내려진 셈이다. 그렇다면 오늘날 전자파를 둘러싼 각종 논란은 어디에서 비롯되었는가. 사실 전자파 유해론 공방은 우리나라보다 미국 등 선진국에서 먼저 시작됐다. 이미 50년대부터 미국에서는 고압선로 주위의 농산물 수확이 떨어지고 젖소의 우유생산량이 감소한다는 연구결과가 나타났으며 사람 역시 두통이나 피로감을 자주 호소하는 현상이 경험적으로 관찰되기 시작했다. 이후 고압선로 주민과 아닌 사람들과의 질병발생률을 비교하는 역학조사가 체계적으로 진행되면서부터 전자파 유해론이 본격적으로 등장하기 시작했다. 가장 유명한 역학조사는 60년부터 85년까지 4백KV 고압선로에서 3백미터 이내에 거주했던 주민 50만여명을 대상으로 암발생률을 비교한 스웨덴의 연구로 고압선로에 가깝게 사는 아동일수록 적게는 1.5배에서 많게는 3.8배까지 백혈병 발생률이 증가한 것으로 나타났다. 문제는 이같이 전자파 유해론을 주장하는 실험 결과 못지않게 고압선로 주민에게 암발생률이 오히려 낮다는 반대결과도 각종 역학조사를 통해 자주 나타나고 있다는 점이다. 학자들 간에 전자파 유해론의 찬반논란이 치열한 것도 결국 이같이 모호한 역학조사 결과에서 비롯되고 있다. 그러나 보다 심각한 문제는 이 같은 학계의 연구와는 별도로 도처에서 진행 중인 주민보상과 직업병판정에 얽힌 법정다툼에 있다. 이미 73년 뉴욕 주 주민들은 캐나다로부터 뉴욕으로 유입되는 초고압선로의 가설을 반대했으며 전력회사는 이를 무마하기 위해 고압선로가 인체에 미치는 영향에 대한 연구기금으로 40억 원을 내놓아야 했다. 우리나라도 곳곳에서 한전의 송전탑이나 변전소 등 고압전류가 흐르는 기물 건설을 지역주민들이 반대하는 일이 빈번해 사회문제가 되고 있다. 전기공 등 직업적으로 전자파에 과잉노출 될 우려가 높은 경우도 중요한 고려대상이다. 아직 국내에서 표면화된 사례는 없지만 제대로 된 전자파 최대허용 기준치도 설정되어 있지 않은 국내실정을 감안할 때 앞으로 언제든지 전자파와 관련된 직업병 판정문제가 본격화될 수 있다는 것이다. 전문가들은 이를 위해 우리나라도 선진외국처럼 분쟁의 근거가 될 수 있는 고압선로 등 각종 전자파 발생환경에 대한 법정 허용기준치 마련이 시급하다고 말하고 있다.

전자파로 인해 발생되는 환경갈등

1) 송전탑, 변전소 건설 반대

고압선로 주변에 발생될 전자파를 우려해 송전탑이나 변전소 등의 건설을 반대하는 지역이 계속 발생하고 있다. 많은 지역 중에서 최근에 갈등을 겪고 있는 분당 신도시 지역을 중심으로 논의를 이어나가고자 한다. 문제가 된 것은 구미동 송전탑과 정자동 변전소 건립에 대한 것이었다. 구미동 송전탑 갈등의 경우 올해 말 완공예정으로 1999년 공사가 시작된 분당에서 용인까지 23㎞구간으로 송전탑의 지중화 건설을 요구하는 주민들의 반발이 4년째 이어지고 있다.

반면 한전 측은 건설비와 사업기간이 크게 늘어나기 때문에 불가능하다는 입장을 고수하고 있다. 분당을 경유하는 구간에 예정된 송전탑은 모두 23기로 이 중 11기가 이미 건설이 끝났고 주택단지와 인접해 집단민원이 일고 있는 구미동에서 금곡동구간의 경우 송전탑 9개가 완공돼 송전선로 연결작업만 남겨놓은 상태다. 이에 분당구 구미. 금곡동 주민대표는 대책회의를 열고 송전선로 연결공사 저지를 위한 주민운동을 벌이고 있는 상황이다. 특히 주민들은 송전선로가 구미동과 금곡동 주택단지와 인접해 있어 전자파 및 재산상 피해가 예상된다면서 송전선로의 지중화 건설을 주장했고 특히 구미동 무지개마을과 라이프 마을. 한일건영빌라 등의 경우 송전탑과 거리가 불과 20m에 불과해 주민들의 반발이 가장 심하다. 이에 한전 측은 주민들이 요구하는 대로 지중화 공사를 하려면 엄청난 비용과 시간이 필요하다면서 이제 와서 설계를 변경하는 것은 어렵다고 밝히고 있다. 송전탑 건립을 둘러싸고 주민 민원이 발생한 것은 95년부터이며 당시 한전은 분당신도시 건설주체인 토지공사 측과 '송전선로 이전에 따른 민원을 토지공사가 책임진다'는 내용의 협약을 체결하고 95년 1월 당초 서현동에 위치한 송전선로를 구미동으로 이설했다. 같은 해 5월 구미동 아파트단지 입주자들이 대책위원회를 구성, 송전탑 철거 및 송전선로 지중화를 요구하면서 갈등이 촉발됐다. 이후 한전은 송전선로 증설을 위해 99년 7월 송전탑 공사용 진입로 토지형질 변경허가를 신청했다가 분당구청이 반려하자 같은 해 11월 행정소송을 제기했다. 결국 대법원은 2002년 4월 "민원을 이유로 토지형질 변경을 거부하는 것은 잘못이다"고 판결, 한전이 승소했다. 경기도 행정심판위원회도 같은 해 10월 "송전탑 설치를 막을 경우 수도권 남부지역 전력공급에 차질이 예상된다"고 한전의 손을 들어주면서 지난 9월부터 공사가 재개됐다. 그러나 지난 10월 주민들의 계속되는 민원과 반대운동에 의해 지중화. 지상화 문제를 놓고 지난 7년 동안 끊임없이 마찰을 빚어오던 분당신도시 구미동 송전탑 송전선로공사는 마침내 지중화 사업으로 결정됐다. 결국 법원은 주민들의 의견을 반영하게 된 것이다. 정자변전소 경우는 분당지역의 전력공급을 위한 정자변전소 신설공사가 해당 지자체인 성남시의 반대로 착공조차 하지 못하고 있는 실정이다. 성남시는 지난 5, 6월 한전 측이 세 차례에 걸쳐 제출한 정자동 일대 1,400여 평 부지에 정자변전소 신설 건축허가에 대해 주민민원 등을 이유로 모두 반려했다. 성남시는 "변전소 예정지 주변에 아파트와 학교가 들어서 있어 주민들의 전자파 피해가 우려된다. 따라서 변전소를 지하에 건립하는 것이 바람직한 것으로 판단된다"며 반려사유를 밝혔다. 이에 대해 한전 측은 내년 5월까지 변전소를 증설하지 못하면 이때 입주가 시작되는 백궁, 정자지구 주상복합아파트와 오피스텔 등에 전력을 공급하지 못하는 사태가 빚어질 수 있다며 감사원에 심사를 신청한 상태이다.

갈등 해결을 위한 방안

1) 규제와 송전사업변화의 필요성

국민건강 확보와 갈등 해소를 위해 '제4의 공해'인 유해 전자파에 대한 안전기준치 제정이 하루빨리 이루어져야 한다. 전자파가 병원에서 사용하는 기기나 공장자동화 시설, 항공기 등의 기기에 미치는 영향은 이미 실험을 통하여 입증되었고, 각국은 국제기구에서 정하는 기준을 적용하여 강제적으로 전자파 장해 및 전자파 내성을 규제하고 있다. 전자파가 인체에 미치는 영향에 대해서는 확실하게 증명되지 않았지만, 일부 선진국 및 동부 유럽 국가들은 동물실험 및 역학조사를 통하여 전자파가 인체에 유해하다는 전제하에 인체보호 기준을 제정하고 있으며, 특히 스웨덴은 엄격한 전자파 규제안을 시행하고 있다. 또한 유럽연합을 비롯한 각국에서는 전자파 유해론이 급속히 확산되면서 자국 국민의 건강보호 및 새로운 무역규제 수단으로 활용하고 있다. 특히 근래 들어 각국은 전자파에 대한 연구를 활발히 진행하고 있으며, 이에 대한 기준 마련과 규제치를 설정하여 전자파 피해를 줄이기 위해 노력하고 있는 실정이다. 각국은 전자파 기준을 기존의 형식적인 '최대허용노출제한'에서 탈피, 실사용 기기와 환경에 대해 스웨덴의 TCO 규정을 기준으로 삼고 있다. TCO 규정은 현재 유럽전체(EU)의 기준치로 인정되고 있으며, 노동자들의 근로환경보호를 위한 필수요소로 제시되고 있다. 인체 영향에 대해서는 현재 미국, 영국, 일본 등의 선진국과 러시아, 스웨덴, 네덜란드 등 일부 동유럽 국가에서 기준을 제정하여 시행하고 있으며, 유해여부를 입증하기 위한 연구를 수행중이다. 세계무역기구(WTO) 등의 국제기구나 미국, 스웨덴, 프랑스, 네덜란드 등은 사람에게 안전하다고 인정되는 자체 기준을 설정하고 있다. 특히 1996년 9월 파리에서 열린 국제 무선장애 특별위원회는 전자파 규제에 대한 국제기준을 정해 일정수준의 전자파 범위를 넘는 모든 가전제품에 대해서는 수입을 전면 금지키로 하는 등 전자파 문제는 산업 분야에서도 새로운 무역장벽으로 대두되고 있는 실정이다. 이에 동유럽을 비롯한 많은 나라가 전자파 안전에 관한 구체적인 정책 대응에 나서고 있으며, 독일은 유해 전자파에 대해 법적인 규제를 정하고 있다. 반면, 우리나라의 경우는 국내 전자파 규제를 위한 방안이 노동관계법 중 산업안전보건법 규제에 제시되어 있기는 하나 법규 이행에 필요한 안전기준치가 규정되어 있지 않다. 우리나라의 현실은 외국과 비교하여 매우 열악한 실정이다. 보이지도 들리지도 않으면서 인체에 심각한 피해를 미치는 '제4의 공해' 유해전자파는 근로자들의 건강을 해치고 노동력 약화를 초래한다. 그들은 직장에서 무방비 상태로 장시간 노출되어 있고, 또한 가정에서 우리 아이들이 컴퓨터에 방치되어 있다. 또한 많은 갈등 사례를 유발하는 송전탑 건설에 대한 변화도 필요하다. 고압 송전선로에서 발생하는 전자파는 동·식물 등 생태계에 치명적인 악영향을 끼치는 것으로 보고되고 있다. 특히 고압 송전로 주변에 사는 사람들은 전자파 때문에 다른 지역 사람들보다 발암률이 월등히 높다는 보고도 있다. 실제 우리나라의 경우 보령과 서천 등지의 주민들은 화력발전소 주위 고압 송전로가 지나가는 곳은 밭작물이나 벼의 알곡이 잘 여물지 않는다며 피해를 호소하고 있다. 한전이 이렇듯 전국 곳곳에서 분쟁을 일으키면서도 자신 있게 각종 공사를 강행할 수 있는 것은 정부의 법적인 지원을 받고 있기 때문이다. 한전 개발사업의 창과 방패가 되는 것은 '전원개발특례법'이다. 이 법은 '국가산업 발전과 국민의 전력사업에 안전화를 기 한다는 명분을 내세우며 1백 54KV의 송전선로 사업은 환경영향평가를 받지 않아도 된다고 규정하고 있다. 개정 후 다른 사업에 대해서는 강화된 '환경영향평가법'이 유독 '전원개발특례법' 앞에서는 힘을 못 쓰는 것이다. 개정 전에는 '1백 54KV송전사업도 환경영향평가를 받아야 한다'고 규정하고 있었지만, 개정법은 3백 54KV 이상의 송전사업만 환경영향평가를 받도록 크게 후퇴한 것이다. 송전선로 사업 대부분이 1백54KV인 점을 감안하면 한전의 송전설비사업은 환경영향평가의 범주에서 벗어난 셈이다. 한편 유럽 의회는 지난 94년 '비 이온화된 방사선 (전자파) 유해효과에 대한 대처방안 의견'을 통과시켰다. 이에 따르면 시민들과 노동자들이 전자계(전자파가 미치는 범위)에 노출되는 것을 제한하고 송전선과 변압장치 건설계획에 대해 환경영향평가를 의무적으로 실시하도록 규정하고 있다. 이 같은 한전의 송전사업과 관련한 분쟁도 역시 대용량 발전과 원거리 수송체계로 인해 나타나는 필연적인 결과이다. 결국 전력생산과 수송계획을 근본적으로 수정하는 수밖에 달리 방도가 없다. 현재 우리나라는 장거리 대용량 발전과 송전 시스템이지만, 일본의 경우 이것을 지역적으로 분권화시켜 '수요가 있는 곳에서 발전 한다는 원칙을 세우고 있다. 우리나라도 이를 참고해 거대 공룡 기업인 한전의 전력 독점을 해소하거나 전력산업을 권역별로 분할하는 방법 등으로 송전사업의 변화가 시급한 실정이다. 다시 말해 송전 용량을 줄여 환경영향평가를 받아 유럽처럼 사전에 전자파에 대한 영향을 평가하는 것이 중요하다는 것이다.

2) 참여적 정책결정의 필요성

송전탑등 기피시설에 대한 갈등과 분쟁유발의 중요요인 중 하나는 전통적인 하향식 의사결정, 폐쇄적 계획과 밀실행정 등으로 지역주민들에게 개발정보를 제대로 공개하지 않고 단기간 내에 일방적으로 사업계획을 결정, 추진하는 데 기인하는 경우가 많다. 그러므로 개발정보를 사전에 지역사회에 알려주고 정책을 조기에 지역주민에 개방하는 발상의 전환이 필요하다.

이러한 맥락에서 볼 때 주민들을 입지계획과정의 초기단계부터 참여시키는 것이 매우 중요하다. 기피시설 입지에 따른 자치 단체 간 분쟁의 시발점은 각 지역주민의 시설입지에 대한 반발에서 비롯되기 때문이다. 그리고 주민반발은 그들이 계획과정에서 완전히 배제되기 때문이라기보다는 주민의 참여시기가 늦다는 사실에 있으므로 지역주민의 계획과정 조기참여는 분쟁방지에 필요한 예방조치의 하나라 할 수 있다. 행정의 민주성과 절차성에 대한 기대가 어느 때 보다도 높아져 있는 현재의 상황을 고려할 때 이를 확보하는 것이 주민저항을 완화하는 중요한 관건이 될 것이다. 따라서 기피시설사업의 수행에 있어서 대주민 홍보를 통한 적극적 정책개방이 선행되어야 할 것이다. 또한 분쟁조정기구의 설립이 필요하다. 입지분쟁을 전문적으로 조정할 분쟁조정위원회가 제대로 기능하고 활성화되기 위해서는 민관합동으로 구성하고 전문가를 포함시켜 이견조정과 중재의 역할을 수행하도록 하는 것이 바람직할 것이다. 환경 분쟁에 있어서의 전문가의 참여는 분쟁의 내용 자체가 전문적, 기술적인 부분이 많아서 분쟁당사자만으로는 합리적인 이해조정이 현실적으로 어렵기 때문에 더욱 정당성을 지닌다. 시설계획의 초기단계부터 당해 사업의 전문가들이 참여하여 사업주체와의 의견조정과 중립적인 위치에서의 대민협상을 중재하도록 해야 한다. 민간 환경단체의 역할 또한 중요하다. 시민운동단체는 1980년대 후반 이후 우리사회에서 가장 영향력 있는 사회집단의 하나로 성장하였다. 87년 민주화로 인해 열리게 된 정치적 기회구조의 확장, 시민운동단체의 성숙, 시민적 지지의 증대 등 내, 외적 요인이 결합된 결과로 볼 수 있다. 우리나라에서는 환경문제를 야기하는 개발사업이 절차적 민주주의가 지켜지는 합리적 과정 없이 결정될 뿐만 아니라 개발우선주의에 의하여 갈등구조가 발생하였기 때문에 기본적으로 민간 환경단체는 중간조정자가 아닌 갈등구조에 편입된 환경문제의 해결을 위한 당사자로서 기능하게 된다. 특히 다양한 환경문제에 관한 정보를 선별하여 그 속에 자신들의 주장이나 요구를 담아 주민들에게 제공함으로써 주민들의 관심이나 지지를 획득하고, 주민들을 조직화한다. 또한 정책형성과정이나 환경문제의 해결과정에서 자신들의 이해 및 요구를 환경정책에 반영시키기 위하여 환경문제를 사회적 이슈나, 국제적 관심사로 부각시켜 정책 결정자로 하여금 진지하게 고려하도록 만든다. 그러므로 민간 환경단체의 정책 결정에의 참여 또한 갈등 예방 차원에서 중요하다 할 수 있다.

수많은 전자기기와 가전제품에 길들여져 살아가고 있는 지금 우리는 더 이상 그것들을 멀리하고는 살아갈 수 없게 되었다. 그에 따라 정보화 사회의 필요악으로 존재하는 전자파 공해에 대해서 간과할 수는 없는 시기에 이르렀다. 우리 일상생활 도처에 자리하고 있는 첨단시대의 공해에 대해 신중하고 실질적인 대응책 마련에 최선을 다해야 할 때인 것이다. 특히 전자파에 대한 장기적인 연구와 규제의 필요성은 두 말할 나위가 없다고 생각한다. 아직 그것에 대한 유·무해성 논란은 계속되고 있지만 전자파의 유해 가능성이 충분히 있는 이상 규제 제도의 존재는 필요할 수밖에 없다. 담배가 처음 인체에 유해하다는 주장이 제기되었을 때, 이를 뒷받침해 줄 근거가 미약하여 30년이 지나서야 그 유해성이 입증되었다. 전자파는 담배와 같은 뒤늦은 과정을 되풀이해서는 안 된다. 최근 들어 환경문제에 대해 사후 대책보다는 사전 예방이 중요시되고 있다. 전자파로 인한 인체의 발병 확률이 몇 백만분의 일이라도 일이 있는 한 그에 대한 예방 조치는 미리 대비하고 있어야 한다. 또 전자파를 걱정하고 송전탑이나 변전소 건설을 반대하는 주민들을 사전 계획 단계부터 참여시켜 충분히 전자파가 미치는 거리를 두고 송전탑 건설 계획을 세운다면 지금과 같은 갈등 양상은 해결되리라고 생각한다.

참고문헌

1. 김기채 외., 2001, 〈전자파 환경공학〉, 대영사.
2. 이상회, 1998, 〈재미있는 전자파 이야기〉, 홍릉과학출판사.
3. 김호군, 1995, 〈전자파와 인체〉, 영풍문고.
4. 박영미 외., 1998, 〈지역개발과 환경보전〉, 학현사.
5. 김 원, 2002, 〈새 세기의 환경 이야기, 이십세기 문명의 반성과 새 천년을 위한 백서〉.
6. 환경운동연합, http://www.kfem.or.kr/

7. 국가환경기술정보센터, http://www.konetic.or.kr/
8. 한국환경정책평가연구원, http://www.kei.re.kr/
9. 환경부, http://www.me.go.kr/

9. 골프장건설의 환경정책.

　　요즘 들어 골프에 대한 사람들의 관심이 증가하고 있다. 불과 10여 년 전만 하더라도 골프는 귀족스포츠라 불리 우며 일반 서민들은 접해보기 힘든 운동이었다. TV뉴스에서 나오던 수천만 원에서 몇 억에 육박하는 골프장 회원권 가격은 일반 국민들에게 반감을 사기 일쑤였고, 대중적 인기와는 거리가 먼 소수만의 여가 선용 수단이었다. 그러다 우리나라에서 골프의 대중화를 촉진하는 계기가 생겼다. 바로 1998년에 골프는 제2의 탄생이라고 해도 좋을 만큼의 도약기회를 잡게 된 것인데, 그것은 바로 박세리 선수의 등장이다. IMF 국제금융사태의 경제 위기 속에서 박세리 선수의 미 LPGA에서의 활약은 시름에 빠져 있는 국민들에게 큰 힘이 되었다고 언론은 떠들어댔다. 물론 박세리 선수의 업적을 폄하하려는 의도는 전혀 없다. 신인으로서 메이저대회 2승을 포함하여 한 시즌 동안 네 번의 우승을 차지하였다. 그것도 세계무대에서 뛰어난 기량을 가진 외국선수들을 꺾으며 선전했는데 왜 기쁘지 않겠는가? 그런데 많은 국민들도 박세리 선수의 활약을 보며 정말 언론보도대로 희망을 얻고 신바람을 냈을까? 과연 애국가에 양말을 벗고 벙커샷을 하는 장면이 나올 만큼 우리가 기뻐했을까? 사실 많은 사람들은 골프에 별 관심이 없었다. 다만 우리나라 선수가 우수한 성적을 거두니 골프에 대한 안 좋은 이미지가 서서히 사라지게 되었다고 생각한다. 이 문제는 신중히 생각해 보아야 할 문제이다. 바로 골프업계의 언론 플레이에 우리는 골프장이 가진 어두운 면을 간과하게 된 것이다. 박세리 선수가 골프라는 운동으로 우수한 성적을 거두는 것과 골프장이 미치는 환경문제는 분명 별개의 것이지만, 골프 업계에서는 이를 교묘히 이용하여 골프장의 폐해를 사람들의 관심으로부터 멀어지게 했다. 당시 언론에서는 국민들에게 힘을 줄 수 있는 기사를 찾고 있었고 스포츠야말로 가장 적합한 대상이었다. 때마침 경제 위기로 큰 타격을 받고 있던 골프업계의 눈 가리고 아웅하기 작전은 시작된다. 바로 골프의 대중화를 기치로 내걸고 그동안 골프가 지닌 부정적인 이미지를 이번 기회에 떨쳐버리려는 노력이 진행되었다. 물론 '98년에 IMF의 직접적인 영향으로 골프장은 회원권 가격 급락이라는 직격탄을 맞게 되었다. 게다가 사회적으로도 경제가 안 좋은 시기에 골프를 치면 비난을 받게 되어 골프산업이 많이 위축되었던 것이 사실이다. 하지만 몇 달 후 박세리 선수의 활약으로 골프는 자연스럽게 많은 사람들에게 관심을 불러일으켰고 바로 다음해인 '99년부터 회원권 가격의 원상회복뿐만 아니라 골프인구마저 급증하는 현상이 일어났다. 그리고 당연한 수순으로 전국에 골프장 건설역시 우후죽순처럼 늘어나기 시작했다. 날이 갈수록 골프장이 일으키는 환경문제가 서서히 대두되기 시작하고 골프장 반대운동도 각지에서 일어나게 된다. 이제 골프장 때문에 생기는 각종 환경오염 및 심각한 문제점에도 관심을 기울여야 할 때가 온 것이다.

1. 우리나라의 골프장 현황

전국골프장 수 2006년 6월기준 : 262개 (건설 중 68개, 인가 13개 포함)

2003년 기준으로 전국에 운영중인 골프장은 총 165개소에 달하고 있다. 또한 건설 중이거나 승인을 받고 착공을 하지 않은 골프장이 80개소이다. 이미 승인을 받아 운영중(약 170㎢)이거나 건설 중인 골프장 면적은 약 220㎢으로 남한 면적의 0.2%를 차지하고, 이 면적은 여의도 면적의 26배 정도의 면적이다. 더구나 수도권의 미개발지역에 들어서고 있는 골프장은 거의 포화상태라고 해도 될 정도의 폭발적 증가세를 보이고 있다. 산림청의 발표에 따르면 98년 이후 전국에서 모두 733.1ha의 산림이 18개 골프장으로 개발되었다고 하며 이 면적은 2백만 평이 넘는 남산 면적의 2.5배에 해당하는 면적이다. 그리고 현재까지 골프장으로 전용된 전체 산지 면적은 약 4천 4백만평 정도 된다고 볼 수 있다. 현재 전체 골프장 중 절반정도가 경기도 지역에 집중되어 있는데, 이는 경기도 전체 면적 중 1%에 해당하는 수치이다. 서울의 골프 수요 때문에 경기도의 자연환경이 끊임없이 파헤쳐지고 있다. 이러한 상황에 경기도에서 새로 추진하고 있는 골프장은 12개소이다. 또한 얼마 전 경기도 시·군이 개발제한 구역 안에 21개 골프장을 짓겠다고 건교부에 '실외체육시설 건설계획'을 제출한 바도 있다. 또한 제주 지역은 골프관광도시라는 명목으로 계속적으로 골프장 건설을 추진하고 있어 문제가 되고 있다. 우리나라의 묘지 면적이 '98년 기준 998㎢이고 운영 중·건설 중 골프장의 면적이 220㎢이다. 따라서 우리나라 골프장의 면적은 전국 묘지 면적의 5분의 1에 달한다. 묘지의 심각한 산림 훼손으로 인해 몇 백 년

이 넘은 매장 중심의 문화를 화장 중심 문화로 바꾸자고 하는 터에, 건설되기 시작한지 채 10년이 되지 않은 골프장이 이미 묘지면적의 5분의 1이 넘는 면적을 차지하고 있고 또 계속적으로 건설할 계획을 세운다는 것은 앞뒤가 맞지 않는 일이다. 어느새 심각한 문제로 골프장 문제는 이미 자리를 잡고 있다.

2. 골프장이 일으키는 환경문제

골프장이 일으키는 직접적인 환경문제에 앞서 과연 우리나라에 골프장이 많이 건설 돼도 되는지 자연환경을 살펴보기로 하겠다. 일반적으로 골프는 15세기 스코틀랜드에서 시작된 운동으로 알려져 있다. 유럽을 휩쓴 마지막 빙하가 1만 년 전에 알프스북부까지 남하하였기에 영국은 평지에 가까운 나라로 4천년 전부터 사람이 살면서 산림을 거의 개간하여 한때는 국토면적의 80% 정도가 목초지와 농경지였다. 영국은 북대서양 난류의 영향으로 여름은 서늘하고 겨울은 따뜻하여 사계절 푸른 잔디인 벤트그라스가 목초지에서 흔히 자라는 목초이다. 비도 2~3일마다 오기에 벤트그라스 생장에 안성맞춤이니 목초지 일부지역에서 벤트그라스를 잘 깎아만 주면 골프장이 조성되므로 자연파괴가 거의 없어 영국에서 자생적으로 골프장이 생겨난 것이다. 그러나 우리 국토는 마지막 빙하가 백두산 이북인 만주지방까지 남하하여 빙하의 영향을 받지 않아 국토면적의 65%가 산림인데 해발고도 2,000m 미만이지만 경사가 급하고 또한 삼면이 바다로 대륙성 기후와 해양성 기후가 교차하여 환경조건이 지역에 따라 변화무쌍하다. 이런 자연조건에서 서식하는 생물들은 많을 수밖에 없어 국토는 좁지만 온갖 생물이 다양하게 살고 있다. 따라서 우리나라는 잔디가 자연적으로 유지될 수 있는 기후조건을 가지고 있지 않다. 이런 이유로 골프장 잔디를 유지하기 위해 여러 가지 조치를 해주어야만 한다. 기본적으로 골프장에는 잔디 이외의 생물은 살기가 힘들다. 왜냐하면 골프장을 건설하기 위해서는 수십만평의 대지에서 수백 종의 식물을 모두 거두어 내야하고, 흙 1g에 미생물이 1억 마리까지 살고 있어 생명체의 모태라고 불리는 흙을 40~70cm까지 파서 다른 지역으로 옮겨야 한다. 골프장을 건설하기 위해서는 지표면을 잔디와 벤트그라스로 거의 덮어야 하므로 이곳에 살고 있는 생명체를 모조리 파내고 이것도 모자라 몇 만 년에 걸쳐 형성된 기름진 흙까지 파내어 버려야 하는 것이다. 만일 파내어 버리지 않으면 흙 속에 들어있는 수많은 식물종자와 미생물로 인하여 잔디가 살아날 수 없기 때문이다. 따라서 자연 흙을 파내고 생명체가 거의 없는 모래, 미사토, 인공 흙으로 덮은 후 잔디와 벤트그라스를 심게 된다. 그리고 엄청난 비료와 농약으로 불안정한 잔디의 생명을 유지시킨다. 결국 골프장은 주변 생태계를 완전히 무너뜨리고 있는 것이다. 큰 잔디를 잘 자라게 하기 위해 뿌리는 비료와 살충체, 제조제의 과다 사용으로 골프장 주변 생태계가 서서히 무너지고 있다. 비료와 토사, 농약이 빗물에 씻겨 하천으로 흘러 들어가 수질을 오염시키고 있다. 아니라, 골프장 건설로 인한 무차별적인 산림파괴가 지형을 변화시켜 지하수위의 변화를 초래, 그로 인해 인근 우물이 마르게 되는가 하면, 집중 호우 시 토사(土砂)가 밀려 하천과 경작지가 매몰되기도 한다. 수십만 평의 골프장 지역을 경계로 동서나 남북, 혹은 상하나 좌우의 동식물 분포가 달라지는 생태계의 변동 사례도 발생한다. 산의 아래와 위, 산의 좌와 우에서 생활하는 동식물이 반대 방향으로 오가며 먹이를 구하거나 양분을 공급받아야 하는데, 수십만평 골프장의 장벽으로 동식물의 생활통로가 가로막히는 것이다. 골프장이라는 인위적 장벽으로 골프장 주변의 동식물이 고사 또는 아사하여 사멸될 위험에 처해 있다. 그럼 구체적으로 골프장이 환경에 미치는 직접적인 피해를 알아보기로 하자. 첫째, 눈에 띄는 문제로서 숲이 사라지고 있다. 골프장 용지의 대부분은 산지인데, 전 국토의 약 65%가 산지인 우리나라에서 계속 골프장 건설을 위해 산림을 훼손한다면 생태계에 큰 영향을 미칠 것이다. 게다가 골프장 27홀 규모의 면적인 60만평에 서식하는 생물 종은 1000종 이상이 된다고 한다. 산림의 훼손과 함께 많은 생물 종들의 터전 또한 사라지고 있는 것이다. 숲이 사라진다는 것은 또 산림이 가지고 있는 수분의 보유능력을 없애버린다. 산림은 잔디보다 물 보유 능력이 4배나 많아서 하천의 유량을 늘리고 홍수 시 물을 함유하고 갈수 시에는 물을 내놓는 능력이 잔디보다 월등히 높다. 그래서 산림을 '녹색 댐'이라고 부르기도 한다. 하지만 골프장 건설로 인한 산림 벌채는 숲이 가지고 있는 이런 서수지 역할을 사라지게 한다. 또한 건설 중 지표노출로 인한 심각한 토사침식을 유발하여 뜻하지 않은 재해를 입을 수 있다. 우리나라의 강수특성상 장마철인 6~9월 사이에 전체 강수량의 2/3 정도가 집중적으로 내리므로 그 피해가 더 크다. 나무는 태양에너지를 이용하여 성장에 필요한 양분을 만드는 광합성과정에서 이산화탄소를 흡수하고 산소를 생성함으로써 '산소공장'의 역할을 함은 물론, 대기 중의 오염물질을 흡수하여 환경을 정화시키는 능력도 가지고 있다. 나무의 대기정화효과를 예를 들면, 나무 높이 15m, 수령 15~20년생의 녹나무 한 그루는 1년간 탄산가스 약 334kg, 아황산가스 약 130kg, 이산화질소 약 160kg을 흡수 정화하며, 1ha의 나무숲은 연간 50명이 숨쉴 수 있는 산소를 생성해낸다. 두 번째 피해는 농약 살포로 인한 것을 들 수 있다. 잔디도 살아가기 위해서는 물과 영양물질이 필수적이다. 당연히 골프장 잔디의 성장을 돕고 병해를 방지하기 위해 비료와 살충제, 그리고 살균제와 제초제가 살포된다. 골프장을 건설하기 전에는 이 지역이 농경지가 아니어서 비료를 줄 필요가 없었는데 골프장 건설로 비료를 줄 수밖에 없다. 그리고 분말 비료는 물과 함께 뿌리는데 골프장은 비만 그치면 곧바로 골프를 칠 수 있을 정도로 물이 잘 빠지게 되어있기 때문에, 물에 녹은 비료 중 반 정도는 잔디가 흡수하지만 나머지 반은 흙에 축적되고 일부는 배수가 잘되는 토양과 암석을 통과하여 구역 외 수역으로 유출됨으로써 빗물에 씻겨 내려가 주변 하천의 수질을 악화시킨다. 특히 문제되는 것이 맹독성 농약을 사용하는 것인데 잔디 지하 50㎝까지는 지렁이의 좋은 서식지로 맹독성 농약만이 이의 퇴치가 가능하기 때문에 강우 뒤에는 독성을 2배로 하여 농약을 살포한다고 한다. 잔류 농약은 대기, 수질, 토양, 생물 오염으로 이어져 결국 인간과 동식물에 대한 급성 및 만성의 피해를 야기할 수 있다. 현재 골프장의 잔디와 조경을 위해 1㏊에 일년 동안 살포되는 농약의 양은 47㎏에 달하는데 이는, 현재 농사에 사용되는 농약의 6~8배의 분량이고 산림에 뿌려지는 것의 20.5배로 조사되어 있다. 세 번째 피해로, 지하수 고갈의 문제가 있다. 우리나라의 강우특성은 장마철인 6~9월 사이에 전체 강수량의 2/3 정도가 내릴 정도로 집중되어 있고, 잔디의 최적 생육기인 5~6월 초는 갈수기로써 물이 집중적으로 필요한데, 잔디가 살고 있는 흙은 모래와 인공 흙으로 자연 상태의 강수를 저수할 수 있는 능력이 없다. 골프장 한 개의 물 사용량은 1일 1천여 톤(18홀 기준 하루 600~800톤 사용)에 이르고 지하수를 파서 이용함으로써 인근지역의 농업용수와 식수를 고갈시킬 수 있다. 여러 개의 골프장을 동시에 건설한다면 지하수에 어떤 영향을 미칠지에 대한 정확한 예측이 필요하다. 그 한 예로 화성의 골프장 건설계획 지역을 들 수 있다. 골프장이 들어서기로 예정된 목리지구는 지질이 특수한 곳이다. 포크레인으로 2m 정도만 굴착하면 그 밑에는 암반으로 형성되어 있어 지하수량이 많지 않은 곳이다. 그리고 목리지구의 주민들은 이 물을 식수로 사용하고 있는 실정이다. 또한 지하수 의존도가 높고 지하수 함유능력도 적은 제주도의 경우 골프장의 과도한 지하수 이용으로 인해 주변의 물 공급에 차질을 받고 있다. 네 번째로 문화 유적지 훼손의 문제가 있다. 골프장 건설은 주변 문화 유적지 훼손의 위험도 발생시키고 있다. 대표적인 예가 가야산의 해인 골프장이다. 골프장 건설 예정 지역 1㎞ 이내에 불교 유적지가 산재해 있다. 이 경우 문화재인 법수사지, 심원사지(석탑 2기) 및 당간지주 1기의 보호 혹은 복원이 불가능하고, 기타 인근 용기사지, 일요양지 등 불교

사적지가 사장화될 우려가 있다. 또한 골프장 건설 후 250만평에 이르는 위락시설 조성 시 각종 오염으로 유적지 보존상 문제 야기되었다. 국립공원의 생태계 파괴를 막고 문화 유적의 보호를 위해 종교계와 환경단체가 함께 골프장 건설 반대운동을 펼쳐 결국 해인 골프장 건설계획이 2001년 1월에 백지화되었다.

3. 골프장 건설 운동 반대 – 가야산의 해인 골프장 사례

먼저, 가야산에 골프장을 짓는 것이 왜 잘못된 것인지 알아보기로 하자. 31만 평의 골 프장의 잔디를 유지하기 위해 하루 600~800톤의 물이 사용되면 계곡 아래 주민들이 거 주하는 곳에서는 식수는 물론 농업용수까지 부족하게 되는 심각한 피해를 끼치게 된다.

또 공사도중에 비가 올 경우 토사가 밀려 산 밑에 살고 있는 600여 명의 주민들에 생 명을 위협하게 된다. 골프장 건설 예정지역은 해발 600미터에 위치하고 있는 가야산 국립 공원인데, 폭우가 올 경우 3km위치에 있는 저수지로 토사가 유입되어 담수 량이 줄어들 게 된다. 결국 홍수가 날 위험성이 매우 커지는 것이다. 골프장이 건설될 예정지인 가야 산의 백운동 일대는 가야산에서 가장 많은 식생을 보유하고 수려한 자연경관을 자랑하는 지역이다. 이런 산을 골프를 치는 소수들을 위해 개발한 다는 것은 이치가 맞지 않는 일 인 것이다. 더구나 산림법에 따르면 보전 지역을 개발할 때 산림청의 허가를 받아야 하나 해인골프장은 이런 절차도 거치지 않아 불법성의 문제까지 내포하고 있다. 이러한 이유로 각종 사회단체, 종교단체, 시민들의 반대운동은 약 10년이 넘게 지속되었고 결국 가야산 국립공원 내 해인골프장 건설이 전면 백지화됐다. 대법원(주심 강신욱 대법관)은 2003년 1월 24일 '가야산골프장 건설은 국립공원의 생태계와 산림 등 자연훼손이 우려 된다며', '가야개발'이 국립공원관리공단을 상대로 제기한 공원사업기간 연장허가 신청을 기각했다. 대법원은 '공사중단에 따른 영향보다 국립공원 보호의 필요성이 더욱 크다'고 판결했다. 무려 10여년이 넘는 동안의 끈질긴 요구 후에야 골프장 건설이 백지화되었다는 것은 씁 쓸한 일이다. 그 동안 종교계, 시민단체들인 발 벗고 나서 대국민 서명운동도 벌이고 난 지도 골프장등 타 지역의 골프장 반대운동과 연합하여 얻은 결실이라 정말 가치 있는 일 이라 생각된다. 다만 아쉬운 점은 애초에 허가를 내주지 말았어야 한 국립공원에 골프장 허가를 내주었다는 일 자체가 잘못된 일이다.

182

4. 골프장의 관리와 환경의 조화 방안 강구

골프장을 운영하면서 기본적으로 아래 사항들을 준수한다면 피해를 최소화할 수 있을 것이다. 첫째, 골프장 허용면적의 적정화를 실시해야한다. 이미 우리나라에 계획 중인 것까지 포함하여 240여개의 골프장이 운영될 예정 인데 기존에 이미 설치된 골프장을 철거하지는 못하더라도 앞으로 골프장 신규 허가를 내줄 때 기타 조건도 엄격히 규제함은 물론 골프장 면적 자체도 어느 정도의 상한선을 두어야 한다. 둘째, 골프장 건설시 자연 지형 물을 이용하도록 해야 한다. 골프장 건설 자체로 어느 정도의 환경 훼손은 불가피할지라도 골프장 부지에 있던 자연 지형 물은 훼손, 제거하지 않고 골프장 내 경관으로 유지시킬 수 있는 설계상의 노력이 필요하다. 셋째, 골프장을 건설할 때 반드시 동 식물 종의 다양성을 보장하도록 해야 한다. 설계단계부터 환경영향평가를 하여 좀더 양성 보존을 위한 대책을 강구한 연후에 시공해야 한다. 넷째, 골프장을 건설할 때 토양보존에 힘을 써야한다. 새로 골프장을 건설할 때는 시공 전에 나대지 토양의 유실을 생각하여 토양침식을 극소화하는 시공법을 마련하여 착수해야 한다. 다섯째, 비료를 사용할 때 그 양의 조절을 적절하게 조절하여야 한다. 잔디군락의 관리를 위해서 사용하는 비료의 양을 최소로 감소시켜 최적화하여야 한다. 이것이 환경오염을 최소화하는 하나의 방안이다. 여섯째, 농약 살포시 최적 정량화에 힘써야 한다. 잔디 군락에 나타나는 질병을 막기 위해 사용하는 일체의 농약은 최소의 농도로 살포하여 최대의 효과를 거둘 수 없는 Optimum 이론에 따라 그 양을 최소화하여야 한다. 이것이 가장 중요한 환경오염의 방지대책이다. 일곱째, 자정작용의 원리로 게시연못을 축조한다. 골프장 내에서 배출되는 모든 하, 폐수를 한 곳에 집정하여 자정작용을 하는 관상용 게시연못을 만든다. 생태학적 원리를 이용하여 골프생태계에 잘 조화되도록 설계하여 축조한다. 여덟째, 골프의 대중화를 위해 노력한다. 골프가 일부 특정한 사람들만의 스포츠가 되어서는 비난의 원성을 면하기 어렵다. 어떠한 방안들을 강구해서라도 골프의 대중화를 기하여야만 한다. 이미 만들어진 골프장을 국민 모두가 쉽게 이용할 수 있게 회원 권료 조정 등을 실행해야 한다. 아홉 번째, 골프장이 벌어들이는 수입을 낱낱이 공개하여 세금탈루 등이 없도록 하여 골프의 부정적인 시각을 없애도록 노력해야한다. 골프장회원권이라는 것이 부르는 게 값이라 할 정도로 정가가 있는 것이 아니다. 물론 골프장 운영자 측에서는 나름대로 경제적인 이유를 대겠지만, 골프장이 환경에 미치는 영향을 감안해보면, 세율도 높이고 그 세금으로 환경보호운동을 지원

한다면 골프장의 이미지 개선에도 도움이 될 것이다.

국민소득 증대와 함께 최근 골프인구도 계속 늘어가고 있는 추세이다. 많은 문제점이 노출되어 있긴 하지만 무조건 골프장 건설을 막을 수는 없는 것이 또한 현실이다. 그러나 골프장 건설에 대한 부정적인 여론의 목소리 역시 아직은 크기 때문에 그대로 방치해 둘 수는 없는 문제이다. 이러한 문제는 정부, 건설업자, 국민 모두가 상호 신뢰 속에 함께 노력해 간다면 어느 정도 해결 할 수 있을 것으로 생각된다. 마지막으로 우리가 골프장에 대한 관심을 지속적으로 기울이고 감시할 필요가 있다. 그렇기 위해서 해결방안을 나름대로 구상해 보았다. 골프장 건설에 대한 강력한 법적 규제가 필요하다. 골프장 건설 허가를 내주기 전에 그 지역의 지형, 지질, 기상 조건 그리고 주민 생활을 철저히 분석하여 골프장 건설에 따른 환경재해를 최소화 하는 것이 필요하다. 골프장 건설 과정에서의 철저한 행정적 감독이 필요하다. 건설 과정에서 그 규제조차 제대로 지켜지지 않아 더 많은 환경 재해를 초래하는 경우가 있기 때문이다. 골프장 건설 후에는 철저한 사후 관리가 필요하다. 특히 과다한 농약 사용, 사용 금지된 맹독성 농약의 사용 여부를 지속적으로 행정적인 측면에서 관리해야 한다. 또한 생활하수 정화처리 시설 및 오수 방류 여부를 철저히 감시해야 한다. 골프장 건설업자 입장에서는 규정된 법규를 제대로 준수하려는 자세가 필요하다. 이는 주민들에 대한 신뢰도를 높이는 것이므로 이는 골프장 문제를 근본적으로 해결해 주는 기반이 된다. 골프장 규모 문제 역시 중요하다. 환경재해적인 측면에서는 그 규모를 축소하는 것이 무엇보다 중요하다. 앞으로는 하나의 골프장을 건설하기 위해 몇 개의 산봉우리가 하루아침에 사라지는 일은 없어야 한다. 골프장 건설을 반대하는 주민들의 의식 또한 보다 현실적이고 적극적으로 변화가 필요하다. 골프장 인근 주민들은 실질적으로 골프장 건설 반대 시위로 시작되지만 결국에는 개별적인 보상으로 해결되는 경우가 많다. 장기적으로 그 지역사회에 꼭 필요한 것이 무엇인지를 머리를 맞대고 의논해야 할 것이다. 지역주민들이 항시적인 감시자의 역할을 해야 한다. 골프장 건설에 따른 환경재해 문제를 보다 과학적이고 실증적으로 연구할 필요가 있다. 골프장 문제를 포함하여 우리나라 전반적인 환경재해 문제를 연구하고 재해 담당 전문 공무원을 육성하는 골프장 재해 연구소를 설립하는 것도 괜찮은 방법으로 생각된다.

184

참고문헌

환경재해(1997, 김주환 권동희 편저).
체육철학: 골프장의 자연환경 폐해 문제와 친환경적 대처방안.
환경부(http://www.me.go.kr).
환경운동연합(http://www.kfem.or.kr).

10. 대기환경 개선을 위한 자동차 대기오염 환경정책

공기는 인간이 살아가는데 있어서 없어서는 안 되는 중요한 환경요소 가운데 하나이지만 우리는 이러한 중요성에 대해서 공감을 하면서도 대기오염에 대해서 절실하게 느끼지 못하고 있는 것이 사실이다. 환경문제는 본래 갈등으로부터 시작되고 그러한 갈등들이 하나 둘 씩 풀어져 나가면서 더 좋은 정책의 바탕이 되기도 하고 또 어떤 경우에는 정책방향을 완전히 바꾸어 놓기도 하지만 대기오염의 경우는 그러한 갈등을 불러일으킬 가해자와 피해자가 일치한다는 특성이 있기 때문에 환경에 대한 사회가치가 웬만큼 성숙되지 않는 한 대기오염에 대해서는 우리가 주변에서 보아온 새만금 간척사업 반대시위나 지금도 연일 뉴스거리가 되고 있는 위도 핵 폐기장 건설 반대시위와 같은 시민들의 강력한 반대를 찾아보기가 어렵다. 따라서 대기환경정책의 수립 시 환경부나 산업자원부 같은 관계기관들과 관련연구기관, 학자들을 중심으로 해당 정책이 논의되는 것이 일반적이다. 그런 가운데 수도권 대기환경의 가장 큰 오염원 중의 하나인 경유승용차 허용에 관한 논쟁이 환경부과 산업자원부, 재경부 등이 중심이 되어 지난 2002년 후반기부터 본격적으로 검토되기 시작했으며 이에 대응하여 몇몇 시민단체들이 '경유차 문제 해결을 위한 공동대책 위원회'를 발족하여 이 문제에 대해서 공동으로 대응하기 시작했다. 어찌되었던 간에 지금은 경유승용차 허용에 관한 논쟁이 2005년 허용으로 일단락되었지만 해당 정책의 수립과정을 지켜보면서 가장 답답했던 점이 바로, 환경부의 일관성 없고 다른 부처에 휘둘리기만 하는 환경정책의 수립 이였다.

경유승용차와 관련해서 환경부는 지난 2000년 4월 돌연 경유승용차 배출가스 허용기준을 차종에 따라 약간의 차이가 있지만, 질소산화물은 최대 47배, 미세먼지는 최대 11배로 허용기준을 기존보다 강화하였다. 그리고 2년이 지난 2002년 5월에는 또다시 이렇게 터무니없이 엄격한 경유승용차 허용기준을 낮추어야 한다고 주장했다. 환경정책의 수립에 있어서 모든 정책을 환경부 단독으로 결정할 수 있는 것도 아니고, 여러 부처들과 논의를 하고 사회·경제적 영향을 고려하여 결정하여야 한다. 하지만 불과 2년이라는 기간 동안 환경부가 세운 대기환경정책은 완전히 상반된 것 이였다. 이러한 정책의 수립의 이면에는 다른 문제들이 있었다고 한다. 환경정의시민연대는 2002년 7월 8일 발표한 입장 문에서 그 이유를 "외국산 경유승용차가 들어오지 못하게 하려고 정부와 기업이 일종의 담합을 한 결과"라고 설명한다. 현대자동차의 경우에 2000년대 들어 폭발하는 경유승용차 시장에 뛰어들 준비를 산타페 개발 등을 통해 해 온 터에, 상대적으로 기술적 우위에 있는 외국산 경유차의 시장 진입을 막을 필요가 있단 판단에서 일단 그런 개정안을 함께 만들었다는 것이다. 당시의 개정안의 주요 골자 두 가지는 경유승용차의 환경기준을 매우 엄격하게 하는 것과 어떤 차가 경유승용차인지의 기준을 현실화 하는 것 이였다. 개정안에 따르면 2002년 7월부터 그전에 다목적 승합차로 구분되던 현대자동차의 산타페, 트라제, 기아자동차의 카렌스는 경유승용차로 분류될 운명이였다. 2년 3개월간의 유예기간을 둔 후 경유승용차의 배출기준이 현실화 될 무렵인 2002년 5월 현대차는 다시 한번의 해당 법률의 무력화작업을 시도하여 산업자원부, 재경부, 외교통상부를 동원하여 '수출전선'과 '내수경제' 그리고 '통상마찰' 등을 이유로 환경부가 마련한 개정안이 현실성이 없다는 논리를 펴기 시작했으며 이러한 논리가 받아들여져 현대자동자의 산타페가 경유승용차에서 제외되기에 이른다. 이러한 일련의 과정들을 보면서 아직 우리나라의 환경부가 다른 정부부처와의 힘 싸움에서 밀리고 있다. 라는 생각을 할 수 있을지도 모르나, 필자는 이러한 문제의 가장 큰 이유가 환경부 자신이 환경정책의 수립에 있어서의 그 중심이 되는 원칙이나 방향성이 없었기 때문에 다른 산업과의 마찰에 있어서 자신의 목소리를 내지 못하고 휘둘리고 있는 것이라 생각한다. 이에 본 연구는 대기환경 정책 중 가장 오염기여도가 높은 자동차 배기가스 제어를 위한 정책을 중심으로 제안하는 데 중점을 두고자 한다. 이를 위하여 수도권 대기환경의 현황과 기존의 대기환경 정책을 알아보고 더 나아가 경유승용차 허용 정책의 평가를 통하여 자동차로 인한 대기오염제어를 위한 통합적 정책을 제안하고자 한다.

수도권 대기환경의 현황

1. 일반적인 현황

수도권 지역은 국토 면적의 12%에 불과하나 이 지역에 전국 자동차 및 인구의 절반가량이 집중되는 등 적정 환경용량을 크게 초과하여 대기오염이 심각한 수준이다. 그 한 예로 시정 장애현상은 80년 이후부터 계속 심화되고 있으며 '서울 스모그'라는 새로운 용어를 탄생시키기에 이르렀다. 이러한 서울 스모그는 가정용 연료의 연소와 노천 소각에 의한 일부 원인과 함께 대부분은 자동차 배출물질에 의해 유발되는 대기스모그 등의 미세 입자상 물질에 의해 복합적으로 나타나는 것으로 알려져 있다. 또한 국회 환경노동위원회 자료에 의하면 수도권 지역의 대기오염으로 인한 사회적 피해비용은 연간 약 10조 3천억 원으로 추정된다고 한다.[21] 또한 일부 연구결과에 의하면 서울지역의 미세먼지에 의한 사망자 수가 2000년 1,940명이였으며 2020년에는 4,000명으로 증가할 것으로 예상하기도 하였다.

주요 도시의 대기오염도 비교

오염물질	서울('01)	런던('01)	파리('01)	동경('00)	뉴욕('97)
O_3 (ppb)	15(143)	17(102)	17(118)	26(173)	-
PM_{10} ($\mu g/m^3$)	71(473)	20(141)	20(74)	40	28
NO_2 (ppb)	37(138)	25(70)	22(98)	29	30

※ ( )는 오존은 시간, 나머지는 일 최고농도. 〈출처: 수도권 대기질 개선 특별대책, 2002, 환경부〉

위에서 볼 수 있듯이 수도권 대기질 현황은 선진국의 수도에 비해서 그 오염 수준이 미세먼지의 경우 1.7~3.5배, 광화학 스모그를 일으키는 이산화질소는 1.7배 수준으로 높은 오염수치를 보였다. 수도권의 대기오염은 외국의 대도시와의 비교를 통해서도 그 심각성을 알 수 있지만 국내 다른 도시들과 비교해도 그 심각성을 알 수 있다. 대기오염의 체감 오염도의 지표로 삼는 시정거리의 경우, 서울지역의 시정거리는 2000년 10.9km로 울산

---

21) 세부적 비용은 SO_2 3조 8천억 원, NO_x 1조 4천억 원, PM_{10} 4조 3천억 원, VOC 6조 5천억 원으로 추산.

16㎞, 대구 13.9㎞ 등 공업도시에 비해서도 40% 이상 낮은 수준이며, 아래 표에서 볼 수 있듯이 서울지역의 대기환경기준 초과횟수는 NO₂, 미세먼지 모두 다른 지역들과 비교해서 그 빈도가 월등히 높음을 알 수 있다. 특히 서울의 미세먼지의 대기환경기준 초과횟수는 1999, 2000년의 경우 다른 도시들과 비교할 수 없을 정도로 증가하고 있음을 알 수 있다.

주요 도시 대기환경기준 초과횟수

	NO₂ (24시간)				미세먼지 (24시간)			
	'97	'98	'99	'00	'97	'98	'99	'00
서 울	39	3	38	40	113	106	196	264
인 천	0	2	1	1	3	77	38	54
경 기	4	0	41	32	14	65	59	59
부 산	1	0	0	0	111	144	59	57

〈출처: 수도권 대기질 개선 특별대책, 2002, 환경부〉

2. 수도권 대기질 악화의 원인

앞서 수도권 대기환경에 대해서 모든 항목에 대하여 살펴보진 못했지만 대표적인 측정 자료들과 국내외 다른 도시들과의 비교치만 보더라도 그 심각성을 뚜렷이 볼 수 있었다. 이렇게 수도권에 유독 대기오염이 심각하게 된 데는 여러 가지 원인이 있을 것이다.

그중에서 가장 큰 이유는 바로 수도권에 많은 사람들이 모여 살게 되면서 일어나게 되는 자동차 및 에너지 소비량의 급증 때문이다. 실제로 수도권은 총 인구의 절반정도가 거주하고 있으며 인구밀도가 1,858명/㎢에 달해 미국(28명/㎢)의 66배, 영국(237명/㎢)의 8배, 전국 평균(473명/㎢)의 4배 이상이며, 세계평균의 43배에 달하는 고밀도 개발로 인해 배출원의 집중뿐만 아니라 대기오염물질의 확산 저해까지 초래하고 있다. 우리나라는 주요 국가들 중에서도 단위면적당 대기오염물질 부하량이 큰 것으로 나타나 있고, 수도권의 경우는 우리나라 평균보다도 질소산화물의 경우는 5배정도 높은 대기오염부하량을 가지고 있는 것으로 나타나고 있다.

188

국가별 단위면적당 대기오염물질 배출량

(단위: 톤/㎢)

	수도권	한 국	미 국	프랑스	독 일	이탈리아	OECD평균
NO$_X$	65.39	12.67	2.28	3.09	5.05	5.87	1.28
SO$_X$	11.3	4.09	1.97	1.72	4.11	4.39	1.23

〈출처: 수도권 대기질 개선 특별대책, 2002, 환경부〉

이러한 대기오염물질 배출의 기여도를 살펴보면 다음 〈표 4〉와 같다.

대기오염 중 자동차 배출비중

(단위 : 천 톤/년)

	CO	HC	NO$_X$	PM	SO$_2$
대기오염물질 배출량	806	1,504	943	78	501
자동차오염물질 배출량(%)	649 (80.5)	104 (9.9)	423 (44.9)	26 (43.5)	8 (12.3)

〈출처: 경유차 배출가스 저감대책, 2003. 1, 환경부〉

대기오염 물질 중 자동차 배기가스가 차지하는 비중은 일산화탄소의 경우에는 80.5%로 다른 배출원보다 압도적으로 많았으며, 광화학 스모그의 원인이 되는 NOX, 호흡기 질환의 가장 큰 원인물질로 알려진 먼지성분의 경우에도 상당한 비중을 차지한다고 볼 수 있다.

지난 2003년 10월 31일 수도권 대기질 개선을 위한 정책방향 토론회 중 환경부는 '2000년대 우리나라의 수도권 대기정책 방향'이라는 발제문을 통하여 자동차 배기가스 배출허용기준은 계속해서 강화되고 있음에도 불구하고 그것을 앞서는 차량수의 증가로 인하여 강화된 배출기준의 효과를 상쇄하여 수도권 대기오염은 계속해서 악화되고 있다고 발표했다.[22] 다른 수도권 대기질의 악화 요인으로는 농도 위주 규제와 배출원별 관리에 의존하는 현행 관리방식을 꼽을 수 있다. 이 방법으로는 배출원의 급격한 증가추세 속에서 한

22) 1980년 22만대였던 수도권 자동차 수는 2000년 558만대로 그 수가 20배나 증가하였으며 도로 연장(1km)당 자동차 대수를 살펴보면 우리나라 평균(128대)은 영국(82대), 일본(62대), 프랑스(36대), 미국(15대)보다 훨씬 높으며 특히, 수도권의 경우 237대로 전국평균의 약 2배에 이르는 것으로 나타나고 있다. 또한 서울의 자동차 밀도(4,148대/㎢)가 동경(1,918대/㎢)의 2.16배나 높은 것으로도 외국의 대도시들에 비해서 서울의 자동차 운행대수가 현저히 많다는 것을 알 수 있다.

계가 있을 수밖에 없으며 대기질 관리를 위해서는 대기오염과 연관성이 큰 에너지 정책, 산업정책, 도시계획 등 관련정책과의 접근이 선행되어야 한다. 또 마지막으로 대기관리를 위한 투자가 미흡하다는 점을 들 수 있다. 2003년 현재 대기관리 예산은 858억원으로 환경부 예산의 6.2%를 차지하고 있으며, 이는 4차선 도로 5km 건설예산에 불과하며 그나마 예산 중 76%는 천연가스버스 보급에 치중하고 있는 실정이다.

국내외 대기환경관련 정책

1. 국내의 대기환경관련 정책

국내 대기환경 정책은 환경기준이라 말할 수 있는 대기환경기준이 1979년에 아황산가스에 대한 기준을 설정함으로써 첫 기준을 정한 이래, 대기오염에 있어서 중요한 물질들에 대한 환경기준을 정해 현재는 아황산가스(SO_2), 일산화탄소(CO), 이산화질소(NO_2), 미세먼지($PM10$), 오존, 납(Pb) 등의 물질의 기준을 설정하고 있으며 이러한 대기환경기준을 달성하기 위한 수단으로 대기오염물질을 배출하는 배출시설에 대해 적용되는 최대 허용농도인 배출허용기준을 정하고 있으며 대기환경보전법 제8조 3항에는 환경부장관은 서울특별시나 광역시 또는 도가 해당 배출기준을 가지고 지역별 대기환경을 유지하는 것이 곤란하다고 인정하는 경우는 일반 배출허용기준보다 엄격하게 배출허용기준을 적용할 수게 보장하고 있다. 더불어 배출가스의 성상은 사용하는 연료에 의해서 많은 영향을 받기 때문에 저유황 연료의 사용, 대기환경질이 심각한 지역에는 액화천연가스(LNG)같은 청정연료의 사용을 의무화하여 대기오염의 요인을 원천적으로 제거하는 것과 일부 시설에 대해서는 연료 연소 후 배출되는 배기가스 중의 황 성분을 제거하도록 하는 배연탈황장치를 설치하도록 하는 연료사용공급 및 규제정책을 시행해 왔다. 그중 지역별 대기관리 관련 정책의 경우 1980년대 말, 1990년대 초에 들어서면서 환경정책기본법과 대기환경보존법상에 특별대책지역의 지정과 총량규제 내용이 제정됨에 따라 시작되었고, 특히 1990년대부터는 지방자치제 확립과 함께 도시 지역의 대기질 보전을 위한 노력이 확대되어 지역별 종합계획이 만들어지기 시작했으나 지방자치단체의 재정적, 기술적 한계로 인해 실제적인 지역 대기질 관리에 많은 한계를 드러내고 있는 것이 사실이다. 현재 환경부가 중점적으로 하고 있는 대기관련 정책으로는, 대기보전정책의 합리적인 추진기반 조성을 위해 2010년까지를 계획기간으로 중·장기종합계획의 수립/추진하여 장기대기보전정책의 방향제시를 통해 효율적인 정책추진기반을 조성하고, 대기환경기준을 현실에 맞게 합리적 조정하는 한편, 영향권역별 광역환경관리기반 조성하여 1997년 7월에 대기환경규제지역으로 지정된 서울특별시, 인천직할시 등 수도권 17개시 외에 부산·대구 및 광양만권역을 '99. 12월 대기환경규제지역으로 추가 지정하여 따로 관리하여 지역 대기질 개선에 대한 세부실천계획을 수립·시행토록 하고 있다. 이와 관련해 지난 2002년 11월 '수도권 대기질 개선에 관한 특별법'을 입법예고했으며 해당 법률은 2004년 하반기나 2005년 1월 시행될 예정이라고 한다. 법률의 내용을 살펴보면 대기오염물질의 총량규제와 배출권 거래제의 도입, 공공기관의 저공해 자동차 구매의무화, 운행차 배출가스 저감장치 부착 의무화하고 있으며 시·도시자는 총량삭감계획의 이행을 위해서 필요시 자동차 등록거부권을 행사할 수 있는 등 대기오염저감을 위한 의지를 보여주고 있다. 또, 늘어나는 자동차 공해의 저감을 위하여 수송연료가격 구조 및 세제를 도입하여 현재 취득·보유단계 중심의 자동차세제 구조를 점차 운행단계 중심(주행세)으로 전환함으로써 운행거리 저감 등으로 에너지 소비절감, 교통소통의 원활화 및 배출가스의 저감을 도모하는 한편 경유차의 배출가스 저감방안의 일환으로 휘발유 대비 경유를 인상하여 경유차에 대한 수요억제를 유도하고자 하며, 천연가스자동차의 보급을 추진, 이륜차 공해관리를 강화, 운행차 배출가스 검사방법 및 시기를 개선하여 정기검사 외에 배출가스 중간검사를 대기환경규제지역에서는 조례가 정하는 바에 따라 시·도지사가 실시하도록 유도하고 있다.

2. 외국의 대기환경관련 정책

자동차 배출가스가 대기오염의 주된 요인으로 인식되고 있는 것은 우리나라뿐만 아니라 외국에서도 마찬가지이다. 하지만 외국에서에서 자동차 대기오염에 관한 정책이 우리나라의 정책과 다른 점은 자동차 수요의 비약적인 증가 및 주행거리의 증가로 인하여 자동차 엔진기술의 개발 및 차제관리와 같은 개별적 접근만으로는 자동차 대기오염을 저감할 수 없다는 인식을 가지고 자동차로 인한 대기오염의 저감대책을 세우고 있다. 이에 따라 최근의 접근경향은 신규 제작차의 관리는 물론 연료전환정책, 교통수요관리, 운행차량 유지관리, 국민홍보 및 경제적 유인제도 등을 총망라한 종합접근이 주류를 이루고 있음을 볼 수 있다.(환경정책연구원, 2000) 미국 환경청 조사에 따르면, 단순히 배출가스 규제기준의 강화보다 정기적 차량점검과 연료의 질개선이 운행차의 배출가스 관리에 효과적인 것으로 나타났으며 이에 미국 등 선진국에서는 제작차의 배출가스 인증뿐만 아니라 운행 중인 자동차의 성능확인을 위해 배출가스 보증기간 내에 있는 자동차를 표본조사 하여 제작차 인증 시 허용기준을 만족시키고 있는지를 확인하고, 확인결과 규제치를 만족하지 못할 경우 결함시정 명령 제도를 실시하고 있다. 또한 자동차의 성능개선도 중요하지만 더불어 자동차의 주행거리 증대의 감소에도 힘쓰고 있으며 더불어 청정연료 사용한 저공해, 무공해 차량 보급에 힘써 미국의 캘리포니아의 경우에는 무공해 자동차 보급 프로그램을 실행하여 2003~2008년간 자동차 판매량의 10%를 전기자동차(ZEV), 하이브리드 전기자동차(PZEV) 등의 무공해 자동차 보급 프로그램을 마련하기도 하였다. 미국과 유럽에서는 바이오디젤을 일반 주유소에서 시판하고 있으며, 경유에 바이오디젤[23]을 섞어 사용하여 경유차의 오염물질 배출량을 줄이고 있다고 한다. 특히 EU는 2010년까지 총 에너지사용량의 12%를 바이오에너지로 대체하는 계획을 가지고 있다고 한다. 일본 동경도의 경우에는 2000년 8월부터 '경유차 NO 계획'을 수립하여 대기오염의 주범인 경유차를 동경도 내에서 없애려고 노력하고 있으며, 독일 베를린시의 경우에도 오염물질을 다배출하는 차량의 통행을 금지하는 등 외국의 도시들에서는 우리보다 한발 앞서 많은 정책들을 시행하고 있기 때문에 우리나라의 대기환경관련 정책에 많은 시사점을 주고 있다.

경유승용차 허용 정책

1. 경유승용차 허용정책의 개요

정부는 지난 2003년 3월 27일 청와대에서 개최된 대통령 주제 경제정책조정회의에서

---

23) 쌀겨, 콩 등에서 추출한 식물성 기름과 알코올을 반응시켜 정제한 물질로서 자동차용 경유를 대체하는 연료로 사용(통상 일반경유에 바이오디젤 5~30%를 혼합하여 사용하며, 바이오디젤 100% 사용도 가능한 것으로 알려짐)
또한, 바이오디젤은 산소함량이 높아(10% 이상) 경유와 혼합사용 시 일반경유 사용 시에 비해 대기오염물질 배출이 30% 정도 저감되는 것으로 알려져 있으며, 엔진 윤활성이 향상되어 엔진소음도 경감하고 엔진의 수명도 늘려준다고 알려져 있음.

그동안 논란을 빚어 왔던 경유승용차의 내수판매를 2005년부터 허용키로 최종 결정하였다. 그 동안 허용정책의 상당한 의견대립이 있었던 이유 중 첫 번째는 전체 차량 중 경유차의 비율이 30%인 데도 불구하고 저공해 기술부족 등으로 경유차가 대기오염의 주요인으로 작용하고 있기 때문이며, 두 번째는 '00. 10월 대기환경보전법시행규칙 개정에 의한 현행 경유승용차 배출허용기준은 세계 어느 나라 기술로도 충족 불가한 기준이라 무역마찰의 원인이 되고 있으며, 세 번째 자동차용 연료로서의 경유의 연료품질이 열악[24]하여 경유차의 오염물질 배출 기여도가 휘발유자동차에 비해서 높으며, 네 번째로 불합리한 에너지가격체제로 인해 경유승용차 허용시 경유승용차의 갑작스런 증가로 인한 대기오염이 문제가 되기 때문 등으로 지적되었다. 거기에다가 아직까지 국내 자동차 업계의 경유차 오염물질 저감기술이 부족하여 현상태로는 경유승용차 배출가스 기준을 엄격하게 적용하기도 힘들다는 문제까지 중첩되어 그 문제의 해결에 있어 상당히 복잡한 논란을 야기했다. 이처럼 복잡한 의견들을 조율해서 나온 결과가 바로 2005년 경유승용차의 배기가스 기준이 EURO-3적용된[25] 차량과 EURO-4적용된 차량이 함께 판매될 수 있도록 하고 2005년에 한해 EURO-4적용 차량에 대해서는 특소세 50% 감면 조치하고, 경유차로 인한 대기오염을 줄이기 위하여 경유차 전반의 대기오염 저감대책을 추진하며, 경유의 황함량을 '06년부터 30ppm으로 강화하기로 하였다. 그리고 향후 에너지 가격비의 경우 산업자원부에서 상대가격비(휘발유:경유:LPG)를 2003년 현재 100:59:45에서 2006년 7월까지 100:75:60 수준으로 조정하기로 한 상태이지만, 환경부에서는 상대 가격비는 2005년에 경제나 기타상황을 고려하여 경유 값을 높여 다시 정할 것이라 밝혔다.

2. 경유승용차 허용정책에 따른 환경영향분석

2000년 현재 자동차 차종별 등록대수와 오염물질 배출량 현황을 살펴보면 총 등록대수 중 경유차는 30%를 차지하고 있으며, 자동차 대기오염배출물질 중 경유차는 일산화탄소(22%), HC(27.2%), NOX(80.9%), PM(100%), SOX(76.7%)를 배출하고 있어 차량대수

---

24) 경유의 황함량이 현재 430ppm으로 독일, 핀란드, 스웨덴 등의 EU국가(50ppm)에 비해 현저히 높으며, 이는 자동차 연소 중 이산화류황(SO_2)을 발생시켜 대기 중 이산화황을 발생시킨다.

25) EURO-3은 현재 EU에서 적용되는 기준이고, EURO-4는 EU에서 '05년(기존차량은 '06년)부터 적용하는 기준임.

에 비해서 많은 오염물질을 배출하는 것으로 알려져 있으며 특히 미세먼지의 경우에는 경유승용차에서 배출하는 미세먼지의 총량이 자동차배출미세먼지의 100%를 차지할 뿐만 아니라 전체 미세먼지의 발생량의 43.5%를 차지하며, 호흡기질환에 있어서 치명적인 물질이어서 저감 노력이 필요하다.[26]

하지만 현행 외국에 EURO-3기준으로 수출 중인 경유승용차와 동일한 차종의 휘발유 차량의 오염물질 배출량을 살펴보면, 경유차는 휘발유차보다 먼지와 질소산화물(휘발유차의 6~8배)의 배출량은 많으나, 일산화탄소와 탄화수소(휘발성유기화합물)는 적게 배출하고 CO와 HC는 휘발유차의 1/2~1/5 수준밖에 배출하지 않으며, 따라서 어느 자동차가 환경적으로 더 낫다고 단정 지어 말할 수는 없으며 배출허용기준이나 자동차 제작의 기술력에 따라서 환경적인 영향은 달라진다. 따라서 경유승용차 허용에 앞서 허용시 우리나라 대기질은 어떻게 바뀌게 될 것인가에 대해서 반드시 알아볼 필요가 있으며 이는 에너지 가격비에 따라서 배출가스 규제 수준에 따라서 현재 승용차 보유자나 잠재구매자들의 경유승용차로의 차량 전이나 구매 욕구에 따라서 달라지는 아주 복잡한 문제이다. 이에 대해서 경유승용차 허용에 앞서 환경부에서는 2012년까지의 자동차증가율(KDI 예측결과인 2,200만대)에 설문조사에 따른 차량 전이율을 적용하여 2012년까지의 배출량을 예측하였으며, 연료가격별 전이율 및 향후 예측되는 차기 경유승용차 배출허용기준, 휘발유와 경유의 가격비 등 여러 변수를 토대로 각각의 시나리오를 작성하여 배출량을 계산하고 환경영향을 평가하였다. 시나리오 중 현재 합의된 2005년 EURO-3(50%에 DPF부착)과 EURO-4를 각각 50%씩 단계도입하고, 2006년에 EURO-4(80% 이상에 DPF부착)의 경우의 NOX와 PM으로 인한 배출량 증감과 사회적 비용을 따져보면 추진하고 있는 경유승용차 도입 정책으로 인한 오염물질 배출량이나 그로인한 사회적 비용은 배출기준과 저감기술의 적용으로 저감됨을 알 수 있다. 하지만 이러한 결과는 현재 예측하고 있는 가정들이 예측한 대로 현실상으로 반영될 때에만 해당결과를 얻을 수 있으며 향후 경제, 정책의 상황의 변화에 따라서 환경에 더욱 악영향을 끼치게 될 수 있음은 경계해야 할 것이다. 어쨌든 이 결과를 보면, 경유승용차 도입으로 인한 오염물질의 배출량은 경유승용차 자체가 가지고 있는 문제보다는 정부나, 기업, 그리고 개인들의 깨끗하고 친환경적인 자동차의 선

---

26) 한국환경정책평가연구원 조승헌 박사팀은 2020년까지 대기오염물질 중 미세먼지(PM₁₀)를 현재보다 10~30% 정도 줄일 경우 서울을 비롯한 수도권에서 천식 등 관련 질환 사망자 수를 연간 최대 120명 정도, 심장 및 호흡기 질환 건수는 연간 2800~8300건 줄일 수 있다는 연구결과를 발표했다.

택의 의지에 달려있다는 것을 알 수 있다.

3. 경유승용차 허용정책 추진계획 및 오염저감 대책

환경부에서 발표한 경유승용차 허용으로 인한 대기환경질의 악화를 우려한 오염저감 대책으로는 가장 첫 번째가 경유승용차 배출허용기준을 합리적으로 조정하여 오염물질의 다배출을 억제하고 경유 중 황함량 기준을 강화하여 '04년부터 50ppm 이하, '06년부터는 30ppm 이하로 낮추는 등의 직접적인 경유승용차 오염원의 저감 노력과 더불어, 현재 선진국들의 자동차 배출가스 관리 정책 중의 하나인 운행차 관리를 강화하여 운행차 배출허용기준을 제작차 수준으로 강화하고 '05년부터는 단계적으로 차량마다 배출가스 자가진단장치(OBD) 부착을 의무화 하는 정책을 마련하고 있다. 또한 현재 오염배출량이 상대적으로 많은 버스에 CNG 또는 LPG 등의 무·저공해차를 도입하고 전기차, 전기하이브리드차 연료전지차 등을 보급하기위해 일정비율 의무화 정책을 추진하고 있으며 에너지 가격체계를 개편하여 에너지 가격에 환경오염비용을 내재화 시키는 등의 오염저감 대책을 마련하고 있다. 하지만 이는 모두 산업, 경제에 민감한 영향을 주는 것이므로 이를 실현하기 위해서는 환경부가 어떤 의지를 가지고 관계부처와의 협의를 이끌어 내느냐가 중요하다고 생각한다.

4. 경유승용차 허용 정책에 대한 평가

경유승용차 허용은 어쩌면 대기환경적인 측면에서 보면 잘된 것인지도 모르겠다. 허용으로 인한 대기질의 악화가 약간 저감된다는 측면도 있긴 하지만 그보다 더 중요한 측면은 바로 이번 경유승용차 허용 논쟁을 통해 여러 전문가들과 경제관련 부처, 환경부, 시민단체 등이 서로의 의견을 조율하는 과정에 있어서 어느 정도 대기환경의 심각성을 공감하고 알릴 수 있었다고 생각하며 향후 대기환경정책의 초석을 깔아놓는 기반을 조성했다고 평가하고 싶다. 하지만 경유승용차 도입에 있어서 국민의 환경권보다 해당 업체들의 원활한 해외 수출을 위한 일환으로 국내 내수시장을 개방하고 또 그들의 기술개발로 인한 투자비를 국내 소비를 통하여 해소시켜주려 배기가스 배출기준을 조정하는 등의 현실은 정부가 국민을 실험용 생쥐로 여기는 것으로 밖에 보이지 않았으며, 현 정부가 정책 수립 시 우선으로 하는 것이 대다수의 국민들인지 아니면 몇몇 기업들의 이윤추구인지에 대해서 의구심을 가질 수밖에 없었다. 환경부의 경우에는 이번 경유승용차 허용에 관한 정책에 있어서 보여주듯이 에너지 정책이나 기타 환경관련 정책의 수립에 있어서 실질적인 협상능력이나 예측능력이 부족하여 어떤 사안이 발생하였을 때만 거기에 대응하는 소극적 입장을 취하고 주변 정책에 끌려 다니고 있어 가뜩이나 정부 부처간의 힘 싸움에서 밀리는 현실을 배가시키고 있다. 또한 예측한 계산상으로 경유승용차의 배출가스 저감으로 대기 환경질이 더욱 나빠지는 것은 방지하였으나, 근본적인 자동차 억제정책은 배제하고 늘어나는 수요에 따라 국내 대기환경 기준을 짜 맞추기식으로 적용하는 정책적 발상은 우리나라 환경정책의 현주소를 나타내주는 아주 좋은 예가 되었다고 생각한다.

대기오염 문제는 물문제와 더불어 앞으로 인류의 생존을 위하여 반드시 풀어야만 할 생명의 문제이다. 인간을 비롯한 동물, 식물 등 모든 지구에서 존재하는 생명체들은 숨을 쉬며 살아가고 있으며 공기 없이는 한시도 살아갈 수 없다. 대기는 이렇게 우리들에게 소중하지만 현재 많은 오염으로 여러 문제들이 이슈화되고 있기도 하다. 지구온난화 문제 역시 대기오염의 한 형태로 지구생명체의 생존에 위협을 주며 국제적인 이슈로 떠오르고 있으며 우리나라도 해마다 봄철이면 어김없이 중국으로부터 황사와 함께 날아오는 오염물질 때문에 중국, 일본과 국제적인 대응까지 모색하고 있기도 하다. 또한 대기오염의 특징은 점 오염원, 선 오염원, 면 오염원 등의 다양한 오염원들이 존재하고 오염물질 발생도 오염원 별로 다양하고 점 오염원이나 선 오염원과 같은 오염원들은 그 배출가스의 관리가 어려운 것이 현실이다. 그 중 특히나 선 오염원의 대표적인 자동차로 인한 배기가스는 각 나라별로 대기오염의 주범으로 지목하고 철저한 관리를 하고 있다.

하지만 이러한 노력에도 불구하고 대기오염 저감 정책이 실제 큰 힘을 발휘하지 못하고 있는 실정이다. 이런 가장 큰 이유가 바로 우리가 대기를 바라보는 생각이, 대기는 아직 자연재이며 오염물질이 발생한다 치더라도 바람이 불어서 흘러가버리면 그만 이라는 생각이 강하게 뿌리박혀 있어서이다. 실제로 대기오염물질의 배출량 산정에 있어서 희석 효과를 이용하여 굴뚝을 높이 올리는 것을 바탕으로 하여 오염물질 배출허용 정도를 산정하고 있기도 하다. 두 번째 이유는 바로 대기 오염의 오염원이 다양하고 복합적이며 그 분석이나 해석이 어렵고 일반인들의 접근과 이해가 힘들어 그 심각성에 대해서 공감하시 못하고 있기 때문이다. 정부에서도 실제 대기오염 수치를 측정할 때 사람들이 많이 거주하는 도심지의 도로 옆 이라든가 사람의 호흡 높이에서 측정하는 것이 아니라 사방이 확 트이고 주변의 바람소통의 영향이 없는 상공에서 측정함으로써 실질적으로 시민들이 마 시고 있는 공기의 오염도에 관심을 갖고 그로인한 인체 영향에 관심이 있다기보다는 그 야말로 상공의 대기오염도 측정 자체에만 관심을 갖고 있으며, 이렇게 측정한 자료마저도 현장에서 우리가 눈으로 볼 수 있는 곳은 주요 간선도로 몇 군데밖에 없으며 다른 매체 를 통해서 접하거나 시간이 지난 후에 따로 찾아봐야 볼 수 있는 등 정보의 은폐나 왜곡 이 심하다고 말할 수 있다. 또한 대기오염 정책이 큰 힘을 발휘하지 못하고 있는 이유 중 에 하나는 바로 우리 시대의 패러다임의 문제이다. 사회에 전반적으로 흐르고 있는 통념 자체가, 있으면 많이 쓰고 많이 버리는 것을 당연시하고 있으며 이러한 통념은 대기에도 마찬가지로 적용된다. S자동차의 대표적인 오염물질 다배출 차량인 경유RV차량의 "1% 의 자존심, 대한민국 1%를 위한 가치"라는 광고문구에서 볼 수 있듯이 소비자체가 미덕 으로 여겨져 포장되고 있는 등의 현상은 우리사회가 생명이나 자연환경의 가치보다 물질 위주의 가치를 더 중요하게 여기고 있다는 사실을 내포하고 있음을 단적으로 나타내는 좋은 예라고 할 수 있다. 그러면 이러한 사회현실을 어떻게 극복해 나가고 시민들과의 공 감을 통해서 점점 심각해지기만 하는 대기환경의 질을 개선할 수 있을 것인가? 앞에서 살펴보았듯이 대기환경오염의 주범은 바로 자동차의 연료연소로 인해 발생하는 배기가스 이다. 2000년 현재 대기오염물질 중 일산화탄소의 경우 자동차 배출가스로 인한 기여도가 80%를 넘고 있으며 NOX와 PM의 경우에도 40% 이상의 기여를 하고 있다.

앞 절에서의 경유승용차 허용정책의 과정과 결과의 분석을 통하여 알 수 있듯이 현재 우리에게 가장 필요한 것은 대기환경의 미래를 잴 수 있는 큰 줄자를 하나 갖는 것이다. 누구에게 내어놓아도 손색이 없을 정도의 또, 어떤 돌발 상황이 닥칠지라도 흔들리지 않 고 떡하니 내어놓고 재어볼 수 있는 줄자가 필요하다. 이에 필자는 현재 대기오염의 주범 인 자동차로 인한 대기오염의 제어에 대한 줄자가 될 수 있는 몇 가지 정책적 제안을 하 고자 한다. 우선 대기오염의 제어를 위해 가장 먼저 제안하고 싶은 것이 바로, 차종별 환 경오염물질 배출량의 공개이다. 현재까지는 에너지소비 효율등급이라고 해서 자동차를 비 롯한 가전제품에 에너지소비에 대한 효율성을 5가지 등급으로 표시하게 되어있는 제도가 있긴 하지만 자동차의 경우에는 전기제품과는 달리 같은 에너지를 소비하더라도 그로인하 여 배출되는 배출 가스는 많은 차이를 보이고 있는 것이 사실이다. 따라서 현재까지 공개 되지 않고 있는 이런 차종별 환경오염물질 발생량을 소비자들이 상품을 선택 할 때 고려할 수 있도록 공개하여 업체들간의 저공해차 개발을 유도하여 배기가스 배출규제와 같은 직접적인 규제보다는 소비자들의 선택에 의한 간접적 규제방식을 유도하는 것이 바람직하다고 생각한다. 두 번째로는 이런 차종별 환경오염물질 배출량 공개를 바탕으로 차종별 환경 오염세를 각각 차등 적용하여 징수하는 것을 제안한다. 환경부는 지난 경유승용차의 오염물질 배출량에 관한 기준을 산정할 때도 정확히 예측하기 불가능한 2012년의 대기오염을 시나리오별로 예측하여 그 중에서 가장 그럴 듯 한 시나리오를 가지고 경유승용차 도입시기와 배출가스 규제기준을 만들어내었다. 그리고 기존 휘발유 승용차의 경유차로의 급격한 전이를 휘발유:경유의 가격비를 조정하는 정책으로 막으려 하고 있으며 그 적정비를 재산정하여야 한다고 주장했다. 하지만 많은 사람들이 경유승용차의 도입을 반대하는 이유는 경유승용차 자체에 대한 반감 때문이 아니라 경유승용차 허용으로 인해 예상되는 대기환경오염이라는 측면 때문 이였다. 다르게 설명하면, 대기환경질의 개선을 위해서는 휘발유차량, 경유차량이 문제가 아니라 저공해 차량이 우선되어야 한다는 것이다. 따라서 차종별 대기오염물질 배출별 차등세금 적용하여 대기오염물질 배출을 제어하는 것이 어쩌면 더욱 현실성 있고 합리적인 자동차로 인한 대기오염의 저감 대책이 될 수 있을 것이다. 세 번째로는 대기환경에 관련된 배출자료나 현재 대기질 현황 등의 자료들을 일반 시민들이 손쉽게 접할 수 있는 수단을 강구해야 할 것이며, 이를 통하여 대기환경에 있어서도 시민감시 부분을 활성화 시켜나가 시민들의 관심을 유도하고 정책결정에 있어서 시민들의 의사를 반영할 수 있는 장치들을 만들어 나가는 노력이 필요할 것이다. 네 번째로 대기환경의 주 오염원인 자동차 오염원의 제어를 위해서는 자동차 배기가스 기준을 제시하고 규제하는 것도 중요하지만 도시계획이나 교통계획과 연계하여 자동차의 운행을 줄인다거나 도심의 자동차 통행의 제한을 두는 등의 노력도 필요하다. 도시 내 대중교통의 활성화와 자가용 통행의 억제정책과 더불어 친환경적 운송수단인 자전거 이용의 활성화와 대중교통과의 연계방안 모색 등이 필요할 것이며 시민들의 자가용 이용 억제를 유도하기 위한 방안으로 친환경적이고 살기 좋은 뉴타운을 조성한 후에 일정기간 동안 차량을 소유하지 않은 가구에 대해서만 그곳에서 살 수 있는 분양권을 주는 등의 획기적인 사고의 전환이 필요하다. 다섯 번째로 주민을 위해 봉사하는 지방자치단체에서 주민의 생각을 유도해 나가는 지방자치단체가 필요하다. 현대사회에 있어서의 지방자치단체의 역할은 나날이 다양화되고 세분화 되어가는 주민들의 요구를 모두 다 수용하여 잡다하고 기형적인 정책을 수립하는 것이 아니라, 주민들의 의견을 수렴하되 중심이 되는 방향성을 가지고 모든 의견을 통합적으로 이끌어 나가는 길을 만들어 나가고 모색하는 것이 중요하다. 자동차 주행속도가 저하되니 도로를 많이 만들어 달라는 주민, 도심에 주차장이 부족하니 주차장을 더 늘려달라는 주민들의 요구 앞에서도 왜 자동차 억제정책을 세워야 하는지, 그러한 불편으로 인해 우리가 얻을 수 있는 것은 어떤 것이 있는지에 대해서 주민들에게 알려나가고 지방자치단체의 정책을 수긍할 수 있게 만드는 노력이 필요하다. 이는 비단 대기환경을 위한 자동차 오염 제어뿐만이 아니라 현대사회의 모든 정책 수립시 중요하게 요구되는 사항이다. 어떻게 보면 위에서 내어놓은 다섯 가지 정책적 제안보다 우리에게 더 필요한 것은 바로, 현재 우리의 소비 지향적 사고, 경제성장을 신봉하는 패러다임에서 한걸음 여유를 갖고 물러서서 모든 것을 바라볼 수 있는 느긋하고 여유 있는 발걸음일지도 모른다. 대기오염의 문제도 그 원인을 찾아본다면 인간의 활동과정에서 나타난 부산물에 있다. 그 오염물질을 어떻게 하면 환경기준에 맞출 것인지에 대한 고민에 휩싸여 놓치기 쉬운, "오염물질은 왜 배출되게 되었는가?", "왜 줄여야하는가?"라는 질문에 대해서 정책입안자들뿐만 아니라 시민들도 한번쯤은 생각해 봐야한다. 이를 바탕으로 능동적이고 자발적으로 시민들이 정책결정에 참여를 할 수 있게 유도하여야 하며, 이는 앞에서 제시한 다섯 가지의 정책들을 바탕으로 충분히 이끌어 낼 수 있을 것이라 생각한다. 앞으로의 대기환경관련 정책수립에 있어서 대기환경뿐만 아니라 시민까지도 함께 끌어안을 수 있는 방향까지 모색하는 변화되는 환경행정의 모습을 기대하는 바 이다.

참고문헌

대우자동차(주), "경유승용차 배출가스 조기 규제완화에 대한 의견 및 건의", 2002. 4.

박심수, "경유차 오염 저감에 관한 자동차제작사의 역할", 2003. 1.

서울시정개발연구원, "수도권 대기환경 개선을 위한 당면과제와 주요 추진전략 - 자동차의 대기환경 영향 제어를 중심으로 - ", 2001. 5.

서울시정개발연구원, 「서울시 경유자동차 배출가스 저감정책 수립에 관한 연구」, 1996.

오마이뉴스, "실종위기!'환경을 위한 경유차 생산제한'", 2002.

환경노동위원회, "수도권 대기환경개선에 관한 법률안 검토보고서", 2003. 6.

환경부, "경유승용차로 인한 환경영향예측과 기준조정의 전제조건", 2002. 5.

환경부, "경유승용차 허용 시 시나리오별 환경영향 검토", 2003.

환경부, "경유차 대기오염 저감대책", 2003. 2.

환경부, "경유차 배출가스 저감대책", 2003. 1.

환경부, "수도권 대기질개선 특별대책(Blue Sky21-Capital Region Clean Air Initiative)",
     2002. 12.

환경부, "자동차용 연료품질기준 강화방안", 2003. 1.

한국환경정책·평가연구원, 「외국의 대기오염관리 성공사례 및 정책적 시사점」, 1997. 12.

경유차 문제해결을 위한 공동대책위원회, http://www.ecojustice.or.kr/diesel (2003. 11)

11. 유전자조작 식품과 환경정책

들어가는 말

요즘 텔레비전에서 '대장금'이라는 드라마가 한창 인기리에 방영되고 있다. 옛 궁중음식을 다룬 드라마로 그 드라마를 시청할 때마다 시청자들은 군침을 흘리며 보고 그 다음날엔 그 음식이 동이 나게 팔릴 정도라고 한다. 그렇다면 현대의 음식의 문화가 장금이가 살던 시대보다 맛과 질 그리고 양이 떨어진다는 것일까! 그것은 아니다. 오늘날 우리는 그 시대보다 훨씬 풍족한 음식 문화를 누리며 살고 있다. 장금이 시대엔 스파게티가 있었을 리 만무하고 햄버거가 있었을 리 없고 고추가 들어오기 전이므로 김치조차 허연 상태로 먹었으니 말이다. 향신료는 더더욱 찾아볼 수 없다. 양적으로는 증가한 것은 사실인데, 세상에 먹을 게 그리 많은 데도 먹을 게 없다고 생각하는 사람도 허다하다. 미국에 비만이 많은 이유 중에 하나는 과다한 인스턴트음식 섭취가 있다. 맥도날드, 버거킹 등의 패스트푸드의 본고장인 미국은 사태의 심각성을 느꼈는지 인스턴트 음식에 전쟁을 선포했고 미국 초등학교에서는 청량음료 판매를 금지하도록 했다. 이는 우리나라의 경우도 마찬가지다. 유아비만이나 초등학교에서 뚱뚱한 아이들이 증가하는 많은 이유 중 하나가 이러한 형태로의 식습관의 변화에서도 기인한 것이다. 그들의 평범치 않은 외모를 평범하게 바꾸는 네는 지방과 설탕이 많이 든 음식이 아닌 채소와 같은 무기질류를 많이 섭취해야 한다. 그래서 채소를 먹겠다는데 또 다른 문제에 봉착했다. 쌀이며 과일이며 채소엔 농약이 허다하다. 농약이 없이 재배된 것들을 먹자니 값이 너무 비싸다. 그래서 농약도 안치고 값싸고 크기도 더 큰 유전자조작 식품을 이용하기에 이른다. 어린 시절 언제 어디서든 '뽀빠이'하고 부르면 달려가 올리브를 구하는 우리의 영웅 뽀빠이는 잘 알다시피 시금치를 먹어서 힘이 장사인 주인공이다. 그런데 그 시금치 유전자를 약간 손보았더니 굳이 냉장고가 없어도 신선함이 유지되고 농약도 없고 적은 돈으로 전보다 훨씬 양 많고 크기도 커진 시금치로 되어 더 많은 어린이들이 먹을 수 있게 되었다. 이렇게 유전자 식품은 인류 식량난의 구원주라는, 제2의 녹색혁명이 일어날 것이란 큰 기대를 하기도 하는 이 시기에 아직 검증되지 않은 결과와 안정성의 정도에 대해서 비판 또한 크게 일어나고 있다. 세상에 먹는 것만큼 또 중요한 일도 없다. 우리는 우리도 모르는 사이에 이미 유전자조작을 통해 만들어진 콩, 옥수수, 감자 등을 먹고 있다. 우리의 생명과 직결된 음식 즉 유전자조작식품이 무엇인지, 우리에게 어떤 영향을 주는지 그리고 어떠한 문제가 있는지 알권리로서 살 권리로서 우린 분명 집고 넘어가야 한다.

유전자조작 식품이란

유전공학 또는 유전자조작(genetic engineering)이란 한 종으로부터 유전자를 얻은 후에 이를 다른 종에 삽입하는 기술을 말한다. 예를 들어, 차가운 바다 밑에서도 살 수 있는 넙치로부터 얻은 내냉성 유전자를 딸기에 넣어, 서리에도 견딜 수 있는 추위에 강한 딸기를 만들어내는 기술을 말한다. 이렇게 유전자조작으로 탄생된 내냉성 딸기는 유전자변형식물이며 이와 같은 방식으로 새롭게 만들어진 생명체 GMO(Genetically Modified Organisms), 즉 유전자조작 생물체라고 부른다. 유전자조작이 벼나 감자, 옥수수, 콩 등의 농작물에 행해지면 유전자조작농작물이라 부르고, 이 농산물을 가공하면 유전자조작 식품이라고 불리게 되는 것이다. 현재 유전자조작 농작물로 이미 상품화되어 있는 것 중 가장 높은 비율을 차지하고 있는 것이 바로 제초제내성 농작물이다. 농작물을 재배하고 있는 농지에 작물을 제외한 모든 식물을 죽이는 고독성(高毒性) 제초제를 뿌리면 작물은 죽지 않고 잡초만 죽게 하는, 박테리아의 유전자를 이식하여 유전자조작된 작물로서 콩과 유채(카놀라)가 대표적인 작물이다. 비율로 따지면 전 세계의 유전자조작 농작물 상품 중 약 70%가 제초재내성 농작물이다. 그리고 또 하나는 살충독소 생성 농작물이다. 토양 미생물인 BT균이라는 살충독소를 만드는 유전자를 농작물에 넣으면, 농작물 자신이 살충독소를 만들게 되어 농약을 사용하지 않아도 해충을 없앨 수 있게 되는 것이다. 옥수수, 면화 등이 대표적인 예이다. 이렇듯 콩, 옥수수, 감자, 토마토, 호박 등등 우리가 평소에 아무렇지 않게 먹고 있는 것들의 대부분이 유전자조작으로 이루어진 것들이다. 고추장, 된장의 주원료인 콩은 대부분 유전자조작으로 이루어 졌다 해도 과언이 아니며 1차 가공된 식품뿐만 아니라 전분, 물엿, 기름 등의 형태로 각종 식품에 들어가지 않은 곳이 없을 정도로 많다. 또한 산업용 기초 원료인 비료, 비타민 화장품 등으로도 널리 이용된다. 인류의 수는 계속 증가되어만 왔다. 그러나 지구 땅은 그대로인지라 경작할 수 있는 농지면적은 한정되어 있으며, 화학비료나 농약 사용은 잔류농약 등에 의한 안전성문제도 있어 식량증산에는 한계를 보이게 되었다. 2000년엔 세계인구가 62억이었고, 2070년에는 100억이 넘어설 것이라는 주장도 있다. 이같이 인구가 증가하면 당연히 그에 따른 식량수요도 증가할 수밖에 없다. 그러나 문제는 인구의 증가만큼 식량의 증가가 따라가지 못해 생기게 된다. 그래서 생긴 방법 중 하나가 식량자원의 새로운 품종을 효율적으로 개발하여 병충해에도 강하면서 적은 돈으로 많은 효과를 누릴 수 있는 즉, 인류 식량난의 구원주라는 유전자조작 식품을 개발하게 된다.

유전자조작 식품을 찬성하는 입장

유전자조작 식품을 찬성하는 사람들의 입장을 들어보면, 위에서 언급한대로 식량문제를 해결할 수 있다는 것이다. 이는 해충, 잡초에도 잘 견디는 품종을 짧은 시간 내에 많은 수확량을 올릴 수 있기 때문에 현재 기아에 허덕이고 있는 그리고 앞으로 그럴지도 모르는 인류의 식량문제를 해결할 수 있다고 한다. 또한 맛과 영양을 획기적으로 개선하거나 약용 성분의 주입으로 영양 결핍을 해결하며 인류의 질병 치유와 제3세계 사람들의 영양상태를 획기적으로 개선할 수 있다고들 말한다. 예전에 한 신문에 이런 기사가 난 적이 있다. '홍버섯쌀 비타민쌀 암예방쌀 등 기능성 쌀 쏟아진다.'라는 제목으로 내용을 보면 홍버섯쌀은 혈액 내 콜레스테롤을 낮추고 혈압을 떨어뜨리는 효과 때문에 주목을 받고 있는데 우선 홍버섯쌀의 로바스타틴(모나콜린A)이라는 물질이 콜레스테롤을 18% 정도 낮추어 준다는 것이 국제 학계의 공인된 보고라는 내용이었다. 또 하나는 아직 성분 규명까지는 되지 않았지만 혈관을 확장해 혈압을 떨어뜨리는 물질이 확인됐다면서 생명공학의 발전으로 철분이 많은 쌀, 암예방쌀 등 쌀만으로는 부족한 각종 영양성분을 보강하고 질병 예방 효과를 갖는 기능성 쌀이 크게 늘어날 것이라는 입장이었다. 항암효과가 있는 베타카로틴이 보통 토마토보다 3.5배나 많이 들어 있는 유전자 변형 토마토가 개발됐다는 보도도 있었다. 유전자조작 식품을 이용함으로써 환경오염을 줄일 수 있다고 한다. 유전자조작 작물은 제초제 및 살충제 사용을 절감시키기 때문에 환경에의 부담을 감소시키므로 농약에 의한 환경오염을 줄일 수 있다는 주장을 펼치고 있는 것이다. 또한 GMO를 옹호하는 입장을 보면 인간은 어떤 긴박한 상황에도 적응하게 되어있는 동물이므로 인류가 생긴 이래 이제까지 그렇게 새로운 상황, 가령 음식 문화의 발달이나 산업사회의 형성 등에도 잘 적응하여만 왔듯이 앞으로도 그러할 것이라는 것이다. 매일 매연을 마시며 여러 박테리아와 병원균 등 언제 위험이 닥칠지 모르는 생활을 하는 가운데 아직까지 아무런 이렇다할 피해사례가 발생되지 않은 GMO를 굳이 반대할 필요가 없다는 것이다.

유전자조작 식품을 반대하는 입장

거기에 맞서 GMO를 반대하는 입장을 보면 우선, 유전자조작 식품은 몸에 좋지 않다는 것이다. 그것들은 순수 자연 상태에 존재하는 것들이 아닌 인간들이 인위적으로 만들어 생겨난 것들이다. 물론 무에서 유를 창조한 것들은 GMO뿐만 아니라 사이다, 콜라 같은 음료도 있다고 말할 수 있을지도 모른다. 그러나 이런 것들도 모두 몸에 해가 되면 해가 됐지 좋다는 소리는 이제까지 들어보지 못한 것이 사실이다. GMO는 아직 이렇다할 부작용이 나타나지 않았을지 모를지언정 아직 검증되지 않은 식품이란 것이 사실이고 조금씩 그 위험성이 서서히 드러나고 있다. 유전자 변형작물은 알레르기 유발 가능성이 있다. 알레르겐(알레르기 반응을 일으키는 물질)의 대부분은 단백질이다. 그런데 제초제내성의 유전자가 제초제의 효과를 상실케 하게 위해 만들어낸 효소와 BT균에서 생성된 살충독소는 모두 단백질로 되어 있다. 그러므로 유전자조작에 의한 이러한 작물은 충분히 알레르기를 일으킬 가능성이 있는 것이다. 변형 작물의 살충독소가 인간이나 가축의 소화기관에 상처를 입힐 위험성도 제기되고 있다. BT균 중 바실러스, 슈린지엔시스, 이스래렌시스가 만드는 살충독소는 포유류에 작용하여 근육세포에 대하여 생화학적 및 형태적 변화를 일으킨다는 것을 알게 되었다. 즉 세포막의 포스포리피드와 상호작용을 일으켜서 세포막에 구멍을 뚫어 세포 안의 효소 등이 밖으로 흘러나오는 것이다. 술을 먹어서 위에 구멍이

나는 게 아니라 무르지 않은 토마토를 먹어서 위에 구멍이 날지도 모른다는 말이다. 내분비 교란 화학물질인 환경호르몬이 크게 화제가 된 적이 있다. 환경호르몬의 위험성은 익히 알고 있다. 그런데 식물 안에도 환경호르몬같이 작용하여 동물이나 인간에게 장애를 초래하는 에스트로겐이란 물질이 있다. 문제는 유전자조작식물의 경우 이 식물성 에스트로겐이 증가한다는 데에 있는 것이다. 독일 베아트릭스 타페세트 박사와 크리스틴 본 봐이자크 씨는 '식물성 에스트로겐은 포유류 체내에서 호르몬과 비슷한 역할을 함으로써 중대한 생식기능장애를 일으킨다'(제3세계 Network Furtures에서)라고 경고한 바 있다. 1999년 1월에 국내의 식품관련 전문가들을 대상으로 조사한 결과에 따르면, 전문가 10명 중 8명이 GMO가 식품으로서 독성이나 부작용을 가져올 것이라고 우려하는 것으로 나타난 사실도 있다. 자연계에 존재하는 모든 생물은 서로 상호 보완하는 관계 속에 조화를 이루며 살고 있다. 모두 하나의 중요한 개체로 각의 역할을 갖고 얽히고설킨 생태계로 자연을 유지해나고 있는 것이다. 그런데 인간은 산업 활동으로 자연을 파괴했을 뿐만 아니라 이제는 생명의 기본인 유전자를 조작하여 자연을 파괴하고 있다. 농약대신 제초내성제를 사용함으로 농약 절감 효과가 나타날지 모르나 농약을 쓰면 내성이 생겨 더 많은 농약을 사용해야 하듯이 이것도 마찬가지로 나중에는 내성이 증대되어 효과가 나타나지 않을 것이다. 실제로 제초 내성제를 사용하였더니 옆의 잡초로 그 성질이 전이되어서 슈퍼잡초가 생기는 사례도 발견되고 있다. 이와 같이 GMO가 갖고 있는 저항성 유전자는 쉽게 생태계 속으로 전이되어 해충과 잡초들이 저항성 유전자를 가지게 됨으로써 슈퍼해충과 슈퍼잡초가 탄생하게 되어 방제가 더욱 어려워지는 악순환을 겪게 되며 변종(돌연변이)이 출현하여 생태계를 교란하고, 그로 인해 생물다양성이 파괴되고 획일화됨으로써 자연생태계의 순환구조를 파괴하는 결과를 가져올 것이다. 일본의 와타나베유지라는 사람은 이런 유전자조작으로 인한 상황을 판도라의 상자라고 표현한바있다. 과학자들이나 개발기업은 그것은 인간에게 행복을 가져다줄 것이라고 주장하지만 실제로는 재앙일 가능성이 높다라며 그 상자를 지금 바로 닫지 않으면 안 된다는 것이다. 만약 앞으로 GMO는 인간에게 전혀 해가 되지 않으며 자연도 파괴하지 않을 것이라는 확실한 보고가 나왔다고 치자. 그렇다면 GMO는 절대적으로 유용한 것인가에 대해 생각해보면 그 뒤에는 다국적 기업의 횡포가 있음을 알아야 한다. '종자를 지배하는 자가 세계를 지배 한다'라는 말이 있다. 이제는 '변형작물을 지배하는 자가 세계를 지배 한다'는 말이 나오고 있다. 1998년 미국의 종묘회사인 델타&파인랜드사는 일명 자살해 버리는 식물을 만드는 '식물 유전자의 개발 억제'라는 기술로 특허를 취득한 바 있다. 농가에서 종자를 얻는 것을 방지하고 매번 회사에서 종자를 사가게 함으로써 회사의 이익을 극대화하기 위해 만든 것이다. 이 '터미네이터 테크놀러지'가 전 세계로부터 비난의 소리가 높아지자 보다 교묘한 기술로 개발한 것이 '트레이터 테크놀러지'이다. 식물은 성장과정에서 병에 대해 저항성을 발휘하거나 종자를 많이 열리게 하는 성질을 하나하나 막아서 자기 회사에서 판매하는 제품을 살 수밖에 없게 만들어 이익을 취하는 것이다. 결국 이 기술은 세트로 종자와 약품을 팔기 위한 기술로 만일 어느 단계에서 사용하라는 약을 사용하지 않으면 그 농작물은 정상적으로 자라지 않게 된다. 현재 미국의 다국적기업 몬산토(Monsanto)는 자사의 제초제인 '라운드업'에만 저항성을 갖도록 유전자조작된 '라운드업 레디'라는 콩을 개발하여, 이를 제초제와 한 세트로 같이 농민들에게 팔고 있으며 이로써 엄청난 이윤을 챙기고 있다. 실질적 동등성이란 말이 있다. 유전자조작을 추진하는 세력이 유전자조작의 안정성을 근거로 삼는 용어로 '유전자조작 농작물과 원래의 농작물을 모양, 형태, 주요성분, 성질 등을 비교하여 거의 같다고 본다면, 유전자조작 농작물에서 새롭게 생성되는 물질도 안전하다. 그러므로 유전자조작 농작물의 안정성은 원래의 농작물과 같다'라는 내용이다. 그러나 이 개념은 미국의 환경과 건강의 안정성을 우선으로 하는 부서가 아닌 경제를 담당하는 부서에서 만들어진 것이라는 모순부터 시작하여 이는 변형작물의 영양성분을 조사한 것이지 유해물질이 생겼는지, 어떤지를 확인한 것은 아니라는 오류를 범하고 있다. 자연계에 존재하지 않는 것을 자연계에 존재하는 것들과 동등하다고 표현하는 그들의 표현은 식품으로서 안정성을 확인받기 위해 억지스럽게 짜 맞춘 노력으로 보인다. 유전자조작 식품이 인간의 기아를 해결해줄 거라는 의견이 있다. 과연 그러할까! 세계는 힘이 있는 자가 더 많이 가지고 약한 자는 조금 갖도록 되어 있는 구조다. 지금도 충분히 아프리카 아이들이 굶어죽지 않을 수 있다. 문제는 양이 아니라 분배에 있는 것이다. 모두가 공유하기에 충분한 양이 있어도 분배가 제대로 되지 않으면 굶어죽는 사람은 계속 생길 수밖에 없다. GMO 그 위험성이 확인되고 있어 사람들이 찾지 않는 식품이 되면 사람들은 순수 자연에서 나온 식물을 찾을 것이고 그것들은 보통 사람들이 사기엔 가격이 턱없이 높을 것이다. 여기서 또 분배의 모순이 생겨난다. 있는 사람들은 몸에 좋은 것을 높은 가격을 주고서라도 살 것이고 없는 사람들은 안 좋은 걸 알면서도 울며 겨자 먹기로 GMO를 사먹을 수밖에 없는 것이다.

우리나라의 현재 동향

우리나라의 기업의 거의 대부분의 지분이 외국계로 넘어가 있듯, 유전자조작기술은 점차 강화되고 있는 종자 다국적기업들의 국내 진출과 점유를 더욱 확고하게 하고 있다. 우리는 평소 유전자조작 식품에 대해 큰 의미를 갖지 않고 생활하고 있고 그것이 적은 비용으로 큰 효과를 누릴 수 있는 사업이기 때문에 이미 많은 기업체에서는 GMO개발에 열을 올리고 있는 실정이다. 이미 세계 3대 농업생명공학기업인 몬산토(Monsanto), 노바티스(Novartis), 아벤티스(Aventis)사는 우리나라에 진출해서 종자와 농약부문에서 점차 입지를 강화시켜 나가고 있다. 몬산토는 금호그룹과 합작하여 금호생명환경과학연구소를 세워 GMO 개발연구활동에 나서고 있고, 노바티스는 노바티스 종묘(구 서울종묘)와 노바티스아그로코리아(농화학부문), 아벤티스는 '아벤티스크롭사이언스코리아'라는 이름으로 진출해 있다. 이미 종자시장의 70%가 다국적기업에 넘어가 있는 상태이다. 우리나라의 식량 자급률이 식량자급률 30%인데 여기서 사료용을 제외하면 52.4% 수준이고 쌀을 제외하면 5%인 실정이다. 식량을 수입하지 않으면 먹을 게 없는 현실이며 우리가 먹고 있는 수입품들 대부분이 미국에 의존하고 있으므로 대부분이 GMO었다고 해도 과언은 아닐 듯 하다. 우리나라는 이렇듯 이미 극소수 다국적기업, 나아가 종자 제국주의에 의해 좌우되고 있는 것이다. 쌀 개방화를 앞두고 있는 이 시점에 쌀도 그리 믿을 만 한 식량이 못될 것이라는 것이 우리가 안고 있는 현실이며 깊이 생각해봐야 할 문제다. 우리나라의 GMO에 대한 정책 및 규제 동향을 보면 GMO와 관련하여 우리 청에서는 "유전자재조합식품, 식품첨가물 안전성 평가자료 심사지침"이 마련되어 입안 예고(식품의약품안전청고시 제1999-46호, 99년 8월)되어 유전자재조합식품을 만들거나 수입하는 업자는 사전에 사람의 건강을 해칠 우려가 없음을 확인하는 영양성, 독성, 알레르기성 등 안전성 평가 자료를 제출하여 평가 받아야 되며, 입안예고가 끝나는 2001년 7월부터 시행될 예정으로 되어있다. 2001년 3월부터는 유전자조작 농산물, 그리고 2001년 7월부터 유전자조작 식품에 대하여 의무 표시제(labelling)가 시행되었고 대상은 콩, 콩나물, 옥수수이며, 감자는 2002년 3월부터 시행되었다. GMO가 3% 이상 섞여 있으면 수입업자 및 가공업자는 반드시 '유전자조작농산물(식품)'이라고 겉면에 표기를 해야 된다.

다른 나라의 현재 동향

GMO 개발 및 판매에 가장 적극적이며, 범정부 차원에서 각국의 GMO 관련 규제에 대처하고 있는 곳은 단연 미국이다. 환경보호단체인 그린피스나 소비자 보호단체 등에서 잠재적 유해성을 이유로 문제를 제기하고 있으나, FDA(식품의약품청), USDA(농무부), EPA(환경보호청) 등의 광범위한 과학적 평가 결과, GMO 농산물이 재래적 방법에 의해 생산된 농산물과 다르지 않다고 결론을 내리고 GMO 농산물에 대한 별도의 규제(표시제, 사전승인 포함)는 불필요하다는 입장을 보이고 있다. EU의 경우 GMO에 대한 규제는 EU 회원국별로 상이하나 전반적으로 안전성 평가(Risk assessment)와 안전성 관리(Risk management)를 엄밀히 요구하는 분위기를 보이고 있으며 소비자의 알 권리와 선택의 기회 제공차원에서 GMO 농산물에 대한 표시제 의무화 규정 채택('98. 5)하고 있다. 이는 유전자 및 단백질 시험을 통해 GMO를 함유하는 것으로 확인된 식품에 적용하고 있다. 2010년 GMO의 세계시장 규모는 200억 달러로 추정될 만큼, 계속 크게 발전할 것으로 보인다. 개발방향으로는 제초제, 각종 병저항성, 해충저항성, 저장성향상 등의 영농개선형의 제1세대 GMO, 품질 및 영양개선식물의 개발(기능성 식품)의 제2세대 GMO 그리고 단백질, 항체 및 효소 등의 유용물질을 GMO에서 생산하는 시스템인 고부가가치의 의약품 효과를 나타내는 제3세대 GMO로 진행될 것으로 추측된다. GMO의 생태계 파괴와 국제간의 거래를 규제하기 위해 '생물안전성 의정서(Biosafety Protocol)' 제정을 추진해 왔던 UNEP는 1999년 2월 말에 최종안을 채택하였다. 따라서 생물안전성 의정서는 GMO의 국제간 거래에 법적 구속력을 가지는 최초의 국제 협약이 될 것이다. 이미 GMO는 우리 생활 깊숙이 박혀 있기 때문에 바로 몰아내는 것은 불가능하다. 앞으로도 없앨 수는 없을 것으로 보인다. 이 세계는 이미 자본주의체제로 돌아가고 있으며 그 말은 양육강식을 나타내는 것이기 때문이다. 이미 국가의 범위를 넘어선 힘 있는 다국적 기업만이 살아남고 그 외에 힘없는 것들은 질 수밖에 없다. 여기서 나타난 GMO역시 자본주의가 만들어낸 필연적인 생산물일지도 모른다. 그렇다고 넋 놓고 당할 수만은 없다. 우리의 생활과 생명을 지키기 위하여 할 수 있는 것을 최대한 노력해야 한다. 아직까지는 소비자의 힘이 남아있는 상태이므로 소비자 입장에서 힘을 발휘해야 한다. 유전자조작이 들어간 식물과 식품을 사용하지 않으면 된다. 이미 여러 나라에서는 유전자조작 표시의무제를 실시하고 있다. 영국은 광우병을 경험한 후 유전자조작 농작물에 대하여도 아주 엄격한 자세를 보이고 있다. 여러 방면에서 유전자조작에 대한 논의가 활발히 이루어지고 있으며 국민들도 상당한 문제의식을 가지고 있으며 유전자조작 식품은 전혀 팔리지 않고 있다고 한다. 아무리 다국적 기업이 헐값에 판매하기 위해서 내어 놓아도 소비자가 전혀 사질 않으면 철수할 수밖에 없는 것이 생산-소비의 기본적인 관계 이다. 오스트리아, 노르웨이, 룩셈부르크 이 세 나라는 특히 더 엄격한 자세를 취하고 있으며 생산도 유통도 금지하고 있다. 오스트리아에서는 어떤 현안에 대해 10만 명의 서명을 받아 국회에 상정하면, 국회에서는 이 안건에 대하여 심의해야만 한다는 법률이 있는데 유전 자조작 금지를 요구하는 내용에 대해서는 불과 1주일 안에 126만 명이 서명을 할 정도로 국민들 사이의 큰 화제 거리였다. 이같이 국민들이 앞장서서 반대를 외친다면 나라에서는 인정할 수밖에 없는 것이 현 민주주의의 특징이기도 하다. 그러나 우리나라 국민들은 유전 자조작식품의 위험성에 대해 잘 모르고 있다. 위험성뿐만 아니라 그 말 자체를 모르는 사람도 많다. 이렇게 기본적인 지식도 제대로 모르는 상태에서 표지의무제를 시행해봤자 별 소용없는 일이 될지도 모른다. 일단 국민들에게 알권리를 제대로 충족시켜줘야 한다. 그리고 국민들 스스로도 자신이 먹을 먹을거리에 대한 성질과 품질에 대해서 만이라도 정확하게 알고자 노력해야한다. 그것이 먼저 이루어졌을 때 그 다음이 이행될 수 있다. GMO에 대하여 안전하다는 입장만을 고수하면서 표시제 시행 이외에 지금까지 별다른 대책을 세우지 않고 GMO가 얼마나 수입되는지조차도 파악하지 않고서 방관하고 있는 정부의 태도도 바꿔어야 한다. 그리고 강력한 법률이 뒷받침되어야한다. 소비자가 강력히 GMO에 대해 강력한 반대를 원하면 정부에서는 수용해야하고 미국에 대해서도 No!라고 말할 줄 알아야한다. 그러나 미국의 51번째 주라고까지 하는 우리나라가 미국에게 NO!라고 할 수 있는 날이 올지는 모르겠다.

유전자조작 식품은 기아문제를 해결할 기적의 식품인가 아닌 인류를 재앙으로 몰고 갈 프랑켄슈타인 식품인가? 물론 유전자조작 식품 모두가 유해하기 때문에 절대로 먹어서는 안 된다는 것은 아니다. 암을 예방하는 GMO가 만들어질 수도 있고 먼 미래에 절대적인 식량부족문제에 직면했을 때 기적의 식품이 될지도 모른다. 그러므로 유전자조작 식품에 대해 정확한 실험적 검증자료를 통하여 안전하다고 확인될 때까지는 이렇게 알권리가 무참히 짓밟힌 채로 다국적 기업의 횡포 속에 놀아날 수는 없다. 안정성이 입증되지 않은 불확실한 유전공학의 결과가 우리가 그 실험의 대상이 된 상태로 예측할 수 없는 방향으로 진행되는 것은 안 된다. 인간은 지금까지 수많은 화학물질을 자연환경에 방출해 왔는데 결국 그것은 이제 역으로 인간의 생존을 위협하고 있다. 유전자조작생물도 그렇게 되지 않는다고는 그 누구도 단연할 수 없을 것이다. 쌀 시장 개방을 앞두고 있다. 어느 때보다 우리쌀을 이용하자는 캠페인이 강하게 일어날 것이다. 그러나 소비자의 심리상 더 싸고 더 맛있는 수입쌀에 눈이 가는 건 당연할지 모른다. 세계화라는 이름 하에 너무나 많은 것들이 희생되고 있다. 모두 우리의 생존과 직결되어 있는 것들이다. 가만히 앉아서 조작된 세균이 들어간 음식을 내 몸과 생명을 담보로 먹기엔 우리의 삶이 그리 길지 않다는 생각이 든다. 나도 모르는 사이에 대기의 유해한 물질이 내 몸에 암을 유발하고 있을지도 모른다. 그렇다고 숨을 안 쉬고 살수는 없다. 선택의 권리가 없는 것이다. 그러나 음식은 내가 선택할 수 있는 문제다. 나쁘다고 생각하면, 영 찝찝하게 생각되면 과감히 거기에 No!라고 말할 줄 알아야 한다. 그리고 그 No라는 대답에 강경히 받쳐줄 정부의 힘이 그 어느 곳보다 필요하다. 자세한 조사는커녕 그저 세계의 추세나 보고만을 따라가는 현재 정부의 수동적이고 방관적인 태도가 아닌 능동적이고 적극적인 태도가 그 어느 때보다 절실히 필요함을 정부는 알아야한다.

참고문헌

아스다 세츠코 2000 『먹어서는 안 되는 유전자조작 식품』 교보문고.

와타나베유지 1991 『유전자 변형식품의 실체』 농민신문사.

중앙일보 2003-8-25.

동아일보 2001-01-13 30면(사회).

중앙일보 2000-06-01.

http://genetics.nurii.net/B/2agriculture/first.htm#

http://www.kfda.go.kr/cgi-bin/t4.cgi/food/food7.taf 식품의약품안정청.

http://www.agri-korea.or.kr/gmo/gmoq&a.htm 유전자조작 식품 반대 생명 운동연대.

12. 쓰레기 소각을 둘러싼 환경정책

90년대 초반부터 전국 곳곳에서 폐기물 처리시설이 설치되면서 주민과 자치단체간의 분쟁이 끊이지 않고 있다. 폐기물 처리시설을 둘러싼 분쟁은 주민과 행정당국간에서만 나타나는 것이 아니라 자치단체 간에서도 나타난다. 서울시와 경기도의 경계선에 해당하는 몇 지역의 경우 해당자치단체와 시민이 연합하여 서울시의 소각장 건설을 반대하고 있는 모습에서 그 예를 발견할 수 있다. 혐오시설로 인식되고 있는 소각장과 매립장의 설치가 추진되면서 기존의 법률적 근거와 행정기관에 의한 밀어붙이기식 사업 추진이 갈등을 유발시키고 있다. 다시 말하면 밀실행정과 정보의 비공개가 행정에 대한 불신으로 이어진다. 대개의 사례에서 보면 주민들은 입지선정의 마지막 단계에서야 자신들의 지역이 후보지로 결정된 사실을 알게 된다. 행정기관은 형식적인 절차는 거치지만 실질적인 주민의 알 권리와 환경권의 보장에는 소극적이었다. 이러한 모습은 과거 독재시대의 권위주의적 행정이 현재에도 그대로 유지되고 있음을 보여준다. 한편 드물기는 하지만 주민과 행정기관이 정보를 공유하고 법률적 근거에 기초한 협상으로 신뢰를 구축하면서 일정한 합의에 도달한 사례도 있다. 경기도 안성의 경우 혐오시설의 분산배치방식으로 소각장과 매립장 부지를 확보하는 데 진전을 보인 지역도 있다. 마산과 창원의 경우는 기존 소각장을 공동으로 사용하기 위한 민－관 협의 기구를 구성하여 노력이다. 이 사례를 볼 때 갈등과 분쟁은 이해 당사자가 존재하는 한 불가피하지만 분쟁을 해결하는 과정은 민－관 또는 사업자 간에 쓰레기 문제의 해결이라는 공동목표에 대한 인식과 상호 이해를 바탕으로 하는 협상과정을 통해 합리적으로 해결될 수 있음을 보여주고 있다. 앞으로 우리는 노원구 소각장의 사례를 바탕으로 소각장시설과 관련된 분쟁이 급증하는 원인과 소각장 설치단계에서의 문제점 그리고 분쟁당사자의 입장 등을 알아볼 것이다. 그리고 이를 통해서 소각장과 관련된 이러한 분쟁을 원만히 해결할 수 있는 방안에는 어떤 것들이 있는지를 알아보고자 한다.

1. 소각이 환경에 미치는 영향

처음 소각 정책을 추진할 때는 단지 처리할 쓰레기양이 감소하는 것에만 관심을 두었지만 이제는 다이옥신 배출의 문제나 소각재 처리의 문제 등이 새롭게 부각되고 있다.

소각재 처리의 문제는 이미 96년부터 환경 단체들 사이에 문제 제기가 되어 왔다. 소각 후에 남게 되는 비산재와 바닥재에는 유독 물질들이 농축되어 있을 것이라는 사실은 상식적으로도 예견할 수 있는 일이었기 때문에 이에 대한 대책을 요구해 왔다. 그런 데도 환경부와 서울시는 아무런 대책을 세우지 않고 변변한 조사도 하지 않은 채 수도권 매립지에 매립해오다 지난 98년 정기 국회 때 비산재와 바닥재에서 기준을 초과하는 중금속들이 검출된 사실이 드러나 더 이상 매립할 수가 없게 되었고, 이때부터 소각재의 처리를 둘러싸고 많은 갈등이 발생하게 되었다. 소각을 소각재 처리의 문제에서 자세히 보자면 몇 가지 문제점을 발견할 수 있다. 우선, 소각재 분류에 관한 문제이다. 바닥재의 특성을 규명하기 위한 조사가 제대로 되고 있지 않기 때문에 지정 폐기물과 일반폐기물의 구분이 되지 않고 있다. 둘째로, 소각재 처리 대책의 부재이다. 셋째로, 소각재 재활용의 문제이다. 소각재의 재활용 과정과 제품의 안전성 문제와 공장 주변 환경 영향의 문제 등이 재대로 검토되지 않은 채로 수천 톤의 소각재가 여러 제품으로 재활용되어 다시 우리의 주변 환경으로 되돌아오고 있는 것이다. 재활용이 가능한 물질과 소각에 적당하지 않은 물질을 소각한다는 환경적 측면 외에도 오염 방지 시설의 설치비와 운영비에 더하여 소각재 처리비까지 추가된다면 소각은 경제성 측면에서도 바람직하지 못한 것이다.

소각은 쓰레기의 중간 처리 과정이다. 소각함으로써 처리가 끝나는 것이 아니라 매립하기 전에 태워서 부피를 줄이는 과정인 것이다. 따라서 소각 후 나온 재가 매립하기에 적당한 것이 아니라면 중간 처리 과정이라고 볼 수 없는 것이다. 오히려 매립하기 곤란한 유독한 성분으로 화학적인 변화를 일으켜 쓰레기 처리의 장애를 초래하는 것이 될지도 모르는 것이다. 요컨대 소각 처리에 따른 다이옥신 배출의 문제, 소각재 처리 방법의 불확실성, 경제적 비효율성 등을 고려할 때 소각 방식을 지방자치단체와 주민에게 강권할 수는 없는 일이다.

2. 현 쓰레기 소각정책의 방향과 문제점

정부에서는 '국가 폐기물 관리 종합계획'(1996)안에

- 도시지역의 매립지 난을 해소하고 자연환경을 보전하기 위하여 2001(년)까지 소각처리율을 20% 수준으로 제고
- 기초 자치 단체별로 1개소씩 설치하되, 인구 20만 이상의 시급 지역에 대해서는 가급

적 도시형 종합시설로 유도

- 대규모 택지개발지역에서는 민간자본으로 소각 시설 설치 의무화와 함께 약 1조 5천 억 원에 달하는 막대한 재원으로 도시형 소각로를 설치하여 소각 규모를 약 15,000톤 /일로 확대하겠다는 정책을 제시하였다.

또, 소각 시설의 설치·운영실태 및 대책을 위하여 지자체별 소각처리율 목표를 광역시 급 이상은 50%, 일반시급 도시는 40% 이내로 억제하며, 소각 시설 설치비용의 국고지원 을 확대할 계획을 발표하였다. 또, 소각 시설의 입지선정절차 등을 간소화하기 위하여 폐 기물 처리시설 설치 촉진 및 주변 지역 지원 등에 관한 법률을 개정할 예정이고, 광역소 각 시설의 설치 및 운영 유도와 민자 유치방안을 강구할 것이며 다이옥신 배출기준의 설 정 및 관리를 강화하는 방안을 공표하였다. 소각정책 추진의 배경으로 쓰레기 매립지 확 보가 점점 어려워지고, 쓰레기 매립지로부터 발생되는 토양, 지하수 그리고 대기오염과 같은 부차적인 문제가 발생되어 국민 건강에 심각한 위협이 되고 있다는 점 등을 들고 있다. '94년도 자료를 기준으로 폐기물은 약 15만 톤/일이 발생되고, 이 중 약 41%가 생 활폐기물이다. 따라서 약 6만 톤/일의 생활폐기물이 발생하며, 이 중에서 4%를 소각 처 리하므로 소각용량은 2,400톤/일인 것으로 추정된다. 참고로, 정부에서는 '96년도에 11개 소의 소각장, 3,000톤/일 규모의 소각량을 갖추도록 소각장을 설치하였다. 정부가 추진 중 인 2001년 20% 소각률, 소각용량 15,000톤/일의 시설을 목표로 한다는 것은 2001년에는 생활 폐기물이 약 75,000톤/일이 된다는 것을 의미한다. 즉, 생활쓰레기의 발생량이 매년 3-5%씩 증가할 것으로 예측한 결과로부터 소각 시설 설치 용량을 계획하였다. 그러나 생 활폐기물의 양은 '92년도에는 18.6% 감소, '93년도에는 16.2% 감소하였으며, 종량제가 실 시된 후 더욱 감소하는 경향을 나타내고 있다. 따라서 정부가 추진 중인 20% 소각률을 감안할 때, 소각 시설 설치 용량이 과다하게 계산되었을 가능성이 크다. 이 외의 소각정 책의 문제점을 간단히 정리하면 소각장 건설에 있어 국민적 합의 도출과정이 비합리적이 며 소각에 대한 기술적 현황을 고려한 정책개발이 부족한 듯하다. 또한, 소각관련 법규가 너무 복잡하고 그 종류도 많아 제대로 시행될 수 있을지 의문이고 우리의 현재 기술력이 부족함에도 불구하고 환경규제기준은 선진국의 기준과 비슷하다는 것이다. 마지막으로 국 내 실정에 적합한 독자적 소각기술 개발에 소홀한 채로 막대한 재원과 대형소각로 건설 에 소각정책이 집중되어 있다는 것 등을 들 수 있을 것이다.

3. 분쟁현황

1) 쓰레기처리시설 관련 분쟁의 급증

1990년부터 1997년 사이 발생한 환경 분쟁은 모두 280건이다. 그 가운데 사업자와 피해주민 간의 사적인 분쟁은 134건이고 공공기관과 관련된 분쟁은 146건이다. 국가, 지방자치단체를 당사자로 하는 환경 분쟁 중 폐기물 처리 시설 설치, 운영과 관련한 분쟁이 62건(42.5%)으로 가장 많은 분쟁 건수를 기록하고 있다. 전체 분쟁 중 절반에 육박하는 건수가 폐기물 처리시설 설치 운영과 관련된 분쟁이라는 것은 폐기물 처리문제가 심각한 환경문제, 사회문제화 하고 있다는 사실을 보여주는 것이다. 그 가운데서도 눈여겨보아야 할 점은 대부분이 국가나 지방자치단체의 무리한 설치 추진과 관련하여 지방자치단체와 주민간에 발생된 분쟁이라는 점과 그 분쟁이 95년 6. 27선거를 통해 처음으로 지방자치단체장이 선출되어 업무를 시작한 95년 7월부터 97년 12월 말, 즉 2년 6개월 사이에 41건이 집중적으로 발생되었다는 것이다. 아울러 최근에는 서울시가 경기도 경계지역에 시설 설치를 추진하면서 자치단체간의 분쟁화 하는 사례가 늘어나고 있다.

이러한 경향은 곧 주민의 권리의식과 환경의식의 성장이 지방자치시대가 본격화되면서 분쟁의 형태로 나타나고 있음을 알 수 있다. 다시 말해 중앙정부나 민선 단체장에 의해 과거와 같은 일방적인 밀어붙이기식 설치가 어려워지는 상황임을 단적으로 나타내주는 것이다.

2) 사 례

① 상계소각장 주민대책위의 활동

㉠ 지금까지의 활동

노원구에서는 서울시 조례에 따라 96년 5월 3일 주민총회를 통하여 5월 22일 주민대책위를 구성하고 집행부와 주민협의회 6인을 선출하였다. 소각장의 시험가동을 앞두고 운영에 대한 서울시와 주민대책위간에 운영협의회를 가졌는데, 서로의 이견 때문에 5월 30일 1차 회의로부터 9월 11일 「임시협약서」를 체결하기까지 12차례 회의를 개최하는 등 많은 진통이 따랐다. 임시협약을 체결하기까지의 가장 중요한 쟁점은 다이옥신의 배출기준치를 정하는 문제였다. 착공 전부터 주민들에게 유럽의 최신기술로 다이옥신 배출농도를 $0.1ng/N㎥$ 이하로 하겠다고 거듭 약속해 왔던 터라 주민측은 서울시의 $0.5ng/N㎥$를 기준으로 한 협약을 받아들일 수 없어 여러차례 회의가 진통을 겪었고, 지역의 시의원이 의회에서 단식농성을 하는 등의 어려움 끝에 '시험가동 중 다이옥신의 배출농도가 $0.1ng/N㎥$을 넘으면 가동을 중단하고 보완공사 후에 가동을 한다'는 협약을 맺었다. 그 외 협약서의 중요한 내용을 살펴보면, 앞서 말한 다이옥신 문제를 비롯해 질소화합물의 기준치, 소형소각로 문제, 인근 소각장 관련 문제 등 환경문제에 대한 세밀한 주민감시의 틀을 만들어 놓은 것을 들 수 있다. 기준치를 초과할 경우 가동을 중단하고 시설보완을 할 수 있도록 하고 있으며, '시운전 시 다이옥신 검사는 서울시와 주민협의체가 추천한 전문가가 합의한 외국공인기관 1개소에서 시행하고, 그 외의 배출가스는 입찰안내서대로 시행하고 주민협의체가 1개 기관을 추천하여 서울시와 합의하여 결정한다'는 등 주민협의체의 참여를 확실하게 보장해 놓고 있다. 또 이미 설치되어 있는 소형소각로의 경우 유해물질 등을 임의로 소각하는 등의 문제를 안고 있어 대형 소각로가 있는 지역의 소형소각로를 폐지하도록 입법화할 것을 요구하고 있다. 또한 유급 주민감시원을 두고 비용은 서울시와 노원구가 부담하도록 장치해 놓은 것, 생업에 종사해야 하는 주민들이 참여가 어려울 것을 고려해서 운영협의회의 인원을 주민대표 6명과 공무원 4인으로 구성한 것 등은 주민의 힘을 많이 실을 수 있도록 노력한 흔적들이라 할 수 있다. 또한 이 협약서는 음식물쓰레기 감량에 대한 예산과 노력을 기울일 것을 조건으로 하고 있다. 음식물쓰레기를 연차적으로 감량하여 2000년까지 전체 80%의 감량목표를 정하고 이에 대한 실천을 촉구하고 있다. 이미 지어진 소각장이라고 해서 무조건 태우려고 한다면 이는 주민이 추구하는 환경적인 고려와는 맞지 않는 것이다. 원래 1600톤 규모였던 것이 주민의 반대운동으로 800톤으로 줄여지었지만 노원구의 하루 쓰레기양은 320톤 수준이다. 소각장의 규모가 커질수록 재활용하려는 의지는 줄어들 수밖에 없다. 관의 무조건 소각하려는 안이한 태도를 비판하고 우리가 나아가야 할 방향을 제시하고 있다. 임시협약서의 내용은 주민의 의사를 완전하게 반영한 것은 아닐지라도 서울시와 주민협의체가 대등한 입장에서 충분한 협의과정을 거쳐 보다 환경적인 측면을 강조한 것으로서, 앞으로 소각장을 건설하려는 지역에서 충분히 벌어질 수 있는 주민과의 마찰을 어떤 방향으로 풀어가야 할지에 대한 모범사례가 될 수 있으리라 생각한다. 9월 16일에 시험가동에 들어간 소각장은 운영미숙과 운영대책의 미흡으로 가동이 자주 중단되는 사태도 맞았다. 반입되어 적체된 쓰레기들이 악취를 풍기고 침출수가 흘러나와 하수처리장으로 퍼 보내야 하는 사건도 있었다. 임시협약서의 합의에 따라 시험가동시 측정하기로 한 다이옥신검사를 위해 12월 19일, 20일 이틀간 시료의 채취에 들어갔다. 기한이 촉박하여 주민측에서 검사기관을 선정하는 데에는 어려움이 있어 서울시에서 제안한 독일의 GFA사에 의뢰하기로 하였는데, 검사방법의 문제가 있었다. GFA사의 검사방법과 주로 미국의 소각방식을 택하고 있는 현재, 미국식 방법인 표준검사방법이 일치하지 않아, 다이옥신 분석은 GFA사에서 시행하되 주민이 추천한 전문가인 서울대 이종협 교수가 감리를 맡기로 합의했다. 97년 1월 15일 다이옥신의 측정 결과가 0.161ng/N㎥로 나오자 소각장 가동을 중단해야 하는 상황에 놓여졌다.(별첨4) 1월 20, 22일 이 문제를 놓고 서울시와 주민대책위는 다시 협의를 하게 되었는데, 주민대책위는 협약서에 명시한 대로 즉시 가동을 중단하고 시설을 보완한 후 재가동을 해야 한다고 주장한 반면, 서울시는 0.1ng/N㎥은 넘었지만 양호한 수준이라며 소각을 계속하면서 보완하겠다고 하였다. 협의결과는 2월까지 준공검사 및 보완시설 설계를 위해 가동하고, 3월부터 시설보완공사 완료시(97. 6. 30일 예상)까지 쓰레기 반입과 가동을 중단하기로 합의하였다.

② 경 과

㉠ 서울시의 태도

1월 22일의 합의결과를 이행하는 과정에서 여러 가지 문제가 생기기 시작했다. 서울시는 주민과 합의한 성능검사가 행정절차상 2월쯤에 이루어질 수 없다는 입장인데, 그렇게 한다면 2월 동안의 가동은 당연히 중단되어야 하는 것이다. 그럼에도 불구하고 서울시는 2월달의 가동은 물론 이후에도 소각장시설보완 중에도 1기를 보완하는 동안 다른 1기를 시설 보완되지 않은 상태에서 가동하자는 요구를 하고 있다. 김포에서의 쓰레기 반입거부를 그 핑계로 이용하고 있으나 96년 9월 11일 협약서를 체결할 당시부터 김포의 쓰레기 반입문제는 정확하게 거론되었고, 목동의 사례에서 보듯이 구청의 힘만으로는 김포문제를 해결할 수 없다는 논의 끝에 서울시와 노원구가 함께 책임을 지도록 협약에 명시했음에도 불구하고 9월 이후 이렇다 할 노력을 보이지 않고 있다가 이제 와서 반입거부를 빌미로 가동중단을 번복하려 하고 있다. 또한, 공해유발시설에 대한 안전점검이행자로서의 의식에 관해서 지난 12월 19, 20일의 시료채취 결과 다이옥신 농도가 0.161ng/N㎥으로 밝혀짐으로써 이 시설의 준공검사가 새로운 문제로 제기되었다. 서울시는 지금까지 시설의 준공은 다이옥신 배출치가 $0.5ng/N㎥$이면 가능하나 주민들의 주장에 밀려 $0.1ng/N㎥$으로 협약을 체결한 것이 문제인 것으로 발표해왔다. 그러나 시공사와의 계약서에 명시된 기대치 $0.1ng/N㎥$과 보증치 $0.5ng/N㎥$에 대한 법률해석이 $0.1ng/N㎥$을 충족시켜야 하는 것으로 나옴으로써 상계소각장은 12월의 측정치로 준공검사를 통과할 수 없게 되었다. 이에 따라 서울시는 시공자인 현대측에 인부를 동원해 플라스틱, 비닐 등을 제거한 상태에서 다이옥신 농도를 재측정하도록 하고 있다. 이는 이 시설이 $0.1ng/N㎥$을 충족시키도록 하겠다는 애초의 주민과의 약속을 어긴 셈이다.

ⓛ 노원구의 태도

노원구청이 소각장 운영협의회의 한 당사자로 참여하기는 하나 서울시와 노원구가 행정적인 상하관계에 있는 관계로 자기의 주장을 강하게 할 수 있는 입장은 아니다. 더욱이 소각시설 자체를 서울시가 시 예산으로 짓고 있는 상황이어서 구청은 소각장 운영에 어떠한 권한도 없고, '서울시와 주민이 결정한 사항을 이행할 수 밖에 없는 불리한 위치'라는 주장은 타당한 면도 있다. 서울시가 '주민과 협약한 대로 가동을 중단하면서 시설을 보완하겠다'고 큰소리를 치는 입장이고 구청은 표면적으로는 서울시가 김포문제에 적극적이지 못한 점을 비난하고 있으나, 어쨌든 쓰레기 대란이 일어났을 경우의 책임문제는 구청에 있기 때문에 실제로는 서울시에 1기 가동 1기 보완을 요청하고 있다.

ⓒ 주민대책위의 입장

이에 주민대책위는 「상계소각장 가동중단에 대한 우리의 의견」이라는 성명을 내고 서명운동에 들어갔다. 여기에서 밝히고 있는 주민의 주장은 다음과 같다.

첫째 $0.161ng/N㎥$의 문제는 매우 중요하다. 왜냐하면 이 수치는 평소의 운전조건과는 다른 최상의 조건으로 온도를 맞추어 나온 수치이다. 목동소각장의 경우에도 국립환경원에서 측정했을 때 $2.35ng/N㎥$가 검출되었다가 일본에서 다시 분석했을 때는 $0.04ng/N㎥$가 검출되는 등 가동조건에 따라 50배가 넘는 차이를 보이고 있기 때문이다. 따라서 최적의 조건에서 측정된 결과조차 협약서의 기준을 만족시키지 못한다면 소각장의 안전을 보장할 수 없는 것이 분명하다. 둘째 서울시와 주민협의체는 진지한 토론을 거쳐 어렵게 협약서를 체결하였다. 이런 과정 속에서 주민들은 서울시에 대한 신뢰도 회복하고 참다운 지방자치에 대한 기대도 갖게 되었다. 협약안에 $0.1ng/N㎥$이 넘을 경우 가동을 중단하고 서울시와 노원구가 책임을 진다고 명시했음에도 불구하고 이를 지키지 않는다면 앞으로 누가 협상에 참여할 것이며 협상을 한들 무슨 의미가 있겠는가? 셋째 매립지대책위의 소각장에 대한 태도는 변화되어야 한다. 소각장에 어떤 일이 생기더라도 매립지로 쓰레기를 받을 수 없다는 태도는 시정되어야 한다. 매립지대책위를 지지한 이유는 주민들이 자신의 권리를 찾는 것이 정당하다는 것과 그들의 환경적 기여 때문이었다. 매립지의 거부로 인해 안전을 보장받을 수 없는 소각장이 무리하게 가동되어야 한다면 소각장 건설에 동의할 수 있겠는가? 감량과 재활용보다는 매립으로 가려는 잘못된 정책을 바로잡기 위해 매립지대책위의 소각장에 대한 태도는 변화되어야 한다.

3) 설치단계와 문제점

① 서울시

서울시와 노원구가 함께 책임을 지도록 협약에 명시했음에도 불구하고 이렇다 할 노력을 보이지 않고 있다가 이제 와서 반입거부를 빌미로 가동중단을 번복하려는 서울시의 태도는 주민들에게 별로 설득력 있는 태도가 아니다. 이러한 태도는 향후 모든 소각장 건설지역 주변 주민의 안전을 담보할 수 없다는 점에서 서울시의 소각정책 시행상의 문제점으로 지적될 수 밖에 없을 것이다. 소각장운영 협약 체결까지 상계소각장과 관련해 서울시가 보여준 태도는 지금까지의 강제착공, 형식적인 주민의견 수렴, 그 과정에서의 주민에 대한 강제 행위 등의 강압적이고 부정적인 이미지를 상쇄할 만한 것이었다. 그러나 막상 이러한 협약을 이행하는 단계에서 협약을 지키지 않는다면 지금까지의 노력마저 평가받을 수 없을 것이다. 민선자치시대의 가장 큰 소득은 주민의 신뢰를 얻는 일일 것이라는 점에서 서울시가 다소의 시간이나 행정적인 불편, 비용이 들더라도 최대한 약속을 이행하는 자세를 보임으로써만이 지금까지의 불신을 걷고 신뢰의 기초를 만들 수 있을 것이다. 그리고 농도에 관한 서울시의 태도는 $0.1ng/N㎥$을 충족시키도록 하겠다는 애초의 주민과의 약속을 무시하는 것이다. 아울러 시설의 현실적인 안전성 등에 대한 인식이 전혀 없이 어쨌든 지어진 시설에 대한 책임회피에 급급한 모습이다. 상계소각장의 안전성 문제도 비용과 불편을 넘어서 시민의 안전을 우선으로 하는 근본적인 원칙을 지키는 방향으로 처리되어야 할 것이다.

② 노원구

노원구청의 위와 같은 태도는 말로는 환경을 가장 우선시하는 것처럼 요란을 떨어도 아직 행정편의나 처리비용 절감보다 환경문제가 우선 고려되지 못하고 있는 사실을 단적으로 보여주는 것이다. 이러한 기본 입장 때문에 노원구는 김포문제를 시한을 코앞에 남겨두고 마지못해 형식 갖추기 형태로 몇 번 오갈 뿐이나 실제로는 주민대책위에 대해 상당히 원망스러운 상태이다. 이러한 모든 문제의 근원에 공무원의 '지방자치'에 대한 인식 부족 혹은 인정하고 싶지 않은 마음이 들어 있다고 보아야 할 것이다. 행정은 아직 주민을 주인으로 하고 싶지 않은 것이다.

4. 분쟁당사자의 입장

1) 행정단체의 입장

① 환경부

국가폐기물관리계획에서 단기간에 대량의 소각로 설치를 계획한 후 각 지자체에 국고 지원을 통해 소각로 건설을 유도해 왔다. 96년 현재 6.5%의 소각률에서 2001년까지 전국에 52개의 소각로를 설치하여 15,890톤의 소각용량을 확보하고 20%의 소각률로 끌어 올리겠다는 목표하에 각 지자체에 소각로 건설을 유도 촉진해 왔다. 98년 12월 말 현재 전국에 12개 소각장이 설치 가동되고 있으며 소각량은 4천 250톤/일이고 19개소 5천 4백톤/일 용량으로 건설 중이다. 건설 사업비는 2조 182억이고'99년까지 4천 421억의 예산을 국고 지원해 왔다.(99년도 계획 657억 포함. 환경부 자료) 그러나 주민의 반대, IMF의 영향 등으로 15% 수준인 13,500톤 정도가 달성될 것으로 예상된다. 환경부는 소각장 및 매립장 건설이 주민의 반대로 어려움에 부딪치자 1995년 폐기물처리 시설 설치 촉진 및 주변지역 지원 등에 관한 법률과 시행령을 제정하여 95년 7월부터 시행하였다. 이 법에 의거하여 소각장 및 처리시설 설치 시 입지선정위원회를 구성하여 입지를 결정하게 하고 환경영향평가 및 사후영향조사를 실시하도록 하는 등 나름의 합리적인 조치들을 취하였다. 아울러 설치지역 주변의 주민들에 대한 지원책을 만들고 편익시설을 설치하는 등의 유인책도 함께 마련했다. 설치시설의 감시와 관리에 주민참여를 보장하는 방안도 마련하여 실시하고 있다. 한편 각 지자체가 무분별하게 소각로 건설을 확대하자 97년 '도시소각시설 설치지침'을 만들어 지자체의 소각비율 상한선을 설정하였다. 광역지자체는 50%, 기초는 40%를 넘지 않도록 규제하였다. 그러나 이러한 지침의 실효성은 의문이다. 그 이유는 각 지자체에 대해 환경부가 지원하는 보조금이 소각용량이 클수록 더 많아지는 데 있다. 또한 소형소각로는 1995년 쓰레기종량제가 실시되면서 급격히 늘어나 98년 2월 현재 1만 3천 841개소에 달한다. 전체 소각로 숫자의 95%를 차지하는 데 비해 전체 쓰레기 소각 중 이들 소형 소각로가 소각하는 비율은 8.7%에 불과한 실정이다. 이들 소형 소각로의 경우 그 규모의 영세성으로 인해 대형소각로에서는 그나마 적용되는 안전대책, 기타의 안전시설이 설치되고 있지 않다. 이러한 소형 소각로는 지금까지 신고만으로 설치가 가능해 안전관리의 사각지대에 처한 것이 현실이다. 그나마 99년에는 폐기물관리법을 개정하여 소형소각로(100kg/h 미만 대기환경보전법상 대기배출시설에서 제외됨)의 설치를 규제하는 등 전향적인 조치를 취한 것은 매우 다행스런 일이라고 할 수 있다.

② 자치단체

폐기물관리법에서 자치단체의 장이 폐기물 처리의 책임을 지도록 되어 있다. 도시화, 산업화가 진행되면서 폐기물의 처리에 고심하게 되면서 매립에 의존하다가 90년대 초반 이후 소각 시설을 선호하게 된다. 지자체는 친환경적인 폐기물관리의 능력이 부족한 상태에서 번거롭고 까다롭기조차 한 감량 재활용보다 간편한 게 보이는 소각을 선호하게 된다. 또 가시적인 업적을 선호하고 규모가 클수록 국고지원이 큰 현실에서보다 큰 용량을 선호하게 된다. 이러한 경향은 90년대 초반부터 서울시가 1구 1소각정책으로 소각 위주의 정책을 추진하면서 많은 지방자치단체에 영향을 주었다. 경기도가 서울시에 이어 1시군구 1소각정책을 90년대 중반부터 실시하다가 주민과 시민단체의 조직적인 반대와 IMF영향 등으로 재정사정이 어려워지자 99년부터 정책이 전환되면서 서울시와 함께 광역화를 추진하게 된다. 한편 서울시의 경우 기존 건설 가동 중인 소각로의 용량과다 문제로 난관에 부딪쳐 있다. 97년 다이옥신 파동 후 소각장 건설은 안전성과 경제성에서 심각한 도전을 받고 있다. 소각장이 건설되는 자치단체마다 주민의 반발로 어려움을 겪고 있는 것이 현실이고 이미 건설되어 가동되어야 할 소각장도 주민의 반발로 제대로 가동되지 못한 채 멈칫거리고 있는 상태이다. 아울러 다이옥신 파동 이후 저감시설의 보완과 운영, 소각재 처리에 따른 비용의 증가로 고비용 소각에 대한 경제성 문제가 제기되고 있다. 이러한 과정에서 일부 자치단체들은 소각대신 감량 재활용을 우선하는 정책을 전개해 적지 않은 성과를 얻고 있다. 쓰레기관리의 실태에서 차별화가 이루어지고 있어 향후 보다 다양한 시도가 가시화될 것으로 기대되고 있다.

2) 시민의 대응

① 주민대책위

전통적으로 살던 지역이든 새롭게 형성되는 신도시이든 자신의 주거지역 주변에 쓰레기처리시설 특히 소각장이 설치되는 것은 환영할 수 없는 것이 주민의 일반적인 정서이다. 특히 최첨단시설임을 자랑하며 설치되었던 소각장에서 다이옥신이 과다하게 배출되어 불안감을 더하게 되면서 소각장에 대한 불신과 반대는 보편화되었다. 환경기초시설로서의 이해보다 혐오시설로 이해하게 된 것이다. 주민의 반대에는 환경권과 더불어 재산가치의 하락이 큰 요인으로 자리 잡았다고 분석된다. 아울러 주민들의 행정에 대한 불신도 크게 작용하였다. 주민들은 행정기관의 밀실행정과 밀어붙이기에 반발하며 대책위를 조직하여 각종 반대활동을 전개하였다. 90년대 초반 목동과 상계동에 소각장이 건설되면서 시작된 주민반대운동은 93년 전국적인 연합조직으로까지 발전하기도 했으나 지속적이지 못한 채 단절되고 말았다. 이 과정에서 여러 지역에서 지도자가 구속 수배당하는 등 어려움을 겪어야 했다. 이러한 주민의 조직적인 반대에도 불구하고 행정기관은 소각 시설 설치를 강행하였다. 부분적으로 용량 축소 등의 성과를 얻기는 했지만 건설 자체를 저지하기는 역부족이었던 것이다. 그러나 90년대 중반 이후부터는 주민의 반대운동도 발전하면서 건설을 중단하거나 유보하는 지역도 나타나기 시작했다. 이러한 운동의 발전은 서울시와 경기도로 하여금 "1구 1소각 정책, 1시군구 1소각 정책의 포기와 광역화"로의 정책 전환이라는 성과로 나타났다. 주민반대운동은 대책위 결성과 활동 과정에서 주민 내부의 이해관계와 이견으로 내부 갈등에 휘말리기도 하고 검증된 지도그룹이 부재하여 혼선을 유발하기도 한다.

② 시민·환경단체

환경운동연합, 환경과공해연구회, 기독교환경연구소 등 환경단체들은 92년부터 시작된 상계동, 목동에서부터 수도권 신도시가 건설되는 부천 중동 군포 산본 등에서의 주민 반대운동을 개별단체가 지원하는 방식이 주종이었다. 환경단체들은 전문지식과 정보를 제공하였다. 연구를 통해 소각장의 유해성과 소각정책보다 감량 재활용 우선 정책을 실시할 것을 요구하며 주민조직을 활성화하고 정당성을 확보하는 데 기여하였다. 94년 말 군포에서 소각장이 착공된 후 녹색연합, 환경운동연합, 환경과공해연구회, 경실련 등 여러 중앙 환경단체와 지역 시민단체가 연대활동을 시작하였다. 이를 바탕으로 중앙의 제 시민환경단체와 지역 시민단체 그리고 주민대책위가 연대하여 96년 1월 수도권 쓰레기문제 해결을 위한 시민연대회의를 결성하게 된다. 수도권쓰레기연대회의는 이후 소각반대 및 안전관리 그리고 쓰레기문제 해결을 위한 운동의 중심적 역할을 담당하게 된다.

3) 진행과정의 특징

소각장 분쟁의 경우 조건의 차이에 따라 양상도 달라진다. 소각장의 경우 도심 지역이 많아 주민의 조직화가 용이 하고 소각반대운동에서 환경운동으로 발전할 수 있는 가능성을 많이 지니고 있었다. 특히 대규모 아파트 단지의 경우 다수 주민의 참여가 가능하다. 군포시의 경우처럼 소각장 반대운동이 한계에 부딪히면서 감량 재활용운동으로 전환하여 일정한 성과를 거두는 지역도 있다. 그리고 위에서 보았던 것처럼 서울 상계동과 같이 주민대책위가 소각장 가동을 위한 협약서를 맺음으로써 주민의 요구조건을 관철시키는 성과를 얻어 이후 소각장 반대운동에 유리한 선례를 만들어 내기도 했다. 한편 상계동, 목동, 부천 등 주민협의체가 안정화되면서 소각장 감시운동을 체계적으로 전개하고 있다고 보여 진다.

1. 소각장을 둘러싼 갈등의 원인 정리

지역주민이 소각장 시설사업을 반대하는 가장 중요한 이유로는 지역 부동산가치의 하락예상을 들 수 있다. 그러나 이와 관련하여 주민들이 내세우는 표면적인 이유는 주로 지역의 수질/대기, 소음, 분진 등 환경문제와 교통 혼잡, 주차문제의 가중 등 근린생활환경의 악화를 주장하는 경우가 많다. 위해요인이 편익보다 더 크다고 느끼면 님비현상이 발생한다. 개발에 따른 환경적인 우려가 제기되나 이는 그 지역의 진짜 관심사와는 다른 부차적인 문제이다. 환경문제의 제기는 개발반대 논리의 설득력과 정당성을 제고하기 때문이다(Bosley and Bosley, 1988). 둘째, 소각시설 입지선정의 과학성 또는 객관적 기준결여를 들 수 있다. 이는 지역주민의 반발을 심화시키는 요인으로 "하필이면 왜 여기인가?"라는 문제제기를 가능케 한다. 셋째, 편익과 부담의 지역간 분리 또는 불일치 인식도 중요한 심리적인 지역갈등의 원인이 된다. 시설사업은 사회적 편익은 크지만 주민의 건강과 안전, 환경위해 문제 등 모든 위험부담은 시설유치지역에 집중됨으로써 지역간 형평성 상실과 상대적 박탈감에 의한 갈등유발의 요인이 되는 것이다. 계획과정에서의 주민참여의 미흡/부재도 갈등과 분쟁유발의 중요한 요인이다. 하향식 의사결정, 밀실행정, 개발정보의 미공개와 사업 강행 등 정책결정과 집행과정에서의 주민참여나 의견개진 기회의 제한은 입지갈등을 원천적으로 제공하고 있다고 생각된다.

2. 분쟁해결방안

쓰레기문제는 시민과 기업과 행정이 협력해야 해결될 수 있는 사안이다. 대량 생산과 대량 소비, 대량 폐기형 사회에서 지속 가능한 사회로 전환하기 위해서는 더욱더 그러하다. 그 동안 중앙정부에 의한 관주도의 획일적인 개발 위주의 정책이 한계에 봉착한 이상 이제는 분권화와 주민참여를 통한 친환경적인 해결방식을 찾아야 한다. 중앙집권적 개발 대신 환경 자치적 방식으로 전환되어야 한다. 여기서 환경 자치적 방식이 의미하는 것은 지역의 환경은 지방 자치적으로, 더 나아가 주민 자치적으로 관리하는 방식을 말한다.

1) 분쟁에 대한 인식의 변화

분쟁은 주민 내부의 갈등으로 나타나기도 하지만 잘 발전할 경우 건전한 주민환경운동으로 발전하는 양상을 보여주고 있다. 분쟁을 통해 주민은 쓰레기문제의 심각성을 인식하기도 하며 궁극적인 문제의 원인에 도달하기도 한다. 그리고 나아가 문제 해결을 위한 노력의 과정에 참여할 수 있게 된다. 이러한 주민의 변화와 아울러 주민을 대하는 행정기관의 태도 변화를 도모할 수 있다. 행정은 과거와 같은 일방적인 밀어붙이기로 주민의 협력을 얻을 수가 없다. 주민의 관심과 참여 의사존중이 뒤따라야만 가능해 지는 것이다. 이러한 과정에서 행정에 대한 신뢰와 참여를 확대할 수 있는 기회를 얻을 수 있다. 특히 21세기의 화두로 등장할 지속가능한 개발, 참여민주주의 실현 등 새로운 가치와 시대변화를 인식하는 계기가 될 수 있을 것이다.

대개의 경우 사업시행자는 행정기관이고 반대자는 주민조직과 시민단체인 경우가 일반적이다. 양 당사자는 인내와 관용으로 문제 해결을 위한 성실한 노력을 지속해야 한다. 행정과 주민간의 불신은 누적된 형태로 나타나고 있다. 일거에 해결되기 어려운 문제인 듯하다.

2) 주민참여의 실질화 - 주민 대책위 확보와 합리적 대안 마련

주민의 실질적인 대표성을 가질 수 있도록 되어야 한다. 주민은 자신들의 대표 선출과정의 투명성 공정성을 확보해 안정적인 대표성을 확보해야 한다. 선출된 대표는 일관된 입장으로 사업시행자 측과 합리적인 협상을 진행할 수 있어야 한다. 이 과정에서 주민 대책위는 행정조직이나 시민단체와는 달리 검증된 지도자와 대표성을 확보하기 어려운 경우도 있다. 반대사안과 관련해서는 합리적인 대안을 요구사안에 대해서는 정당성 확보를 위해 노력하도록 한다.

3) 행정의 분권화와 대 주민 자세변화

행정기관은 밀실행정과 행정편의주의, 밀어붙이기라는 주민의 지적에 대해 겸허하게 수용해야 한다. 과거 중앙정부에 의한 일방적인 개발방식으로 관 주도로 개발을 추진했던 시기와는 판이 하게 달라진 사회 환경을 인정해야 한다. 전문성 부족과 잦은 보직변경으로 안정적인 협상이 어려운 것도 큰 문제가 된다. 형식적인 절차나 당위성으로 주민을 설득하기에는 미흡하다. 정보의 독점이 아니라 지역의 현실과 행정 측이 마련한 방안에 대한 설득력을 높일 수 있도록 해야 한다.

4) 시민단체, 의회, 분쟁조정위, 조정집단의 참여와 역할

이해당사자인 주민과 행정에 대한 이해와 양측으로부터의 신뢰를 바탕으로 알선 중재 및 조정역할을 담당하도록 한다. 객관적 조정의 역할도 필요하지만 한편으로는 균형의 실현을 위해 취약한 주민의 입장을 보완해 주는 것도 필요하다. 이 과정에서 정보의 공개, 조정과정에서의 투명성과 민주성 확보가 중요하다.

* 참고문헌

- 혐오시설 입지갈등 유발요인의 분석과 해소방안에 관한 연구, 허경선, 서울대학교, 1997.
- 혐오시설 입지선정을 둘러싼 갈등과정에 관한 연구, 권순호, 서울시립대학교, 1996.
- 소각 시설의 효율적 설치, 운영에 관한 연구, 김승도, 김태희, 한국환경정책평가연구원.
- 소각 시설의 다이옥신 및 주요 대기오염물질 배출특성, 김삼권, 한국환경독성학회.
- 꺼지지 않는 활화산 쓰레기 소각장 공방, 박종권(중앙일보 사회부 기자).
- 환경백서, 환경부, 1996.
- 환경운동연합.

13. 그린벨트(Greenbelt)제도와 환경정책

1971년 서울지역을 시작으로 지정된 그린벨트(Greenbelt), 개발제한구역은 도시의 무질서한 확산을 방시하고 도시주변의 자연환경을 보전하여 도시민의 생활환경을 확보하는 것 등이 주요한 목표였다. 지난 30년간 우리나라 그린벨트는 엄격하게 관리되어 도시환경의 보전과 도시의 확산 방지라는 목표를 어느 정도 달성하여 왔다. 그러나 다른 한편으로는 개발과 보전, 사유재산권의 보호 등 사회적인 논란은 계속해서 제기되어 온 것이 사실이다. 특히, 그린벨트 내 토지이용상황이나 지역특성을 고려하지 않은 획일적 규제는 주민생활환경의 상대적 낙후와 생활불편을 초래하여 왔다. 따라서 1999년부터 '개발제한구역의지정및관리에관한특별조치법'이 수립되면서 새로운 관리체세가 노입되게 되었다. 그러나 그린벨트가 해제와 조정의 과정을 겪으면서 이에 대한 찬성과 반대의 의견은 아직도 그 방향을 뚜렷하게 잡지 못하고 있다. 여기서는 현재의 그린벨트제도 해제과정 중에서 나타나는 문제점을 환경적 측면에서 우선 살펴보고, 논란이 발생하고 있는 부분에 대한 생각을 알아보고자 한다.

그린벨트(Greenbelt)의 개념

그린벨트(Green Belt)의 법적 개념은 도시계획법 제21조에 규정되어 있으며 그 주요한 목적은 도시의 공간적 확산과 연담화 방지, 도시 주변의 녹지 공간의 확보를 통한 쾌적한 생활환경조성과 도시 공해의 최소화, 국방 및 보안상의 효과 등이다. 그린벨트제도는 1920년대 영국 런던의 급속한 성장으로 도시의 공간적인 확산과 함께 다양한 도시 문제를 야기하게 되면서 도입된 제도이다. 이러한 영국의 그린벨트의 채택 목적은 도시의 쾌적성 확보, 농업용 토지의 보존, 도시 성장 관리 및 조정 기능 등으로 지금까지 중요 도시 및 지역의 부문으로 자리잡아 왔다. 이후 그린벨트제도는 산업화와 급속한 도시화과정을 거치게 되는 한국을 비롯한 세계 각국에서 운영되고 있다.

우리나라 그린벨트 지정 현황

우리나라 그린벨트제도는 1971년 1월 도시계획법을 개정하면서 도입되어 1971년 7월 우리나라 최초로 서울 외곽 473.8㎢에 개발제한 구역이 지정되었고, 1971-1977년 사이 수도권, 지방 4대 도시, 도청소재지, 지방공업도시 등에 확대 지정되었다. 그린벨트 해제 전까지 대상지역은 5,397㎢로서 전 국토의 5.4%를 차지하고 있었다. 그린벨트 내 거주인구는 964,475명으로 전국인구의 2.2%이며, 임야가 61.2%로 가장 큰 비중을 차지하며, 밭 15.8%, 논 8.7%의 순이며 대지는 2.1%를 차지하고 있다.

그린벨트 해제의 입장

○ 찬성

그린벨트 해제가 구체적으로 논의되기 이전에도 그린벨트에 대한 문제점이 간간이 언급되고 있었다. 즉, 도시의 확장 및 수도권지역의 인구집중은 개발가용지의 부족현상으로 나타났고, 이에 대한 해결방안으로 그린벨트문제는 어쩌면 당연히 언급될 수밖에는 없는 것이었다. 이러한 그린벨트 해제 혹은 조정에 대한 찬성의 입장을 몇 가지로 살펴보자.

- 도시민의 휴식공간으로 활용되지 못한다는 점
- 무질서한 도시확산을 방지하는 본래 의도와는 달리 그린벨트를 뛰어 넘어 도시가 팽창하는 '비지적 개발(leapfrogging development)'이 이루어져 수도권의 광역화
- 최근 그린벨트 외곽에 신도시를 건설함으로써 통근거리의 연장, 서울과의 도로 신설 및 확장, 지하철 건설 등의 막대한 비용이 증가
- 현지 주민의 재산권 행사에 있어 불이익과 생활의 불편함 초래
- 그린벨트가 전체 행정구역의 90%를 초과한 지역의 정상적인 도시 기능을 못함

○ 반대

그렇다면 그린벨트 해제를 반대하는 이유는 무엇인가? 무엇보다도 그린벨트는 녹지를 의미하고 실제로는 녹지지역외의 비율도 상당히 높지만, 이는 현대에서 어쩌면 가장 중요한 이슈인 환경보존의 문제와 직접적인 관련이 있기 때문이다. 즉, 한 번 훼손되면 돌이키기 불가능한 환경성을 지금까지 잘 지켜 왔듯이 최소한 보존하자는 논리이다. 즉, 그린벨트 해제 혹은 조정에 대한 반대의 입장을 몇 가지로 살펴보자.

- 우선적으로 환경보전 기능과 녹지 확보이다. 그린벨트제도가 도입되지 않았다면 서울을 비롯한 대도시의 무질서한 확산으로 도시주변 녹지는 엄청나게 훼손되었을 것이고 자연환경과 생태계는 돌이킬 수 없는 파괴로 나타났을 것이라는 점이다.
- 그린벨트제도는 도시의 무질서한 외연적 확산을 방지하고, 인구 증가를 둔화시키며 전반적 도시성장을 억제하는 효과이다. 즉, 우리나라 대도시의 경우 도시성장을 억제하는

효과를 가지고 있는 것으로 평가하고 있다.

- 지금까지 유일하게 일관성 있는 도시 관리였다. 1971년 이후 20여 년간 일관성 있게 추진해온 도시정책으로 철저하게 유지·관리되어 왔다는 점이다.

그린벨트는 환경친화적인가?

○ 찬성

그린벨트에 대한 여러 가지 입장 중 여기서는 환경적인 측면에서 찬성하는 입장을 정리해 본다.

- 그린벨트가 해제되면 개발 용지의 대대적인 공급으로 인한 인구집중이 심화될 것이다. 즉, 현재도 과밀화된 수도권의 경우 인구집중을 더욱 가속화 할 것이 분명하다.

- 그린벨트가 해제되면 서울을 중심으로 출퇴근 교통량이 급증하여 사회경제적 비효율성은 물론 대기오염이 심화될 것이다.

- 현재 그린벨트 지역이 해제되어 토지가 불투수성 시가지로 개발될 경우 빗물이 지하로 침투하기 더욱 어려워져 집중호우 시 지금보다 훨씬 위협적인 피해를 가져올 것이다.

- 그린벨트가 해제되면 인구가 더욱 과밀화되어 급수 량의 부족과 상수원 수질 악화 및 오염원의 증가로 수질은 상수원으로서의 기능을 하지 못할 정도로 악화될 것이다.

- 또한, 그린벨트가 해제된다면 상수원보호구역, 국립공원 등 다른 규제지역과의 형평성 문제에 대한 논란과 함께 전국적으로 보다 심각한 환경민원이 제기될 것이다.

○ 반대

그린벨트에 대한 여러 가지 입장 중에 여기서는 환경적인 측면에서 반대하는 입장을 정리해 본다.

- 우선 그린벨트가 녹지확보를 통해 환경보전에 기여했는지가 분명치 않다. 먼저 그린벨트 내의 토지 중 임야는 61%이고 나머지는 농경지 25%, 대지 및 잡종지, 기타 14%로 되어 있다. 즉, 우리나라 그린벨트 내 임야는 휴식공간으로 개방되지 않고 있으며 접근성

도 낮다. 그린벨트 때문에 도시 땅값이 너무 비싸져서 도시의 녹지를 보존하기 어렵게 된 것을 보면 그린벨트가 도시민의 쾌적한 환경의 확보에 기여했다고 보는 것은 무리이다.

- 우리나라의 경우 개발제한구역 내에 있는 환경보전에 필요한 임야나 녹지가 아니더라도 이를 지속적으로 규제한 반면 개발제한구역 외곽에 위치한 임야나 녹지는 택지개발이나 공장 건설 등을 위해 합법적으로 훼손하는 모순을 낳았다. 즉, 준농림지의 대량 난개발도 그린벨트를 고수하면서 가용토지를 공급하려는 데서 비롯되었다고 볼 수 있다.

- 환경오염의 외부효과를 개선하는 가장 효과적인 방법은 도시성장억제가 아니라 오염을 야기하는 경제행위의 억제라는 것이다. 즉, 그린벨트 내 오염물질 처리시설을 갖추지 않은 무허가 공장, 하수도 시설이 없는 음식점, 축사 등이 오히려 수질오염을 가중시켜 왔다는 것이다.

- 그린벨트제도가 서울을 비롯한 수도권의 환경을 더욱 악화하였다는 것이다. 즉, 그린벨트제도로 서울의 지가가 높아지고 고밀화 되면서 자동차와 매연, 쓰레기와 하수, 물과 공기의 소비량도 늘어나게 되어 환경이 더욱 악화되었다는 주장이다.

14. 반핵과 환경 정책

최근의 많은 이슈가 되고 있는 부안 핵폐기물 처리장 유치문제로 인해 다시 핵 발전에 대한 문제가 두드러지게 되었다. 90년도의 안면도, 96년도의 굴업도 핵폐기물 처리장 사건에 이어 위도에 다시 핵폐기물 처리장을 건설하려다 주민들의 마찰에 부딪히고 있다. 부지선정 및 주민의견 수렴과정에 있어서의 문제들도 제기되고 있지만 단지 처리장 유치 반대만이 아닌 우리나라의 원자력위주의 에너지 정책을 재검토해야한다는 주장에까지 이르고 있다. 사실 대안 없는 반핵 주장도 설득력을 얻을 수 없으므로 원자력을 대신할 대체에너지의 가능성에 대해 알아보고 더 나아가 화력발전과 원자력 중심의 우리나라의 에너지 정책의 문제점과 앞으로 나아갈 방향에 대해 알아보고자 한다.

1. 위도 핵 폐기장 건설의 문제점

부안 주민들은 평화롭게 촛불집회를 열며 핵폐기장 후보지 선정 철회와 원자력정책 전환을 요구하고 있다. 정부와 한국수력원자력은 핵폐기물이 위험하지 않고, 지역주민의 반대는 지역이기주의이며, 환경단체는 대안 없이 선동과 반대만 한다는 식의 주장을 내세우며 이를 강행하려하고 있다. 상대방을 인정하지 않으니 분열과 갈등의 양상은 심화되고 대화와 설득의 가능성조차 열리지 않는 것이다. 그리고 위도 핵폐기물 처분장 선정이 지자체장의 유치신청과 부지선정위원회의 평가라는 민주적인 절차를 거쳤다고 하지만 환경단체들과 부안 군민들은 대부분 이를 인정하지 않는다. 지역주민, 관련 환경단체, 전문가 등에 의한 공개적 의견수렴 과정이 있어야 한다. 그러나 지금까지 그랬지만 이번에도 민주적 절차는 없었다. 부안 군수의 유치 신청은 첨예한 사회갈등 현안을 참여와 자치의 원칙으로 해소하는 것과는 거리가 멀었고 마침내 해결국면을 맞이할 것이라는 기대도 현실과 크게 괴리된 오판이었음이 드러나고 있다.(이상훈, 2003) 지질 조사도 없이 그리고 부안군민의 2% 정도의 사람들에게 보상금이라는 명목으로 꼬드겨 찬성한 그런 식의 의견수렴은 아무 의미가 없다.(이상훈, 2003). 그리고 여기서 주목해야 할 것은 부안 군민들뿐 아니라 핵발전소의 추가건설이 예정되어있는 고리, 월성, 울산 등에서도 단지 핵시설 유치를 반대하는 것에서 더 나아가 원자력 중심의 에너지 정책의 변화를 요구하고 있다는 점이다. 지금까지는 그 지역에 살고 있지 않은 사람들에게는 어쩌면 지역이기주의라는 관점에서 비춰졌을 수도 있었지만 이제는 우리 지역만 안 된다는 생각을 넘어 반핵이라는 문제로 옮겨졌다. 게다가 핵폐기물을 해가 갈수록 더 많이 쏟아지는데 더 많은 핵발전소를 계획하는 원자력발전 중심의 에너지 정책에 대한 근본적인 문제제기를 하는 데까지 이르렀다. 에너지를 대하는 주민의 행동도 자연히 조금씩 바뀌어가고 있다.

2. 반핵에 이른 에너지 운동

전문가들이 지적하는 핵 유치에 대한 반대운동이 전국적인 규모의 성격을 띠지 못하고 지역이기주의로 비춰질 수 있는 이유가 이 운동이 한국사회의 원자력 전기를 사용하는, 구조적으로 원자력에 의존할 수밖에 없는 대다수 시민들에게 희망적인 대안을 제시하지 못했다는 것이고 다른 하나는 운동의 주체를 이루는 지역주민들이 당면목표를 달성하는데에만 급급했지 핵발전을 포괄하는 에너지 시스템에 대한 반성, 그리고 더 나아가서는 자기 자신의 생활방식에 대한 성찰에 소홀했다는 것이다. 하지만 최근에 들어서 핵발전 반대는 두가지 또는 세가지 양태를 지니게 되는 것 같다. 하나는 핵발전소 자체, 즉 핵발전소 건설과 핵발전소 가동과 핵폐기물 처분에 대항해서 격렬한 반대투쟁을 벌이는 것이고, 다른 하나는 핵발전을 반생명적인 것으로 보고 그것에 대해 근원적으로 반대하지만 반대의사를 겉으로 거의 드러내지도 않고 다만 자연과 가능한 한 조화를 이루는 삶을 추구하는 생명운동을 통해 핵발전 극복을 실현하려는 것이다. 세 번째 양태를 든다면 핵발전 반대운동과 같은 부류에 넣을 수도 있지만 운동 방식은 투쟁지향이 아닌 대안 지향의 에너지 대안운동이 있을 것이다.(이필렬, 2003) 원자력 발전 역시 언젠가는 우라늄 등의 원료물질이 바닥이 나면 이용할 수 없게 되고 지속가능한 발전을 추구하는 사회의 에너지 사용은 자연의 부양능력의 한계 안에서 사회·환경적 영향이 최소화되는 방향으로 이루어져야 하는데 화석연료의 연소로 인한 대기오염 및 파괴(산성비와 스모그현상, 성층권의 오존층파괴, 기후 변화 등), 석유의 운송 및 정제 과정에 따른 해양오염, 유류 저장시설의 관리소홀과 송유관 부식으로 인한 토양오염 및 수질오염, 방사성 폐기물에 의한 토양오염, 원자력발전시설의 냉각수에 의한 해양 열오염 등 에너지 사용은 다양한 환경오염 및 파괴와 연결되어 있다. 에너지의 사용에 따른 환경영향이 최소화되지 않으면 지속가능한 발전은 기대할 수 없다(윤순진, 2002). 따라서 화력과 원자력위주의 에너지 정책의 근본전인 개념의 변화가 이루어져야 한다.

3. 화력과 핵발전의 대안

핵발전 반대운동이 다수 시민들이 수긍할 수 있고 이들을 원자력으로부터 해방시킬 수 있는 희망적인 대안을 제시하지 못하는 한 운동은 단순한 주민운동 또 지역이기주의적인 운동으로 비칠 수 있다. 그러므로 모두가 수긍할 수 있는 대안을 제시해야만 한다. 대안운동에는 핵발전 반대운동에 참여했다가 좀더 장기적이고 발전적인 운동을 모색하는 사람들도 참여하지만 대안 제시라는 것이 에너지 시스템과 관련된 사회과학적 지식이나 과학기술 지식을 요구하기 때문에 다양한 분야의 지식인, 연구자들도 참여하게 된다. 에너지 대안운동과 핵발전 반대운동의 협력 또는 보완이란 핵발전 철폐를 위해서는 반드시 필요한 것이다. 반대운동이 적극적인 실력행사를 통해서 원자력산업의 확대를 저지하고 여론의 주의를 집중시키는 역할을 한다면, 대안운동은 이렇게 주의가 집중된 가운데 희망적인 대안을 제시함으로써 핵발전 극복을 위한 운동을 국지적인 것이 아니라 전국적인 것으로 넓힐 수 있기 때문이다. 대안운동은, 위험하다고 해도 우리가 40% 이상의 전기를 원자력을 통해서 공급받고 있는데 원자력을 하지 않으면 우리가 사용해야하는 전력은 어떻게 구할 것인가와 같은 불안에 찬 물음에 대해서 이 불안감을 없앨 수 있는 답을 제시함으로써 다수 시민에게 핵발전으로부터 벗어날 수 있다는 희망을 줄 수 있을 것이다.(이필렬, 2003)

핵폐기장 건설에 대한 궁극의 대안은 재생가능 에너지 개발이다. 태양에너지와 풍력 등을 적극적으로 개발하면 원자력발전을 줄이는 것이 가능하다. 그렇게 되면 큰 규모의 핵폐기장도 필요 없게 될 것이고 앞으로 더 겪어야할 마찰과 에너지 문제를 해결 할 수 있을 것이다. 현재의 상황과 같이 즉 점점 더 많은 핵폐기물이 쏟아져 나올 수밖에 없는 조건 위에서는 핵 폐기장 건설이 대단히 어렵다. 그러므로 지금부터 대안적으로 재생가능 에너지의 개발이 이루어져야 한다. 재생가능 에너지는 우리의 자연에서 원료를 얻어 사용하는 것으로 바닥을 드러낼 염려도 없고 생태계와 환경에 악영향을 끼치지 않는 지속가능한 것이다.

4. 대체에너지의 가능성

대안이라 함은 획기적이면서도 실현가능성이 있어야 대안이라 할 수 있다. 그리고 재생 가능한 에너지는 현실성도 충분히 가지고 있다. 당장 적극적으로 개발하기 시작하면 수십 년 안에 화석연료와 원자력을 대부분 몰아낼 수 있다. 덴마크가 풍력발전을 시작한 지 20년 만에 체 전력의 20%를 풍력에서 얻는다는 것이 재생가능 에너지의 현실성을 증명한다.

우리와 국토와 자원 여건이 유사한 유럽의 에너지 정책에서 에너지 문제의 해법을 배울 필요가 있다. 독일, 벨기에, 스페인, 스웨덴, 네덜란드 등은 원자력 발전에서 탈피하면서 에너지 효율 향상과 재생가능 에너지 확대 정책을 적극적으로 펴고 있다. 유럽 에너지 정책을 실질적으로 주도하고 있는 독일은 에너지 시스템 전화에 가장 적극적인 나라이다. 19기의 원전을 2020년까지 단계적으로 폐쇄 중인 독일은 단기적으로는 열병합 발전을 확대하여 에너지 이용 효율을 높이면서 중장기적으로는 풍력과 태양광 발전 등으로 전력 공급을 대체하는 계획을 의욕적으로 추진하고 있다. 독일의 재생 가능 에너지 확대 정책은 2005년까지 이산화탄소 방출을 1990년에 비해 25% 감축하겠다는 목표를 뿐만 아니라 미래의 세계 에너지 시장에서 독일의 위치를 확고히 하기 위한 것이기도 하다. 풍력 기술을 선도해 온 덴마크는 2030년까지 전체 전력 수요의 50%를 풍력 발전으로 충당할 전망이며, 오스트리아는 이미 전체 에너지 수요 중에서 재생 가능 에너지 사용을 15%까지 높이고 화석연료나 원자력에 대한 연간 수천억 달러에 달하는 에너지 보조금을 폐지하자고 목소리를 높였다. 유럽연합에서 나온 장기 에너지 시나리오 중 환경 문제를 적극적으로 고려한 시나리오는 재생가능 에너지 위주로 에너지 시스템이 전환될 것임을 확실하게 보여준다. 이 시나리오에 따르면 2050년에는 2000년에 비해 에너지 소비가 60% 정도 줄고, 전체 에너지의 80% 이상을 재생 가능 에너지가 담당할 전망이다. 재생 가능 에너지는 에너지 밀도는 낮지만 대부분이 태양에서 나오는 것으로, 풍력과 태양광 발전은 매년 30% 이상 성장하고 있다. 이는 원자력과 석탄이 거의 정체 생태인 것과는 매우 대조적이다. 재생 가능 에너지원 중에서 상대적으로 뛰어난 경제성과 기술 신뢰성을 확보한 풍력 발전은 가장 빠르게 성장하고 있다. 풍력에너지를 단적으로 표현한다면 자연적인 현상에 의해 이루어지는 대기의 이동, 즉 바람이 갖고 있는 운동에너지라 할 수 있으며, 풍력 에너지 량은 바람이 갖는 속도의 세제곱에 비례한다. 풍력에너지는 자연의 화학적 현상이 아닌 물리현상(대기이동)에 의해 발생되므로 깨끗하며 고갈의 위험 없이 언제든지 다시 이용될 수 있다. 풍력 발전은 발전 과정에서 온실 가스를 배출하지 않는 에너지원으로 기후변화협약에 대응할 수 있는 새로운 발전 기술로서 각광을 받고 있다. 특히 유럽 국가들이 1990년대 후반부터 주민 반대, 위험성, 핵폐기물 처분 문제 등을 이유로 원자력 발전의 신규 건설을 중지하고 조기 폐쇄 움직임을 보이면서 풍력 발전은 더욱 비약적으로 확대되고 있다. 이런 추세라면 2020년에 풍력 발전기에 의한 전력 생산량은 전 세계 전력 소비량의 12%를 차지할 것으로 전망된다. 태양광 발전 산업도 빠르게 성장하면서 지난 20년간 설비 가격은 10분의 1 수준으로 떨어졌다. 태양 전지의 세계 시장 규모는 최근 4년 연속 30% 이상의 성장률을 기록하였다고 한다. 태양에너지를 이용하는 기술은 크게 태양열과 태양광을 이용하는 두 가지로 나눌 수 있다. 전자는 태양열을 집열장치로 모아 이를 건물의 냉난방, 급탕 또는 산업공정의 가열용으로 이용하거나 그 열로 발생시킨 고온의 스팀으로 열기관을 통하여 전기에너지로 변환(태양열 발전)시키는 방법이다. 후자는 태양광을 반도체소자인 태양전지에 비추어 빛의 에너지를 직접 전기에너지로 변환(태양광 발전) 시키는 방법이다. 우리도 희망을 가지고 재생가능 에너지라는 대안을 도입하여 실천한다면 큰 문제를 안고 있는 핵 발전에 대한 마찰과 위협에서 벗어날 수 있을 것이다.

5. 에너지 정책 변화

재생 가능 에너지를 이용하게 되면 기후변화를 포함하여 에너지 생산으로 인한 다양한 환경오염과 파괴를 막을 수 있다. 아울러, 대부분의 재생 가능 에너지설비는 대규모일 때보다 소규모 내지 중규모일 때보다 효율적으로 작동되기에 지역 분산적으로 설치되어 지역 분산적인 에너지수급방식을 취함으로써 지역의 에너지 자립도를 높일 수 있고 지역의 에너지 필요에 탄력적으로 반응할 수 있게 되는 것이다. 따라서 중앙 집중적인 에너지 이용에 필수적으로 요구되는 송·배전선이나 송전철탑이 많이 제거될 수 있고 에너지시설의 입지를 둘러싼 사회갈등을 유발하지 않음으로써 사회비용을 줄이도록 한다. 재생 가능 에너지가 기후변화 원인물질인 온실가스 배출 감축에 기여하고 고갈되는 화석연료의 보전에 기여한다는 사실을 강조하면서 재생 가능 에너지기술을 개발하고 재생 가능 에너지 시장을 확대하는 방안을 담아야 한다. 에너지의 효율적 이용 및 절약, 온실가스의 배출이 거의 없는 재생 가능 에너지원을 중심으로 한 지역 분산적인 에너지 체계로의 재편, 나아가서는 에너지 저소비형 사회경제구조로의 전환에 정책적 관심을 이끌어야 한다. 정책결정자들이 보다 장기적인 관점에서 의식의 전환을 서두르면서 제도적 장치를 마련해야 하는 것이다.(윤순진, 2003) 그리고 기존 에너지 법체계의 제도적인 보완이 필요하다. 기존 경성에너지체제에서 지속가능한 에너지 체계로의 전환을 위한 종합적인 에너지 관리 정책이 추진되어야 하며, 특히 대체에너지의 개발과 사용의 장려를 위한 제도적 인센티브 도입이 필요하다. 또 국가 및 지역 에너지 정책 수립 시 시민의 참여가 필요하다. 특히 지역기반의 에너지 자급자족을 위해서는 시민의 정책 참여가 필수적이며, 이로써 에너지 생산 및 이용에 대한 비용과 편익을 고루 배분하는 효과를 얻을 수 있다. 또한 시민의 참여를 통해 지역 간 에너지 생산과 소비로 인한 사회적 갈등을 최소화할 수 있다. 대체에너지 개발과 활용을 위해서 정부와 전문가, 그리고 지역 주민의 관심이 어느 때보다 필요하다. 미국, 유럽 등의 주요 선진국이 대체 에너지 개발에 발 벗고 나서는 것은 단지 기후변화에 대처하기 위해서 뿐만 아니라, 21세기 새로운 재생 에너지 시장에서 주도적 역할을 할 수 있기 때문이다.

30년 이상 전력 정책의 변화를 가로막으며 핵폐기물이란 엄청난 근심거리를 생산하는 원자력 발전소와 기후 변화를 일으키는 온실 가스를 내뿜는 대형 화력 발전소들 대신에 전력 체제의 낭비를 줄이고 생태 위기를 낳지 않는 대안을 모색해야 한다. 또한 우리는 중앙에서 결정된 정책에 의해 대량 생산된 에너지를 공급받아 사용하는 것이 가장 효율적인 에너지 정책이라는 데에 별다른 이의를 제기하지 않았다. 에너지 정책에 있어서 경제성을 가장 우선순위로 꼽으며 이차적으로 환경 문제를 연관시켜 왔고, 발전소나 여타 에너지 관련 시설이 있는 곳의 주민의 희생을 어쩔 수 없는 것으로 받아들여 왔다. 이러한 에너지 정책이 현재의 화석연료 고갈 가능성이라든지 환경오염문제, 환경 갈등을 낳아온 것은 당연한 일이다. 그 대안으로서의 재생 가능 에너지의 가능성과 타당성을 검토해보아야 할 때이다. 재생가능에너지는 환경에 미치는 부정적인 영향이 거의 없고 소규모 분산적인 방식으로 이용할 수 있기에 에너지이용을 둘러싼 지역간 환경갈등이나 불평등 문제가 제기되지 않는다. 원자력 발전을 확대할수록 풍력 발전이나 태양광 발전, 소수력 발전에 대한 지원은 소홀해진다. 원자력 발전과 유연탄 발전을 동결하거나 포기할 때 이를 대체할 에너지 효율 향상과 재생가능 에너지 확대 정책이 힘을 받는다. 유럽연합에서 나온 장기 에너지 시나리오 중 환경 문제를 적극적으로 고려한 시나리오는 재생 가능 에너지 위주로 에너지 시스템이 전환될 것임을 확실하게 보여준다. 앞으로 재생 가능 에너지 생산가는 지속적인 투자와 시장 확대를 통해 더 낮출 수 있음을 고려하여 보다 장기적인 전망 속에서 재생 가능 에너지 확대 정책을 펼쳐야한다. 이 과정에서 재생 가능 에너지 시장의 확대가 대기 환경 개선, 온실 가스감축 .신규고용 창출 등 긍정적인 효과를 수반한다는 것이 강조되어야 한다. 그리고 재생 가능 에너지 지원과 연구개발을 위한 예산 지원도 크게 늘려야 한다.(이상훈, 2003) 우리가 궁극적으로 이루고자 하는 지속가능한 에너지체제는 에너지 공급의 안정성이나 양적 성장이 아니라 보다 적은 에너지 소비를 통해 삶의 질이 향상되는 것을 추구한다(윤순진, 2002). 궁극적으로는 새로운 대체 에너지를 개발, 생산하는 것도 중요한 일이지만 에너지의 수요에 중점을 두고 수요 자체를 줄일 수 있는 에너지 절약 방안을 모색하는 것은 지속가능한 에너지체제뿐만 아니라 현재의 에너지체제에도 큰 도움이 될 것이다. 어차피 원자력 또한 한계가 있는 에너지라는 것이다. 임시방편이 아닌 근본적인 에너지 대책으로서 '지속가능한 에너지체제로의 전환'이 필요하다는 사실을 인식할 때다. 그리고 더불어 정책결정과정에서 시민의 참여가 보장되는 민주적 의사결정 체제를 마련해야 한다. 이번 위도 핵폐기장과 같이 어떤 개인이나 집단도 그들의 올바른 이해나 동의 없이 다른 사람들의 이익을 위해 희생되어서는 안 된다. 투명하고 민주적인 정책결정과정을 통해 사회적으로 필요하고 동원 가능한 에너지원의 종류와 활용 방식에 대한 합의를 도출해내야 하는 것이다. 이는 재생 가능한 에너지체제의 도입으로 지역 분산적인 에너지체제의 수립을 통해 달성할 수 있다. 지역 분산적인 에너지체제는 에너지 자립적인 지역 공동체의 건설로 지역간 불평등을 해소할 수 있으며 에너지에 대한 지역주민의 통제력을 강화하기 때문이다.

참고문헌

· 이필렬, 2003, 핵폐기장과 새만금: 지속가능하고 생태적인 대안만이 해결책이다.
· 이필렬, 한국의 반원전운동과 에너지 대안운동: 협력과 긴장의 변증법.
· 윤순진, 2002, 지속가능한 에너지체제로의 전환을 취한 정책방향, 한국행정학보, 36(5), 147~166.
· _____, 2002, 재생가능에너지 확대를 위한 법·제도 개선.
· 이상훈, 2003, 에너지 위기를 넘어 재생 가능 에너지로, 환경과 생명 여름.
· 이태욱, 2003, 다시 휘날리는 반핵 투쟁의 깃발, 환경과 생명, 여름.
· 황주호, 핵은 악마의 선물인가?, 반핵국민행동.
· 정인환, 2003, 석유의 고갈과 에너지 대안, 환경과 생명.
· 이상훈, 2003, 위도 핵폐기물 처분장 추진의 문제점, 문화과학 35호.

15. 팔당골재 채취 백지화 사례를 통해서 본 환경정책

1980년대까지만 하더라도 환경 문제가 발생한 이후에 그에 따른 피해를 보상해 주는 사후적 차원에서의 환경갈등이 주를 이루었다. 90년대 초에 일어난 낙동강 페놀 사건도 환경오염으로 인한 피해가 발생한 후에 갈등 양상이 나타난 사례다. 이러한 환경 갈등 사례와는 달리 팔당호 골재 채취 사례는 환경오염에 의한 피해도 발생하지 않았고, 피해 가능성 또한 불명확한 상황에서 일어난 예방적 차원에서의 환경 갈등 사례이다. 오염이 불확실한 상황에서의 사전 예방적 환경 갈등 사례의 시초를 살펴보고, 환경 갈등의 이면에 나타나 있는 여러 가지 양상에 대해 고찰한 후 앞으로의 환경 운동이 나아갈 바를 모색하고자 한다.

사건경위와 사건 당시의 근거 법

1. 사건 경위

1) 문제의 시작

1989년 5월 13일 경제기획원에서 '수도권건축자재수급대책회의'를 하면서 팔당 골재 채취를 위한 정부의 시책은 시작되었다. 이에 따라 1989년 6월 20일에 경기도는 '팔당 호수 준설 사업 계획'을 마련하고 연세대 산업기술연구소에 환경영향평가를 의뢰하였다. 1989년 11월 24일, 건설부는 경기도에 1990년 5월부터 골재를 채취할 것을 지시하고, 1990년 2월 26일 팔당호와 남한강 및 한강 하류 지역을 골재 채취 특수 지역으로 새로 지정하였다. 경기도는 3월 19일에 8개 업체에 대해 골재 채취를 허가하고, 4월 24일에는 환경영향평가서를 환경처에 제출하고 환경영향평가협의를 요청했다. 그러자 4월 26일에 환경처는 일단 골재 채취 공사를 중지할 것을 경기도에 요청했다. 그러나 이를 무시하고 경기도는 5월 7일부터 팔당호 '시험 준설'을 시작하여 그 해 6월 12일까지 2만 7천여 입방미터 골재를 채취하였다.

2) 사회 문제로 제기

팔당 골재 채취 문제를 사회 문제로 구성하는 데에는 언론의 역할이 컸다. 한겨레신문은 지속적으로 이 문제를 보도하여 다른 신문들의 보도를 이끌어나갔고, 시민단체들의 활동을 촉발시켰다. 1990년 5월 9일, 한겨레신문은 '팔당호 수질 오염 비상'이란 제목의 기사를 10면 머리기사로 보도하였다. 같은 날 동아일보도 석간에서 '팔당호 골재 채취 수질 오염 망친다'는 제목의 기사를 비중 있게 보도하였다. 5월 25일, 환경처는 사실상 시험 준설에 동의했다. 시험 준설을 통해 수질 영향을 사전에 조사한 다음 준설의 계속 여부를 결정하기로 했다고 발표한 것이다. 그러나 한국일보, 한겨레신문 등의 언론에, 경기도가 수질 오염을 심화시키는 양동이식 대신에 펌프식으로 준설하라는 환경처의 지시를 지키지 않은 사실과 환경처의 보류 지시조차 지키지 않은 사실이 보도되었다. 또한 6월 12일에 한겨레신문은 '팔당 밑바닥 인산염 물속 1만 배－준설 땐 물에 녹아들어 적조 현상, 부유 물질도 대량 발생 오염 가중'이라는 제목의 기사를 서울대 미생물생태학연구실의 김상종 교수의 연구 결과를 인용하여 보도하였다. 이러한 언론의 집중적인 보도는 6월 13일 경기도의 팔당 골재 채취를 일시 중지를 이끌어냈다. 그러나 경기도는 수질 검사를 위해 일시적으로 취한 조처라며 골재 채취를 강행할 것을 시사하였다. 6월 14일 '소비자 문제를 연구하는 시민의 모임'[27]은 공청회를 개최하였다. 이것은 팔당 문제와 관련하여 시민단체에서 최초로 조직한 행사이다. 공청회에는 최찬식 건설부 수자원 국장과 김인환 환경처 수질보전국장, 김상종 교수와 최열 공추련 의장 등이 참석하였다. 여기서 강원대 전상호 교수는 "준설을 강행할 경우 퇴적물 속의 중금속·인 등이 물 곳에 녹아들어 수질 오염을 가속시킬 가능성이 높다"고 주제 발표를 하였다. 그리고 최찬식 국장은 현재 시험 준설중인 1공구에서 문제가 생길 경우에 2·3공구의 공사는 하지 않을 방침이라고 밝혔다. 신문들은 이 발언에 근거해 건설부가 팔당 준설 공사를 중지하거나 백지화할 것을 검토하고 있다고 기사화하였다. 이렇게 팔당 골재 채취 문제가 사회 이슈화되자 제1야당인 평민당은 6월 22일 '팔당호골재준설조사단'을 구성하여 현지 조사를 하였다. 이 조사에서 경기도가 환경처의 시험 준설 동의를 받기도 전에 골재 채취를 했다는 사실이 밝혀졌고 언론은 이를 크게 보도하였다. 평민당은 이 문제를 7월 임시 국회에서 정치 쟁점화하기로 했다고 밝혔다. 이러한 가운데 7월 1일에는 감사원이 국회에 제출한 전국 17개 정수장 감사 결과 자료에 의해 수돗물 발암 물질인 트리할로메탄(THM)이 다량 검출되었다는 사실이 알려졌다. 보사부는 이것이 기준치에 미달한다고 발표했으나, 수돗물이 중금속에 오염되었다는 건설부의 발표로 빚어진 1989년 8월의 '제1차 수돗물 파동'에 뒤이어 수돗물 오염에 대한 우려는 확산되었다. 7월 11일, 정부는 환경보전위원회에서 상수원수질에 영향이 없는 경우에 한해서만 골재 채취를 취진하고, 추진 여부는 시험 준설 결과에 대한 환경 관계 전문가 및 기관 등의 판단에 따라 결정하겠다고 밝혔다. 또한 추진으로 결정이 나면 관계 기관과 합동으로 언론 및 주민 여론을 수렴하는 것을 선행하겠다고 밝혔다. 이에 대해 경실련 여성위원회, 공추련 여성위원회 등의 단체는 '수돗물에 대한 입장'을 발표

---

27) 이하 '소비자 시민의 모임'으로 표기.

하고 팔당 골재 채취 중단을 요구하는 기자 회견을 가졌다.

3) 환경처 주도의 시험 준설

1990년 8월 6일, 정부는 건설부의 요구로 열린 환경관계 장관회의에서 환경처가 주무부처가 되어 팔당호 1공구 시험 준설을 하기로 결정하였다. 각 신문들은 건설부가 골재난을 명분으로 환경보전여론을 밀어냈다고 평가했다. 이리하여 쟁점은 '과학적인 실험'의 문제로 바뀌었고, 이변이 없는 한 골재채취는 허용될 것으로 예상되었다. 이러한 정부의 결정에 대응하여 '수돗물 살리기 운동 연합 준비 모임'이 구성되어 팔당 골재 채취 사업 저지를 목표로 정하였다. 이 모임은 공추련 여성 위원회, 주부 아카데미 협의회, 정농회 소비자 협의회 등 5개 단체로 구성되었고, 이 조직을 중심으로 18개 사회단체가 연대하여 '팔당호 시험 준설 저지 특별 대책 위원회[28]'를 조직하였다. 팔당호 시험 준설 저지 특별 대책 위원회는 11월 10일 환경처 앞에서 '팔당호 시험 준설 저지 대회'를 열었다. 여기서 대책위원회는 시험 준설의 위험성에 대해 우려를 하면서 시민의 여론 수렴 과정을 배제하고 시험 준설의 평가 문제를 전문적인 과학문제로 돌리려는 정부를 맹렬히 비난하는 성명서를 냈다. 한편 직접 팔당호 바닥을 조사하는 시도도 있었다. 11월 24일, 소비자 시민의 모임은 강원대 환경연구소, 춘천 에이스 잠수 동호회와 함께 직접 조사를 하였다. 여기에는 기자들도 함께 참여했다. 환경처로부터 '팔당호 시험 준설 영향 조사'를 의뢰받은 한국수질보전학회는 12월 15일 '팔당호 시험 준설 영향 조사 결과 발표회'를 열었다. 여기서 조사단은 골재 채취가 수질과 생태계에 미치는 영향은 거의 없다고 밝혔다. 여기서 환경처는 과학적인 조사 결과에 의존하여 골재 채취를 허용하는 입장으로 다시 돌아섰다. 여기에 대해 공추련, 소비자 시민의 모임 등 20개 환경·시민 단체들은 곧바로 '팔당호 시험 준설 영향 조사에 대한 평가 토론회'를 열었다. 여기서 수질보전학회 김원만 한양대 교수 등 2명만이 수질 오염이 없을 것이라고 말했다. 나머지 참석자들은 모두 당국의 수질 조사가 짧은 기간에 진행되었고, 큰 홍수 뒤의 조사라서 신뢰하기 어렵다는 견해를 밝혔다. 이 토론회는 대부분의 신문에 크게 보도되어 팔당호 골재 채취 위험성에 대한 여론을 확산시켰다. 이러한 반대 여론을 흡수하고자 환경처는 '팔당호 시험 준설 영향 조사에 대한 공청회'를 1991년 1월 21일에 주최하였다. 그러나 학계와 시민 단체에 미리 알리지

---

28) 이하 '팔당특별대책위원회' 또는 '대책위원회'로 표기.

않았고, 충분한 토론 기회도 주지 않아서 반대자를 따돌린 공청회라는 비판을 받았다.

4) 페놀 사건으로 촉발된 국민의 분노

이런 가운데 3월 16일 페놀 사태가 터졌다. 이 사고는 수돗물 파동보다 훨씬 더 큰 피해와 공포와 분노를 불러일으켰고, 수돗물 문제를 비롯한 환경 문제는 국민들의 중요한 관심사가 되었다. 여기에 정부의 섣부른 두산 전자 조업 재개 허용 조치로 2차 페놀 유출 사건이 일어나서 환경처 장관과 차관이 경질되었다. 이것은 환경·시민 단체들에게 유리하게 작용하였다. 페놀 사건을 팔당 골재 채취 문제와 연결시키는 방법을 사용한 것이다.

5) 팔당 골재 채취 백지화

환경처 장관으로 새로 취임한 권이혁 장관은 기자 간담회를 갖고 팔당호의 수질 개선을 위해서 오염이 심한 경안천의 오염 불질을 1993년부터 준설하겠다고 발표했다. 이어서 5월 28일에는 '팔당호 시험 준설 관련 회의'를 갖고 골재 채취를 위하 준설에 반대하는 입장을 밝히기 시작했다. 그러나 건설부는 다시 팔당호 골재 채취를 재개하려고 하였다. 7월에 부실 골재를 이용하여 문제가 된 신도시 레미콘 파동이 계기가 되었다. 그러나 환경처 장관은 임시국회에서 현안 보고를 통해 골재 채취 반대 입장을 분명히 하였고, 21일에는 "상수원 수질 보전을 위해 팔당호 골재를 채취할 수 없다"는 최종 결론을 국무총리 및 관계 장관이 만난 자리에서 내렸다고 밝혔다. 1991년 7월 29일, 정부는 환경보전위원회를 열어 팔당호 골재 채취 계획의 전면 백지화를 확정 발표했다.

2. 사건 당시의 근거법

1990년 환경청이 환경처로 승격되는 것과 함께 환경보전법을 개별법화하여 환경법 체계를 전면 개편하였다. 이 중 환경정책기본법은 환경정책의 기본 이념과 방향을 정립하는 법으로서 환경영향평가에 대한 사항도 대폭 보완·강화한 내용을 담고 있다. 대상사업은 종전의 33개 단위사업에서 47개 단위사업으로 확대 되었으며, 초안평가서 작성 후 주민의견을 반영하여 최종평가서를 작성하도록 하였고, 평가협의내용에 대한 이의 신청, 사업계획의 변경에 따른 재협의, 평가협의 내용의 이행여부조사 확인 등 사후 관리 제도를 도입하여 평가협의 내용 이행에 실효성이 확보되도록 하였다. 골재채취의 근거가 되는 골재채취법은 사건이 끝난 1991. 12. 14일에 제정되었다.(법률 제4,428호) 따라서 그 당시에는 이 법의 적용을 받지 못했다. 골재 채취법은 골재의 수급조정제도를 마련하고, 골재 채취업을 영위하는 자는 골재 채취업 등록을 하도록 하며, 골재채취허가를 받은 자는 다른 법령에 의한 토석채취허가를 받은 것으로 보도록 하고, 골재채취에 따른 환경훼손저감 및 재해예방조치사항 등을 정하였다.

갈등 관계[29] – 주체들의 활동을 중심으로 기술

1. 정부의 역할 갈등 – 환경처와 경기도·건설부·경제기획원의 입장

경기도·건설부·경제기획원은 주택문제 해결이라는 명분에 입각하여 골재 채취를 강행한 반면에 환경처는 환경권과 관련하여 일관된 입장을 갖지 못하고 시민단체와 경제부처 사이에서 끊임없이 동요하였다. 정리하자면 골재 채취업자와 건설업자들을 주요 고객으로 하는 건설부와 경기도, 경제 기획원은 주택문제 해결이라는 명분하에 일관된 입장을 가졌다. 그러나 환경처는 1990년 8월부터 1991년 5월까지 건설부와 경기도의 대리인 역할을 함으로써 환경처의 주 고객인 환경·시민 단체의 주장을 수용하지 않았다. 그러나 지속적인 환경·시민 단체의 여론 정치와 페놀 사태 때문에 이들의 주장을 수용하였다. 환경처가 이들의 입장을 수용한 후에야 정부 내의 의사 결정 또한 변화할 수 있었다. 그 과정을 부처간 역할을 중심으로 살펴보면 아래와 같다.

팔당호 골재 채취 계획 은 환경처가 전혀 모르는 가운데 건설부와 경기도에 의해 추진되었다. 조경식 초대 환경처 장관은 이 계획을 신문을 통해서 알았다고 말했다. 1990년 4월 24일, 경기도가 환경처에 환경영향평가협의를 요청해오자 환경처는 경기도에 일단 공사를 중지할 것을 요청하였다. 그러나 경기도는 이를 묵살하고 5월 7일부터 시험 준설을 시삭하였다. 5월 25일 환경처는 몇 가지 조건을 붙여 1공구의 시험 준설에 동의했다. 이

---

29) 구도완, 1996, 한국 환경 운동의 사회학, 문학과 지성사, p.310~p.315를 참고로 하여 서술하였다.

때부터 다음해 5월까지 환경처는 건설부의 골재 채취를 승인하는 역할을 떠맡음으로써 환경·시민 단체와 언론의 비판을 받았다. 6월 13일 경기도는 시험 준설을 일시 중단 시켰다. 이것은 언론의 집중적인 보도 때문이라고 볼 수 있다. 5월 9일에 한겨레신문이 최초 보도를 한 이후 6월 초에 이르러 한겨레신문은 거의 매일 팔당 관련 기사를 내보냈고, 다른 신문들도 준설 작업이 환경처가 지시한 펌프식이 아닌 양동이식을 강행해 오염의 위험이 크다는 것을 보도했다. 또한 서울대 미생물 생태학 연구실이 적조 현상 발생 가능성을 발표한 것도 일시 중단의 원인이다. 7월 초에 수돗물 트리할로메탄 파동도 큰 문제가 되었다고 할 수 있다. 그러나 정부는 임시국회가 끝나고 언론의 관심도 점차 사라진 8월 6일에 환경처 책임하에 시험 준설을 하기로 하였다. 환경처가 골재 채취의 과학적 정당성을 입증하게 된 것이다. 다음해 페놀 사건 때까지 정부는 상수원 오염 위험성이 없다는 결과에 의존하여 골재 채취를 강행했다. 그러나 페놀 사태가 일어나자 환경처 장관과 차관이 경질되고 난 후에 환경처의 입장이 바뀌었다. 과학적 조사 결과에도 불구하고 상수원에서의 골재 채취가 바람직하지 않다고 환경처가 입장을 밝힌 것이다. 즉 환경처와 경제 부처 사이에 의견 대립이 일어난 것이다. 건설부는 수도권신도시 불량 레미콘 파동이 일어나자 이것을 기회로 다시 골재 채취를 추진하고자 하였다. 그러나 환경·시민 단체와 한겨레신문 등 언론에 힘입은 환경처는 백지화 결정을 내렸다. 정리하자면 골재 채취업자와 건설업자들을 주요 고객으로 하는 건설부와 경기도, 경제 기획원은 주택문제 해결이라는 명분하에 일관된 입장을 가졌다. 그러나 환경처는 1990년 8월부터 1991년 5월까지 건설부와 경기도의 대리인 역할을 함으로써 환경처의 주 고객인 환경·시민 단체의 주장을 수용하지 않았다. 그러나 지속적인 환경·시민 단체의 여론 정치와 페놀 사태 때문에 이들의 주장을 수용하였다. 환경처가 이들의 입장을 수용한 후에야 정부 내의 의사 결정 또한 변화할 수 있었다.

2. 언 론

팔당 골재 채취 사건은 언론에 의해 환경 문제로 구성되었다. 언론이 객관적 피해와 분노를 보도하는 역할에 머물러 있었던 것이 아니라 사회 문제로 구성되지 않을 가능성이 많은 문제를 사회 문제로 구성한 것이다. 1990년 5월 9일, 한겨레신문은 '팔당호 수질 오염 비상'이란 기사를 보도하였는데, 그 이전에는 이러한 주장을 한 단체는 없었다. 건설부가 팔당호를 골재 채취 지역으로 지정한 것은 신도시 주택 건설 자재를 마련하기 위한 일반적인 조처로 받아들여졌을 뿐이다. 한겨레신문에 이어 동아일보와 한국일보도 팔당 문제를 기사화하였고, 이러한 보도를 보고 소비자 시민의 모임과 서울대 생태학연구실이 적극적으로 골재 채취 반대 운동을 조직하기 시작하였다. 6월이 되자 언론은 더욱 집중적으로 팔당 문제를 기사화했고, 그 결과 6월 13일에 준설 공사를 일시 중단시킬 수 있었다. 또한 소비자 시민의 모임이 주최한 공청회에서 수질이 오염될 경우에 준설을 백지화하겠다는 건설부의 입장을 듣는 데 기여하였다. 언론은 이 문제가 사회 문제가 된 이후에는 환경처 앞 시위, 공청회 사실 등을 보도하였고, 학계와 현장 취재 등을 통하여 지속적으로 이 문제를 다루었다. 한겨레와 동아일보는 1991년 7월에 건설부가 다시 골재 채취를 강행하려는 움직임을 보이자 '시민 단체가 거센 반발'을 하고 있다고 보도함으로써 환경처의 입지를 넓혔다. 이렇듯이 팔당 문제를 사회 문제로 구성하는 데에는 언론의 기여가 크다는 것을 알 수 있다. 그러나 중립적인 입장에서 보도한 신분도 있었다. 중앙일보는 깨끗한 물과 튼튼한 집 사이의 논쟁으로 문제를 규정하고 중립적으로 기사를 썼다. 대개의 신문들은 환경・시민 단체의 입장을 간접적으로 지지하였고, 한겨레신문은 유일하게 처음부터 끝까지 보도 기사와 사설을 통해 경기도・건설부・환경처를 비판하고 골재 채취 반대 입장을 일관되게 유지하였다.

3. 환경・시민 단체

소비자 시민의 모임은 팔당 골재 채취가 언론에 의해 보도된 이후 가장 먼저 활동을 시작하였다. 직접 현장 조사를 네 차례 실시하였고, 두 번의 공청회를 개최하여 이 문제를 사회 문제화 시키는 데 큰 역할을 하였다. 이 단체는 강원대 환경연구소 전상호 교수의 도움을 받아 전문성을 확보하였고, 여러 번의 현장 조사에 보도진을 참여시켜서 이 문제를 지속적으로 여론화시켰다. 수돗물 살리기 운동 연합 준비 모임은 공추련 여성위원회의 주도로 구성되었는데, 주부들을 중심으로 여러 환경・시민 단체들이 연대를 조직하여 이 문제를 여론화시키는 데 큰 역할을 했다. 이 모임이 중심이 되어 보다 많은 단체가 참여한 '팔당 시험 준설 저지 특별 대책위원회'가 조직되었다. 이 위원회는 환경처 앞의 시위를 주도하고, 소비자 시민의 모임과 함께 '팔당호 시험 준설 영향 조사에 대한 평가토론회'를 개최하여 환경・시민 단체들의 조직력을 보여 주었다.

4. 전문가의 참여

환경·시민단체의 활동은 전문가들에 의해 뒷받침되었다. 환경과 공해 연구회의 김정욱 교수와 김상종 교수, 그리고 강원대의 전상호 교수 등의 전문가들은 적극적인 자체 조사를 통해 팔당호 오염의 심각성을 알렸다. 이전의 온산 사태나 페놀 사태의 경우는 전문가들이 지속적으로 참여하지 않거나 그러기 힘들었다. 그러나 팔당 골재 채취 반대 운동에는 전문가들이 지속적으로 참여할 수 있었고, 그 결과 시험 준설 결과에 대한 과학적인 논쟁에서 환경·시민 단체들이 패하지 않을 수 있었다.

5. 평민당의 활동

평민당은 국회 안에서 팔당 문제를 제기함으로써 정책 변화에 기여하였다. 평민당은 팔당 문제가 중요한 사회 문제로 부각되자 현장 조사 활동을 벌이고, 임시국회에서 이것을 정치적 쟁점으로 만들었다. 그러나 정부가 환경처 책임하의 시험 준설을 결정한 것에서 나타나듯이 정부 정책을 당장 변화시키지는 못하였다. 그러나 1990년 8월 14일 서울시 정수장 현지 방문 조사를 비롯하여 1991년 2월 임시 국회에서 팔당 문제를 주요 의제로 삼는 등 팔당 문제에 지속적인 관심을 보였고, 정부 자료를 환경·시민 단체에 제공하기도 했다.

팔당호 골재 채취 백지화의 요인

팔당 골재 채취 계획이 백지화될 수 있었던 것은 환경·시민 단체들의 지속적인 노력과 전문가 조직의 적극적인 참여, 언론의 적극적인 보도, 그리고 페놀사건의 효과라고 할 수 있을 것이다. 그 각각의 요인을 살펴보면 다음과 같다.

1. 환경·시민 단체의 노력

환경·시민 단체들은 직접 조사 활동, 시위, 공청회 등의 활동을 통하여 효과적으로 오염의 위험성을 알림으로써 여론의 방향을 이끌어갔다. 언론이 어떤 문제를 이슈화하려고 해도 시민들이 자발적인 운동을 벌이지 않는 한은 지속적으로 여론을 동원하기 힘들다. 환경·시민 단체들은 시민의 역량을 성공적으로 결집시킴으로써 어느 정도는 무임 승차자의 문제를 극복할 수 있었다. 천오백만 수도권 주민 모두의 문제는 무임승차의 문제에 빠질 수 있는 사항이다. 이것을 환경·시민 단체들은 팔당 특별 대책 위원회라는 연대 기구를 결성함으로써 어느 정도 극복을 해냈다. 또한 페놀 사건이 터지자 이로 인한 국민들의 분노를 팔당 골재 채취 운동과 연결시키는 방법을 사용하여 백지화를 이끌어 내었다. 또한 천오백만 수도권 주민의 식수라는 것을 강조함으로써 정당성 확보에도 성공하여, 환경·시민 단체들이 시민들의 직접 참여를 조직하지는 못하였지만 목표를 달성할 수 있었다.

2. 언 론

팔당 골재 채취 계획의 백지화에 성공한 데에는 언론의 역할이 컸다. 선도적으로 이 문제를 사회 문제로 구성하였고, 지속적인 보도를 통해서 백지화에 기여하였다.

3. 전문가의 적극적인 참여

팔당 문제는 '과학적인'논쟁의 성격이 짙었다. 1990년 8월 6일 이후에 환경처 주도로 시험 준설이 시작되면서 이 문제는 정치적인 선택의 문제에서 과학적인 사실의 문제로 쟁점의 성격이 변하였다. 정부가 과학적인 조사를 실시한 이후 그것에 의존하여 정책을 결정하겠다고 방침을 세운 것이다. 이러한 정부의 방침에 대해 환경·시민단체들은 짧은 시기의 문제점, 상수원에서 오염을 무릅쓴 실험의 위험성, 민간의 참여가 배제된 조사의 공정성과 같은 문제를 제시함으로써 정부 조사의 신뢰성을 훼손시키는 방법을 이용했다. 조사 결과에 대해 전문가들은 토론회에서 조사 결과가 환경 영향을 과소평가했고, 일부 조사 방법도 잘못됐다고 비판하여 정부 조사 결과의 비과학성을 지적했다.

4. 페놀 사건으로 인한 효과

페놀 사건으로 인한 국민들의 분노는 팔당 골재 채취 계획의 백지화에 큰 영향을 미쳤다. 환경처는 페놀 사태 이전까지 줄곧 골재 채취를 허용하는 입장이었다. 시민 단체들의 반대에도 불구하고 골재 채취 지역을 취수구에서 상대적으로 먼 1공구로 옮기기만 했을 뿐, 골재 채취를 여전히 중단시키려고 하지 않았다. 그러나 페놀 사태를 계기로 환경처는 골재 채취에 반대하는 입장으로 돌아섰다. 환경 재난에 대한 국민들의 분노 폭발이 환경·시민단체의 노력과 더불어 백지화 결정에 크게 작용한 것이다.

팔당 골재 채취 백지화 사례를 조사하면서 생각한 것은 환경 문제의 이면에 얽혀 있는 다양한 이해관계이다. 환경 갈등도 바로 이러한 이해관계의 측면에서 바라볼 수 있다. 정부 부처도 이러한 이해관계에 따라 한 가지 입장일 수 없다는 것을 알 수 있었다. "왜냐하면 국가는 자본의 이익을 보호해야 할 뿐만 아니라 정당성 유지를 위해 보편적 이익의 담지자 역할을 수행해야 하기 때문이다."(구도완, 1996, p.311) 환경권을 요구하는 국민의 요구가 강해질수록 국가는 자본의 이익만을 대변할 수 없다. 팔당 골재 채취 문제도 이러한 측면에서 볼 필요가 있다. 골재 채취에 찬성하는 입장은 골재 채취 업자와 경기도의 이익과 직접 관련이 되어 있고, 국민의 주거의 권리와도 간접적으로 관련되어 있다. 골재 채취에 반대하는 입장은 환경권과 관련이 되어 있다. 이런 측면에서 볼 때에 환경 문제를 결정하는 데 있어서 과학적 사실의 문제도 중요하지만 정치적 세력 관계가 중요하게 작용한다는 것을 알 수 있다. 개발과 보전의 선택 문제에 있어서 그 기준이 되는 위험의 정도는 개발론자와 보전론자에게 다르게 받아들여진다. 개발론자들은 개발에 따른 위험을 낮게 평가하는 반면 보전론자들, 즉 환경을 중시하는 입장에서는 위험에 대해 민감하게 반응한다. 팔당 골재 채취 백지화 사례나 부안 위도 핵폐기장 사례에서도 이러한 측면을 살펴볼 수 있다. 팔당 골재 채취로 인한 위험성에 대해 정부측과 환경·시민단체들의 인식은 판이하게 다르다. 경제적 이익을 중시한 정부측에서는 팔당 골재채취로 인한 위험성이 거의 없다는 입장이었고, 환경·시민단체들은 잠재적 위험에 대해 민감하게 반응하였다. 부안 위도 핵폐기장 유치 찬반 입장을 살펴보아도 마찬가지이다. 핵폐기장의 안전성에 대해 정부측에서는 안전성을 강조하는 반면에 부안군민들은 위험성에 대해 심각하게 반응하고 있다. 결국 환경문제에 있어서의 결정은 과학적 근거에 입각한 측면도 중요하지만 서로 반대되는 입장에 서 있는 세력간의 정치적 세력 관계가 중요하게 작용한다고 할 수 있다. 과학적 근거에 입각하여 정당성을 얻는 것이 선행되어야 하고, 정당성이 획득되었다면 정치적으로 좀더 많은 지지를 얻어야만 환경 문제의 선택에 있어서 유리한 입장을 차지할 수 있는 것이다. 바로 어느 쪽이 여론을 획득하는가가 결정의 여부를 좌우한다.

이것은 환경 갈등을 해결하기 위한 환경 운동이 진행되어야 할 방향을 알려준다. 지속적인 언론의 관심과 환경·시민 단체들의 적극적인 활동, 공청회 등을 통한 일반 시민의 참여 유도는 여론을 형성하는 데 중요한 역할을 한다. 과학적 검증으로 주장의 정당성을 얻었다면, 여론을 형성하여 환경 보호론자들의 이해를 대변하는 정부 부처에 힘을 실어주어야 한다. 정부는 팔당 골재 채취 백지화 사례에서 보았듯이 여러 이해관계를 대변하는 다양한 부처들로 구성되어 있기 때문이다. 다만 주의해야 할 것은 정부 부처는 각 이익의 담당자 역할을 제대로 해야 한다는 것이다. 팔당 골재 채취 백지화 사례에서 보듯이 환경처는 다른 부처에 휘둘려 일관된 입장을 취하지 못하였다. 물론 이 사례에서 보듯이 환경 관련 정부 부처가 제 역할을 하기 위해서는 시민 단체를 중심으로 한 여론의 힘이 뒷받침이 되는 것이 중요하다고 할 것이다. 또한 팔당 골재 채취 백지화 사례는 위험이 명백하지 않은 환경 문제에 대해 생각할 수 있는 계기가 되었다. 이 사건이 1989년에서 1991년에 일어난 사건이긴 하지만 예방적 차원에서의 운동이라는 점에 큰 의의가 있고 앞으로의 환경 문제에 방향을 제시할 수 있다. 예를 들어 현재 문제가 되고 있는 환경호르몬 문제는 과거에는 예측할 수 없었던 사항이다. 과학 기술로 인한 혜택의 이면에 있는 위험성은 오랜 시간이 지나야 나타날 수 있는 것이기 때문에 현재 문제가 없다고 해서 미래에도 문제가 없는 것은 아니다. 즉 팔당 골재 채취 백지화 사례에서 나타난 것처럼 예방적 차원에서 환경 문제를 다루어야 할 필요성이 있는 것이다. GMO문제나 기타 환경 문제를 바라보는 시각도 문제의 발생 여부가 아니라 문제의 잠재성을 인식하여 확실한 보장이 없는 한은 안전성을 추구하는 쪽이 되어야 할 것이다. 환경 갈등은 단순히 환경을 보호해야 한다는 측면에서 해결될 수 있는 것이 아니다. 선택에 있어서 과학적 근거가 중요하긴 하지만 더욱 중요한 것은 어쩌면 정당성을 획득한 '정치적 힘'이라고 할 수 있을 것이다. 환경 갈등 이면에 있는 다양한 이해관계를 이해하고, 시민의 지지라는 힘을 얻는 것이 환경 문제를 해결하는 방법이 될 것이다.

참고문헌

구도완, 1996, 한국 환경 운동의 사회학, 문학과 지성사, p.425.

최병두, 1999, 환경갈등과 불평등, 한울, p.515.

http://www.enviropia.co.kr/main/eia/eia4.htm,

환경영향평가의 법적 근거, 2003. 10. 26.

http://plaza4.snut.ac.kr/~blueload/sub6-12.htm,

환경영향평가, 2003. 10. 26.

http://www.aak.or.kr/main1/sub02__02.htm, 골재 채취업무편람, 2003. 10. 26.

16. 부천시 쓰레기 매립장을 통해본 환경정책

1. 서 론

내 집 앞에 쓰레기 소각장이 생긴다면 나는 이를 어떻게 받아들일까? 사회적으로는 반드시 필요한 시설일지라도 그 시설이 내 집 앞에 설치되는 것은 어느 누구라도 꺼리게 될 것이다.

부천시는 2000년 9월 300톤급 규모의 소각장을 가동하게 됨으로써 기존에 운영하던 시설과 더불어 2개의 소각장을 운영하는 최초의 지자체가 되었다.

이는 건설당시부터 시민들의 강력한 반발을 불러일으켰으며 행정당국에 대한 불신을 크게 만들었다. 이런 혐오시설에 대한 주민들의 반발을 지역이기주의라고 몰아붙이는 것에 대한 부당성과 소각장 정책과 행정의 문제점과 그 해결방안을 찾아보려고 한다.

2. 지역이기주의라는 관점에서 바라본 쓰레기 소각장 정책

1) 지역이기주의의 정의

지역이기주의란 자기지역의 이익만을 고집하는 현상을 나타내는 말로서 이는 다분히 정치적이고 저널리스틱한 용어이다. 한 지역의 혐오시설 입지나 특정지역의 개발수요로 인하여 타 지역이 피해를 입는 경우와 관련하여 정부나 언론에서 주로 사용하고 있는 용어이며 부정적의미를 함축한다.

2) 지역이기주의의 발생원인

지역분쟁의 발생원인은 실제로 매우 다양할 뿐만 아니라 서로 복합적으로 작용하고 있다. 지역분생 원인을 몇 가지로 유형화하면 다음과 같다.

(1) 입지시설이나 토지이용에 있어서 편익과 비용배분의 공간적인 불일치이다. 지역적으로 바람직하지 않는 토지이용은 불특정 다수에게는 직·간접적 편익을 제공하나 해당 지역에는 환경오염, 지가하락, 교통 혼잡 등 부정적인 외부효과를 유발함으로써 부당한 고통을 강요할 우려가 있다.

국가나 지역 전체의 이익이라는 보편성과 특정지역과 주민의 이해라는 구체성간의 조화가 이루어지지 않는 경우에 분쟁이 발생하게 된다.

(2) 기피시설의 부정적인 파급효과에 대한 불안감이다. 토지이용이나 시설의 건설·관리에 따라 예상되는 부정적인 외부효과에 대한 불확실성으로 인해 분쟁이 발생하는 경우가 많다.

쓰레기매립장, 하수처리장 등 비선호시설이 입지하는 경우, 사업주체는 최첨단 시설을 활용하여 지역적 위험요소를 없애고 완벽한 관리기준을 제시함에도 불구하고, 지역주민들이 예상되는 부정적 외부효과에 대한 약속을 신뢰하지 못해 시설입지 자체를 반대하는 사례들에서 빈번하게 나타난다.

(3) 입지선정이나 토지이용에 관련된 의사결정 과정에 있어 민주성, 합리성 및 정당성의 결여를 들 수 있다. 비선호시설이나 원치 않는 토지이용에 관한 결정은 이해당사자의 양해가 주요전제가 됨에도 불구하고 시설입지 결정과 계획수립단계에서 주민들의 참여를 배제한 일방적인 업무추진이 분쟁의 주요원인이 되고 있다.

(4) 지역분쟁을 효율적으로 해소하고 조정할 수 있는 제도나 수단의 미흡을 들 수 있다. 지방자치가 제도적으로 실시되고 있음에도 불구하고 하향적인 계획논리에 의거하여 입지를 결정하고, 공포하고, 무마 또는 설득하는 방식의 활용은 분쟁을 오히려 증폭시키는 역할을 한다.

(5) 토지이용과 시설입지로 인한 잠재적 위험이나 손실에 대한 두려움과 지역이기주의 표출인 님비신드롬을 들 수 있다.

우리나라의 경우 지역분쟁을 유발시키는 가장 기본적인 원인으로는 중앙집권적 체제에서 지방자치체제로의 이행에 따른 혼란 부작용을 들 수 있다.

그리고 주민의 참여요구가 높아짐에 따라 갈등과 분쟁가능성이 증대될 수밖에 없다.

이에 분쟁소지를 사전에 방지하고 분권화로 전환되는 시점에서 야기될 수 있는 조치나 수단이 마련되어야 한다.

3. 부천시 소각장 건설사례

1) 건설과정

부천 중동소각장은 1991년 부천신도시 개발에 따른 생활쓰레기에 대한 대책으로 계획되었다. 하지만 그 건설 위치가 오래전부터 주택밀접지역에 인접해 있어 시민들의 반발을 가져오리라고는 쉽게 예측이 가능했다.

또한 중동쓰레기 소각장 승인일자를 보면 1991년 7월 31일자로 되어있다. 이는 1991년 8월 1부로 1일 200t 이상 쓰레기소각장의 설치에는 사전 환경영향평가를 받아야 하는 법을 피해가고자 하는 이유 때문이었을 것이다.

그리고 모든 진행과정은 주민의견수렴을 거치지 않은 비공개로 진행되었다. 이는 시민들의 피해는 건설당시의 고려사항이 아니었음을 보여주는 것이라 할 수 있다.

결국 시민들과 공사를 강행한 행정당국간에 충돌이 일어나게 되었으며 행정당국은 공권력을 사용하여 결국은 모든 시설은 예정대로 완공하게 되었다.

2) 시민들의 소각장운영의 합의

소각장의 파행적인 운영으로 1997년 다이옥신 파동을 겪으면서 주민협의체가 구성되었고, 주민협의체는 부천시와 소각장운영에 몇 가지 합의를 하였으며 소각장 반입 쓰레기에 대한 주민협의체는 감시를 할 수 있게 되었다. 이때는 주요 합의내용으로는 다이옥신이 0.1나노그램 이상 검출 시 즉각 소각장 가동을 중지하고, 매년 소각장 운영비의 10%를 주민지원기금으로 조성하며, 중동소각장의 쓰레기 반입은 중동신도시와 공동주택에 한한다는 내용이다.

3) 행정당국과 주민간의 갈등과 문제점

위와 같은 주민협의체와 행정당국간에 소각장 운영합의에도 불구하고 양자간의 갈등은 해소되지 않고 있다. 이는 두 가지 요인에 기인한다.

(1) 주민지원의 문제

쓰레기 소각장의 설치로 치명적 환경상의 피해를 입어온 주민들에 대한 피해의 보상이 부족하다. 부천시는 해당법률에 의거 1997년 주민지원조례를 제정하여 시행하였는데, 주민보상의 시점을 조례의 제정이후로 하겠다는 입장이다. 따라서 조례제정이전의 피해분에 대하여는 보상을 하지 않고 있다. 하지만 조례제정이전 1995년에서 1997년은 다이옥신파동 등을 거치며 주민들이 최고로 피해를 많이 본 시기이다.

(2) 쓰레기 반입문제

중동소각장에 대한 쓰레기 반입은 신도시지역에 한한다는 합의는 2000년 대장동소각장 완공이후 지켜지지 않았고, 이에 따라 주민들은 크게 반발하게 되었다.

결국 주민들은 합의가 지켜지지 않음에 따라 물리력을 이용하여 저지하게 되었고, 행정 당국은 공권력으로 이를 저지하게 되었다.

이 두 가지 문제로 인하여 결국은 시민들과 행정당국간의 신뢰는 무너지게 되었고, 또 다시 원점에서 해결점을 찾아야 하는 어려움에 봉착하게 되었다.

4. 쓰레기 소각정책의 정당성 여부

쓰레기 소각정책은 사회적으로 여러 가지 문제를 야기해오고 있다. 부정확한 통계가 동 원되어 국가정책이 수립되었을 뿐만 아니라, 부천시 사례에서 보듯이 추진과정에서도 주 민참여를 배제하고 비민주적 강제가 있어왔으며, 다이옥신 과다배출 문제를 야기하였을 뿐만 아니라, 과다한 용량설계로 수천억원의 세금이 낭비되고 있음에도 불구하고 행정당 국에서는 이에 따르는 책임을 회피해왔다. 따라서 주민들은 정부의 소각정책을 신뢰하지 못하고 있으며, 광역화 등 최근의 소각시책도 함부로 수용할 수 없는 것이다.

월드워치연구소의 연구결과에 따르면 소각과 매립에 비해 쓰레기 재활용은 고용효과가 크면서 비용은 오히려 작다. 미국 뉴저지 주의 사례에서는 재활용과 소각의 고용창출은 9 대2인 것으로 평가되고 있으며 버몬트의 재활용시설들은 처리물질 100만톤당 550-2천개 의 일자리를 제공하지만 소각로의 경우 150-1100개의 일자리를 제공하는 데 그친 것으로 평가하고 있다. 환경경제학자인 배리코모너 박사는 재활용체계의 개선을 통해 뉴욕시의 재활용률을 75퍼센트까지 높일 수 있다고 평가하고 있다. 약 5억 달러인 소각로 1기의 건 설비용은 같은 양의 폐기물을 처리할 수 있는 재활용시설에 필요한 건설비용의 3배에 달 한다. 이것은 현재 우리가 소각에 투자하고 있는 돈의 1/3이라도 재활용시설에 투자한다 면 소각장이 필요 없게 될 것이며, 또한 그에 따르는 고용창출효과도 얻을 수 있다는 것 을 의미한다.

자기 집 앞마당에 쓰레기 소각장이 들어오는 것을 반대하는 것을 지역이기주의라고 매도하는 것이 과연 옳은 것인가? 이런 문제해결에 있어서 전제가 되는 것은 의식의 전환이다. 자원배분에 있어서 불균형이 심하고, 민주적인 제도나 참여절차, 다양한 이해관계자간의 협의와 조정제도가 미흡한 우리사회에서 지역분쟁은 보다 균형적이고 효율적인 자원배분을 가능하게 하여 주고 정치사회적인 민주화와 합리화를 촉진하는 역할을 할 수있다.

따라서 지역이기주의를 부정적이고 사회병리적인 시각에서만 인식하여 대처하기보다는 다원적인 민주사회의 조정과 통합과정의 산물로서 파악하고 효율적이고 합리적인 개선방안을 마련하는 데 노력해야 한다.

행정당국과 주민간에 원만한 분쟁조정을 위하여 다음의 사항을 제안한다.

첫째, 계획수립과정부터 주민동의 및 참여를 촉진할 수 있는 매커니즘의 개발과 운영과정에서 시민모니터링 시스템 구축 등을 통한 관리·감시체계 구축, 그리고 분쟁조정에 있어 대표성을 지닌 시민단체나 대표집단의 역할을 강화하도록 한다. 둘째, 비용과 편익배분의 형평성 증진을 위하여 경매방식에 의한 입지선정, 보험이나 상쇄조치에 의한 주민보상제도 그리고 지역복지수준 제고 등 유인패키지를 도입하여 인센티브를 주도록 한다. 셋째, 분쟁해결은 주로 예상되는 불이익이나 위험인식 등을 강화시키는 데 크게 작용하므로 이를 해소하기 위한 기술적인 방안, 이를테면 저감조치, 부지선정의 과학화 등을 활용할 수 있다. 분쟁은 대부분 이해대립으로 인한 갈등해소장치가 마련되지 못하여 발생한다. 따라서 분쟁해결의 종국적인 해결의 추구보다 이해관계의 갈등을 조정하고 상호협력과 타협을 촉진할 수 있는 사전적인 조치에 보다 높은 우선순위를 두어야 한다. 쓰레기 소각장 등과 같은 비선호시설은 완벽한 해결책은 없다. 따라서 지역실정에 맞는 다양한 방법이 시도되어야 한다. 그 방법에는 기술적인 처리대책에 중점을 두는 경우도 있고, 협상과 중재를 통해 문제를 해결하는 방식도 존재하고, 특히 경제적 유인체계를 통해 해결하는 사례도 있다. 따라서 쓰레기 소각장은 위의 세가지 방식을 잘 활용하여 해당지역주민에게 피해를 최소화하고, 원만하게 공공시설이 입지되도록 최선을 다해야 할 것이다.

17. 쓰레기 종량제의 양면성 환경정책

'쓰레기종량제'는 인간생활의 문명이 발달함에 따라 갈수록 늘어만 가는 폐기물 정책의 일환으로서 배출되는 쓰레기의 양에 따라 요금을 부과함으로써 쓰레기 감량 및 재활용품 분리 배출을 유도하려는 취지를 갖고 오염원인자 부담 원칙에 따라 1995년 1월 1일부터 전국적으로 시행되었다. 따라서 종량제가 도입되었다는 것은 폐기물 정책의 방향이 폐기물 오염의 사후 처리에서 사전예방으로 전환되었음을 의미한다. 이는 쓰레기종량제가 국민 전체를 대상으로 하는 환경 분야 최초의 경제적 유인제도라는 사실에서 매우 기념비적인 사건으로 볼 수 있다. 국민전체를 대상으로 하면서 개개인의 일상생활에 영향을 미치는 경제적 유인제도는 타 분야에서도 거의 찾아보기가 어렵기 때문이다. 정부는 그 동안 쓰레기 문제 해소를 위하여 적절한 대안수립에 총력전을 펼쳐 왔기 때문에 종량제는 커다란 성과를 거두면서 쓰레기 문제에 대한 일대 혁신을 몰고 왔다. 그러나 종량제 초기에 매우 큰 성과를 거둔 반면 주민들은 그들의 편리함을 계속 유지하려 하기 때문에 시간이 흐를수록 주민들의 협조가 낮아지면서 여러 가지 문제가 대두되기 시작하였다. 정책 입안자들은 그러한 유권자들의 지지상실을 꺼려 소신 있는 정책수립을 주저하려 하므로 약간의 모험이 따르는 창의적인 실험보다는 전임자들의 노선을 답습함으로써 행정책임을 최소화하려 한다. 정부와 일부 전문가들은 그 동안 종량제가 쓰레기 문제의 해결사인 것처럼 쓰레기와 관련된 모든 문제와 대책을 종량제 속에 담으려 하였다. 그러나 종량제는 쓰레기 문제의 일부이며 다른 시책들과 밀접한 관련을 지니고 있으므로 종량제 하나로만 쓰레기 문제의 해결방안으로 보아서는 안 된다.

종량제가 어떻게 운영되고 있고 종량제 실시 이후의 긍정적인 면과 부정적인 면을 비교해보고자 한다. 종량제 실태에 대해서는 직접적으로 학교 주변의 분리수거 형태를 살펴보았으며 주변 사람들에게 종량제에 대한 생각을 구두 질문하여 보았다. 또한 외국의 종량제는 어떻게 시행되고 있는지도 살펴보아 우리나라의 종량제가 갖는 문제점에 대한 해결방안을 모색하여 보고자 한다.

1) 현 쓰레기종량제의 운영방식

현재 종량제 적용대상 폐기물은 일반 가정과 소규모 사업장에서 발생한 생활폐기물, 즉 일반쓰레기이다. 따라서 배출 자는 일반쓰레기를 규격봉투에 담아 배출해야 한다. 규격봉투에 쓰레기 처리수수료가 포함되어 있기 때문에 규격봉투에 담아 버린 데에 대해서는 따로 수거료를 낼 필요가 없으나. 봉투 값이 지역에 따라 차이가 매우 크다. 그러나 봉투 가격이 싸다고 인근 자치단체의 봉투를 구입해서 쓰면 수거해 가지 않으므로 반드시 거주 지역의 봉투를 구입해서 사용해야 한다. ─쓰레기 봉투가격에는 봉투제작비 및 판매수수료 외에도 쓰레기의 수거・운반・처리─비용이 포함되어 있다. 봉투제작비는 봉투를 제작하는 데 소요되는 실제 비용이며, 판매수수료는 봉투판매소의 판매이윤으로 이는 시・군・구 조례로 정한다. 이외에 쓰레기봉투 값은 배출된 쓰레기를 수거・운반하고 매립・소각 등 최종 처리하는 데 소요되는 제반비용을 포함하여 책정하고 있으나 현재에 판매되는 봉투 값은 실제 수집・운반 및 처리비용보다 낮은 가격으로 책정되어 있다.

연탄재는 종량제 제외 품목이어서 봉투에 넣지 않아도 수수료를 물지 않으며 재활용품은 수수료 없이 따로 수집하므로 사전에 분리해 버리면 그만큼 비용절감 효과를 거둘 수 있다. 재활용품은 요일에 따라 종류를 따로 정해 수집해 가는 경우와 구역별로 수집요일을 정해 종류의 구분 없이 모두 수집해가는 경우가 있다. 그 외의 쓰레기는 규격 봉투에 넣지 않고 버리다 적발되면 100만 원의 과태료를 물어야 한다. 쓰레기를 담은 종량제 봉투는 도시 미관과 청결을 위하여 지정된 장소에 일몰 이후(20:00)에 배출하여야 하며 봉투상단에 표시된 선까지만 쓰레기를 담고 나머지는 잘 묶어야 한다. 건축 쓰레기, 냉장고, 가구 등 대형 쓰레기는 동사무소에 신고하면 동사무소에서 나와 품목을 확인한 뒤 고지서를 발부한다. 대금은 금융기관에 납부한다. 이사를 하거나 도배 등 집수리를 한 뒤 나오는 건축쓰레기는 시멘트 부대나 마대자루 등에 담아 배출하는데, 이때도 동사무소 등에 신고해야 한다.

2) 쓰레기종량제 시행 후의 성과

(1) 종량제 시행 후의 폐기물 감량

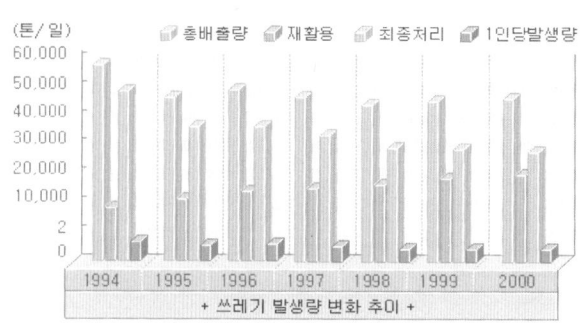

☞1995년 1월부터 도입된 쓰레기 종량제 시행결과, 쓰레기양이 1인당 1.33kg(1994년)에서 선진국 수준인 0.98kg(2000년)으로 줄었다. 이로 인해 종량제 시행 이후 6년간 3천 8백만 톤의 쓰레기가 줄었고 이로 인해 3조 4천억 원의 처리비용을 절감할 수 있었다.

(2) 종량제 시행 후의 폐기물 재활용 실태

☞매립·소각되는 쓰레기양은 45%가 감소된 반면 재활용품 수거량은 115%가 증가되어, 재활용률은 15.4%에서 41.3%로 증가하고 매립률은 81.1%에서 47.0%로 감소되었으며, 이로 인해 연간 약 9,400억 원에 이르는 사회·경제적 편익을 가져온 것으로 분석되었다.

쓰레기 수거 시 주민이 쓰레기차에 쓰레기는 싣는 방식에서 문 앞에 쓰레기봉투를 내어놓으면 자치단체에서 수거하는 방식으로 전환하고 수거 주기 역시 다양화하는 등 청소 행정에 관한 주민 서비스가 향상되었다. 이로 인해 청소 행정서비스에 있어 재정 자립도가 94년 14%에서 2000년 29.6%로 증가하였다. 환경부 산하 국립환경연구원은 쓰레기종량제 실시 이후 지난 95년 쓰레기 발생감소량은 464만 4천 톤에 이어 96년 450만 8천 톤, 97년 554만 9천 톤, 98년 736만 4천 톤 등 모두 2천 26만 5천 톤으로 집계됐다. 환경부에 따르면 쓰레기종량제가 실시된 95년 이후 3년간 생활쓰레기 발생량이 1천 1백만 톤(연평균 3백 60만 톤) 감소했고 종이와 캔 등 재활용품은 3백 20만 톤 증가했다고 한다. 이는 약 1조 2천억 원의 경제적 효과에 해당되며 특히 쓰레기 감소는 여의도 면적에 해당되는 75만 평 규모의 매립지를 추가 건설할 필요가 없는 이익을 가져왔다. 수도권매립지의 경우 쓰레기 반입량이 종량제 실시 이전에 하루 1만 8천 톤이었으나 종량제 이후 1만 2천 톤으로 30%가량 격감, 사용기간이 10년쯤 연장될 것으로 예상 된다.

3) 쓰레기종량제의 시행 후의 문제점

(1) 종량제 시행 후의 주요 문제점

우선, 쓰레기 종량제의 실시로 초기엔 주민들의 자발적인 협조로 매우 큰 경제적 이익을 보았으나 시간이 흐를수록 『쓰레기를 버린 만큼 비용을 낸다.』는 쓰레기 종량제의 기본 원칙의 준수가 미흡하여 봉투 가격 인상에 대한 주민 및 시민단체와 자치단체 간의 이견과 반발이 초래되고 지역 간 봉투 가격 차이로 인하여 불만이 쌓이게 되면서 쓰레기 처리비용 부담을 줄이기 위한 무단 투기 및 불법 소각의 증가로 오히려 종량제가 환경오염을 부추긴다는 비판이 제기되기도 하였다. 또한 이런 가계부담으로 인해 내 집 앞과 골목길을 청소하는 분위기가 사라지고 지역 공동체 의식이 저하되고 있는 실정이다. 더불어 쓰레기는 "종량제 봉투에 담기만 하면 된다."는 식의 관념이 만연되고 있다. 봉투 값이 쓰레기의 생산·배출에 대한 면죄부인 것처럼 간주하고 쓰레기봉투의 사용으로 쓰레기 사태가 호전된다고 느끼거나 쓰레기 발생에 대한 죄의식이 해소되는 듯한 착각을 하기도 한다. 두 번째로 종량제 봉투의 재질이 약하여 잘 찢어지고 봉투 끈이 짧아 묶기 불편하며 봉투 색상이 투명해 내용물이 보여 사생활이 노출된다는 의견이 제기되었다. 종량제 봉투 사용으로 인해 난분해성 물질인 1회용 비닐봉투의 사용량은 크게 감소되었으나 오히려 종량제 봉투 안에 버려지는 1회용 비닐봉투는 평균4~5개, 최대 10개 이상이 되어 봉투 속에 봉투가 들어있는 형태로 매립지 안정화 및 소각에 큰 장애를 초래하고 있다.

세 번째로 재활용품의 급격한 증가에 대한 대책이 미흡하다는 것이다. 쓰레기 종량제는 재활용 가능한 폐기물의 자발적 분리수거를 촉진함으로써 폐기물의 재활용을 용이하게 하는 효과를 발생시키는데 재활용체제가 잘 갖추어지지 않은 상태에서는 이런 효과가 제대로 발생하지 못할 것이다. 실제로 종량제 실시 후 분리수거된 재활용가능 폐기물이 쏟아져 나오고 있지만 이를 보관할 집하장도 많이 부족하고 재활용 산업의 수용태세도 갖추어져 있지 않아서 재활용가능 폐기물이 심하게 적체되고 있는 실정인 것으로 알려지고 있다. 네 번째로 형광등, 건전지 등은 생활계 유해폐기물임에도 뚜렷한 분리수거체제 구축이 미흡하여 다른 생활폐기물과 혼합한 후 종량제 봉투에 담아 처리하는 문제가 새로이 대두되고 있다. 또한 종량제의 적용이 배제되는 폐기물 또는 지역에 대한 대책 마련도 필요하다고 본다. 지속가능한 『자원순환형 사회』확립을 위한 환경부의 '제2차 국가폐기물 관리종합계획 (2002~2011)'에서는 쓰레기종량제의 실시 이후 쓰레기 분리수거가 어느 정도 체계화되었으나 아직 폐기물 최소화에 접근하기에는 미흡한 것으로 판단하였다. 또한 지방자치단체가 수거하여 중간 적환장에 모아둔 이후의 회수시스템이 미비하여 애써 분리수거한 폐기물이 다시 매립지 등으로 보내지는 문제가 발생하는 것 등을 들었다.

(2) 종량제 실태에 대한 직접조사 결과

실제로 주변 사람들에게 '종량제 시행 후의 문제점이 무엇인가?'를 질문하였더니 대부분의 사람들이 봉투가격에 대한 부담과 재질 문제를 들었다. 또한 보통 5~7종류의 분류체계를 갖고 있으나, 전체 분리수거 품목 수가 너무 많아 번거롭고 품목별로 실제 수거량은 적어 적정 수거량이 될 때까지 가정에 쓰레기를 두어야 하는 불편함도 지적하였다. 직접 학교 주변과 집 주변을 둘러본 결과, 종량제 봉투 사용 및 분리수거에 대하여는 비교적 잘 정착된 것을 볼 수 있으나 아직도 종량제 봉투를 사용하지 않고 불법 투기된 폐기물도 발견할 수 있었으며 공사장이나 이사를 하는 경우에는 더욱이 그런 부분을 많이 볼 수 있었다. 그리고 가정에서 나오는 폐기물 중 재활용이 어려울 뿐만 아니라 매립과 소각에서도 심각한 문제를 야기하고 있는 음식물 쓰레기의 경우 대부분이 봉투 안에 30% 이상의 침출수를 발견할 수 있었고, 개나 고양이, 쥐 등이 음식물 쓰레기봉투를 뜯어 내용물이 파헤쳐진 경우도 심심치 않게 발견할 수 있었다.

4) 외국의 종량제 실시 사례 검토3)

우리나라의 쓰레기 종량제는 세계 어느 나라와 비교하여도 매우 파격적이다. 일본, 대만, 독일, 스위스, 미국 등에서 종량제를 시행하는 나라가 있긴 하지만 일부 지방자치단체 단위에서 시행하고 있을 뿐 우리나라처럼 전국적으로 시행하는 나라는 드물다. 각 나라의 종량제 방식을 알아보고 우리나라의 쓰레기 종량제 도입과 결과를 비교해보도록 하겠다.

(1) 일본의 쓰레기 수수료 요금체계

일본은 폐기물 처리법이 제정된 1970년 이래 사업자 폐기물, 대형 폐기물 등에 대해서는 일반화되어 있으며, 가정쓰레기 등에 대해서는 유료의 지정쓰레기봉투를 사용하는 등의 간접적인 방법을 통해 수수료를 징수하는 경향이 있다. 쓰레기 수수료를 징수함으로써 쓰레기의 감량화, 자원화에 큰 성과를 거두고 있는 자치단체도 등장하는 등 쓰레기수수료 징수가 본격화하고 있다. 일본의 가정쓰레기 수수료 징수방법으로는 우선, 종량제로서 지정된 쓰레기봉투나 처리권을 부착한 봉투만을 수거하는 것을 의무화 하는 것으로 하며 쓰레기 배출량과 관계없이 세대 당, 또는 세대 구성원의 1인당 일정액을 부과하는 방식이 있고, 일정량까지는 무료로 쓰레기를 수거하고 초과하면 양에 따라 요금을 징수하는 방식 등 크게 세 가지로 분류할 수 있다. ⇒일본의 쓰레기 처리비용 일부를 세금 이외의 형태로 시민이 부담하도록 하는 제도는 재원 그 자체가 필요한 경우와 감량화·자원화를 기대하는 경우가 있으나 어느 경우이든 쓰레기양의 증대와 쓰레기 종류의 다양화로 소각장의 능력이 한계에 달하고 건설의 어려움에 봉착해 있으며 매립장도 부족한 현실에서 자원화 및 재이용을 촉진함과 동시에 쓰레기 배출량을 줄여야할 필요성이 높아져 가고 있음을 알 수 있다. 세대당 징수하는 방식에서 핵가족에 비해 배출량이 적은 혼자 사는 노인이나 독신자 등에 대해서는 징수액을 낮게 설정하는 등의 배려하는 방식은 우리나라의 저소득층에 대한 쓰레기수수료의 경감을 규정하는 것과 비슷하다고 볼 수 있다.

(2) 대만의 사례

2000년 지정쓰레기 봉투를 사용한 쓰레기 종량제 실시로 인하여 봉투가격은 표준화되었다. 현재 리터당 NT＄0.5를 받고 있는 봉투가격은 쓰레기 처리에 소요되는 당국의 비용을 반영하여 결정되었다. 쓰레기 종량제에서는 쓰레기 발생량과 납부액 간에 직접적 관계가 있기 때문에 쓰레기 양을 줄여서 납부액을 줄이고자 하는 금전적 유인책이 되었다. 게다가, 지정 재활용 물품은 무료수거 되므로 특정 봉투를 사용할 필요가 없으므로 재활용 또한 늘릴 수 있게 되었다. ⇒쓰레기 종량제 시행은 타이베이의 시민들의 폭 넓은 지지를 받아왔지만 우리나라와 마찬가지로 시민의 1/3이 봉투가격이 너무 비싸서 가계에 추가적 부담이 되고 있다고 한다. 이 문제 대해서는 타이베이 당국은 쓰레기 종량제 시행으로 인해 TEPB가 거두어들이는 재활용품의 수가 증가함에 따라 이로 인해 얻는 수익이 늘어나게 되어 지정봉투의 가격을 10%낮춤으로써 재활용에 따른 수익을 시민에게 돌려주는 하나의 방안을 마련하였다. 우리나라에서 급격히 늘어난 재활용품에 대한 대책이 미흡하고, 봉투가격을 상승하여야 한다는 주장이 나오는 반면 재활용 수익으로 봉투가격을 낮춘 대만이 사례는 매우 의미 있다고 볼 수 있겠다.

258

(3) 독일의 사례

① 뒤셀돌프시

쓰레기의 수집·운반책임이 시에 있으므로 일반쓰레기는 시가 직접 수거하여 시직영 소각장에서 처리하고 재활용쓰레기는 시지정 운반업체가 수거하여 재활용업체에 매각한다. 쓰레기의 배출은 시가 보급하는 규격용기에 담아 조례가 정하는 위치에 보관하여야 하며, 쓰레기통의 규격은 1인이 1주일에 30ℓ 배출하는 것을 기준으로 가구당 인원수로 보급한다. 추가용기는 신청에 의해 보급되며, 수수료 징수시 용기보급가를 징수한다. 이 시는 특이하게 쓰레기의 배출량이 증가함에 따라 요율이 급증한다. 다량의 쓰레기 배출자에 대해서는 철저한 원인자 부담원칙을 적용하여 수수료를 부과하는 것이다.

② 보훔시

보훔시는 쓰레기 감소를 위한 노력의 일환으로서 1991년부터 주민에게 쓰레기통의 크기를 차등 있게 제작하여 작은 쓰레기통을 사용하는 가정에는 적은 쓰레기 요금을 지불하도록 하는 제도를 실시하고 있다. 기존에 사용하는 쓰레기통은 120리터짜리 용기였다. 보훔시는 80리터짜리 쓰레기통을 제공하였다. 80리터 쓰레기통의 사용은 전적으로 주민의 자유의사에 의해 선정하도록 하고 결코 획일적으로 전 주민에게 일제히 실시할 것을 강요하지 않는다.

③ 에스링 군

에스링 군은 1991년에 관할구역내에 전면적으로 쓰레기 수수료 종량제를 도입했으며 대규모의 자치단체로서는 독일에서 최초로 종량제를 도입하였다.

이 시에서는 쓰레기통이 다 차서 쓰레기를 수거해야 할 시점이 되면 주민이 쓰레기통에 띠를 부착하는 방법을 취하는 방식을 도입함으로써 큰 성과를 거둔 것으로 평가되는데 최종 처리되는 쓰레기의 배출량은 48%가 감소하였으며 감소한 쓰레기는 대부분 재활용품의 증가와 퇴비화의 증가에 기인한 것으로 분석되고 있다. 에스링 군은 수수료 종량제 실시 외에 재활용품 수거센터의 운영, 쓰레기 상담기능의 대폭 강화, 음식물 및 정원쓰레기 수거통의 설치 등 다른 조치도 병행하고 있다. 문제점으로는 오랫 동안 쓰레기통을 비우지 못해 악취가 난다든지, 불법소각의 문제가 발생한다든지, 사업장 쓰레기 배출시 또는 대형쓰레기를 배출하는 날짜에 함께 버린다든지 하는 문제가 발생하고 있긴 하나 그다지 심각한 수준은 아닌 것으로 보고 있다

④ 에스링 시(Stadt Esslingen)

에스링 시는 인구 92,000명으로 쓰레기 수거, 운반, 처리, 재활용품의 분리 등 일련의 쓰레기 관리정책을 시의 책임하에 시행하는 자치단체에 속한다. 최근 들어 급격하게 쓰레기 처리문제가 심각하게 되었고 배출량감소의 필요성이 높아지게 되었다. 이 시에서는 두 가지 방식의 종량제를 실시하고 있는데 베르크하임 구(Ortsteil Berkheim)에서는 전자계측시스템에 의한 종량제를 도입하고 나머지 지역에서는 쓰레기통의 크기에 의한 종량제를 시행하고 있다. 종량제 요금은 기본수수료와 추가수수료를 구분하고 있다. 쓰레기통 시스템 지역인 경우 수수료는 전자계측 시스템 지역의 수수료와의 형평성을 유지하기 위해 동일한 수준에서 수수료를 책정하고 있다. 전자계측시스템 지역의 경우 1주당 지역 내 쓰레기 총 수거량은 40톤에서 22톤으로 38%의 쓰레기 배출량 감소효과를 나타내고 있다. 쓰레기통 시스템을 도입하고 있는 지역의 경우에도 쓰레기 배출량이 대폭 감소하고 있는데 감소요인은 주로 자가 퇴비화와 재활용품의 증가에 기인하고 있다.

쓰레기통 내에 재활용 가능한 쓰레기 배출은 거의 눈에 띄지 않으며 그 결과 시 지역 내 종이회수율은 85%, 유리회수율은 83.5%로 전국 평균과 비교하여 월등히 높은 회수율을 보이고 있다.

⇒ 독일은 우리나라와 다르게 종량제 봉투를 사용하지 않고 무게나 쓰레기통의 크기로 가격을 책정하여 비닐로 인한 제2의 환경오염을 줄였다. 주민이 부담하는 쓰레기 요금은 전자계측시스템의 도입이나 쓰레기통에 의한 종량제 실시로 인해 매우 높은 편이나 쓰레기 매립비용이 최근 급격히 상승하고 있는 것에 비하면 많은 재정적 효과가 있는 것으로 평가되고 있으며 종량제 실시로 인한 쓰레기 배출량 감소의 최종 목표치로 40-50%가 달성되는 경우 그 효과는 더욱 높을 것으로 보고 있다. 우리나라도 봉투 가격을 인상하지만 그에 반하여 효과는 미비하다고 볼 수 있다. 이에 따른 근본적인 대책도 필요하다고 본다.

(4) 스위스의 사례

스위스의 수도 베른에서 쓰레기 수수료 종량제가 시범 실시되는 것을 필두로 현재 스위스 대부분의 지역으로 확대되었다. 종량제의 실시는 쓰레기를 줄여야 한다는 국민들의 환경인식의 상승에 의해 이루어졌다고 볼 수 있다. 종량제 실시로 인해 소각장 또는 매립장에서 최종 처리되는 폐기물의 양은 감소했다. 그러나 원칙적으로 생산업체나 유통업체로부터 쓰레기의 총 발생량이 준 것은 아니었으며 단지 재활용품의 증가에 기인한 것이었다. 그러나 종량제를 실시하기 전에도 이미 자유시장을 통해 재활용을 둘러싼 운영체계가 가동되고 있었다. 이러한 상황에서 종량제가 시행되자 재활용품의 양이 증대하고 이러한 증대를 시장이 소화하지 못하는 결과가 빚어짐으로써 국내 시장시스템이 깨지게 되었다. 그 결과 증가한 재활용품을 처리하기 위한 사회적 비용이 증대할 수밖에 없었으며 그 비용증대분은 종량제에서 충당되어야 했다. 즉 종량제로 인한 처리비용이 상승하였고 이를 피하기 위해 국외로 폐기물이 이동하는 결과가 발생했다. 아직 생산업체 또는 유통업체로부터 원칙적으로 폐기물의 발생을 억제하기 위한 정책은 크게 실효를 거두고 있지 못하고 있다. ⇒ 스위스의 사례는 재활용품 대책이 미흡한 우리나라와 비슷한 점을 가지고 있으나 이미 종량제 이전에 재활용 관련 운영체계가 이루어지고 있었음은 분명 다르다고 볼 수 있을 것이다. 또한 쓰레기를 줄여야 한다는 국민들의 자발적인 인식이 우리와는 확고하게 다름을 알 수 있고, 배워야 할 것이다.

(5) 미국의 사례

미국은 최근 미리 지불된 쓰레기봉투를 사용하고 있거나 독일처럼 쓰레기통의 개수나 크기에 따라 수수료를 설정하는 방식을 사용하고 있다. 미국 시애틀시의 쓰레기 수수료 종량제의 시행은 시가 다양한 크기의 쓰레기통을 제공하고 주민은 적당한 크기의 쓰레기통을 대여 받아 사용하되 수수료를 용량의 크기에 따라 지불하게 하고 있다. 따라서 일시적으로 많은 쓰레기를 배출하는 가구는 대형 쓰레기통을 사용할 수 있으나 가끔씩 쓰레기가 많아 쓰레기통에 담기 어려운 경우는 시중에서 판매하는 쓰레기통용 봉투에 시에서 판매하는 스티커를 부착하여 집밖으로 배출하면 된다. 1매당 5달러의 스티커 가격이 결코 적은 금액은 아니지만 시에서는 이를 통해 주민들이 재활용품의 분리수거와 쓰레기 배출량의 감소에 협력을 촉진하는 동기를 부여하게 될 것으로 기대하고 있다. ⇒ 미국에서 도입하는 방식은 독일의 방식과 유사하다. 다만 쓰레기통에 담기 어려운 폐기물의 경우 스티커를 부착하는 방식이 특이한데, 폐기물을 또 다른 용기에 담지 않으므로 유용한 방법이라 본다. 우리나라 대형 폐기물의 경우도 스티커를 부착하여 배출하고, 크기에 따라 스티커 가격이 다른 것으로 알고 있다. 미국이나 우리나라 둘 다 이 스티커 판매 금액을 또다시 폐기물 감량이나 재활용에 쓴다면 더욱 좋을 것이다.

5) 종량제 문제점에 대한 해결방안 검토 및 환경부의 노력

종량제는 폐기물 감량과 재활용 증대가 기존 목적이었으므로 그에 맞는 보완 방법을 생각해야 할 것이다. 환경부에서 제시한 제2차 국가폐기물종합관리계획(2002~2011)에 따르면 종량제에 관한 개선 방안에 대해서 다음과 같이 나타내었다.

- 지금까지의 지방자치단체의 폐기물관리행정은 단순히 지역 내에서 발생되는 쓰레기를 처분하는 데 주력하였으며, 계획적, 체계적으로 폐기물을 줄이려는 노력이 미흡하였다. 단순한 매립처분 위주에서 사전 예방적 최소화방향으로 전환을 유도하여 폐기물처리시설의 수요를 억제하고 폐기물관리비용의 최소화를 도모할 필요가 있으며, 재활용품 등의 분리수거실태, 소각 및 위생매립 실태 등 폐기물관리실태를 지방자치단체별로 종합평가하여 그 결과를 공개하고, 실적이 우수한 지방자치단체에 대해서는 각종 국고보조금 지급 등에 있어서 우선권을 부여하는 방안 검토하기로 한다. 또한 통합폐기물관리방안을 마련한다. (-폐기물의 발생부터 처리까지를 효율적으로 관리할 수 있는 방안구축, 단계별 관리 과정을 독립적으로 취급하지 말고 유기적으로 연계하여 관리, 전체적인 접근방법에 의해 폐기물관리를 평가하고, 이를 기준으로 경제적이고 환경친화적인 통합관리방안을 도출, 통합폐기물관리의 목적은 지역사회의 폐기물을 환경적으로, 경제적으로 지속가능한 방법으로 관리하고자 하는 것이다.)

이와 더불어 생산자책임재활용제도[30]의 시행과 연계하여 분리수거, 회수・선별과정에 대한 책무분담을 명확히 하여 분리수거체계를 확립하고 생활폐기물의 경우 2011년의 재활용률을 재활용활성화정책의 적극적인 추진을 통하여 53%로 제고하는 것을 목표로 설정, 비닐봉투 과다사용에 대한 대책, 종량제 적용범위 및 지역의 명확화, 종량제봉투의 질적 개선, 종량제 수수료 요율의 적정화(봉투가격 산정방식 개선), 신고포상금제 및 청결유지 명령 제도를 통한 쓰레기종량제 보강, 농어촌 쓰레기 관리체계 개선(마을단위 종량제), 형광등・건전지 등 생활 계 유해폐기물에 대해서도 생산자책임재활용 시스템에 의한 별도의 분리수거체제를 구축하여 잠재적인 자원의 회수・재활용을 확대, 동일폐기물에 대

---

30) 생산자책임재활용제도: 재활용이 가능한 폐기물의 일정량 이상을 재활용하도록 생산자에게 의무를 부여하고, 재활용 의무를 이행하지 못할 경우 실제 재활용에 소요되는 비용 이상을 생산사로부터 징수하는 제도. 1992년부터 시행한 폐기물예치금제도가 재활용을 경제적 요인에만 맡겨 두는 결과를 초래함으로써 사회적으로 바람직한 재활용이 이루어지지 못함에 따라, 이를 보완할 목적으로 도입하였다.

한 이중 수수료 부과문제를 해소하고, 생산자의 폐기물감량 및 재활용촉진 유도, 1회용품 사용 규제의 강화(시민단체 등의 녹색소비운동을 통해 시민의식 함양, 자율적인 감시 강화 등의 수단을 강구), 음식물쓰레기 감량 화 대책 지속 추진, 음식문화개선을 위한 범국 민운동 전개, 음식물쓰레기 처리대책 추진, 음식물쓰레기 자원화 기술개발 보급, 전기·전 자폐기물의 회수체계 구축, 사전재활용평가제도의 확대·발전 추진 등 다양한 방안을 모 색하였다. '폐기물 처리' 수업의 일환으로 김포매립장을 견학하고 왔는데 현재 매립중인 제2 매립장을 둘러보니 종량제 봉투 외에 그 안에 들어있는 1회용 비닐봉투의 파쇄로 인 한 번거로움이 있었다. 개인적인 생각으로는 독일의 방식처럼 종량제 봉투가 아닌 쓰레기 통 크기를 달리하여 스티커나 띠를 부착한다면 고양이 등이 쓰레기를 파헤치는 문제나 봉투로 인한 매립의 어려움 등을 줄게 할 수 있지 않을까 싶다. 그러나 외국의 사례를 보 아서 우리나라가 그대로 종량제를 시행하는 데에는 문제가 있다고 본다. 외국과 우리나라 는 계절적 환경이 다르고 특히 가정쓰레기 중 음식물쓰레기가 매우 큰 비중을 차지하므 로 그에 대한 처리방법이 매우 절실하다고 보겠다. 음식물쓰레기는 악취가 매우 심하고 침출수가 발생하여 매립, 소각 등에도 어려움이 크다. 얼마 전 코엑스에서 열린 자원재활 용 관련 박람회를 다녀왔는데 그 때 가장 많이 차지한 부분이 음식물쓰레기 처리시설이 었다. 요즘은 음식물쓰레기를 건조하거나 미생물을 이용하여 음식물을 분해시키는 방법도 이용되고 있는 것으로 앞으로 이 분야에 대해서도 많은 발전이 있으리라 본다.

쓰레기종량제 도입에 의해 궁극적으로 생산 및 소비패턴의 환경친화적 조정을 달성하 고 사회적 인센티브 구조를 환경친화적인 방향으로 개선할 수 있을 것으로 기대하고 있 지만, 현실은 기대에 크게 미치지 못하고 있다. 외국의 경우 종량제를 전국적으로 시행한 것이 아니라 일부 자치단체에서 시행을 하고 있으며, 이를 토대로 점차 그 비중을 늘려나 가고 있다. 우리나라가 종량제를 전국적으로 동시에 시행한 경우는 매우 파격적이고 기념 비적이라고 할 수 있으나, 그 시행 이전에 종량제가 얼마만큼 성과를 이룰 것인지에 대하 여 미리 검토해볼 필요가 있다고 생각한다. 또한 지역마다 각각의 다른 쓰레기 성상이나 특징이 있으므로 동일한 시행선상에서도 각 지자체에서 어느 정도의 조절이 필요하고 그 에 따른 행정적 책임을 분담시켜야 한다고 생각한다. 정부의 종량제 시책은 쓰레기 감량 및 재활용 목표가 불분명하다. 환경부가 작성한 종합계획서에는 과거 처리실적을 분석한 결과를 토대로 장래를 예측하는 'trend'법을 사용하여 감량목표를 설정하였다고 밝히고 있 으나 이러한 목표는 동향분석만을 토대로 예측하기보다는 인위적인 수준을 정하여야 한다. 소비행태를 개선하고 감량의식을 분명히 심어주기 위해서는 현 수준의 몇 퍼센트를 언제까지 감량 및 재활용시킨다고 명시하는 것이 바람직스럽다. 또 과거 특정연도의 쓰레기 발생량을 감량목표로 정하는 것도 하나의 방법이 될 것이다. 일선 행정당국은 이 같은 목표설정이 달성되지 아니할 경우의 위험부담을 염려하지만 주민들의 책임의식과 자발적 협력을 증진시키기 위해서는 명확한 시책목표가 필요하다.2) 또한 위 글에서 나타냈듯이 우리나라의 종량제는 쓰레기의 감량화와 자원화라는 목표를 달성하기 위한 제도라기보다는 쓰레기 수거방법 및 수수료 부과방법과 같은 수단적 측면에서만 변화를 가져온 제도라는 부정적인 평가를 피할 수 없다. 쓰레기를 규격봉투에 담아 배출하는 것은 종량제에 의한 쓰레기 관리의 수단이지 목표가 아니며, 규격봉투 값이 쓰레기 생산·배출에 대한 면죄부가 되어서는 안 된다. 종량제의 정착을 위해서는 1차적으로 쓰레기 사전감량에 관심을 갖고, 2차적으로는 불가피한 쓰레기의 사후 재활용에 관심을 가져야 할 것이다. 또한 정부와 국민 모두가 적극적이고 지속적인 관심을 가질 수 있도록 하는 것이 가장 중요한 문제가 될 것이다. 2002 월드컵 때 하나로 뭉쳤던 우리 민족의 단일된 모습을 보아 그러한 숙제는 어렵지 않으리라 기대해본다. 자료를 조사해보니 책으로 나오거나 논문집은 종량제 실시가 된 1995년의 문헌이 많았다. 8년이 지난 시기라서 그런 자료들을 참고하기엔 문제가 있다고 생각하여 환경부 자료를 많이 참조하고 인터넷 검색을 주로 이용하였다. 그러나 종량제에 대한 문제점을 찾고 보니 오래전의 내용이나 지금의 내용이나 별 다를 바가 없었다. 그만큼 문제점에 대한 개선이 이루어지지 않은 것임은 확실히 알 수 있었다. 환경부에서는 국가폐기물종합관리계획으로 다짐한 만큼 이러한 개선방안이 진행되고 있고, 또 지켜지길 바란다.

18. 음식물 쓰레기 자원화 환경정책

어느 날 학교 식당에서 밥을 먹고 남은 음식물을 버리던 중 아깝다는 생각이 들면서 이처럼 버려진 음식물은 어떻게 처리되는지 궁금해졌다. 우리나라에서 하루에 버려지는 음식물 쓰레기는 11,237톤이나 된다. 1년에 발생히는 음식물 쓰레기의 양은 약 410만여 톤으로 8톤 트럭 1400여 대에 달한다. 이로 인한 국민경제적 손실이 연간 14조 7천억에 이른다고 하니 정말 엄청난 손실이 아닐 수 없다.(www.foodwaste.or.kr) 또한 정부는 폐기물관리법 시행규칙의 개정을 통하여 2005년 1월 1일부터 특별시·광역시 또는 시 지역에서 발생하는 남은 음식물에 대하여 매립하는 것을 금지하고 있다. 따라서 지역적인 여건 차이에 관계없이 지방정부는 음식물 쓰레기에 대한 대책 마련에 서두르고 있는 실정이다. 음식물 쓰레기의 가장 좋은 해결책은 각 가정이나 음식점에서 배출하는 음식물의 양을 줄이는 것이다. 또한 아무리 감량을 하더라도 배출되는 음식물 쓰레기에 대한 대책 마련이 필요하다. 이러한 대책 중에 현재 주로 논의되고 있는 것이 자원화이다. 음식물 쓰레기를 이용해서 가축에게 사료로 공급한다던가 퇴비로 활용하는 방안이다. 음식물 쓰레기 매립이 금지되는 2005년이 1년 여 밖에 남지 않은 시점에서 음식물 쓰레기 감량 및 자원화 방안에 대해 살펴보는 것은 의미가 크다고 할 수 있다.

첫째, 현재 시행되고 있는 음식물 쓰레기 감량 정책의 문제점에 대해 살펴보고 시민의 적극적인 참여 방안을 모색한다. 둘째, 음식물 쓰레기 자원화 정책을 추진함에 있어 문제점은 없는지 알아보고, 그 대안으로서 제시되고 있는 디스포저의 도입 가능성을 검토한다.

1. 음식물 쓰레기 발생현황 및 처리실태

1) 발생현황

음식물 쓰레기 발생량은 8510톤/일(사업장 생활폐기물로 발생되는 음식물 쓰레기를 포함하지 않음)로 전체 생활폐기물 발생량(42,383.5톤/일) 중 20%를 차지한다. 지역별로 살펴보면 서울에서 1907톤/일, 경기 1386.3톤/일, 부산 746.6톤/일순으로 발생한다.

〈표 1〉 지역별 음식쓰레기 발생량[31]

(단위: 톤/일)

시도별	총 량	음식쓰레기		분리배출율 (%)
		봉투 속	분리수거	
전 국	8,510.0	5,296.2	3,213.7	37.8
서 울	1,907.0	1,144.6	762.4	40.0
부 산	746.6	208.1	538.5	72.1
대 구	474.1	255.1	219.0	46.2
인 천	413.8	287.6	126.2	30.5
광 주	246.5	198.6	47.9	19.4
대 전	349.9	315.6	34.3	9.8
울 산	188.8	154.1	34.7	18.4
경 기	1,386.3	543.4	42.9	60.8
강 원	238.9	194.1	44.8	18.8
충 북	234.5	186.2	48.3	20.6
충 남	218.2	168.8	49.4	22.6
전 북	421.5	394.3	27.2	6.5
전 남	541.6	541.6	-	0.0
경 북	493.2	200.1	293.1	59.4
경 남	478.3	429.6	48.7	10.2
제 주	171.6	75.1	96.5	56.2

주) 전라남도는 대부분 음식쓰레기 분리수거가 시행되지 않아 생활쓰레기와 함께 배출되는 것으로 조사함.

31) www.me.go.kr 정보창고〉환경 통계 자료실〉폐기물 통계〉2001 전국 폐기물 통계조사.

〈표 2〉 발생원별 음식쓰레기 발생량[32]

(단위: 톤/일)

형 태	총량	음식쓰레기 쓰레기		분리배출율 (%)
		봉투 속	분리수거	
전 체	8,510.0	5,297.0	3,213.7	37.8
단독주택	3,081.0	2,070.0	1,011.0	32.8
아 파 트	1,621.6	600.6	1,021.0	63.0
연립주택	346.4	211.2	135.2	39.0
다세대	163.4	106.5	56.9	34.8
비주거용	209.2	158.2	51.0	24.4
가정합계	5,421.5	3,146.5	2,275.1	42.0
공 장	202.4	168.7	33.7	16.7
시장상가	608.8	546.9	61.9	10.2
사 무 실	86.5	70.8	15.7	18.2
교 육	86.1	50.5	35.6	41.4
음 식 점	1,996.3	1,227.3	769.0	38.5
공공행정	16.9	12.9	4.0	23.9
보 건	28.1	24.4	3.7	13.1
숙 박	64.2	49.3	14.9	23.3
비가정합계	3,089.2	2,150.5	938.7	30.4

　발생원별로 살펴보면, 음식물쓰레기의 약 53%가 가정에서, 29%는 음식점에서, 5%는 구내식당에서, 그리고 나머지 13%는 유통업소 등 기타에서 발생되고 있다. 가정에서의 음식물쓰레기 발생량은 외식문화 확산에 따라 그 발생량이 줄어드는 추세지만 음식점에서는 그 발생량이 점차 증가하는 추세에 있다. 한편 음식물 조성에 따른 발생량은 야채류, 어류, 곡류, 과일류가 각각 53, 19, 15, 14%의 비율로 야채류의 비율이 절반이상을 차지하고 있다. 또한 우리나라의 음식물은 그 성상에 있어 〈표 3〉과 같은 특성을 갖고 있다. 우리나라의 음식물쓰레기는 국물이 많은 음식문화의 특성으로 수분함량이 75~85%이고, 유기물함량 역시 80~90%로 매우 높기 때문에 부패, 악취 및 침출수 발생의 원인이

32) www.me.go.kr 2001 전국 폐기물 통계조사.

되고 있다. 한편 염분함량이 1~5%로서 음식물쓰레기를 사료로 이용하는 경우나 퇴비로 이용하는 경우 문제가 될 수 있다.

〈표 3〉 음식물의 성상[33]

구 분	성상특성, 범위	구분	성상특성, 범위
함수율(%)	70-85	C/N	17-27
밀도(kg/m^3)	76-84	K(%)	1.6-2.0
유기물(%)	80-90	Ca(%)	1.3-3.1
전기전도도(mS/cm)	2.0-6.0	Mg(%)	0.3-1.4
염분(NaCl, %)	0.5-6	Na(%)	0.3-1.6
pH	4.0-5.5	P$_2$O$_5$(%)	0.5-1.0
TOC(%)	47-53	미생물	부패, 변패성, 식중독 세균
TKN(%)	2.0-3	이물질	비닐류, 이쑤시개, 병뚜껑류, 유리, 금속류, 랩류, 도기류 등

한편 음식물 중 유기물류는 〈표 4〉와 같다. 이 성상은 음식물의 사료화에 중요한 성상이라 할 수 있다.

〈표 4〉 음식물 중 유기물류[34]

유기물 구분	성상특성 범위	유기물 구분	성상특성 범위
조단백질	19-26	조섬유	2.6-14
조지방	6.2-18	기 타	회분

2) 처리실태

처리방법은 '99년을 기점으로 하여 매립 위주에서 재활용, 매립, 소각의 순서로 역전되었고 이러한 변화는 지속될 것으로 추정된다. 〈표 5〉 참조.

---

33) www.waste21.or.kr 이슈별 자료실〉음식물.
34) 위와 동일.

<표 5> 음식물쓰레기 발생량 및 처리방법 추이

구 분		'96	'97	'98	'99	'00	'01
생활폐기물 발생량(톤/일)		49,925	47,895	44,583	45,614	46,438	48,499
생활쓰레기 1인당발생량 (Kg/인·일)		1.1	1.05	0.96	0.97	0.98	1.01
음식물쓰레기 발생량(점유율)		14,532 (29.1%)	13,063 (27.3%)	11,789 (26.5%)	11,577 (25.4%)	11,434 (24.6%)	11,237 (23.2%)
음식물쓰레기 1인당 발생량 (Kg/인·일)		0.33	0.29	0.25	0.25	0.24	0.23
처리 방법	매 립	13,486 (92.8%)	10,973 (84.0%)	8,308 (70.4%)	6,803 (58.8%)	5,185 (45.4%)	3,855 (34.3%)
	소 각	570 (3.9%)	815 (6.2%)	923 (7.8%)	846 (7.3%)	1,088 (9.5%)	1,003 (8.9%)
	재활용	476 (3.3%)	1,275 (9.8%)	2,566 (21.8%)	3,928 (33.9%)	5,161 (45.1%)	6,379 (56.8%)

자료: 환경부 내부자료 취합정리

음식물 쓰레기 자원화 시설은 '97년에 46개에서 '02년 3월에 205개로 자원화시설이 증가되어 처리량이 1일 1,067톤에서 6,803톤으로 6.4배로 늘어났다. 자원화방법은 53.3%를 사료로, 41.9%를 퇴비로 재활용하고 있으며 나머지 4.8%는 메탄가스 등으로 재활용되고 있다. 자원화 시설 현황은 <표 6> 참조(최훈근, 2003).

<표 6> 음식물쓰레기 자원화시설 현황

(단위: 개소, 톤/일)

구 분	'97	'98	'99	'00	'02. 3
합 계	46개소 (1,076)	167개소 (3,178)	231개소 (4,228)	233개소 (5,195)	205개소 (6,803)
공공시설	32 (547)	50 (1,007)	73 (1,223)	80 (1,905)	76 (2,495)
민간시설	14 (529)	117 (2,171)	158 (3,005)	153 (3,290)	129 (4,308)

※ 1일 처리능력 0.5톤 이상 시설

2. 음식물 쓰레기 정책

1) 개 관

정부의 음식물 쓰레기 정책 방향은 크게 2가지이다. 하나는 음식물 쓰레기를 줄이려는 노력이며, 다른 하나는 음식물 쓰레기 자원화 정책이다.

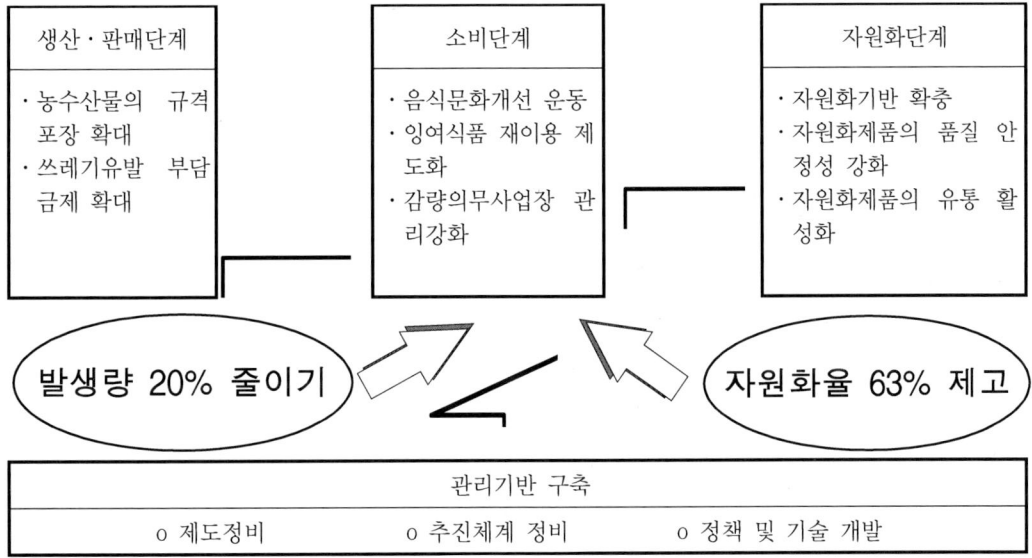

2) 감량화 정책

음식물 쓰레기를 발생원별로 정리한 표 2를 보면 가정과 음식점에서 나오는 음식물 쓰레기가 전체의 80% 정도가 된다. 각 가정과 음식점에서 버려지는 음식물의 양을 줄일 수 있다면 음식물 쓰레기의 양도 현격히 줄어들 것이다. 이에 따라 현재 추진되고 있는 감량화 정책은 크게 소비자나 음식점의 음식문화 개선을 통한 감량화와 농수산물 유통단계에서의 감량화로 나눠볼 수 있다. 좀더 구체적으로 살펴보면, 소비자의 음식문화 개선을 위해서 대중매체나 각종 시청각 자료 등을 활용한 캠페인을 실시하거나 음식물 쓰레기 줄이기 아이디어 공모전 등의 개최를 통한 의식제고의 노력들이 있다. 또한 쓰시협 등과 같은 각종 시민단체와의 연대를 통해 음식물 쓰레기 줄이기 결의대회 또는 정책 토론회를 개최함으로써 음식문화 개선에 노력하고 있다. 음식점의 음식문화 개선을 위한 노력을 살펴보면 좋은 식단을 실천하는 요식업소, 집단급식소, 도시락제조업소 등을 '모범음식점'으로 지정하며, 지정된 업소에 대해 쓰레기봉투 구입비, 공동 찬통, 소형·복합찬기 구입비, 상·하수도료 감면 등 지원을 실시하고 있다. 또한 음식물쓰레기 줄이기와 재활용을 적극적으로 실천하는 우수 실천 음식점을 '환경사랑음식점'으로 선정·홍보하고 있다. YWCA, 한국경제신문사와 공동으로 실시하고 있는 이 사업은 음식물쓰레기 줄이기에 관심을 가지고 있는 음식점 또는 집단급식소를 대상으로 감량성과를 평가하여 감량성과가 우수한 업소를 '환경사랑음식점'으로 지정하고 있다. 또한 음식물 쓰레기가 다량으로 발생하는 사업장에서의 음식물 낭비를 억제하기 위해서 1일 평균 급식 인원이 100인 이상인 집단급식소, 면적이 100제곱미터 이상인 휴게음식점 및 일반음식점과 대규모점포, 농수산물도매시장·농수산물공판장·농수산물종합유통센터 등을 감량 의무 사업장으로 지정하여 관리를 강화하고 있다. 또한 남는 음식물을 버리지 않고 어려운 이웃들과 나누는 푸드뱅크 사업도 추진하고 있다. 현재 전국적으로 약 200여 개의 푸드뱅크 네트워크가 형성되어 있으며 이를 통해 무료급식소나 저소득 가정, 사회복지 시설 등에 공급하고 있다.

농수산물 유통단계에서의 음식물 쓰레기 감량을 위해서 추진하고 있는 정책으로는 쓰레기유발부담금제 확대와 농산물의 규격포장 확대, 농산물 유통체계 개선 등이 있다. 쓰레기 유발 부담금제는 생배추나 생마늘 등과 같이 포장되지 않은 농산물에 부담금을 부과하는 제도이다. 2000년 서울 가락동 농수산물 시장 등 전국 7개소에서 실시하여 13억 원을 징수하였다. 또한 생활양식의 변화로 핵가족이 보편화되면서 소비자 구매 패턴이 변화하였기 때문에 이에 대응하는 포장 형태의 보급을 위해 노력함으로써 버려지는 농수산물의 최소화를 위해 노력하고 있다. 또한 산지에서 농산물을 선별, 세척, 규격포장하여 유통단계를 축소한다거나 생산자 소비자 간 직거래를 통해 농산물 쓰레기 발생을 억제하는 노력들을 하고 있다. 이를 위해 정부에서는 농산물 산지 유통센터 건설을 지원한다거나 직거래장터 설치를 위한 지원을 실시하고 있다.(환경부, 2001)

하지만 이처럼 정부의 역할도 중요하지만 음식물의 소비자이면서 음식물 쓰레기의 생산자인 시민의 역할이 더욱 중요하다. 외국의 경우 시민(단체)의 적극적인 동참으로 음식물 쓰레기 감량화가 많이 이루어졌다. 미국의 경우 샌프란시스코의 도시정원협회에서는 가정에서 발생하는 당근줄기, 커피찌꺼기, 야채류 및 과일껍질 등을 가장 자연적인 처리법으로 처리하기 위한 지렁이처리법을 권장 보급하고 있다. 캐나다 밴쿠버 주에서는 1989년 「발생폐기물 50% 감소정책」을 수립하고 폐기물의 재이용과 감량화 방법을 추진하고 있으며 이를 위한 시범시설 및 전문가 60여 명으로 구성된 기술정보안내서비스(Earthworm Bulletin Board Service)를 운영하고 있다. 호주에서도 음식물과 정원폐기물이 200만 톤 (1인당 연간 약 145㎏)정도 발생되며 이 중 20만 톤이 가정감량화기기나 지렁이 처리용기에 의하여 감량화된다. 하지만 우리나라는 외국과 비교하여 가정에서의 음식물 쓰레기 감량화가 미약한 실정이다. 따라서 감량화 기기나 지렁이를 이용한 음식물 쓰레기 감량 운동이 좀더 활발해져야 한다.(최훈근, 2003)

3) 자원화 정책

현재까지의 음식물쓰레기의 자원화 현황을 살펴보면 사료화와 퇴비화가 주류를 이루고 있다. 자원화시설의 변화추이를 살펴보면, 97년에 46개에서 02년 3월 205개로 자원화시설이 증가되어 처리량이 1일 1,067톤에서 6,803톤으로 6.4배 늘어났다. 자원화방법은 53.3%를 사료로, 41.9%를 퇴비로 재활용하고 있으며 나머지 4.8%는 메탄가스 등으로 재활용되고 있다. 이처럼 사료화와 퇴비화의 방법이 주로 사용되는 이유는 정부(환경부)가 전국에 5만 개소 이상의 음식물쓰레기 감량의무 사업장을 고시하고 소규모 사료 및 퇴비화 시설을 의무화한 결과로 볼 수 있다. 그러나 최근에 와서는 사료화 혹은 퇴비화가 가능한 음식물의 대량배출업소가 한정되어 있어 이미 시설을 갖추고 있는 경우가 대부분이며, 축산시설들도 톱밥 가격상승, 퇴비의 수요충족 등으로 퇴비를 필요로 하는 곳이 없어 퇴비를 거의 무료로 제공하는 실정이다. 이에 현재 운영되고 있는 다양한 종류의 자원화방법에 대한 각각의 특징 및 장단점을 살펴보도록 하자.

① 음식물쓰레기 퇴비화

음식물쓰레기의 대부분은 퇴비화 공정을 통하여 토양 개량제와 경작지 등에서 유기질 비료로 사용되고 있다. 음식물쓰레기 감량의무사업장에서는 소형 퇴비화기(혹은 소멸화기)로 건조사료화 혹은 퇴비화 하여 재활용하고 있으며 일부 지자체에서는 하루 30톤 처리 규모 정도로 기계식 퇴비화를 하고 있다. 기계식 퇴비화 처리는 먼저 협잡물의 제거 및 퇴비화가 가능한 유기물질의 선별, 파쇄 및 수분조절제의 혼합을 거쳐서 바닥 면에 적정한 공기 주입구를 장치한 퇴비단을 교반기 등을 사용하여 주기적으로 뒤집어 주는 형태의 기계식 퇴비화 장치로 이루어진다. 이러한 기계식 퇴비화 장치에서 음식물 쓰레기가 분해되는 과정을 보면 가정, 업소 등에서 분리수거 된 음식물 쓰레기가 특수 운반차에 의해 퇴비화 시설로 이송된 후, 드럼 스크린 등으로 비닐조각, 병, 철조각 등 협잡물을 제거하고 폐쇄된 후에 혼합기에 들어가게 된다. 분리 수거된 음식물쓰레기에는 평균 약 15~20%의 협잡물이 포함되며 협잡물이 분리된 유기성분은 약 85% 내외의 수분함량을 갖게 된다. 이와 같이 수분이 다량 함유된 슬러지 상태에서는 공기를 다량 공급하여도 호기성 발효가 일어나기 힘들어 혼합기에서는 톱밥, 목편(폐목재를 잘게 조각내어 사용) 등이나 왕겨를 혼합하여 퇴비화의 최적 초기 수분 함량인 55%를 맞추어 준다. 이와 같이 조정된 반 고체상의 혼합물은 1.5~3m 높이 폭 3~6m 정도의 퇴비단으로 보내지며 이 퇴비단은 주기적으로 교반기에 의하여 뒤집어지며 퇴비단의 길이에 따라 이송된다. 퇴비단내 체류 시간은 대략 14~35일 내외가 된다. 일단 1차 부숙된 유기물은 파일상으로 혹은 통기성 있는 부대에 포장되어 1개월~3개월가량 후숙 과정을 거치는 것이 유기질 비료로서 안전한 것으로 알려져 있다. 퇴비화 방법의 장단점을 살펴보면, 퇴비화는 부패성 유기물질을 환경에 대한 제2차 오염이 없는 상태로 분해하여 안정화함으로써 퇴비를 생산, 작물에 유용한 영양분을 공급하거나 토지의 개량에 사용할 수 있는 재자원화의 한 방법이다. 퇴비화 방법은 우선 음식물쓰레기를 대량으로 처리할 수 있으며 신선도가 떨어진 것도 이용이 가능하며 기술적 난이도가 높지 않아서 가장 손쉽게 접근할 수 있다는 것이 가장 큰 장점이라고 할 수 있다. 음식물쓰레기의 퇴비화에는 쓰레기를 별도로 분리수거하지 않을 경우 각종 유해물질 등이 혼입되어 양질의 퇴비를 양산하기 어렵고 높은 수분함량으로 인하여 산소전달이 느리게 되면 부패조건이 형성되므로 악취가 심하고 병원성균이 성장할 수 있다. 그러나 음식물쓰레기를 분리수거하여 수분 조정제를 공급하게 되면 호기상태로 유지할 수 있어 부패성 폐기물을 비교적 빠른 시일 내에 안정화시킬 수 있고 일단 퇴비가 되면 장기보관의 가능성이 있다는 장점이 있다. 그러나 퇴비화 속도가 상당히 느리고 퇴비화 과정 중에 악취가 발생한다는 점이 단점으로 지적되고 있으며, 퇴비화 속도를 빠르게 유지하기 위하여 가열해주는 방법이 적용되면서 전기소모가 크고, 톱밥이나 왕겨 같은 수분조정제의 수급에 문제점이 있기 때문에 기존의 퇴비화 기기는 판매가 부진한 상태이다. 또 과다한 염분 함량으로 인해 퇴비를 뿌린 지역의 작물이 죽어버리고 땅이 지력을 잃는 경우도 발생하고 있다. 이처럼 음식물 쓰레기의 퇴비화에서 큰 문제로 떠오르는 것이 강력한 구매자가 없다는 즉 판매처 확보가 어렵다는 것이다.(손영배, 2002 : 유기영, 1997)

② 사료화

음식물쓰레기를 원료로 한 사료생산 공정은 주로 건조 또는 발효방법과 이들이 혼합된 형태로서 퇴비화의 경우보다는 신속한 것이 특징이다. 한편 이들 사료로 이용하려면 그 성상을 자세히 검토하여야만 건조 발효 후의 영양성분 등을 보장할 수가 있다. 서울시 일원의 1997년 음식물쓰레기 배출원별 성상을 보면 우선 가정에서는 곡류 5.7%, 야채류 81.4%, 어육류 12.7%이었고 반면 식품 접객업소는 곡류 26.9%, 과채류 54.0%, 어육류 19.1%로서 과채류 비율이 50%를 넘지만 그 구성비는 상당한 차이가 있음을 볼 수 있다. 한편 과채류의 비율이 높을수록 수분함량이 커지고 계절적으로 배출량도 상당한 편차를 보이고 있어(7~8월 과채류 다량 배출) 사료 품질에 많은 영향을 줄 수 있음을 알 수 있다. 한편 깨끗이 분리 수거된 음식물찌꺼기를 건조발효 시키면 단백질이 11~43%, 조지방이 7~29%로 배출원별(식당종류별)로 상당한 편차가 있지만 대체로 이들의 함량이 상당히 높은 편으로 단백질 사료로서 잠재가치가 높다. 그러나 건조사료의 경우 염분함량이 매우 높아(1~4.9%), 가축별 염분 요구량 0.3~1.0%를 크게 상회하고 있는 것으로 나타났다. 실제로 건조사료는 염분함량 때문에 가축이 수분을 과량 섭취하는 경향이 있으며 영양성분도 배출원별, 계절별로 영양성분 등의 변동이 큰 것도 문제점으로 지적되고 있다. 이를 보완하기 위하여 탈지강, 밀기울 등을 60%가량 혼합하는 것이 바람직하다. 실제 음식물찌꺼기 사료는 배합사료와 혼합하여 먹이고 있으며 사료의 섭취율은 배합사료 대비 87.6%~99.5%로서 상당히 높고 그 이용효율은 83.1~90.6%로 배합사료보다 조금 낮은 경향을 보였다. 그러나 엄격히 분리 수거된 음식물쓰레기에서 사료를 생산하여 배합사료와 혼합해서 먹일 경우에는 큰 문제점은 없는 것으로 나타났다. 음식물 쓰레기의 사료화시에 몇 가지 유의할 사항이 있는데 첫째, 이물질이 들어가지 않도록 해야 한다. 둘째, 배출된 음식물 쓰레기는 가능한 한 신선한 상태에서 보관되고, 빠른 시간 안에 수거, 운반하여 사료화를 해야 한다. 셋째, 염분이 너무 과다할 때에는 가축이 물을 많이 먹게 되므로 젓갈류와 같은 고염분 함유물질이 들어가지 않도록 해야 한다. 넷째, 특히 여름철에 원료가 되는 음식물 쓰레기가 쉽게 부패하기 때문에 유해세균을 없앤 후에 가축에게 사료로서 공급해야 한다. 음식물쓰레기 사료화는 기술적인 문제점보다는 초기 설비비가 많이 들어가는 단점이 있다. 또한 유리조각이나 숟가락 등과 같은 이물질을 선별해내야 하는 까다로움과 최종적인 사료의 영양상태 역시 고려의 대상이다. 위에서 소개한 방법 이외에도 음식물 쓰레기의 자원화 기술은 그 수집 성상(수집된 것의 수분함량, 협잡물 혼합도, 균일도 등)과 처리, 처분의 목적에 따라 소멸기, 지렁이 분변토의 재활용, 메탄가스 이용 등 다양한 처리기술이 있다. 하지만 음식물 쓰레기의 자원화 정책에 있어서 자주 지적되는 문제점들이 있다. 첫째, 이물질 제거 문제이다. 음식물쓰레기에는 비닐, 나뭇조각, 뼈, 금속, 플라스틱, 돌, 조개껍질 등 다양한 이물질이 함유되어 있으며 이들의 특성상 한가지 단일 공정으로 분리해 내기가 어렵고 복합적인 분별장치의 사용이 불가피하다. 이 과정에서 발생하는 악취나 침출수의 문제 또한 심각하다. 둘째, 염분 문제이다. 음식물쓰레기는 평균 3% 내외의 염분함량을 갖고 있고 또한 계절적으로 함량의 변동이 심하여 퇴비를 토양에 뿌릴 경우 염분의 축적이 우려된다. 염분을 제거하는 방법에는 희석과 세척, 동전기기술을 이용하는 방법이 있지만 많은 양의 폐수가 발생하고 염분 이외의 영양분이 같이 손실되는 등 기술적 한계를 드러내고 있다.(손영배, 2002)

③ 검토 및 개선방안

ⅰ) 정책적인 측면

우선 거론할 수 있는 것이 정부 및 지방자치단체의 독자적인 정책이 없다는 아쉬움이다. 중앙정부는 음식물자원화에 대한 수거, 운반, 처리, 재활용 등에 관한 전반적인 체계가 미비한 상태에서 무리한 목표를 설정하여 추진하여왔다. 그리고 이에 대한 책임은 지방자치단체에 떠넘기는 방식으로 처리하여 왔고, 지자체 역시 적극적인 정책과 대안을 마련하기보다는 중앙정부의 정책에 적절히 보조나 맞추었다. 또한 자치단체의 일선 행정 담당 공무원의 전문성은 턱없이 부족했고, 음식물쓰레기 재활용에 대한 계획은 담당자의 자리이동이 있을 때마다 바뀌어서 장기적이고 지속적인 계획을 세우기 어려운 상태였다. 또한 지역과 계절에 따라서 음식물 쓰레기의 발생량과 성분, 부패 정도는 큰 차이가 있음에도 이에 대한 고려 없이 획일적인 방법으로 추진되어 왔다. 사료화, 퇴비화 설비를 우선적으로 마련하는 데 집중하였다. 결국 지역의 특성이나 계절에 따른 고려가 없었기 때문에 애써 생산된 사료나 퇴비가 값을 받고 팔수 없을 지경에 이른 것이다.

ⅱ) 기술적·환경적인 측면

앞에서 살펴보았듯 음식물쓰레기의 재활용이 확대되었다는 것은 환영할 만한 것이지만 현 운영 상황들을 살펴보면 제작업체들은 난립하고 자원화 시설을 운영하는 대부분은 영세한 시설로 자금이 부족하여 탈취시설과 폐수처리시설 등이 갖추어 있지 않으며, 고가의 유지관리비와 설치비용, 수분조절제 공급곤란 및 관리운영자의 미숙 등으로 아직까지도 정착하지 못하고 있는 실정이다.

④ 음식물쓰레기 자원화사업의 개선

ⅰ) 음식물쓰레기 재활용을 위한 수거체계 확립

음식물쓰레기의 재활용을 위해서는 배출원별(단독주택, 아파트, 상가, 음식점, 호텔 등) 수거체계의 확립이 필요하다. 음식물쓰레기의 수거체계는 사료화할 것인가 또는 퇴비화할 것인가에 따라 달라져야 하는데, 사료화의 경우는 음식물쓰레기가 부패하기 전에 수거해야 하므로 퇴비화하는 음식물쓰레기보다는 수거 빈도를 자주 해야 한다. 사료화 음식물쓰레기의 수거체계는 사료화 업체에게 맡기거나 또는 전문 수거업체를 지정하여 수거하도록 하는 것이 바람직하다. 수거일도 정해서 정기적으로 수거 하도록 하며, 음식물 쓰레기 전용수거 차량과 전용장비의 확보가 필요하다. 또한 주민들에 대한 지속적인 홍보와 교육을 통해 이물질이 들어가지 않도록 하는 노력이 중요하다.

ⅱ) 자원화제품의 생산 및 이용체계 확립

최근 국내에서 건조 및 발효에 의한 사료화, 유기질 비료로 재활용하기 위한 퇴비화 및 혐기 소화에 의해 생성되는 메탄가스와 함께 퇴비를 얻는 등의 다양한 방법의 자원화 기술이 개발되어 보급되고 있다. 그러나 광우병 파동으로 인해 음식물 쓰레기로 만든 사료를 회피하는 추세이다. 따라서 사료화제품의 안정성, 사료가치 등에 대한 정확한 분석·평가를 실시하고, 사료화제품의 영양성분 균질성 유지를 위한 영양소의 균형 방안과 보충사료의 개발을 실시하고 음식물쓰레기 수거과정에서의 안전성 유지를 위한 보관용기 및 부패 방지기술의 개발 등을 정부차원에서 추진할 필요가 있다. 경제규모에 미달되거나 영세한 기술이나 시설 이용으로 경쟁력을 상실한 민간 업체에 대한 보완 및 개선을 유도하며 지원하는 정부의 노력이 필요하다.

3. 대안 모색

1) disposer 사용논의

① 디스포저란 무엇인가

현재의 음식물 쓰레기 자원화 정책의 문제점 때문에 다양한 방법들이 제시되고 있는데 그중 하나가 디스포저라는 가정용 분쇄기의 도입이다. 디스포저는 주방에서 발생되는 음식물찌꺼기를 잘게 갈아서 물과 함께 배출하는 장치이다. 디스포저는 1903년 시카고의 이분에 의해서 발명되었으며, 1920년대부터 미국, 캐나다에 호텔, 학교, 병원 등에 대형 디스포저가 보급되었으며, 1930년대에 일반 가정용이 보급되었다. 1950년대 미국, 캐나다의 대부분의 도시에서 위생 수준 향상과 쓰레기 문제 완화를 위해 법령으로 설치를 의무 지우기도 했다. 그러나 미국에서 조차 디스포저 사용에 있어서 바람직하지 않은 각종 요인이 거론되어 지역별로, 선별적 금지 혹은 사용을 반복하여 왔으며, 아직까지 많은 논란이 되고 있다. 시행이 되고 있는 지역에서는 하수처리장을 부하에 견딜 수 있는 정도로 정비하며 하수관시설에 유기물의 축적이 없도록 정비하고, 구배가 있는 지역의 경우에 주기적으로 퇴적물을 배출하는 등 관리를 하고 있지만 하수도 부하량, 하수관내 악취문제, 전염병 발생의 원인 등을 이유 때문에 반대의견도 있다. 일본은 일찍부터 디스포저 사용에 대하여 많은 논의가 있었지만, 하수도 및 하수 처리 시설의 부하 증대에 미치는 영향을 염려하여 즉각적인 사용은 유보되었다. 단지 1974년 「해양 오염 방지법」에서는 20명 이상의 승무원이 타고 있는 선박에 디스포저의 설치를 의무 지었다. 그 후 약 10년간 디스포저 사용에 대하여 집중적인 검토를 진행시켜 왔다. 그에 따라 2000년대에 잠정적인 결론을 도출하였는데 디스포저에 의하여 배출된 것을 어떠한 처리 없이 그대로 하수처리장에 유입시키는 것에 대해서는 문제가 있다고 보았다. 다만 디스포저에 의하여 분쇄한 것을 건물단위로 설치된 정화조를 거치게 하여 하수관거에 미치는 부하를 최소화한 경우에만 그 사용을 인정하였다. 우리나라에서는 디스포저의 사용이 정부의 자원화 정책과 맞지 않으며, 기술적·환경적 이유로 법으로 금지되어 있다.[35]

---

35) www.waste21.or.kr 이슈별〉음식물〉디스포저.

② 디스포저의 도입 가능성 검토

우리나라에서 디스포저의 사용은 법으로 금지되어 있지만 최근 자원화 정책의 대안으로서 논의되고 있는바 디스포저의 도입 가능성 여부에 대한 검토가 필요하다. 우선 디스포저의 사용 반대를 외치는 사람들이 들고 있는 논거로는 첫째, 디스포저의 도입은 현재 시행되고 있는 음식물쓰레기 자원화 정책을 퇴보시킨다고 주장한다. 우리나라의 경우 음식물 쓰레기에 대한 관심이 급속히 고조되면서 빠른 시기에 사료화, 퇴비화 등 자원화 방향으로 대책을 수립하여 시행해 왔다. 이러한 상황에서 각 가정마다 디스포저를 사용할 경우 현재의 자원화 체계가 흔들릴 수 있다는 주장이다. 현행 자원화 정책은 그동안 많은 시행착오가 있었음에도 불구하고, 이제는 음식물쓰레기를 별도 분리하여 수집운반, 자원화 하는 체제가 정비되어 최근에는 완성단계에 접어들고 있다. 디스포저를 사용하게 될 경우에는 지금까지 구축한 모든 자원화시설이 무용지물이 될 것이며, 지금까지의 시스템 구축을 위하여 투자된 모든 재원이 낭비되는 결과를 초래하게 된다. 둘째, 하수관거와 하수처리장에 미치는 영향이 크다는 주장이다. 우리나라는 지금까지 빗물과 오수가 함께 섞여서 하수처리장으로 들어가는 합류식하수관거 체계여서 하수처리장에서의 유입농도가 낮았다. 하지만 디스포저의 사용을 허용할 경우, 잘게 잘린 음식물이 하수관을 지날 경우 하수관의 부식을 촉진시키고, 펌프를 압송할 경우에 압력손실이 높아져 에너지이용량이 많아지며, 하수처리장으로 유입될 시에 하수의 톤당 처리비가 상승하는 요인이 된다. 우리나라 하수관 체계는 도시계획에 의하여 계획적으로 정비된 것이 아니며, 도시의 확장에 따라 연결해 왔으며, 또한 아주 낡은 것이 대부분이다. 이 때문에 잘린 음식물쓰레기가 하수관에 남아 있으면서 부패, 악취의 원인이 될 뿐만 아니라 하수관이 막히는 원인이 될 수 있다. 또한 하수관 내부의 지속적이고 체계적인 관리나 청소를 위해서는 막대한 비용과 노력이 필요하다. 또한 환경과학연구협의회에 따르면 각 가정이 디스포저를 사용할 경우 생활하수의 생화학적 산소요구량(BOD)은 4배, 부유물질은 17배, 질소는 6배로 늘어나는 것으로 추정하고 있다. 이렇게 된다면 하수처리장에서 처리할 수 있는 양이 제한되어 있기 때문에 하수처리장의 과부하가 예상된다. 또한 슬러지가 발생될 경우에 음식물 쓰레기의 처리비와 같은 가격으로 슬러지를 처리해야 할지도 모른다. 즉 80%의 고형물을 80%의 고형물로 탈수하는 과정이 부대적으로 필요하게 된다. 또한 최근에 슬러지의 직매립, 해양투기가 금지되어 슬러지의 처리비용이 상승할 것이기 때문에 결국에는 음식물쓰레기의 처리비용보다 높게 처리될 수 있다. 현재 하수 슬러지 처리는 74% 이상이 해양

투기되고 있으며, 직매립되던 15%도 금년 7월부터 시행된 직매립 금지법으로 처리방법이 없는 상황이다. 재활용적 측면이나 환경친화적인 처리 기술이 개발되어 있지 않은 상황에서 하수 슬러지 량을 증가시키는 디스포저 방법은 올바르지 않다.(이동훈, 2003)

하지만 자원으로서의 가치정도는 발생원에 따라 차이가 있으며, 모든 음식물쓰레기가 기존의 자원화 처리시설의 대상으로서 적합한 것은 아니다. 즉 자원으로서의 가치구분을 지금과 같이 획일화하는 것이 아니라, 발생원에 따른 분리배출 상황이나 주민 편이성 등을 고려하여 음식물쓰레기에 대한 가치를 구분할 필요가 있다. 즉 가정에서 버리는 음식물 쓰레기는 조리 과정에서 버리는 야채 껍질 등 자원으로서의 가치가 적은 것이 대부분이다. 따라서 현재와 같이 경직된 사고로서 음식물 쓰레기는 모두 모아서 자원화 시켜야만 한다는 주장은 한계가 있다. 또한 디스포저를 이용한 음식물쓰레기 처리 시스템은 수거가 곤란한 지역이나 공동주택지역에서의 정화조 방식을 통하여 문제시되고 있는 기존의 음식물쓰레기 재활용 방법의 처리대안으로서 그 의미가 충분히 있다고 생각된다. 물론, 디스포저를 이용하여 음식물쓰레기 분쇄 물을 직접 하수도에 방류하는 것은 하수도가 미처 정비되지 않은 지역에서는 위에서 얘기한 것처럼 다양한 문제점을 낳을 수도 있지만 긍정적인 측면 또한 있다. 지금까지 우리나라의 음식물 쓰레기 발생현황 및 처리실태부터 시작하여 감량화·자원화 정책의 특성 및 문제점, 개선방안을 살펴보았다. 끝으로 최근 논란이 되고 있는 디스포저의 도입 여부에 대한 가능성도 검토해보았다. 하지만 지역마다 계절마다 음식물 쓰레기의 발생량, 성상 등 많은 것이 달라지기 때문에 하나의 방법만을 고집하는 것은 어리석은 것 같다. 또한 광우병에 의한 피해가 생기는 등 자원화의 안정성 문제가 제기되고 있다. 따라서 디스포저의 도입을 무조건 반대만 할 것이 아니라 일본에서 한 것처럼 과학적이고 체계적인 연구를 통해서 도입 가능성을 검토해보고 정부와 시민과 학계의 토론 등을 통한 의견 수렴 과정이 필요하다. 중앙 통제적이고 획일화된 음식물 쓰레기 정책이 아닌 지역 특색에 맞는 탄력적이고 다양한 정책들이 나왔으면 하는 바람이다.

Ⅳ. 참고문헌

경기개발연구원(2000) 생활쓰레기의 효율적인 관리방안.

손영배(2002) 음식물쓰레기 자원화 사업의 오늘과 내일. 순환자원.

유기영(1997) 음식물쓰레기 감량 및 자원화 방안. 서울시정개발연구원.

유기영(2001) 서울시 자치구의 남은 음식물 처리기반 확보방안. 서울시정개발연구원.

이동훈(2003) 분쇄기 사용의 문제점과 국내외 추진사례. 서울시립대.

최훈근(2003) "음식물 쓰레기 처리 현황과 향후방안"「음식물쓰레기 자원화 기술시스
　　　　　템 점검을 통한 올바른 자원화 정착모색을 위한 토론회」주제발표.

환경부(2001) 음식물쓰레기 감량·자원화 세부추진계획. 환경부, 보건복지부, 농림부.

www. foodbank1377.org 푸드뱅크.

www. foodwaste.or.kr 환경부 생활폐기물과.

www. kbs.co.kr 환경스페셜.

www. me.go.kr 환경부.

www. waste21.or.kr 쓰레기문제 해결을 위한 시민운동협의회(쓰시협).

19. 자원 회수시설 환경정책

　1970년대 이후부터 시민의 생활수준 향상과 소비문화의 변화로 쓰레기 발생량은 크게 증가한 반면, 재활용률이 상대적으로 낮아지고 매립지 확보는 사실상 어렵게 되었다.

　그래도 서울은 마포구 상암동의 난지도 매립지와 인천시 서구 백석동의 수도권 매립지가 있어 지금까지 쓰레기 처리문제에 대해 심각하게 생각하지 않았다. 그러나 난지도 매립지가 1993년 3월 매립이 종료되었고, 수도권 매립지도 당초 628만 평에서 약 112만 평이 경인운하, 인천국제공항 고속도로, 환경 연구단지로 편입되어 매립지 가용 부지가 크게 줄어들었다. 따라서 수도권 매립지 사용이 종료될 2020년경에는 매립지 추가 확보기 어렵거나 사실상 불가능 할지도 모르는 심각한 상황이 예견되고 있다. 따라서 폐기물의 적정 처리 및 수도권 매립지 사용기간 연장을 위해 감량화, 재활용을 적극 추진하면서 나

머지 가연성 쓰레기는 소각을 거쳐 매립량을 감량하는 것이 바람직하다. 이를 위해서는 감량과 재활용에 대한 공감대 형성과 제도적 보완 등 지속적인 시민운동을 통한 환경 의식의 향상이 절대적으로 필요하며 소각 가능한 폐기물은 최신의 자원 회수시설을 건설·운영하여 폐기물을 자원화 함으로써 한정된 매립지의 사용을 최대한 연장토록 하여야 한다. 서울은 인구·경제·문화·산업의 집중으로 인한 여러 가지 문제 중 안정된 쓰레기 처리를 위한 매립지 확보, 재활용시설 및 소각 시설 등 폐기물 처리시설 확충이 필요한 현실에 직면해 있으며, 깨끗한 삶의 질을 요구하면서도 이에 소요되는 막대한 투자 재원 확보문제와 님비 현상 등으로 인해 처리시설 확보 및 활용에 많은 어려움을 겪고 있다.

서울특별시의 자원 회수시설 현황

1. 자원 회수시설의 의의

자원 회수시설(Resource Recovery Facility)이란 쓰레기를 850℃ 이상의 고온으로 연소 분해하고, 폐열은 회수하여 인근 지역에 전력 및 난방열로 공급하여 대체 에너지로 활용 함으로써 깨끗하고 쾌적한 생활환경을 조성하며, 다이옥신 등 소각 시 배출되는 대기오염 물질을 첨단 방지 시설을 설치하여 선진국 수준의 배출 허용기준(0.1나노그램)이하로 관리하는 시설을 말한다. 서울특별시 자원 회수시설설치촉진및주변지역지원등에관한조례 제2조에서는 자원 회수시설을 폐기물관리법 제2조 제7호의 규정에 의한 폐기물처리시설 중 중간처리시설로서 생활폐기물을 위생적으로 소각 처리하고 소각열을 회수[36]하여 자원화 하는 환경오염 방지시설을 갖춘 소각 처리시설을 말한다고 정의하고 있다.

---

36) 현재 서울시에서 운영 중인 3개의 자원 회수시설에서 주로 지역난방용 온수를 생산하고 있으며, 쓰레기를 태울 때 발생하는 열량의 40~50% 정도를 회수해서 판매하고 있다.

2. 양천 자원 회수시설

1) 시설개요

○ 위   치: 서울시 양천구 목동 900번지

○ 시설규모: 400톤/일(200톤/일×2기)

○ 공사기간: 1992. 12. 31~1996. 2. 18(38개월)

○ 사 업 비: 31,815백만 원

○ 부지면적: 14,627㎡(4,424평)

○ 주요 시설

- 소각방식: 스토카식(계단식)

- 방지시설: 세정탑, 반건식 반응탑, 백필터, SCR촉매탑 등

○ 설계·시공사: SK건설(주)(기술제휴-벨기에 시거스사)

○ 위탁운영사: 한국시거스(주)

○ 주민 편익시설

- 부지면적: 2,601㎡(787평)

- 연 면 적: 3,921㎡(1,186평, 지하3층, 지상2층)

- 사 업 비: 8,112백만 원

- 주요 시설시설: 수영장, 헬스장, 체력단련장, 독서실, 강당 등

- 운   영: (재)서울 YMCA

3. 노원 자원 회수시설

1) 시설개요

○ 위   치: 서울시 노원구 상계동 772번지

○ 시설규모: 800톤/일 (400톤/일×2기)

○ 공사기간: 1992. 12. 31~1997. 1. 15(49개월)

○ 사 업 비: 74,279백만 원

○ 부지면적: 46,307㎡(14,008평)

○ 주요 시설

- 소각방식: 스토카식

- 방지시설: 전기 집진기, 습식세정탑, SCR촉매탑 등

○ 설계·시공사: 현대산업개발, 현대중공업(기술제휴－독일 도이치밥콕사)

○ 위탁 운영사: 한국시거스(주)

○ 주민 편익시설

- 부지면적: 5,013㎡(1,516평)

- 연 면 적: 7,143㎡(2,161평 지하2층, 지상6층)

- 사 업 비: 9,361백만 원

- 주요 시설: 수영장, 헬스장, 에어로빅실, 소강당 등

- 운   영: (재)청소년 폭력예방재단

2) 추진경위

○ 1992년 12월에 공사 발주하여 1997년 1월 준공되었으며 총사업비는 74,279백만 원이 소요되었다. 건설계획 당시는 노원구, 중랑구, 동대문구의 쓰레기 처리를 위한 1일 1,600톤 시설규모로 계획하였으나, 주민들이 노원구의 쓰레기를 제외한 타구 쓰레기의 반입을 반대하여 1일 처리용량 800톤 규모로 축소되었다.

4. 강남 자원 회수시설

1) 시설개요

○ 위   치: 서울시 강남구 일원동 4~5번지

○ 시설규모: 900톤/일(300톤/일×3기)

○ 공사기간: 1994. 12~2001. 12

○ 사 업 비: 101,080백만 원

○ 부지면적: 63,818㎡(19,303평)

○ 주요 시설

– 소각방식: 스토카형(수평식)

– 방지시설: 세정탑, 반건식 반응탑, 백필터, SCR촉매탑 등

○ 설계·시공사: SK건설, 현대정공(기술제휴 - 스위스 ABB사)

○ 위탁운영사: SK건설

○ 주민 편익시설

– 부지면적: 6,408㎡(1,938평)

– 연 면 적: 6,511㎡(1,970평, 지하1층, 지상3층)

– 사 업 비: 9,423백만 원

– 주요 시설: 수영장, 헬스장, 에어로빅실, 도서실, 강당 등

– 운   영: (사)한국청소년연맹

2) 추진경위

○ 당초 처리권역을 강남구, 송파구로 1일 1,800톤 규모를 계획하여'94. 12월부터 추진하였으나, 주민들과의 협의 과정에서 강남구의 생활폐기물만 처리하고 1일 처리용량 900톤으로 축소하였다.

자원 회수시설의 순기능과 역기능

1. 자원 회수시설의 순기능

1) 재활용의 촉진

자원 회수시설의 존재는 배출자에게 환경의식을 심어주고 해당 자치단체에 재활용 의

욕을 고취시켜 재활용을 높이는 역할을 한다. 실제로 서울시 25개구 중 자원 회수시설이 입지하고 있는 구의 재활용 실적을 다른 구와 비교해 본 결과, 기본적으로 2001년 이후에 서울시의 평균 재활용률보다 3개 자치구의 재활용률이 모두 높고 강남구의 경우 2000년 이전에 평균 수준 또는 그 이하의 실적에서 급격하게 재활용 실적이 향상되었다.

2) 주민편의 시설 등의 확충기회 확보

자원 회수시설이 입지하게 되면 기본적으로 주민 편의시설이 함께 건설되고 있다. 양천시설의 경우 지하 3층 지상 2층의 건물에 수영장, 체력단련실, 강당, 독서실 등이 운영되고 있으며, 노원시설의 경우 지하2층 지상6층의 건물에 수영장, 에어로빅실, 유아교육실, 서예교실, 헬스장, 어학실, 독서실 등이 갖추어져 있다. 강남시설의 경우도 지하 1층 지상 3층의 건물에 수영장, 보육실, 헬스 및 에어로빅실, 탁구장, 도서실 등이 갖추어져 있다. 인근 주변지역 주민들의 지원을 위해 「서울특별시자원회수시설설치촉진및주변지역지원등에관한조례」 및 「서울특별시자원회수시설주변영향지역주민지원기금조례」를 제정하였으며, 시설부지 경계선으로부터 300m 이내 지역주민들에게는 주민지원기금을 조성하여 주민지원사업을 시행하고 있다. 자원회수시설 규모에 따라 공사관련기금을 조성하고 있으며, 운영 시에도 지역난방요금 50% 감면과 반입료 7~10%를 주민지원기금[37] 출연하고 있다. 또한 수영장, 도서실, 체력단련실 등을 갖춘 주민편익시설을 건립하여 주변지역 주민들의 편익증진과 문화생활 향상을 도모하고 있다.

3) 기 타

이상의 기능 외에도 원거리의 폐기물 이동에 따른 환경 부하의 저감, 소규모 소각시설들의 난립에 따른 환경오염물질의 원천적 저감 등의 효과가 있다고 한다.

---

37) 주민지원기금이란 부지 경계선으로부터 300m 이내에 거주하는 주민들을 지원하기 위한 기금이다.

2. 자원 회수시설의 역기능

1) 주변 주민들의 불안 심리 조성

　자원 회수시설 주변 지역의 주민들은 자원 회수시설이 가동되면 연소 과정과 배기가스 처리 과정에서 생성되는 다이옥신, 수은 등에 의한 피해를 가장 우려하고 있다. 물론 다이옥신 자체는 분명 유독하고 소각과정에서 많이 생성된다는 것은 이미 밝혀졌으며, 어느 정도가 인체에 유해 하느냐를 평가하여 각 나라는 소각시설에서 배출되어야 할 다이옥신의 배출 허용 기준을 정하고 있다. 우리나라는 스웨덴, 독일, 일본과 같은 0.1ng-TEQ/N㎥이고 매년 2회씩 다이옥신 농도를 측정하고 있다. 실제로 다이옥신 사고가 발생한 것은 주로 많은 양의 다이옥신에 노출되었던 월남전 관련자나 화학 약품 제조회사 등이었으며, 소각시설의 인근에서 소각시설과 직접적으로 관련 있는 사고 사례는 찾아보기 어렵다. 주변지역 주민들의 우려를 불식시키기 위하여 서울시는 대기환경보전법에 규정된 소각시설의 배출허용기준보다 훨씬 엄격한 설계기준을 정하였다. SNCR, 세정탑, 백필터, 전기집진기, SCR(촉매반응탑)등을 거쳐 정화된 가스를 배출하고 있으며, 앞으로도 오염방지를 위해 적용 가능한 최신기술을 도입할 계획이다. 특히, 다이옥신에 대해서는 첨단 공해방지시설을 도입하여 세계에서 가장 엄격한 독일 기준치와 같은 평균 0.1나로그램 이하로 설계하였고, 연소과정에서의 다이옥신 발생을 원천적으로 제거할 수 있는 완전연소형 최신소각로를 설치하여 다이옥신을 저감토록 하였으며, 세계적으로 다이옥신 배출을 최소화시키는 기술이 계속 연구개발되고 있으므로 기술개발 및 도입가능성 등을 분석하여 신기술 도입을 적극적으로 추진하여 다이옥신에 의한 주민들의 불안감을 해소하고 자원회수시설이 우리 일상생활에 필요한 시설임을 인식시키는 데 최선의 노력을 다하고 있다.

2) 재산가치 하락에 대한 우려

　자원 회수시설과 같은 환경 시설이 입지하였을 경우 재산 가치에 대한 실제적인 영향의 유무와 관계없이 지역 주민들에게 재산가치 하락에 대한 심리적 영향을 주는 것은 사실이다. 서울시의 여건상 주거 지역에서 완전히 떨어진 곳에 자원 회수시설을 설치하기는 매우 어려운 실정이다. 특히 우리나라는 주택을 거주의 개념이 아닌 소유의 개념으로 인식하여 주택가격 하락에 따른 주민 반발은 매우 큰 실정이다.

3) 청소차량 출입에 따른 교통 혼잡과 환경피해

일반적으로 국내에서 운행되고 있는 청소차량이 깨끗하다는 인식을 주지 못했던 것이 사실이다. 수분함량이 높은 우리나라 쓰레기 특성상 청소차량에서 오수가 흘러내리는 모습과 이로 인한 악취발생, 그리고 많은 청소차량이 한곳에 모이는 것에 대한 주변 환경오염 피해를 우려하고 있다.

자원 회수시설 운영상의 문제점

1. 자원 회수시설의 수지 구조의 문제점

자원 회수시설을 운영하는 과정에서 수입이 발생하는 경우는 처리대상 폐기물 반입수수료와 열·전기를 생산하여 판매한 매각 대금에서 발생하며, 반면에 지출은 시설의 운영비와 주민지원 기금에의 출연에 의해 발생한다. 현재 가동중인 3개 자원 회수시설의 수입과 지출 구조를 정리하면 다음과 같다.

(단위: 백만 원·2002년)

시설	수입			지출			A－B
	계(A)	반입료	열·전기 판매	계(B)	운영비	주민지원금	
양천	1,889	1,132	757	6,040	4,791	1,249	-4,151
노원	1,891	1,025	866	6,247	4,745	1,502	-4,356
강남	2,087	998	1,089	4,822	4,242	580	-2,735

 3개 시설 모두 지출이 수입을 초과하고 있으며, 수입에 의해 지출을 충당하는 부분은 양천 시설 31%, 노원 시설 30%, 강남 시설 43% 등으로 매우 낮다. 결국 서울시는 이러한 지출 구조를 해결하기 위해 일반 재원에서 손실부분을 충당하고 있으며, 1996년부터 2002년까지 충당한 금액이 319억 원에 이르고 있다.

2. 다이옥신(Dioxin)문제

 최근 서울시 노원구는 쓰레기 파동을 한차례 치렀다. 노원 자원 회수시설의 다이옥신 수치를 조작 발표한 사건이 발생하여 쓰레기 반입이 중단되었기 때문이다.

 노원자원 회수시설의 2호 소각로 굴뚝 배기가스에 포함된 다이옥신 수치 검사결과를 노원 자원 회수시설 운영사인 한국시거스(주)가 실제 측정치인 ㎥ 0.445ng(1ng=10억분의 1g)을 0.094ng이라고 축소 발표했다. 이 수치는 다이옥신의 법적 허용기준인 0.5ng 수준에 맞추기 위해 한국시거스(주)측이 임의로 수치를 조작한 것이다. 자원 회수시설의 주민들은 쓰레기 소각 과정에서 발생하는 다이옥신에 대하여 매우 민감한 반응을 보이고 있다. 미국 환경청에서는 다이옥신이 인간에게 있어서 발암 물질이라는 증거를 찾을 수 없지만, 발암 물질일 수 있다는 가능성을 제시하고 있으며, 최근에는 다이옥신을 생식과 내분비계를 교란시키는 '환경호르몬'의 대표적인 물질로 꼽고 있으며, 생식 및 성장독성, 면역독성, 염소 좌창 등 다양한 비발암 영향을 유발시킬 수 있는 것으로 보고된다.

3. 과도한 용량 산정

 서울시는 1988년 일반 폐기물처리 기본계획을 수립한 이후 1991년 쓰레기 발생량 제로화 계획을 입안하였다. 이 계획에 따르면 서울시에 총 시설용량 16,500톤의 소각 시설을 11개소에 설치하며, 그 안에는 현재 가동 중인 3개 자원 회수시설의 건설 계획도 포함되어 있는데 그 용량은 양천 시설 700톤(단독사용), 노원시설 1,600톤(노원구, 중랑구, 동대문구 공동사용), 강남시설 1,800톤(강남구, 송파구 공동사용)등 이었다. 당초의 계획온 그러했지만 건설계획 및 설계 단계에서 양천 시설의 시설 용량은 400톤(200톤 2기), 노원 시설의 시설 용량은 800톤(400톤 2기), 강남 시설은 900톤(300톤 3기)으로 최종 결정되고 건설되어 현재와 같이 활용되었다. 이 중에서 양천 시설은 2001년의 생활폐기물 발생량이 427톤(1991년 472톤)으로 예상되었고, 기존에 150톤 용량이 가동 중에 있었기 때문에 400톤 용량에 대하여 양천 지역 주민들과 마찰 없이 결정되었다. 그러나 노원 시설과 강남 시설의 시설용량 결정 과정에서는 규모에 관하여 주민과 많은 마찰이 있었는데 주민들은 현재 건설된 용량보다 더 작은 용량을 원했기 때문이다.

양천 시설의 경우 2002년 현재 185톤/일의 생활 폐기물이 반입 소각되어 시설규모 400톤/일 대비 46%의 가동률을 보이고 있다. 노원 시설의 경우 2002년 현재 168톤/일의 생활 폐기물이 반입 소각되어 시설 규모 800톤/일 대비 21%의 가동률을 보이고 있다. 이러한 결과는 1995년부터 시행된 쓰레기 종량제의 시행이나 그에 따른 재활용품분리 배출효과를 전혀 예측하기 어려웠던 점,[38] 쓰레기 종량제로 인하여 매립지에서 제기된 음식물 쓰레기 문제와 이에 따른 매립지 반입금지 제도화 등을 예측하기 어려웠던 점에 기인하다. 그러나 실제 가동률에 비해 과다하게 시설규모가 건립되어 과도한 건설비가 투입된 것은 분명 문제가 있다고 하겠다.

4. 낮은 시설 활용률

해당 자치구에서 활용한 시설로만 본다면 3개의 자원 회수시설은 과도한 크기로 건설된 것이 분명하다. 그러나 2002년의 서울시 쓰레기 처리실적을 보면 1일 5,425톤의 서울시 생활 폐기물이 인천시에 위치하고 있는 수도권 매립지로 운반하여 매립 처리되고 있는 실정이다.

우리나라에는 시설용량 70톤/일 이상의 소각 시설이 서울의 3개 자원 회수시설을 포함하여 26개소가 있다. 이들의 2002년 시설 활용률[39]을 보면, 강남 시설이 전국에서 가장 낮고, 다음으로 노원 시설이 낮으며 양천 시설도 낮은 활용률에 해당된다. 중동시설, 안산시설 등 8개 시설들은 시설 용량을 초과하여 생활 폐기물을 처리하고 있다(환경부, 2003. 3)

외국의 사례를 보더라도 서울시의 3개 소각 시설과 같이 시설 활용률이 낮은 사례는 찾기 어렵다. 참고로 스위스에는 전국에 29개소의 소각 시설이 운영되고 있다. 그런데 이

---

38) 자원 회수시설 건립계획 당시만 해도 쓰레기 종량제는 학자들 사이에서 시행의 당위성이 제기되는 시점이었다.

39) 1일 처리량을 소각 시설 용량으로 나눈 것.

들의 시설 활용률은 75%~115% 등의 범위로 매우 높은 시설 활용률을 보여 주었다.

5. 낮은 반입수수료

현재 반입료는 서울특별시 자원 회수시설설치촉진및주변지역지원등에관한조례에 의해 자원 회수시설이 설치된 자치구는 수도권 매립지와 동일하게 부담하고 외부 자치구에서 반입할 경우 20~30%의 추가 비용에 주민지원 기금 10%를 다시 추가하여 결정되도록 되어 있다.(현재 수도권 매립지의 반입료는 톤당 16,320원이다) 현재 같은 상황에서 손실을 보전하려면 1톤당 반입료를 6만 원 수준으로 높여야 한다고 서울시는 판단하고 있다. 매립지까지의 평균 수송비용이 1톤당 12,359원임을 감안할 때 자원 회수시설의 쓰레기 반입료를 수도권 매립지와 동일하게 적용하는 것은 운영수지의 적자폭을 키우는 명백한 원인 중 하나이다.

6. 준수하기 어려운 반입 규제 조건

양천·노원·강남 등 3개의 자원 회수시설 중에서 반입되는 쓰레기의 성상을 규정하여 감시하는 곳은 강남 시설이 유일하다. 노원 시설의 경우에도 1996년 9월 12일 서울시, 노원구, 주민지원 협의체가 맺은 "상계 자원 회수시설 시험가동 임시 협약서"에 음식물에 대한 반입 우려가 포함되어 있으나 직접적인 규제가 아니고 노원구로 하여금 연차적으로 음식물 쓰레기의 자원화를 확대할 것을 요구하고 있다. 그러나 강남 시설의 경우에는 2000년 10월 강남구와 주민 지원 협의체가 맺은 "강남 지원 회수시설 시험 가동과 관련 쓰레기 반입에 대한 합의서"를 통하여 반입할 수 없는 쓰레기를 환경부에서 지정한 모든 재활용품을 포함하여 재활용 가능성이 있는 것, 불연성 쓰레기, 감염성 병원 배출쓰레기, 약국 배출 포갑제 등으로 정하고 위반 차량에 대한 제재 기준을 정해서 현재까지 운용하고 있다. 그러나 문제는 반입제재 기준이 현실적으로 달성하기 어렵거나 자의적으로 판단할 수 있거나 소각시설의 운영과 별다른 관련이 없는 사항들을 규제조항에 포함하고 있다는 것이다. 예를 들어 소각에 부적절한 쓰레기가 2%, 음식물쓰레기 혼입량 1%, 수분함량 10%, 모든 재활용품이 반입되는 차량은 제재를 가하는 것으로 되어있다. 그러면서 고

각부적물, 음식쓰레기, 재활용품은 육안판단에 의해 결정하는 것으로 되어있다. 강남자원 회수시설의 쓰레기성분분석 결과를 보면 2001년에 수분 42%, 음식물량 11%, 2002년에는 수분 38%, 음식물 19%로 나타나고 있다. 자치구에서 최대한 독려를 통해 재활용품이나 음식물쓰레기를 분리하도록 노력할 수는 있으나 실제로 분리를 하는 주최는 배출자이다. 이들이 무관심하거나 사소하게 쓰레기를 배출하면 그 함량들이 높아지게 되고, 관심을 가 지면 낮아지게 되는 것이다. 결국 함량의 문제이지 완벽할 수는 없다는 것이다. 특히 강 남구에는 많은 사업장들이 있고 전철역사 주위에는 노점상들이 즐비하다. 이들의 배출행 태는 주부가 주축을 이루는 가정과는 분명하게 다르다. 한마디로 현재의 규정은 도저히 지킬 수 없는 수준이며 육안으로 판단한다는 자의적인 판단기준도 모순이다. 그리고 종량 제봉투의 사용이나 불연성쓰레기의 반입여부는 소각시설의 운영이나 오염물질의 발생과 크게 관련지우기 어렵다. 물론 대형 쇠붙이 등은 소각로를 손상시킬 수 있다. 이러한 것 들이 반입금지 대상이라면 수긍이 간다. 모순이 있는 부분은 개정되어야 한다. 이러한 반 입제재에 의해 1일 131톤의 폐기물이 1.5배의 반입수수료를 부담하면서 수도권매립지에서 처리되었고 과대하게 건설된 강남시설의 활용률을 더욱 낮추고 동시에 적자폭을 키우고 있다. 더욱 심각한 것은 강남시설의 경우 반입되는 쓰레기양이 부족하여 2002년에 연속 3 일, 6일, 6일 등 시설의 가동이 중단되었고, 2003년에도 상반기에 연속 6일의 가동중지현 상이 나타났다.

자원 회수시설의 향후 발전방안

1. 반입료의 현실화

현실적으로 나타나고 있는 경영수지를 개선하기 위해서는 우선 반입료의 현실화가 무 엇보다 필요하다. 반입료의 현실화란 경영수지의 적자폭을 모두 반입료로 충당하는 방안 으로 경영수지와 반입료를 연동화시키는 것을 원칙으로 한다. 현재의 시설활용 조건에서 적자를 없애려면 1톤당 6만원 수준으로 반입료를 인상해야 할 것으로 서울시는 평가하고 있다. 실제로 이렇게 반입료가 인상되면 서울시는 자원 회수시설의 운영에 따른 재정적인 적자의 부담에서 벗어나게 될 것이나, 반대로 자원 회수시설을 활용하는 자치구들은 부담이 증가하게 될 것이다. 일시에 대폭 인상은 거센 반발에 직면하게 될 수 있기 때문에 단계적으로 추진하는 것이 좋을 것이다. 첫 번째 단계에서는 운영수지와 반입료와의 완전 연동을 공포하되 자치구가 인상에 대비할 수 있도록 유예 기간을 둔다. 두 번째 단계에서는 인상을 추진하되 부분적으로 인상을 추진한다. 세 번째 단계에서는 경영수지상 적자가 전혀 발생하지 않는 수준으로 인상한다.

2. 현 자원 회수시설의 광역화

경영수지 적자 문제를 근본적으로 해결하면서 각 자치구의 반입료 부담을 줄이기 위해서는 타 자치구의 생활폐기물이 반입될 수 있어야 한다. 실제로 양천·노원·강남시설의 실 가동률이 전반적으로 낮은 실정을 감안하고 경영수지 개선을 위해서는 인근 자치구의 생활폐기물도 적극 반입하여 소각할 수 있도록 함으로써 시설가동률도 높이고 반입수수료 수입도 높일 수 있는 방향으로 개선할 필요성이 있다. 에너지 수입국인 우리나라 실정으로 볼 때 이용 가능한 에너지는 충분히 활용하여야 한다. 현재 자원 회수시설로 소각처리가 가능한 1일 1,300톤의 생활폐기물이 매립됨으로써 45,500세대에 해당하는 난방열(1톤당 35세대)이 매립지에 버려지고 있는 실정이다.

양천, 노원, 강남자원회수시설은 인근 자치구와 공동 이용하기 위해 계획을 수립하고, 주민지원협의체와의 협의, 자치구간 폐기물처리 역할분담(8회: 노원, 도봉, 강북구), 당사자간 이견 조정기구인 조정위원회 설치를 위한 조례개정(주민들의 반대로 시의회에서 폐기), 주민친화시설로의 시설개선 사업 등을 추진하였으나, 서로간의 견해차이로 합의도출이 지연되고 있는 실정이다. 건설중인 마포자원회수시설은 시설계획 초부터 마포구, 중구, 용산구와 광역처리 협약을 체결하고 서울시가 광역시설로 건설하고 있으며, 구로구의 경우 여유용량이 발생한 광명시 자원 회수시설을 공동 이용하기로 협약을 체결하여 생활폐기물을 소각처리하고 있으며, 이는 자치단체 간의 갈등을 슬기롭게 극복한 모범사례로 꼽히고 있다. 당초 구로구 천왕동 110번지 일대에 1995년부터 자원회수시설 건설을 추진하였으나 인근 광명시 주민들의 반대로 사업 추진이 지연되던 중 수도권 행정실무 협의회 및 광명시의원 간담회 등 구로구와 광명시 상호간의 협의 결과 건설비(272억) 및 치리비를 공동 부담하면서 광명자원 회수시설의 여유용량을 인접 구로구의 생활폐기물을 처리토록 협약을 체결하여 2000. 7월부터 공동 이용하고 있다. 양천·노원·강남 시설의 경우도 현재의 낮은 시설 활용률을 제고하기 위해서는 현 시설의 광역화가 무엇보다 필요하다. 이를 위해서는 앞서 언급한 구로구와 광명시의 공동 활용 사례를 참고하여 주변지역 주민들에게 불신감을 해소하기 위해 노력하고 더 많은 인센티브가 주어지도록 하여야 할 것이다.

3. 친환경적인 반입차량 활용

일반적으로 시설 입지 자치단체에서 자원 회수시설에 쓰레기를 반입할 때는 적재용량 5톤 정도의 수집 차량들이 수거장소에서 곧바로 처리시설로 향한다. 그러나 시설 활용도를 높인다는 것은 결국 시설로 반입하는 차량들의 증가를 의미하고 이 과정에서 주민불편과 배기가스의 배출량 상승을 막을 수 없다. 따라서 타 자치구의 차량이 자원 회수시설로 쓰레기를 운반할 때는 반드시 대형 차량을 이용하게 하고 가능하면 시설 입지 자치구의 차량도 대형으로 전환할 필요가 있다. 그리고 서울시는 청소차량들의 연료를 기존의 경유에서 천연가스 차량으로 바꿀 계획을 추진하고 있다. 가능하면 자원 회수시설에서 폐기물을 처리하는 자치구의 차량부터 CNG차량으로 바꿀 필요가 있다.

4. 주변 지역주민 지원 강화

자원 회수시설의 입지는 주민들에게 심리적인 불안감을 주고 부동산의 상대적인 가치에도 영향을 미치는 것으로 나타나고 있다. 이러한 손실을 지원하기 위해 폐기물처리시설 설치촉진및주변지역지원등에관한법률에서는 각종 지원방법과 범위를 정하고 있으며, 서울시도 관련조례를 지정하여 운영하고 있다.

먼저 재원은 공사 당시에 출연금, 난방비 지원을 위해 출연한 금액(난방비의 50%보조), 반입수수료의 일부(단독 활용 시 7%, 2구 이상 활용 시 10%), 타구 반입 폐기물 수수료의 가산금 10%, 기금 운용으로 인한 수익금 및 기타 수익금 등이다. 그리고 기금의 용도로는 각종 소득증대 사업 및 복리 증진사업, 육영사업, 기타 사업 등이 있으며, 필요에 따라서 가구별로 직접 지원이 가능하도록 되어 있다. 2002년까지 3개 자원 회수시설에는 229억 원의 주민 기금이 조성되었으며, 이중 169억 원은 지출되고 60억 원 정도의 기금은 남아 있는 상태이다. 주민들의 지원사업에서 보다 강화되어야 할 부분이 있다면 보건의료 부분과 고용창출 부분이다. 자원 회수시설이 입지할 때 주민들이 가장 우려하는 부분은 시설에서 배출되는 오염물질에 의한 건강상의 피해였다.

정기검진 등 필요하다면 큰 의료시설에서 진찰을 받게 하고 세대당 지원할 수 있는 의료비를 정해서 기금에서 사용하는 등의 체계를 갖추는 것은 시설로 인한 건강상의 피해를 우려하는 분위기를 고려할 때 반드시 필요하다고 하겠다.

서울시민들은 생활수준의 향상과 시민 의식 수준의 향상에 기인하여 쓰레기를 적정하게 처리하고 쾌적한 도시 환경을 조성하기 위한 처리시설이 필요하다는 사실은 누구나 공감하고 있다. 지금까지 서울시의 3개 자원 회수시설의 현황과 운영상의 문제점 그리고 향후 발전 방안에 대하여 살펴보았다. 결론적으로 현재의 시설 활용률은 더 높여야 한다. 그러려면 양천 시설과 노원 시설은 인근 자치구의 생활폐기물을 받아들여야 함, 강남 시설은 우선 강남구에서 발생한 생활폐기물 중에서 현재 매립지로 가고 있는 부분에 대한 수용이 필요하고 다음으로 인근 자치구의 폐기물을 처리해야 한다. 서울시는 현재 마포구·중구·용산구 3개 구에서 발생하는 생활폐기물을 소각 처리하기 위하여 서울시 마포구 상암동 481-6에 1일 750톤/일(250톤/일×3기)시설 규모로 마포 자원 회수시설을 2005. 4월 준공을 목표로 건설 중이다. 이들 자원 회수시설들이 제대로 운영 된다면 수도 서울의 환경이 한층 깨끗해질 것이다.

20. 대관령 풍력발전단지 조성 환경정책

- 모두 좇아야 하는 두 마리의 토끼를 바라보는 환경단체의 입장 -

1. 서 론

1990년대에 들어와서 환경오염과 에너지자원 고갈이라는 에너지 위기는 우리가 시급히 해결해야만 하는 중요한 문제가 되었다. 20세기에 세계 에너지의 대부분을 공급했던 석탄, 석유, 천연가스 등의 화석연료 매장량은 얼마 남아있지 않은 것으로 추정된다. 우리나라는 자원부족국가로 자원의 대부분을 수입하기 때문에, 만약 에너지자원의 가격이 폭등한다면 다른 어떤 나라보다 더 심각한 영향을 받게 된다. 또, 화석연료의 과도한 사용으로 기후 변화가 일어나고 있다는 것도 이제는 거의 정설로 받아들여지고 있다. 이산화탄소 농도의 증가는 지구의 온난화를 불렀고, 이는 해수면 상승과 생태계 파괴 등의 심각한 문제를 불러일으켰다. 이렇듯 화석연료의 사용에는 많은 문제들이 있고, 우리는 문제해결을 위한 대책을 시급히 마련하여야 한다. 에너지 위기를 어떻게 해결할 수 있을까? 우리가 배우고 들어왔던 것을 생각해보자. 자원이 고갈되어 가는 시점에서 현재 많은 부분을 의존하고 있는 화석에너지를 대체하여 좀더 오래 쓸 수 있거나 고갈의 염려가 없는 에너지, 화석연료로 인해 발생되는 오염물질을 저감시킬 수 있는 에너지들을 우리는 대체에너지 또는 청정에너지라 부른다. 내가 어렸을 적만 해도 교과서에 대체에너지로 원자력이 종종 거론되곤 했다. 하지만 원자력은 결코 대안이 될 수 없다. 핵폐기물 처분이라는 난제가 있고, 이것이 해결된다 해도 원자로의 연료로 사용되는 경제성 있는 우라늄의 매장량에도 한계가 있기 때문이다. 현재 우리가 에너지 위기의 대안으로 생각하는 것에는 태양열, 조력, 풍력 에너지 등이다. 앞에서 풍력 에너지를 에너지 위기의 대안으로 본다고 말했다. 하지만 자원고갈의 문제도 없고, 환경오염물질의 배출도 없으므로 이제야 해결방법을 찾았구나 하고서 안심만 할 수는 없다. 물론 이는 대체에너지이고 청정에너지이다. 하지만 이로 인해서 또 다른 환경파괴가 발생한다면 어떻게 해야 하는 것일까. 이 사례는 특이하게도 대안이라 내놓은 방법이 다시 문제를 야기하는 것이기 때문에 환경단체들 간에 대립된 의견을 보인다. 청정에너지와 자연의 훼손이라는 환경에 대한 두 관점에서 대립된 입장을 통하여 풍력발전소 건설에 대한 고찰을 해봄으로써, 환경을 위한 개발과 그 자체로의 환경 보존이라는 측면에 대한 우리나라의 입장을 살펴보고, 더 나아가 우리나라의 환경정책과 환경단체의 역할 및 중요성 등에 대해 알아보겠다.

1) 사업추진배경 및 소개

(1) 대체에너지 개발의 필요성

대체에너지 개발은 크게 에너지 고갈과 기후변화의 두가지 문제 해결을 위해서라고 볼 수 있다. 국내의 전력생산은 화석원료 및 원자자력에 대한 의존도가 매우 높다. 그러나 화석연료는 매장이 지역적으로 편중되어 있고 매장량이 한정되어 있어 에너지의 안정적 공급문제와 가격폭등에 대한 우려가 있다. 또한 원자력 역시 핵폐기장의 문제와 대형사고의 위험, 그리고 원료인 우라늄 역시 한정자원이라는 문제점을 가지고 있다. 90년대부터 지구온난화 문제가 전세계적으로 중요한 문제로 떠오르고 있다. 1992년 리우에서 열린 유엔환경개발회위(UNCED)를 계기로 국제적인 대응이 본격화되기 시작하였고, 「UN기후변화협약」과 「교토의정서」체제출범에 따라 우리나라에 대한 조기의무부담 압력이 가중될 전망이다. 이와 같은 여러 가지 에너지 수급문제와 경제적 부담 속에서 환경오염을 최소화하면서도 에너지 수입의존도를 낮추고 에너지 관련 산업을 육성시킬 수 있는 대안으로서 다양한 에너지 절약사업 추진과 함께 자연에너지를 최대한 활용할 수 있는 대체에너지 기술개발과 이용확대에 대한 국가적인 관심은 날로 높아지고 있다.

(2) 풍력발전

대체에너지원 중에서 풍력발전은 지속적인 이용이 가능한 무공해 천연 에너지원으로써 국제적 환경규제에 대응할 수 있는 신발전 기술로서 각광을 받고 있다. 화석연료에 의한 발전설비를 대체하여 풍력발전설비를 사용하였을 경우에는 1KWh당 이산화탄소(CO_2) 970g, 아황산가스(SO_2) 1.48g, 질소산화물(NOx) 0.73g, 분진 0.04g의 환경오염물질을 감소시킬 수 있다. 그러므로 풍력발전은 화석연료 및 원자력에 의한 발전을 대체할 수 있는 현대 사회에서 절실히 요구되는 친환경적이며 미래 청정에너지원이라 할 수 있다.

(3) 사업의 목적

첫째, 국내 최초로 민자·외자유치 방식에 의한 풍력발전단지를 건설함으로써 국내 풍력발전산업의 성장에 획기적으로 기여한다. 둘째, 대체에너지 개발로 친환경적이며 기존 화석에너지에 의존하지 않는 전력생산 기반을 확보한다. 셋째, 해외 기술제휴를 통해 국산화 품목을 확대하고 국내 기술기반을 구축하고 나아가 풍력발전단지 개발 및 부품생산 기술을 축적하는 데 기본목표를 두고 있다.

(4) 대관령 풍력발전단지 조성계획

① 위치

대관령풍력발전단지 조성대상지역은 행정구역상 강원도 평창군 도암면 횡계리 지역으로서 삼양축산과 한일 목장에서 대관령목장으로 사용하고 있는 목초지 지역을 조성대상 지역으로 선정하였다. 조성대상지역은 수목이 제거되고 초지로 조성된 지역으로 국내에서 풍력자원이 가장 우수한 지역으로 평가되고 있다.

② 시설용량

총 사용량은 98MW로서 1단계사업('02. 4~'03. 6)은 56MW(750KW급 75기), 2단계사업('03. 6월 이후)은 42MW(1.5MW급 28개기)를 설치하는 것으로 하고 있으며, 2단계사업은 1단계사업 후 충분한 시차를 두고 추진 할 계획이다.

③ 사업대상지역

1단계사업 대상지역은 대관령 능선 아래 서쪽(평창)지역 매봉 아래부터 선자령(6.5km)까지이며, 2단계사업 대상지역은 대관령 주능선부터 서쪽(평창)방향으로 약 4km거리를 두고 있는 한일목장 2단지 지역이다.

④ 사업투자액

사업비는 국내 최초로 민자·외자유치 방식으로 추진되며, 독일 Lahmeyer International社 및 국내 중견기업인 유니슨산업주식회사가 주관사가 되어 재원을 조달하고, 강원도·평창군 등이 일부 지분으로 참여하여 투자하게 된다.

총 소요투자액은 약 1,554억 원(US $114Million)이 투입되며 국내자본은 총 투자액의 44.5%인 691억 원, 해외자본은 총 투자액의 55.5%인 863억 원 정도가 투자될 계획이다.

(5) 사업의 찬성론 - 환경운동연합 내 대안에너지센터와 에너지 시민연대 등

① 풍력자원 면에서 현재 계측 중인 국내 대상지역 중 가장 우수한 풍력자원을(매봉의 지상 30m 계측지점에서 연평균 풍속 7.6m/s) 보유한 지역으로 국내 최초로 시도되는 민·외자 풍력발전단지를 감안할 때 경제성 확보가 가장 용이하다.

② 풍력발전기 설치 대상지역이 1970년대부터 목초지역으로 개간되었고 대상부지의 기존도로가 현재까지 목장에서 이용·관리되고 있어 풍력발전기 설치와 관리를 위한 추가 진입로 개설이 필요 없기 때문에, 풍력발전기 설치를 위한 환경 훼손을 최소화 할 수 있다.

③ 대상지역은 전력 수급 면에서 분산전원의 효과를 극대화하고 국내 최고의 청정지역으로 대체에너지의 친환경성을 부각시켜 국내 대체에너지 보급과 홍보에 최적의 효과가 기대된다.

(6) 사업의 반대론 – 녹색연합과 백두대간보전회 등

① 백두대간은 한반도 육상생태계의 핵심이며, 생태계를 연결하는 축으로서의 위치를 점하고 있다. 풍력발전소를 건설하게 된다면 백두대간의 생태계축으로서의 기능이 더욱 훼손될 것이다.

② 백두대간의 훼손은 곧 수질의 오염이다. 또한 관광개발로 인해 많은 사람들이 찾게 된다면 환경오염은 가중될 것이다. 이는 필연적으로 대관령 주변의 자연생태계의 훼손과 생물다양성을 크게 감소시킬 것이다.

③ 그 동안 사람들의 의식 속에 희미하게나마 존재하고 있던 백두대간 보전 정체성의 혼란과 함께 추가 개발의 우려가 있다.

2) 우리나라의 환경정책

1960년대 이후 계속된 산업화 정책은 그 부산물로써 환경오염을 가속화시켰다. 경제성장에 초점을 맞추던 때에 미처 신경 쓰지 못했던 환경적 문제들이 이제 일반 국민들의 관심을 증대시키면서 정부의 심각한 현안과제들 중의 하나로 등장하게 되었다. 그러나 그 동안 정부의 다양한 환경보호 조치에도 불구하고 환경의 질은 개선되기는커녕 오히려 악화되어 왔다. 그 원인으로는 크게 세가지를 생각할 수 있다. 첫째, 개발과 보존에 대한 기본 시각의 차이. 둘째, 부처간 업무분담의 불명확화. 셋째, 촉발사건에 따른 환경정책. 사회가 점점 복잡하고 다양해짐에 따라 발생하는 문제들도 더욱 복잡하고 다양 해 질 것이고, 이로 인해 다수의 참여자들을 불러들인다. 그들 각각은 자신의 선호를 극대화하려고 노력할 것이기 때문에 정책문제를 둘러싼 참여자들 간의 가치갈등은 불가피하다. 환경문제를 둘러싸고 전개되는 개발과 보존의 논리 역시 이러한 측면에서 이해될 수 있다. 환경 중간집단들은 '보존'에 가치를 두면서 환경부에 좀더 힘이 생기길 바라지만, 내무부는 '개발, 이용'에 가치를 두면서 경제성장과 발전을 목표로 한다.

1960년대 이후 한국의 정부 관료제는 성장 위주의 정책을 추진하여왔기 때문에 환경문제에 대한 정책은 거의 무시되어왔다. 1980년대에 접어들면서 본격적으로 환경문제가 대두되자 이에 대한 체계적 대응의 필요성이 요구되었고 환경부의 위치가 좀더 강화되었다. 그러나 정부의 정책기조는 아직도 보존보다는 개발과 성장을 지향하고 있다.

정부부처간의 불명확한 업무분담은 기관간의 의견대립 및 갈등을 유발시킴으로써 관련 정책이 지연, 무산되거나 실효성 없는 정책이 수립되는 원인으로 작용한다. 뿐만 아니라 불명확한 업무분담은 관계부처간의 책임회피의 수단으로 활용된다. 따라서 환경정책의 효율적인 형성 및 집행을 위해서는 정부부처간의 업무분담이 보다 명확해질 필요가 있다.

촉발사건은 예기치 않은 환경오염문제가 발생하여 국민들에게 널리 인식시키면서 국민적 반응을 이끌어 내는 데 작용하는 기제이다. 이러한 환경사건은 언론 등을 통해 보도됨으로써 문제에 대한 사회적 관심을 증대시켜 정부로 하여금 그것의 해결을 도모하도록 촉진한다. 그러나 환경사건과 같은 촉발기제는 환경문제에 대한 정부의 진지한 대응을 곤란하게 하거나 언론을 통한 사실왜곡과 홍보, 감추기 정치가 나타나면서 지극히 상징적이고 형식적인 환경정책을 유도하기도 한다.

3) 환경정책과 중간집단

이익집단, 곧 중간집단은 민주정치체제에서 없어서는 안 된다. 시민요구의 매개기제로서 의회 및 정당이 제 기능을 다하지 못하고 있는 현실에서 중간집단은 그 어느 때보다도 중요한 영향력을 행사하고 있다. 환경정책과정을 둘러싸고 환경중간집단들이 막강한 역할을 수행할 수 있었던 요인은 다음과 같다.

첫째, 다른 일반적 문제와는 달리 환경문제는 기술, 가치, 공공재, 외부효과, 비가역, 전가적 요소들이 다양하게 얽혀있는 복잡한 문제로서 본질적으로 그 해결이 어려운 공공정책문제라는 환경문제의 특수성 때문이다. 환경보호에 대한 정부의 개입은 필연적이고, 규제지향적 환경정책을 지향하도록 한다. 그러나 정부의 규제 위주의 환경정책은 성장의 위기 또는 규제정책의 실패를 초래할 수 있다. 그러므로 환경문제는 정부 혼자만으로 해결을 할 수 없으며, 수많은 개인 및 집단들의 참여를 통해서 문제를 해결할 수밖에 없다. 둘째, 정책과정에 관여하는 참여자들 각각의 이해경쟁 및 갈등에 따라 상호경쟁 혹은 지지를 표명하는 복잡한 정치양상을 나타내기 때문이다. 셋째, 정치, 사회적 기회구조가 확대되었기 때문이다. 국가-사회관계가 점차 수평적(경쟁적) 관계로 전환되었고, 시민의 삶의 질에 대한 관심이 증대되었으며, 정당의 관료화 및 매개기능의 결핍 등으로 인해 환경운동단체들의 역할이 증대되었다. 한 사회내의 다양한 자율적 중간집단의 분출 및 활성화는 정치발전과 민주주의를 가능하게 할 뿐만 아니라 정책의 합리성도 가져올 수 있다. 그럼에도 한국사회는 아직 많은 영역에서 중간집단의 태동 및 활성화를 제약하는 요소들이 많이 있다. 중간집단의 자율성 회복 및 활성화, 정보공개와 열린 행정, 참여절차의 다양화와 공정성 확보, 중간집단의 내부민주화를 통하여 공동체의 번영과 발전을 이루어야 할 것이다. 우리는 지금 두 마리의 토끼를 놓고 고민에 빠져있다. 이것은 한 마리만 잡으면 되는 것이 아니라 반드시 두 마리를 모두 잡아야 하는 것이다. 에너지 고갈문제와 환경오염문제는 이미 우리에게 경고장을 보내고 있다. 그러므로 청정에너지이자 자원재생에너지의 개발은 반드시 필요하다. 물론 대관령 지역의 자연환경파괴를 무시할 수는 없고, 자연파괴의 우려로 인해 이 지역에 풍력발전소를 건설하는 것을 반대하는 환경단체 쪽도 역시 새로운 에너지의 필요성을 절실히 생각하고 있다. 독일의 클레트비츠 풍력발전 단지의 사례처럼 최소한의 환경파괴에 신경을 곤두세우면서 풍력발전소 건설을 한다면 어느 정도 자연친화적인 모습이 되지 않을까. 이에 정부는 물론 환경단체들 모두가 끝까지 관심을 가지고 엄격한 눈으로 이 사업이 최소한의 자연파괴를 불러일으키도록 이끌어야 할 것이다. 이 사업은 생태계 보전과 재생가능에너지 확대의 조화를 요구하는 사업인 만큼 다양한 가치를 조정하여 사회적 합의를 형성하는 과정이 필요하고 다른 어떤 사업보다도 신중하고 지혜로운 추진이 요청된다. 또한 풍력발전과 같은 재생가능 에너지가 에너지 문제의 완전한 해답은 아니다. 우리가 에너지 낭비로부터 벗어나 에너지 절약과 효율적인 에너지 사용을 생활화하지 않으면 이는 또 다른 자연파괴, 환경문제를 발생시킨다. 그러므로 바람직한 에너지 미래로의 전환은 에너지 문제에 대한 우리 모두의 깊은 각성과 높은 환경의식을 바탕으로 할 때만 성공적으로 이루어질 것이다.

참고문헌

1) 이필렬, 에너지 대안을 찾아서, 창작과 비평사, 1999.

2) 이필렬, 에너지 전환의 현장을 찾아서, 궁리, 2001.

3) 이이다 데츠나리, 에너지 민주주의 - 바람과 물과 태양 그리고 사람이 만드는 녹색 미래, 이후, 2002.

4) 사득환, 한국 환경정책의 이해, 비산출판사, 1997.

5) 백두대간보전회 http://www.baekdudaegan.or.kr

6) 백두대간보전시민연대 http://www.baekdudaegan.org

7) 녹색연합 http://www.greenkorea.org

8) 환경운동연합 http://kfem.or.kr

Ⅳ. 환경 윤리와 정책

1. 가치에 대한 환경적 이해

기존의 인간중심주의, 비인간중심주의 윤리논쟁에 대한 비판을 제기하면서 윤리가치의 다섯 가지 차원-환경가치의 대상, 가치의 본질, 가치의 근원, 가치의 이론, 가치의 속성 -에서 지속가능발전의 개념과 이행을 완전히 표현할 수 있는 논리적 정합성을 가진 환경윤리를 살펴보자.

 - 지속가능한 발전 이행의 문제는 경제적·사회적 진보와 자연적 조화 사이의 균형을 찾으려고 시도할 때 발생한다.

 - 지속가능한 발전의 본질을 경제적 성장의 지속, 경제 활성화와 경제침체의 사이클 회피, 기술의 진보에 두는 사람이 있는 반면, 재생가능한 자원의 이용, 대체될 수 없는 환경의 보호에 두는 사람이 있다.

 - 급진적 환경주의자들은 인간사회는 지구환경의 일부분이고 자연의 하위 부분집합으로 인식. 인간의 욕구(필요)는 자연 질서에 종속적. 따라서 인간은 자연과의 지속가능한 조화가 요구된다.

 - 지속가능한 발전에서 사회적·경제적 필요에 더 중요성을 두는 사람은 인간중심적이고 도구적 가치체계를 받아들이는 사람들임. 성장을 희생하더라도 환경보호를 더 선호하는 사람은 비인간중심주의, 내재주의(intrinsicalism)의 옹호론자들이다.

 - 지속가능한 발전이 성공하려면 서로 다른 윤리이론에 근거한 비판적 검토가 필요하다.

오늘날의 환경윤리학

 - 전통윤리학에 환경윤리학이 도전을 제기함. 비인간중심주의 윤리학은 오직 인간만이 도덕적 존재라는 인간중심주의 윤리학에 새로운 질문을 던짐. 이 두 윤리학은 가치

(value), 가치자(valuer), 가치매김(valuing)의 개념에서 차이를 드러낸다.

　－ 가치이론은 가치의 대상, 가치의 본질, 가치의 근원, 가치의 이론과 가치의 속성이라는 다양한 차원을 가짐. 모든 윤리적 '주의(doctrine)'은 서로 다른 차원의, 서로 다른 위치의 가치 부분집합(subset)을 가진다.

　－ 정통 인간중심주의 윤리학은 오직 인간과 인간이 지니는 특질만이 도덕적 고려를 받을 만 하다고 하며(A1), 인간의 필요(욕구)와 이익의 견지에서 비인간가치를 도구적으로 기술하며(B1), 가치가 인간에서 기원하며(C1), 신의 뜻에 의하여 생성되고 (C6)고, 가치가 계층적으로 속성화되었다고(E2) 여긴다.

　－ 반면 비인간중심주의 윤리학(A2)－(A5)는 인간가치와는 독립적으로 비인간 자연에 내재적인 가치를 부여함. 급진적인 비인간중심주의는 인간의식(C2)과는 독립되어 있는 비인간자연에서 가치의 근원을 고찰함. 가치의 객관주의자 이론에 호의를 보임. 자연 전체를 통하여 동등한 도덕적 가치가 있다(E1)고 생각한다.

가치윤리학의 차원

· (A) 가치의 대상
· 1. 인간(인간중심의　　2. 지각력이 있는 유기체(유정적인)　　3. 동물(동물중심의)
· 4. 생물체(생물중심의)　·5. 자연(생태계중심의)

· (B)가치의 본질
· 1. 도구적　　　　　　·2. 고유한　　　　　　·3. 내재적인

· (C)가치의 근원
· 1. 인류기원의　　　·2. 직관　　　　　　·3. 이성
· 4. 사회적인 규정(협약)·5. 생태기원의　·6. 신의 뜻

· (D)가치의 이론
· 1. 객관주의자　　　　　　·2. 주관주의자

· (E)가치의 속성
· 1. 동등한　　　　　·2. 계층적

인간중심주의, 비인간중심주의와 지속가능성

- 인간중심주의와 비인간중심주의는 지속가능한 발전을 위한 그들 자신만의 이론적 근거와(rationale) 분석틀(framework)을 제공한다.
- 정통 인간중심주의는 인간(현재와 미래세대 모두)을 도덕적 고려를 받을 만한 유일한 존재로 간주, 비인간존재(실체)들은 인간의 필요와 이익의 관점에서 평가된 도구적인 것으로 여김(Routley and Routley, 1995). 사회적·경제적 이익을 우선시함. 자연경제 (nature's economy)는 자원소비와 보전으로 축소됨. 성장(growth)은 유일한 '생명의 증거 (evidence of life)'이기 때문에 발전은 계속되어야 함(should). 미래세대의 이익(혜택)을 위한 자연자원의 보전을 강조한다.
- 급진적인 비인간중심주의자들은 정통 인간중심주의를 극단적 인간우월주의(human chauvinism)와 종차별(우선)주의(speciesism)의 하나의 형태로 간주. 자연의 내재적 가치를 인정. 자연은 그 자체만으로도 소중하고 가치 있는 것(자연이 인간에게 어떤 이익을 주기 때문이 아니고)으로 여김. 이러한 가치는 생태계 자체에서부터 기원하는 것(ecogenic). 지속가능성의 진정한 의미는 자연경제가 본질적이고(nature's economy is primary)이고 사회적, 인간의 시장경제는 그것에 기생하는 의존적인 존재라고 인식. 사회경제적 발전은 자연에 구속되고 종속적임. 지속가능한 발전은 '자연 안에서 지속가능한 조화'로 바꾸거나 변형되어야 한다고 주장한다.
- 인간중심주의와 비인간중심주의 모두 지속가능한 발전의 윤리적 합리화(ethical rationalization)를 위하여 노력. 그러나 각각은 논리적인 불일치를 포함하고 있음. 정통 인간중심주의와 비인간중심주의 가치윤리를 지속가능한 발전 측면에서 선택적으로 재검토할 필요 있다.

인간중심주의 논점들

가치의 객체(차원A), 가치의 본질(차원B)에서 무순이 존재
가치의 대상과 Moral Club의 구성원: Object of value and membership of the Moral Club

- 인간중심주의는 인간만이 도덕적 가치를 지니는 존재로 인식. 이것은 인간만이 지니는, 다른 종에게서는 없는 것으로 여겨지는 지혜, 배움에 대한 능력, 의식(자각), 사회성, 감성 등에 기인함.

- 그러나 문제는 이러한 특징들이 전부는 아니더라도 다수가 많은 비인간종들에게서도 발견된다는 것이다(특히 비인간 영장류에게서).

- 이런 특징들의 도덕적 가치가 다른 목표의 향상 측면에서 도구적인 것으로 받아들여진다면(예를 들어 즐거움(pleasure)이나 복지(welfare)), 다른 종들도 이런 자극(motivation)에 종사하는 것으로 관찰될 수 있다.

- 태아, 읽고 쓸 수 없는 사람, 정신적인 지체아, 식물인간, 아직 태어나지 않은 미래 세대 등은 도덕적으로 가치 있는 특질이 결여되어 있다고 말할 수 있다.

- 따라서 Moral Club에서 사회의 부분(sections of society)을 제거하거나, 몇몇의 비인간종들도 도덕적 가치에 근거한다는 것을 인정해야 하는 문제에 직면한다.

- 모든 도덕적 가치가 인간 필요, 이익, 자극(B1)의 관점에서 도구적이라고 여기는 윤리이론은 도구주의가 만들어낸 논리적 모순에 의하여 비판을 받아옴. 이런 도구주의는 복지나 즐거움의 증진에 목표를 두며, 그 목표 자체는 이론 내에서 유용하고 가치 있는 것으로 함축적으로 다루어진다. ―이러한 도구주의와 관련하여 두 가지 선택에 직면하게 되는 것은 하나는, 어떤 목표는 그것보다 더 큰 어떤 목표의 관점에서 도구적으로 또한 가치 있는 것으로 받아들여지는 것이고(이 경우 도구적 가치는 무한한 series 영역을 만들어 냄), 또 다른 하나는, 그 목표를 도구적으로 가치 있다는 것을 받아들이지 않고, 어떤 다른 방식에 있어서 가치 있는 것으로 가정하는 것임. 이러한 가정은 목표 그 자체가 내재적인 가치를 가지고 있다거나 목표 그 자체만으로도 가치가 있다는 것을 유도한다.

- 정통 인간중심주의는 종 차별주의와 도구주의의 논리적 모순에 직면함. 대조적으로 비인간중심주의는 내재주의(intrinsicalism)를 옹호하고, Moral Club에 인간 이외에 다른 형태의 생물체(biocentrism)는 물론 바위, 경관, 대양과 같은 비생명체도 포함시킨다. 그러나 이런 급진적 비인간중심주의도 내재주의(B3)와 객관주의자 가치이론(D1)에서 논리적 모순에 직면함.

비인간중심주의 논점들

- 도덕가치가 자연에 있어서 내재적이란 것은 경험을 가치 평가함에 있어서 인간이 종사할 필요가 없다는 것을 요구하는 것인데, 과연 그러한가에 대하여 의문이 제기된다.
- 만약 이러한 가정이 기각된다면 근본적으로 가치는 인간에 기원하는 윤리(anthropogenic ethic)라는 것에 동의하여야 한다. 그렇지 않으면 객관주의자 가치이론을 수용해야 한다.

객관적 가치가 지니는 문제들
- 객관적 가치를 거부하는 도덕적 회의론자들에 의하여 수행된 두 가지 전통적 논쟁은 상대성과 형이상학적인 특수성(peculiarity)과 기묘함(queerness)이다.
- 상대성과 관련된 논쟁은 서로 다른 집단, 문화, 세대 간의 차이에서 존재하는 윤리적 코드에 있어서 공간적·시간적 변화가 함축되어 있다는 것임. 상대성에 기인하는 이러한 윤리적 코드의 변화는 객관적 도덕성을 약화시킨다.
- 기묘함(queerness)으로부터 나오는 논쟁은 객관적 가치를 더 비판하는 경향이 있음. 직관에 의한 가치이론은 객관적 가치의 비판이론을 지지하는 데 사용됨. 전통 인간중심주의의 윤리적 태도는 도덕적 진리들이 직관에 의해서 발견되어질 수 있음을 주장한다.
- 비인간중심주의는 내재적 가치의 생태기원적 근원(C2)을 옹호함으로써 직관주의가 주는 부담을 회피함. 그러나 객관적 가치를 인식할 수 있는 능력을 가진 주체의존적인 지각의 인지 메커니즘은 매우 특수한 것이다.
- Darwinism 시대 이래로 도덕은 자연과 관계없는 것으로 널리 받아들여짐. 자연은 단순히 '그것은 무엇이다(what it is; 사실적 측면)'라는 것과 관계되고, 인간만이 '무엇이 어떻게 되어져야 한다(what ought to be; 당위론적 측면)'라는 것을 발생시킨다. 'what is'라는 사실적 측면과 'what ought to be'라는 당위적 측면을 연결시키려는 시도를 할 때 자연주의적 실패에 빠진다.
- 이것은 자연에 있어서 가치가 존재하지 않는다는 것을 말하는 것은 아님. 오히려 다원주의는 유기체의 진화는 가치에 의존한다고 함(생존과 영구화를 위한 끊임없는 투쟁). 그러나 이러한 가치는 자연과정의 기계론적인 중요성을 언급하는 것이지, 이런 기계론적인 자연가치가 유기체가 존재하여야 하는 당위성을 알려주지 못함. 이러한 관점에서 자연

의 도덕적 가치를 정의하는 것은 자연주의적 실패를 수행하는 것이다.

- 환경주의자들이 전통적으로 도덕가치의 대상, 본직 및 근원을 보는 시각에 따라 크게 두 가지로 나누어져 왔음. 그 하나가 도구주의자와 인류 발생적 가치이론에 근거하는 정통 인간중심주의이고, 또 다른 하나는 내재주의와 생태기원의 또는 객관주의자에 근거하는 급진적인 비인간중심주의임. 그러나 이 환경윤리의 두 모델은 환경윤리의 도덕가치를 적절하게 설명하지 못한다.

- 도덕가치와 도덕가치의 매김(moral valuing)의 차원을 구별하는 것이 필요함. 객관주의자 가치이론과 정통 인간중심주의의 맹목적 우월주의가 지니는 논리적 모순을 인식함으로써, 지속가능한 발전의 개념과 이행을 담보할 수 있는 환경윤리를 세울 수 있다.

- 비인간중심주의적 주관주의는 지속가능한 발전 프로그램을 세우는 논리적으로 일관된 윤리기반을 제공함. 내재적 가치이론을 통하여 도덕적 가치가 비인간 실체에 기인함을 보이고, 그러나 도덕적 가치를 세우는 것은 인간의식에 의존하는 전적으로 인간경험에 의한 것임을 밝힌다.

- '무엇이 도덕적으로 가치 있는가'라는 것을 판단하고 선택하는 문제는 인간에게 남아있어야 하지만 그러나 선택이 사회적·경제적에 기인하는 인간의 선호에 의해서 결정되어서는 안 되고 환경보호의 관점에서 이루어져야 함. 지구환경의 자연가치를 올바르게 평가하고 인식함으로써 지속가능한 발전을 달성할 수 있는 도덕적으로 받아들일만한 행동방향을 세울 수 있을 것이다.

2. 지구 살리기에 함께하는 환경행정

초등학교를 졸업한 일반적인 우리나라 국민이라면, 우리나라는 온대 지방이며, 4계절이 뚜렷한 아름다운 강산이라고 배웠을 것이다. 그러나 현재 우리나라의 기후는 점점 아열대 기후로 변하고 있다. 봄과 가을이 짧아져가고 여름과 겨울이 길어지는 현상이 일어나고 있다. 왜 이런 일이 일어나는 것일까? 한마디로 말하자면, 지구전체가 온난화되고 있기 때문이라고 할 수 있다. 산업혁명 이후로 사람들의 삶은 날로 윤택해져 갔다. 그 이전 시기에 사람들에 비해 먹을 것이나 입을 것은 풍부해져갔고 날마다 새로운 제품들이 쏟아져 나왔다. 그런 과정이 더욱 가속화되었고, 지구의 환경은 날로 악화되었다. 자본의 논리에 맞추어 돌아가던 세계는 주춤할 수밖에 없었다.

지금 지구는 인구의 폭발적인 증가와 도시화 및 산업화로 인한 자연 환경의 오염과 파괴, 자원의 고갈 및 편재, 생태계의 파괴, 교란, 기상이변의 위협, 토양의 사막화, 핵무기의 양상, 동식물의 멸종, 심화 등으로 심각한 위기에 처해있다. 이런 문제는 한 나라만의 문제가 아니라 세계적인 문제이며, 지구 전체 국가가 같이 해결해야 하고 같이 해결할 수밖에 없는 문제이다. 환경문제는 단지 그 문제가 생겨난 지역의 원인으로 발생하지 않기 때문이다. 예를 들면, 남극의 오존층에 구멍이 뚫린 것은 남극대륙에 집중적으로 CFC를 배출하는 공장이 있어서가 아니라 다른 대륙의 공장에서 배출한 CFC 때문에 남극대륙의 오존층이 뚫리기 시작한 것이다.

이렇게 국제사회의 새로운 쟁점으로 지구환경문제가 부각되면서 각국의 환경정책 및 경제활동 전반에 직접적으로 영향을 미치는 각종의 환경협약이 증가하고 있다. 현재 체결된 국제환경협약은 대기, 수질, 폐기물 및 자연환경 분야에서 221여 개에 달하고 있다.[40]

우리나라 역시 40여 개의 환경협약을 체결했다. 우리나라 역시 지구환경을 지켜야 하는 한 주체이기 때문이다. 그러므로 이 보고서는 지구 살리기에 함께하는 대한민국이라는 주제로 우리나라가 가입·체결한 국제환경협약을 알아보고 국제환경협약이 우리 사회에 끼친 영향에 대해서 살펴보고자 한다.

환경협약 개관

1. 환경협약의 법적 성격 – 국제환경법

국제환경법은 국제법 분야 중에서 가장 새로운 분야 중의 하나이고, 인류의 환경을 보호함을 그 목적으로 하는 국제법규범들로 구성되어 있다. 이 법은 해양법이나 우주국제법 등과 같이 국제법의 한 범주에 속하며 오염으로부터 지구의 생태계를 보호함을 그 목적으로 하는 법이다. 국제환경법은 인간 활동으로 인하여 야기되고 인류에 대하여 영향을 주는 환경의 변화를 규제하는 규범과 제도에 관한 법의 총체라고 정의할 수 있다. 국제환경법은 아직까지 어디까지를 국제환경법의 범위에 포함시킬 것인가 하는 것에 관하여 아

40) http://www.kei.re.kr 한국환경정책·평가연구원 사이트에서 환경관련 국제협약 부분.

직 합의에 도달하지 못하고 있다. 국제환경법의 범위를 확정하는 데에는 앞으로 많은 시일이 소요될 것이다. 국제하천의 수질오염 광역대기오염과 해양오염을 규제하거나 야생동식물을 보호하기 위한 법규가 국제환경법의 범위에 속하는 것에는 이의가 없겠으나 오늘날 해양생물자원의 보고, 개발도상국의 빈곤 및 개발의 문제까지 국제환경법의 범위에 포함시켜야 한다는 주장도 있어 그 범위에 관하여 합의된 바 없다. 1992년 6월에 개최된 리우환경개발회의는 '환경적으로 건전하고 지속가능한 개발(Environmentally Sound and Sustainable Development: ESSD)을 강조하고 있어 앞으로 환경문제 뿐 아니라 개발문제도 국제환경법의 범위에 포함시키게 될 공산이 있어 그 범위가 확대될 가능성이 크다.[41]

국제환경법의 목적은 파괴로부터 생물권을 보호하는 데 있다. "인간과 생물권"이라고 불리는 UNESCO의 한 계획에 의하면 생물권이라는 용어는 인류 환경의 전체, 다시 말하면 모든 생물이 집중되어 있는 우주 중의 부분을 지칭한다. 생물권은 지구와 지구표명의 상하 및 해양으로 구성되어 있다. 국제환경법은 비단 인류뿐 아니라 지구상의 모든 생물의 보호를 그 목적으로 한다. 이 법의 목적은 생명의 연장과 종의 생존을 위하여 필요한 조건을 마련하기 위함에 있다. 또한 인류의 미래세대와 모든 종류의 동식물의 지속적인 생존을 도모하려는 목적도 가지고 있다.[42]

국제환경에 관한 조약은 국가 상호간 또는 국가와 국제기구간의 명시적 합의이다. 이들은 협약, 조약, 의정서, 협정 등의 여러 가지 이름으로 불리고 있다. 환경조약도 다른 종류의 조약과 마찬가지로 1969년 체결된 조약법에 관한 비엔나 협약(Vienna Convention on the Law of Treaties)에 의하여 규율된다. 환경조약은 보통 비준이 완료되고 기타의 효력발생을 위한 조건이 충족된 후에야 효력을 발생하며 당사국에 대하여 구속력을 가지게 된다. 일반적으로 조약의 제정절차는 느리며 조약이 실제로 발효하기까지는 많은 시일이 요구되는 경우가 적지 않다. 그러나 환경조약의 경우 환경문제가 가지고 있는 긴급성 때문에 체결과 발효 간의 시차가 짧은 경우가 많다. 오존층 보호를 위한 비엔나협약과 몬트리올 의정서, 생물다양성협약, 유해폐기물의 국제적 이동의 규제를 위한 바젤협약 등은 체결 후 오랜 시일이 지나지 않고 발효된 바 있다. 환경조약의 개정을 용이하게 하기 위하여 기술적 표준들을 조약의 기본규정으로부터 분리하는 것이 오늘날 통상의 관례가 되고 있다. 이러한 표준들은 보통 의정서나 부속서에 삽입되어 본 조약 규정의 개정 없이 수시로 수정 보완될 수 있게 되어있다. 이러한 표준들은 모든 조약당사국에 대하여 항시

---

41) 「국제환경법」 노명준: 박영사(1997) p.2, p.5.
42) 전게서 p.6~7.

구속력을 가지는 것은 아니다. 많은 경우에 국가들은 조약채택 후 적당한 기간 내에 이러한 표준에 대하여 이의를 제기함으로써 자유로이 조약규정의 자국에 대한 적용을 배제할 수 있다. 그러므로 비록 광범위하게 준수되더라고 모든 조약규정이 관습법으로 변형될 수 있다고 가정하여서는 안 된다. 환경조약 중에는 즉시 국내법화할 수 있는 명료하고 상세한 규칙을 제시한 경우가 있으나 때로는 국가에게 필요한 조치를 취할 막연한 일반적 요구조건을 과하는 '골격입법'인 경우가 많다.[43] 환경관련 조약은 다양하나 몇 가지 공통점을 가지고 있다. 즉 대부분의 조약이 보통 당사국이 이행하여야 할 조치들을 규정하고 있고 이행을 확보할 상설적 감시기구와 협력기구를 설치하고 있다. 또한 조약의 개정을 용이하게 하는 정차와 추가조치를 위한 행동계획을 규정하고 있다. 환경조약은 조약 당사국에게 각종 환경보전조치를 취할 의무를 과하는 경우가 많다. 조약은 기본적인 원칙만을 규정하고 세부적인 조치는 당사국이 국내입법을 통하여 취하도록 하고 있는 것이다.[44] 대부분의 환경조약은 국내적 시행을 위하여 국내입법을 필요로 한다. 일단 국내시행법이 제정되면 조약의 집행을 위해 광범위한 국내 집행 장치가 동원될 수 있다.

환경조약이 많이 체결되었어도 세계 환경보전에 크게 기여하지 못하고 있는 것은 아직 세계 대부분의 국가들이 가입 하고 있는 UN헌장이나 UN해양법협약에 상응하는 일반적인 기본환경협약이 없고 또 이를 집행할 수 있는 범세계적 기구가 없기 때문이다.[45] 기존 조약체계의 또 다른 약점은 많은 환경조약이 구속력이 없거나 혹은 약한 의무를 규정하고 있다는 것이다. 1972년 스톡홀름인간환경회의는 인간환경선언을 채택하였으나 이것은 20년 후에 채택된 리우선언과 마찬가지로 법적 구속력이 없는 원칙선언에 불과하였다. 몇몇 조약을 제외하고 대부분의 환경조약은 효과적인 집행 장치를 규정하고 있지 않고 구속력 있는 분쟁해결절차도 가지고 있지 않다. 어떤 조약은 조약의 이행을 돕기 위하여 국제기관을 설치하고 있으나 이러한 기관들은 UNEP와 마찬가지로 조약의 집행기능을 보유하고 있지 않다. 아무리 효과적인 환경조약이 체결되어도 환경오염의 원인을 제공하는 주요 국가들이 조약에 가입하지 않으면 소기의 목적을 달성하기가 불가능하다. 여기에 조약이 환경규제를 위한 주된 수단이 되기 어렵다. 그래서 최근에는 연성법(Soft Law)이 국제법의 연원으로 중요성이 부각되고 있다.[46]

---

43) 전게서 p.35~36.

44) 전게서 p.38.

45) 전게서 p.40~41.

46) 전게서 p.41~42.

2. 국제환경법의 역사 - 환경협약의 역사

지구환경문제는 그 해결을 위하여 세계 모든 국가가 공동의 노력을 다하여야 한다는 데 의견의 일치를 보고 있다. 그러나 이를 구체적 행동으로 옮기는 데에는 각국의 이해가 첨예하게 충돌되고 있다. 지구환경문제의 책임을 선진국에게 돌리면서 재정지원 및 기술 이전을 요구하는 개도국과 이를 가능한 한 회피하려는 선진국 간의 이해 충돌이 일고 있으며, 세계적으로 블록화해가는 지역단위의 이해관계도 두드러지고 있다. 즉 국제환경 질서는 점차 국지적인 것에서 지구적인 것으로, 그리고 선언적인 것에서 보다 강한 국제적 집행력을 갖춘 구체적인 형태로 변화되고 있다. 이러한 변화의 추세에 직면하여 환경 관련 국제협약의 발전 과정을 시대별로 살펴보고자 한다. 국제환경협약 체결의 역사적 흐름을 보면, 1940년대 및 1950·1960년대에는 국제포경규제협약(1946), 남극조약(1959), 동남대서양생물자원보존협약(1969) 등 해양환경보호, 해양생물자원보호 등과 관련한 국제협약이 주로 체결되었다. 1970년대에는 세계 여러 국가의 공업화·산업화로 인해 해상유류 운송량이 급격히 증가함에 따라 선박에 의한 해양오염사고가 증가하였고, 이에 대비하기 위해 해양오염 방지에 관한 협약들이 체결되었으며 런던협약(1972), MARPOL73/78협약(1973)이 있다. 1980년대의 국제환경협약은 새로운 시대적 상황에 부응하기 위한 국제적 환경질서의 추구로 특징져 질 수 있다. 1982년의 "세계자연헌장"과 1987년에 발표된 브런틀런드 보고서, 그리고 유엔환경개발회의에 대한 준비 등 주요한 진전이 있었다. 그리고 1980년대에는 핵 안전 관련협약, 오존층보호 관련 협약 등이 체결되었고, 그 외에도 대기환경의 보호에 관한 국제적 협력, 1989년에 체결된 유해폐기물의 국가 간 이동 및 처리의 통제에 관한 바젤협약도 역시 중요한 발전이었다. 1990년대에 들어서 1992년 유엔환경개발회의(UNCED) 이후 지구환경에 대한 관심이 크게 높아지면서 기후변화협약(1992), 생물다양성협약(1992) 등이 체결되었다.[47)

환경협약 종류와 우리나라가 가입한 환경협약[48)

앞에서 살펴본 것과 같이 국제사회의 새로운 쟁점으로 지구환경문제가 부각되면서 각

---

47) 출처: [인터넷] 월간환경 21 (1999년 6월호) http://www.envinews.co.kr
48) 환경정책·평가연구원 www.kei.re.kr 환경관련국제협약.

국의 환경정책 및 경제활동 전반에 직접적으로 영향을 미치는 각종의 환경협약이 증가하고 있다. 현재 체결된 국제환경협약은 대기, 수질, 폐기물 및 자연환경 분야에서 221여 개에 달하고 있다.

구분	대기기후	담수보호	해양어업	생물보호	핵 안전	유해물질	기타	계
채택	14	15	86	50	13	13	30	221
발효	10	9	66	40	12	8	19	164

1. 대기 · 기후

번호	국문명	영문명	협약		우리나라	
			채택	발효	가입	발효
1	기후변화에 관한 국제연합 기본협약(기후변화협약)	United Nations Framework Convention on Climate Change	92. 5. 9	94. 3. 21	93. 2. 14	94. 3. 21
2	오존층 보호를 위한 비엔나 협약	Vienna Convention for the Protection of the Ozone Layer	85. 3. 22	88. 9. 22	92. 2. 27	92. 5. 27
3	오존층파괴물질에 관한 몬트리올의정서(몬트리올 의정서)	Montreal Protocol on Substances that Delete the Ozone Layer	87. 9. 16	89. 1. 1	92. 2. 27	92.5.27
4	몬트리올의정서의 런던개정서	The London Amendment to the Montreal Protocol	90. 6. 29	92. 8. 10	92. 12. 10	93. 3. 10
5	몬트리올의정서의 코펜하겐 개정서	The Copenhagen Amendment to the Montreal Protocol	92. 11. 25	94. 6. 14	94. 12. 2	95. 3. 2
6	몬트리올의정서의 몬트리올개정서	The Montreal Amendment to the Montreal Protocol	97. 9. 17	99. 11. 10	98. 8. 19	99. 11. 10
7	기후변화에 관한 국제연합 기본협약에 대한 교토의정서	Kyoto Protocol to United Nations Framework Convention on Climate Change	97. 12. 11	미발효	서명 (98. 9. 25), 비준 (02. 10. 30)	—

2. 해양·어업

번호	국문명	영문명	협약		우리나라	
			채택	발효	가입	발효
8	국제포경규제협약	International Convention for the Regulation of Whaling(ICRW)	46. 12. 2	48. 11. 10	78. 12. 29	78. 12. 29
9	대서양 참치의 보존에 관한 국제협약	International Convention for the Conservation of Atlantic Tunas	66. 5. 14	69. 3. 21	70. 8. 28	70. 8. 28
10	동남대서양 생물자원보존협약	Convention on the Conservation of the Living Resources of the Southeast Atlantic	69. 10. 23	71. 10. 24	81. 1. 19	81. 2. 19
11	남극해양생물자원보존에 관한 협약	Convention on the Conservation of Antarctic Marine Living Resources(CCAMLR)	80. 5. 20	82. 4. 7	85. 3. 29	85. 4. 28
12	1954년 유류에 의한 해양의 오염방지를 위한 국제협약(1962년 및 1969년 개정 포함)	International Convention for the prevention of Pollution of the Sea by Oil,1954 (as amended in 1962 and in 1969)	54. 5. 12, 62. 4. 11, 69. 10. 21	58. 7. 26, 67. 6. 28, 78. 1. 20	78. 7. 31	78. 10. 31
13	폐기물 및 그 밖의 물질의 투기에 의한 해양오염방지에 관한 협약(런던협약)	Convention on the Prevention of Marine Pollution by Dumping of Waste and Other Matter (London Convention)	72. 12. 29	75. 8. 30	93. 12. 21	94. 1. 20
14	유류오염 손해에 대한 민사책임에 관한 국제협약	International Convention on Civil Liability for Oil Pollution Damage(CLC)	69. 11. 29	75. 6. 19	78. 12. 18	79. 3. 18
15	유류오염 손해에 대한 민사책임에 관한 1969년 국제협약의 의정서	Protocol to the International Convention on Civil Liability for Oil Pollution Damage, 1969	76. 11. 19	81. 4. 8	92. 12. 8	93. 3. 8
16	1971년 유류오염손해배상을 위한 국제기금 설치에 관한 국제협약	International Convention on the Establishment of an International Fund for Compensation for Oil Pollution Damage, 1971 (Fund Convention)	71. 12. 18	78. 10. 16	92. 12. 8	93. 3. 8

번호	국문명	영문명	협약		우리나라	
			채택	발효	가입	발효
17	1973년 선박으로부터의 오염방지를 위한 국제협약 및 1978년 의정서	International Convention for the Prevention of Pollution from Ships, 1973 as Modified by the Protocol of 1978 relating thereto (MARPOL 73/78)	73. 11. 2, 78. 2. 17	83. 10. 2	84. 7. 23	84. 10. 23
18	북서대서양 어업에 있어서의 장래 다자간협력에 관한 협약	Convention on Future Multilateral Cooperation in the Northwest Atlantic Fisheries	78. 10. 24	79. 1. 1	93. 12. 21	93. 12. 21
19	해양법에 관한 국제연합협약	United Nations Convention on the Law of the Sea	82. 12. 10	94. 11. 16	96. 1. 29	96. 2. 28
20	1982년 12월10일 해양법에 관한 국제연합협약 제6장의 이행과 관련된 협정	Agreement Relating to the Implementation of the Part Ⅵ of the United Nations Convention on the Law of the Sea of 10 December 1982	94. 7. 28	96. 7. 28	96. 1. 29	96. 7. 28
21	1969년 유류오염손해에 대한 민사책임에 관한 국제협약을 개정하는 1992년 의정서	Protocol of 1992 to Amend the 1969 International Convention on Civil Liability for Oil Pollution Damage	92. 11. 27	96. 5. 30	97. 3. 7	98. 5. 15
22	1971년 유류오염손해배상을 위한 국제기금의 설치에 관한 국제협약을 개정하는 1992년 의정서	Protocol of 1992 to Amend the International Convention on the Establishment of an International Fund for Compensation for Oil Pollution Damage	92. 11. 27	96. 5. 30	97. 3. 7	98. 5. 15
23	1990년 유류오염의 대비, 대응 및 협력에 관한 국제협력	International Convention on Oil Pollution Preparedness, Response and Cooperation, 1990 (OPRC, 1990)	90. 11. 30	95. 5. 13	99. 11. 9	00. 2. 9
24	선박에 의한 오염방지에 관한 국제협약	International Convention for the Prevention of Pollution from Ships	73. 11. 2	83. 10. 2	84. 7. 23	84. 10. 23

3. 유해물질·핵

번호	국문명	영문명	협약		우리나라	
			채택	발효	가입	발효
25	유해폐기물의 국가 간 이동 및 그 처리의 통제에 관한 바젤협약(바젤협약)	Basel Convention on the Control of Transboundary Movements of Hazardous Disposal (Basel Convention)	89. 3. 22	92. 5. 5	94. 2. 28	94. 5. 29

4. 자연 생물 보호

번호	국문명	영문명	협약		우리나라	
			채택	발효	가입	발효
26	멸종위기에 처한 야생동·식물종의 국제거래에 관한 협약	Convention on International Trade in Endangered Species of Wild Fauna and Flora (CITES)	73. 3. 3	75. 7. 1	93. 7. 9	93. 10. 7
27	생물다양성 협약	Convention on Biological Diversity	92. 5. 22	93. 12. 29	94. 10. 3	95. 1. 1
28	물새 서식지로서 국제적으로 주요한 습지에 관한 협약 (1982년 및 1987년 개정포함)	Convention on Wetlands of International Importance Especially as Waterfowl Habitat (as amended in 1982 and in 1987) (RAMSAR)	71. 2. 2	75. 12. 21	97. 3. 28	97. 7. 28
29	국제식물보호협약	International Plant Protection Convention	51. 12. 6	52. 4. 3	53. 12. 8	53. 12. 8
30	동남아시아 태평양지역 식물보호협정	International Plant Protection Agreement for the South East Asia and Pacific Region	56. 2. 27	56. 7. 2	81. 11. 4	81. 11. 4
31	1983년 국제열대목재 협정	International Tropical Timber Agreement, 1983 (ITTA)	83. 11. 18	85. 4. 1	85. 6. 25	85. 6. 25
32	1994년 국제열대목재협정	International Tropical Timber Agreement 1994	94. 1. 26	97. 1. 1	95. 9. 12	97. 1. 1

5. 핵 안전

번호	국문명	영문명	협약		우리나라	
			채택	발효	가입	발효
33	대기권, 외기권 및 수중에서의 핵무기 실험금지 조약	Treaty Banning Nuclear Weapons Tests in the Atmosphere, in Outer Space and Underwater	63. 8. 5	63. 10. 10	64. 7. 24	64. 7. 24
34	핵물질의 방호에 관한 협약	Convention on the Physical Protection of Nuclear Material	80. 3. 3	87. 2. 8	82. 4. 7	87. 2. 8
35	핵사고의 조기통보에 관한 협약	Convention on Early Notification of a Nuclear Accident (Notification Convention)	86. 9. 26	86. 10. 27	90. 6. 8	90. 7. 9
36	핵사고 또는 방사능 긴급사태시 지원에 관한 협약	Convention on Assistance in the Case of a Nuclear Accident or Radiological Emergency (Assistance Convention)	86. 9. 26	87. 2. 26	90. 6. 8	90. 7. 9
37	핵 안전에 관한 협약	Convention on Nuclear safety	94. 9. 20	96. 10. 24	95. 9. 19	96. 10. 24
38	핵무기 및 기타 대량 파괴 무기의 해저, 해상 및 그 하층토에 있어서의 설치 금지에 관한 조약	Treaty on the Prohibition of the Emplacement of the Nuclear Weapons and Other Weapons of Mass Destruction on the Sea Bed and the Ocean Floor and in the Subsoil Thereof	71. 2. 11	72. 5. 18	87. 6. 25	87. 6. 25

6. 기 타

번호	국문명	영문명	협약		우리나라	
			채택	발효	가입	발효
39	남극조약	The Antarctic Treaty	59. 12. 1	61. 6. 23	86. 11. 28	86. 11. 28
40	환경보호에 관한 남극조약 의정서	Protocol to the Antarctic treaty on Environmental Protection	91. 10. 3	98. 1. 14	96. 1. 2	98. 1. 14
41	심각한 한발 또는 사막화를 경험한 국가(특히 아프리카)들의 사막화를 방지하기 위한 유엔협약 (사막화방지협약)	United Nations Convention to Combat Desertification in Those Countries Experiencing Serious Drought and/or desertification, Particularly in Africa	94. 6. 17	96. 12. 26	99. 8. 17	99. 11. 5
42	세계문화유산 및 자연유산의 보호에 관한 협약	Convention for the Protection of the World Cultural and Natural Heritage (World Heritage Convention)	72. 11. 23	75. 12. 17	88. 9. 14	88. 12. 14
43	달과 기타 천체를 포함한 외기권의 탐색과 이용에 있어서의 국가 활동을 규율하는 원칙에 관한 조약	Treaty on Principles Governing the Activities of States in the Exploration and Use of Outer Space, including the Moon and Other Celestial Bodies	67. 1. 27	67. 10. 10	67. 10. 31	67. 10. 31
44	환경변경기술의 군사적 또는 기타 적대적 사용의 금지에 관한 협약	Convention on the Prohibition of Military or Any Other Hostile Use of Environmental Modification Techniques	76. 12. 10	78. 10. 5	86. 12. 2	86. 12. 2

7. 미가입 협약

번호	국문명	영문명	협약		우리나라	
			채택	발효	가입	발효
1	폐기물 및 기타 물질의 투기에 의한 해양오염 방지에 관한 1996년 의정서	1996 Protocol to the Convention on the Prevention of Marine Pollution by Dumping of Waste and Other Matter	96. 11. 7	미발효	미가입	—
2	경제왕래 어류자원 및 고도회유성 어족자원의 보존과 관리에 관한 1982년 12월10일 유엔해양법협약 규정의 이행을 위한 협약	Agreement for the Implementation of the Provisions of the United Nations Convention on the law of the Sea of 10 December 1982 relating to the Conservation and Management of Straddling Fish Stock and Highly Migratory Fish Stocks	95. 12.	미발효	미가입	—
3	특정 유해화학물질 및 농약의 국제교역에 있어서 사전통보승인에 관한 로테르담 협약	Rotterdam Convention on the Prior Informed Consent Procedure for Certain Hazardous Chemicals and Pesticides in International Trade	98. 9. 10	미발효	서명 (99. 9. 7)	—
4	잔류성유기오염물질에 관한 스톡홀름 협약	Stockholm Convention on Persistent Organic Pollutants	01. 5. 22	미발효	서명 (01. 10. 4)	—
5	바젤협약에 관한 제네바 개정서	The Geneva Amendment to the Basel Convention	95. 9. 22	미발효	미가입	—
6	유해폐기물의 국가 간 이동 및 그 처리로 인한 피해에 대한 보상과 책임에 관한 바젤의정서	Basel Protocol on Liability and Compensation for Damage Resulting from Transboundary Movements of Hazardous Wastes and their Disporsal	99. 2. 10	미발효	미가입	—
7	생물다양성 협약 바이오안전성에 관한 카르타헤나 의정서	Cartagena Protocol on Biosafety to the Convention Diversity	2000. 1. 29	미발효	서명 (2000. 9. 6)	—

국제환경협약과 우리나라의 정책 - 기후변화협약을 중심으로

지구 온난화 문제 해결을 위한 기후변화협약 제9차 당사국총회가 2주 앞으로 다가왔다. 이탈리아 밀라노에서 다음 달 1~12일 열리는 9차 총회에는 전 세계 120여 개국이 참가해 기후변화 위기에 대한 대응태세를 논의하게 된다. 기후변화협약의 최고의사결정기구인 당사국총회는 국제 환경문제의 책임과 의무를 둘러싼 각국의 치열한 외교전이 벌어지는 현장으로 우리 정부의 대응 태세에 관심이 모아지고 있다.

다음달 9차 총회에서는 러시아의 비준 거부로 난항을 겪고 있는 교토(京都)의정서의 발효 가능성, 개발도상국의 배출가스 감축노력 요구 등이 주요 의제로 떠오를 전망이다. 개도국 의무부담 문제가 공식화하면 우리 정부는 직격탄을 맞게 된다. 우리나라는 OECD 회원국이고, 석유수입량 세계 4위, 온실가스배출량 세계 9위의 에너지사용 대국이기 때문. 정부의 공식입장은 1999년 독일 본에서 열린 4차 총회에서 당시 김명자 환경부 장관이 "시기를 못 박지 않으면서 자발적이고 비구속적인 방법으로 온실가스 감축을 이행한다" 고 밝힌 것이 전부다. 아직까지 온실가스감축 의무부담에 관한 정부의 입장은 정해지지 않은 상태. 관련부처가 서로 다른 목소리를 내고 있기 때문이다. 산업계 보호를 우선시하는 산업자원부와 미래의 환경이익을 중시하는 환경부의 갈등이 드러난 지는 오래됐다. 양 부처의 대립구도를 지켜보던 외교통상부는 환경부 안에 가까운 입장을 표명하고 있다.[49] 국제환경협약은 그 협약의 목적상 일정한 규제의무 및 재정지원의무를 부담하는 국가 리스트를 작성하거나 역으로 그러한 부담을 지지 않는 국가를 지정하고 있는바, 우리나라의 지위는 협약마다 상이하게 규정되어 있다. 우리나라는 몬트리올 의정서에서는 개도국 조항인 제5조 국가로 분류되어 있고, 바젤협약 개정(제4조 A)에서는 비 OECD 국가로 유해폐기물을 수출할 수 없는 선진국(OECD 국가)으로 분류되어 있다. 반면에 생물다양성협약에서는 개도국으로 분류되어 있다. 이러한 국가그룹의 분류는 대개 OECD 회원국 또는 G-77의 회원국을 기준으로 하되, 개별협약의 특수성을 감안하여 이루어진다. 기후변화협약은 온실가스의 감축 및 재정지원에 대하여 선진국에 대한 의무만을 명시하고 있고 개도국의 의무에 대해서는 침묵하고 있다. 다만, 온실가스 감축을 위한 제반 국내정책 및 조치를 채택하도록 하는 일반적인 공약의무를 규정한 제4조 제1항은 모든 당사국에게 적용되므로 개도국도 이에 기속된다. 우리나라는 협약 및 의정서상 감축의무를 지는 부속서

---

49) http://co2.kemco.or.kr/index.asp 에너지관리공단 기후협약대책단.

1국가에 속하지 아니하므로 법적인 감축의무는 없으며, 우리나라의 동의 없이는 의무부과가 불가능한 상황이지만 선진국은 협정상 부속서 1은 92년 협정체결당시 OECD 회원국과 동구권 국가를 포함하고 있음에를 근거로 1997년 말 OECD 회원국이 된 한국도 선진국에 상응하는 의무를 부담할 것을 요구하고 있다.[50] 우리나라는 경제가 안정기에 접어든 선진국과는 달리 경제발전기간이 짧고 선진국의 경제수준에 도달하기 위해서는 상당기간 제약 없는 경제발전이 필요한 상황이다. 이러한 상황에서 선진국과 같은 의무를 부담하는 것은 불가능하지만 세계 9위의 온실가스배출국이며 신규 OECD 가입국으로서 우리의 경제적·사회적 능력범위 내에서 지구를 지키기 위한 국제사회의 노력에 적극 참여할 필요가 있다.[51]

1. 우리나라 정부의 대책

우리나라는 1993년 12월 세계 47번째로 기후변화협약에 가입하였으며 현재 개발도상국(non-Annex Ⅰ국가)으로 분류되어 국가보고서 제출 등 협약상 일반적 의무사항만 수행하면 된다. 이에 따라 우리나라는 1998년 3월 제1차 국가보고서를 제출한 바 있다. 그러나 1994년 OECD가입 이후 미국, 일본 등 선진국들은 우리나라가 자발적으로 선진국과 같은 의무를 부담하여 줄 것을 요구하고 있다. 대부분의 선진국들이 경제발전을 오랫동안 이룩하여 경제성장률 및 이산화탄소 배출증가율이 2%~3% 수준에서 매우 안정되어 있는 반면, 경제발전단계에 있는 우리나라는 이산화탄소 배출 증가율이 연평균 8%~9% 수준의 높은 증가율을 기록하고 있기 때문이다. 이에 현재 수준에서 선진국과 유사한 온실가스 감축의무를 부담하는 것은 경제성장을 의도적으로 하향 조정하는 것과 같은 의미로 해석되어 현실적으로 수용하기기가 매우 곤란한 상황으로 인식되고 있다. 이러한 상황 하에서 우리 정부는 국제사회의 온실가스 감축노력에 대한 적극적인 동참의사를 표명하고 있으나, 국내의 상황을 올바로 파악하여 국제사회에 능동적으로 대응하고 해결책을 찾기 위해서는 보다 적극적인 자세정립이 필요하다. 즉 우리나라의 경제, 환경, 에너지 여건 등을 감안하여 의무부담 시기와 형식의 적정방안을 수립하고, 자발성·차별성·실현가능성의 원칙에 따라 의무부담 수준을 검토하며, 개발도상국 참여의 협의 과정에 적극 참여할

---

50) 「기후변화협약과 국내입법방향에 관한 연구」 문준조: 한국법제연구원(1999) p.135~137.
51) 전게서 p.138.

수 있는 지혜가 요구됨을 알 수 있다. 이에 우리나라는 국무총리를 위원장으로 하는 "기후변화협약 범정부 대책기구" 및 산하 실무대책기구를 1998년 4월에 설치하여 기후변화협약에 대한 우리나라의 대응방안을 수립·추진하고 있다. 현재 기후변화협약 실무대책기구를 중심으로 협상, 에너지 및 산업, 환경, 농림, 연구개발 등 5개 분야의 실무 작업반이 운영되고 있다. 특히 분야별 실무 작업반에서는 에너지 소비적약 및 이요효율 향상을 위하여 에너지 절약 및 고효율 에너지 설비의 보급을 위한 지원, 대중교통 이용 촉진, 고연비 자동차 및 경차 보급, 지역난방 및 열병합발전 확대, 신 에너지원의 개발 및 보급을 위해서 태양열, 태양광, 연료전지 등의 대체에너지와 천연가스·전기를 사용하는 대체연료 자동차에 대한 기술개발과 보급지원책 마련, 메탄가스 배출저감을 위해 폐기물의 재활용·감량화·매립처리 최소한 노력, 온실가스 저배출형 신 영농기술을 보급하고 온실가스 흡수원 증대를 위한 산림보호와 신규조림사업의 확대 등을 중점 추진하고 있다(환경부, 2000). 이와 같이 지국온난화와 관련된 국제적인 온실가스 배출규제에 대응하기 위해, 우리나라는 나라의 경제여건과 능력에 맞는 수준의 온실가스 감축의무를 부담할 수 있도록 하기 위해 국제협상동향에 대한 정보를 수집하고 이를 토대로 외교적 노력을 강화하고 있다. 또한 자원을 절약하고 환경을 보전하는 경제구조의 정착을 위해 자발적 협약을 통한 산업계의 자율적 환경-자원관리를 촉진하며, 에너지 및 자원에 대한 환경친화적 가격구조 정착 등을 위한 다양한 제도적 장치 마련 이외에, 신 재생 에너지, 고효율 기술 등 신기술의 개발을 촉진하기 위해 기술개발 지원자금을 확대하고, 신기술 도입 시 금융 및 세제지원을 강화해나가고 있다. 이 외에도 정규교육과정, 대중매체, PC통신 등 다양한 방법을 통해 자원을 절약하고 환경을 보전하는 환경친화적 생활양식을 홍보·교육하며, 지구온난화가 우리나라의 자연환경·경제·사회문제에 미치는 파급효과와 대응방안에 대한 연구사업을 적극적으로 추진하고 있다.[52]

1) 관계 법령: 국제 환경협약 관련 법령

국제환경협약은 조약의 일종으로 구속력을 가지기 위해서는 국회의 비준·동의 절차를 거쳐 직접효력을 발생하던지 다른 법률의 제정으로 효력을 발생하게 된다. 그러므로 국제환경협약과 관련된 법률을 먼저 검토해본다.

---

52) 「기후변화협약 이행에 따른 서울시 대응방안 연구」 김운수: 서울시정개발연구원 (2001) p.14~17.

　○기후변화협약 - 기후변화협약대책위원회등의구성및운영에관한규정 [제정 2001. 9. 20 국무총리훈령 제422호]

　○바젤협약 - 산업자원부와그소속기관직제[일부개정 2003. 7. 25 대통령령 제18057호] 제13조 2항 21호

　○비엔나협약과 몬트리올의정서 - 오존층보호를위한특정물질의제조규제등에관한법률[일부개정 1999. 2. 5 법률 제05775호]

　○생물다양성협약 - 자연환경보전법[일부개정 2002. 12 .30 법률 제06846호]

2) 개별 사례

(1) 지구온난화의 주범, 이산화탄소(CO_2)를 잡아라.[53)54)]

　화석연료의 사용량이 급증하면서 대기 중으로 무차별 배출되는 CO_2가 지구의 평형에 변화를 초래하자 세계가 그야말로 CO_2와의 전면전을 벌이고 있다. 지난 97년 12월 미국, 일본, 유럽연합(EU) 등 선진국들은 2008~2012년 사이에 온실가스 총 배출량을 1990년 대비 평균 5.2% 감축하는 '교토의정서'를 채택했다. 지구온난화의 방지를 위한 '기후변화협약'의 구체적 이행 방안으로 CO_2를 필두로 메탄(CH_4)·아산화질소(N_2O)·불화탄소(PFC) 등 온실가스의 의무 감축 목표치를 정한 것이다. 그로부터 약 6년이 흐른 지금, 세계는 온실가스 배출량의 무려 절반을 차지하는 CO_2를 보다 효과적으로 처리하기 위해 전쟁 아닌 전쟁을 치르고 있다. 우리나라도 2018년쯤부터 의무를 부담한다는 입장이지만, 국제상황을 고려할 때 당장 2008년부터 적용될 가능성을 배제할 수 없어 오래전에 CO_2 전쟁에 동참했다. 현재 세계적으로 CO_2저감 기술은 에너지원의 전환 및 효율 증가로 배출량을 줄이는 소극적 방법부터 깊은 해저나 석유시추공 등에 묻는 방법 등 다양한 기술이 총동원되고 있다. 최근엔 CO_2를 다른 유용한 화학물질로 전환, 석유화학산업이나 에너지원으로 재사용하는 방법이 각광을 받고 있다. 그중에 특히 주목을 받고 있는 것이 촉매 화학적 전환 기술. 이는 CO_2에 수소와 촉매를 사용해 석유화학공정의 기본 원료인 메탄올(CH_2OH)을 뽑아내는 방식으로 값비싼 수소를 사용한다. 경제성 확보가 어려운 게 단점이지만, 대량의 CO_2를 처리할 수 있어 여전히 일본 RITE, 미국 로렌스바클리연구소,

---

53) http://www.nccp.re.kr 국가청정생산지원센터.

54) 전자신문 2003. 11. 26.

스위스 ABB 등을 중심으로 연구가 가장 활발하다. 우리나라는 10여 년 전부터 정부차원에서 CO_2 저감 연구에 나서 지난해 4월 한국과학기술연구원(KIST), 포스코, 한전 등이 산자부 청정에너지기술개발 사업의 일환으로 하루 50㎏의 메탄올을 합성할 수 있는 파일럿 플랜트를 설치했다. 최근엔 CO_2에서 직접 메탄올로 전환하는 일본기술과 달리 역수성가스반응을 이용, CO_2를 일산화탄소(CO)로 전환한 후 다시 메탄올을 합성, 수율을 크게 높일 수 있는 연구가 급진전되고 있다.

국내 연구팀은 특히 CO_2에서 두개의 반응기를 거쳐 메탄올을 합성하는 방법이 상용화에 어려움이 큰 만큼 1차 반응으로 고가의 CO를 생산하는 기술에 주목하고 있다. 통상적으로 CO가격은 메탄올의 10배 이상. 이를 위해 오는 2006년을 목표로 지난 7월부터 CO_2를 CO로 전환하는 데 필요한 촉매를 대량 생산할 수 있는 프로젝트에 착수했다.

CO_2에서 보다 쓸모 있는 CO를 대량 합성함으로써 온실가스 배출량을 줄이고, 고가의 석유화학 원료를 생산하는 두 마리 토끼를 잡겠다는 것. KIST의 주오심 박사는 "CO는 초산 등 각종 공업용 케미컬 원료로 널리 활용돼 벌써부터 이 기술에 대해 산업체들의 관심이 높다"면서 "이미 핵심 촉매에 대해선 특허가 나왔으며 국내외 공정특허까지 준비 중"이라고 설명했다.

(2) 산업계, 온실가스 배출권 모의거래 '킥오프'[55)]

산업계는 지구온난화를 일으키는 온실가스(CO2 등)를 효율적으로 줄이기 위해 온실가스 배출자에게 일정량까지 배출할 수 있는 권리를 부여하고 그 권리를 사고 팔 수 있도록 하는 제도인 '온실가스 배출권거래제'를 구축하는 사업을 에너지관리공단과 함께 본격 추진하기 시작했다.

전국경제인연합회 지속가능발전기업협의회(회장 허동수 LG칼텍스정유회장)는 에너지관리공단과 앞으로 도입될 온실가스 배출권거래제를 가상해 배출권을 거래하도록 하는 '온실가스 배출권 모의거래' 킥오프 미팅을 6일 개최, 배출권거래제 구축을 위한 본격적인 준비단계에 들어갔다고 밝혔다. 배출권 모의거래는 기후변화협약이 발효될 경우 우리나라에 부과될 온실가스 감축의무를 효율적으로 해결하기 위한 방안의 일환으로 우리 실정에 맞는 배출권거래제를 도입하고 새로운 시스템에 기업들이 사전 적응하기 위한 것이며 내년 3월까지 2-3차례 실시할 예정이다.

---

55) 연합뉴스 2003. 11. 6.

　모의거래는 에너지관리공단이 이미 구축한 배출권 등기거래시스템과 현재 마련 중인 운영방안을 기초로 이루어지며 지속가능발전기업협의회 26개 회원사와 주요 발전사가 이에 참여할 것으로 예상된다. 특히 기업들의 자발적 참여를 유도하기 위한 인센티브를 제공하고 참여자의 실정에 맞는 배출권을 할당하는 방식으로 이뤄진다. 전경련은 모의거래에 대한 분석을 통해 참여기업들이 비용효과적인 거래전략을 수립하고 정부 역시 국내 현실에 맞는 합리적인 배출권 관련 정책수립에 도움을 얻을 수 있을 것으로 기대하고 있다.

(3) 환경관리 부실기업 금융기관 대출 불이익[56]

　앞으로 환경관리를 부실하게 하는 기업은 금융기관으로부터 대출을 받을 때 불이익을 받게 된다. 환경부는 기업의 환경경영을 촉진하기 위해 국민은행 등 금융기관과 함께 금융기관들이 여신관리에서 고려해야 할 내용들을 담은 환경가이드를 개발하기로 했다고 31일 밝혔다. 환경가이드는 금융기관들이 대출 등 여신관리에서 고려해야 할 기업의 환경 위험요소와 이 위험요소들을 관리할 수 있는 절차 등을 구체적으로 제시하게 된다. 환경부는 금융기관과 기업 관계자 등으로 구성된 실무 팀 회의를 시작으로 본격적인 환경가이드 개발에 곧바로 착수, 내년 상반기까지 개발을 완료할 계획이라고 말했다. 실무 팀 회의에서는 또 국내 금융기관의 기업에 대한 환경성 평가 절차와 도입방안 등이 논의된다. 이번 환경가이드 개발에는 현대자동차 울산공장, ㈜한화 대전공장, 볼보건설기계코리아㈜, 삼성전자 DS총괄, 대한항공 등 5개 기업도 함께 참여하며 환경전문업체인 ㈜에코프론티어가 환경부의 용역을 받아 자문을 하게 된다. 환경부 관계자는 "이번 금융기관 환경가이드 개발을 통해 국내에서도 금융기관이 기업의 환경친화성을 고려하는 움직임이 확산될 것으로 예상되며 이로 인해 기업들의 환경친화적 경영이 촉진될 것으로 기대 한다.고 말했다.

　올해의 '환경위기시계[57]'가 조사가 시작된 지난 1992년 이래 인류파멸의 시각인 12시에 가장 가까운 9시 15분을 가리키고 있는 것으로 나타났다. 일본의 아사히글래스재단이 전 세계 90여 개국 환경전문가 4500여명을 대상으로 실시한 설문조사 결과를 바탕으로 정한 이 시계는 92년 7시 49분에서 시작, 11년 만에 1시간 26분이나 파국에 가까워졌다. 이를

---

56) 연합뉴스 2003. 10. 31.
57) 지구환경 악화에 따른 인류의 위기 정도를 표시.

증명하듯, 올해 세계 각지에서는 기상이변이 잇따랐다. 유럽에서는 이상고온 현상으로 섭씨 40도를 웃돌며 연일 최고기온을 경신했다. 평년 대비 15도 이상 높은 폭염으로 인한 직접적인사망자만 해도 1만 2000여명에 달했다. 중국·인도·스리랑카 등 동아시아지역은 7~8월 엄청난 폭우에 시달렸다. 중국은 12년 만의 대홍수로 1억4000만 명이 피해를 입었다. 한국도 지난 9월 태풍 '매미'로 인해 131명이 사망했으며 경제적손실액이 4조 7000억원에 달했다. 전문가들은 이 같은 기상이변의 원인으로 한결같이 지구온난화를 꼽는다. 그리고 최근 세계보건기구(WHO)는 지구온난화로 해마다 16만 명이 사망하고 있다고 밝혔다. 2020년에는 피해자가 두 배에 달할 것으로 추정됐다. 지구온난화는 막을 수도 피할 수도 없으며 바로 내 목숨을 빼앗아갈 수 있는 치명적인 위협인 것이다. 최근 환경부가 공개한 '지구온난화의 건강피해 가능성 조사와 피해 저감방안에 관한 연구'에서도 기온이 높아지면 사망자가 늘어난다는 사실이 드러났다. 90년대 이후 여름철 최고기온 평균치는 매년 높아지는 추세로 서울의 경우 91년 28.9도에서 2000년 30.5도로 1.6도 높아졌고 기온이 30도 이상인 혹서(酷暑) 일수도 91년 33일에서 2000년 53일로 증가했다. 기온 상승에 비례해 사망자도 늘어나 교통사고 등사고사를 뺀 사망자는 91년 하루 평균 76.5명에서 2000년 87명으로 증가했다. 또한 혹서가 심할수록 사망자수가 급증해 서울의 경우 낮 최고기온이 섭씨 30도일 때 하루 평균 사망자가 79.3명이던 것이 32도일 때는 85.3명, 34도일 때는 89.5명, 36도일 때는 무려 120.2명으로 급상승하는 것으로 분석됐다. 혹서 현상이 심했던 1994년(32.2도) 7~8월 서울지역의 사망자 수는 5742명으로 1995년(28.5도)보다 789명, 1993년(27.5도)보다 988명이나 더 많았다. 현재 우리나라는 지구온난화의 주범인 이산화탄소 배출량이 세계9위다(2001년 현재 전 세계 배출총량의 1.7%). 1990~1999년 동안의 이산화탄소 배출증가율은 76.6%로 세계 1위를 기록했고 1인당 온실가스 배출량은 9.2톤으로 지속가능한 발전에서 허용하는 1인당 배출량(3.3t)에 비해 3배 가까이 많다. 국제사회에서 우리나라는 이미 온실가스 채무국으로 주목받고 있으며 기후변화협약회의 등을 통해 온실가스 감축의무를 조속히 수행하라는 압력을 받고 있는 상황이다.

그러나 우리나라에는 지구온난화 문제를 전문적으로 다루는 정부기구가 없다. 기후변화협약 대응을 위한 범정부대책기구 '기후변화협약 대책위원회'가 구성돼 있긴 하지만 수동적인 태도로 온실가스 감축에 따른 부담을 회피할 방안을 강구하는 데 급급해할 뿐 부처간 이견 조정과 정책 종합이 제대로 이뤄지지 않고 있는 것이 현실이다. 기후변화에 대한 위기의식 부재와 부처간 이견 때문에 지구온난화 방지를 위한 법제정 작업도 수년째 지지부진하다. 환경부가 지난 99년부터 '지구온난화방지대책법(안)'을 제정하려 했으나 경제발전을 저해할 우려가 있다는 관계부처의 반대에 부딪쳐 더 이상 추진하지 못하고 있다. 국회에는 의원입법으로 발의된 '지구온난화가스저감대책법(안)' 등 2개 법안이 계류 중이나 3년째 잠만 자고 있다. 국회환경경제연구회 신부식 상임정책위원은 "기후변화협약은 경제의 발목을 잡는 환경제약이라는 생각으로 회피할 것이 아니라 탄소배출권 거래, 기술이전 등을 통해 경제적 이익을 얻을 수 있는 경제협약으로 인식을 전환하고 적극 개입해야 한다."고 지적했다. 그리고 "정부부처가 이제 뜻을 모아 빠른 시일 내 지구온난화 방지를 위한 법제정과 정부조직 개편 등 제도적 정비도 서둘러야한다"고 덧붙였다.[58]

현재 우리나라의 경제상황은 실로 나쁘다. 내년 하반기에는 경제가 살아날 것이라고 전망하지만 현실의 어려움은 크게 다가온다. 그래서 지금은 환경보다는 경제를 살리는 것에 더 집중해야 한다고 주장하는 사람들이 있다. 그러나 이제 세계 산업동향은 친환경적이지 않으면 살아남기 어렵다. 이제는 경제정책과 환경정책이 같이 나가야한다. 환경규제가 경제의 발목을 잡고 있다고 생각하는 한, 더 이상의 발전을 없을지도 모른다. 특히 국제적인 협력과 의무이행을 요하는 국제환경협약은 우리에게 위기일 수도 있고 기회일 수도 있다. 우리나라가 더욱 적극적이고 능동적인 환경협약의 의무이행국으로 세계무역시장에서도 주도적인 위치를 차지하게 되고, 국제환경에 관해서도 주인의식을 가지는 성숙한 나라가 되어야한다. 지속가능한 발전은 합리적이고 바람직한 환경정책에 달려있음을 주지해야한다. 그리고 지속가능한 발전은 이제 우리나라만 독불장군식으로 이뤄갈 수 없음을 인지해야 할 것이다.

참고문헌

국제환경법 노명준 박영사 1997.
기후변화협약과 국내입법방향에 관한연구 문준조 한국법제연구원 1999.
기후변화협약 이행에 따른 서울시 대응방안 연구 김운수 서울시정개발연구원 2001.
http://www.naver.com 네이버.
http://www.empas.com 엠파스.

---

58) [인터넷] 문화일보 2003. 11. 3.

http://www.me.go.kr 환경부.
http://ww.mocie.go.kr 산업자원부.
http://www.nccp.re.kr 국가청정생산지원센터.
http://www.kei.re.kr 한국환경정책·평가연구원.
http://www.unep.or.kr 유엔환경계획한국위원회.
http://www.moleg.go.kr 법제처.

3. 환경문제의 있어서의 불평등

　모든 인간은 환경을 벗어나서 생존할 수 없듯이 과학기술의 발전에 따른 환경문제도 우리 모두에게 중요한 문제이다. 하지만 환경문제에 있어서는 지역별 계층별 불평등이 존재한다. 우리 주변에서 수돗물을 바로 마시는 사람이 몇이나 될까? 하지만 만약 정말로 돈이 없어서 수돗물을 먹어야 하는 사람들도 분명 우리 사회 어딘가에는 있을 것이다. 환경문제에 있어서의 불평등은 개인 간의 경제적 차이, 즉 경제능력으로 차별지어진 우리사회 계층간에서 시작한다. 경제적으로 여유가 있는 사람들은 자신들의 경제적 이익 충족을 위해서 환경문제의 원인을 제공하지만 이들은 상대적으로 환경문제로 인한 피해와는 거리가 먼 듯 하다. 환경을 오염시키는 데 결정적 원인을 제공한 것은 자신들이지만 정작 자신들은 그들이 벌어들인 돈으로 깨끗한 환경 속에서 생활하기 때문이다. 오염된 환경으로 인한 피해는 사회의 경제적 약자들이 부담하게 된다.

　마찬가지로 지역적 불평등도 존재한다. 오염원에 가까운 지역이 멀리 떨어진 지역에 비해 환경오염에 대한 부담을 크게 가지는 것은 어쩌면 당연한 일일지도 모르겠지만 그 오염의 대가로 얻은 편익을 누가 누리는가를 생각해보면 이것도 환경 불평등의 사례가 된다. 우리는 다수의 이익을 위해서 오염원 근처의 주민들에게 희생을 강요하고 있는 것이다. 깨끗한 환경 속에서 살아가고 싶은 것은 우리 모두의 기본적 욕구이다.

　개인의 경제적 능력이나 지역적 여건에 의해서 각자가 누릴 수 있는 환경의 차가 나타나는 것은 어쩔 수 없지만 최소한 환경문제의 원인을 제공하는 자가 그로 인해서 발생하는 비용을 부담하는 것은 당연하다 할 것이다. 그리고 환경문제로 피해를 입은 사람들에게는 정부나 기업에서 합당한 보상을 해야만 한다. 하지만 이에 앞서서 돈만 있다면 언제든 깨끗한 환경을 누릴 수 있다는 생각을 바꾸는 것이 가장 먼저일 것이다. 깨끗한 환경은 경제적 능력이나 지역적 차이를 떠나서 모두가 당연히 누려야 하는 것이고 우리가 오염시킨 환경은 고스란히 후손들의 몫이 될 것이고 이는 곧 그들에 대한 또 다른 환경적 불평등이 될 것이기 때문이다. 환경 혐오 시설의 입지 선정은 선정 지역 주민들의 반대에 부딪혀 좌절되는 경우가 많다. 요즘은 핵폐기물 처리 시설의 설립을 두고 부안군 내에서 갈등이 크게 증폭되어, 군수가 폭행을 당하는 사태까지 이르렀다. 춘천시의 경우에도 쓰레기 매립장 선정 과정에서도 어려움을 겪어 4년간 입지를 선정하지 못하고 발생한 쓰레기를 임시 처리하며 악취, 침출수의 발생 등 여러 문제가 발생 했었다. 결국 쓰레기 수거 중단 사태까지 이를 정도로 문제가 심각해지자 춘천 경실련 측은 민·관 조정 위원회 구성을 통한 문제 해결을 제안했고, 시측도 이를 받아 들였다. 이러한 제안에 의해 최종 부지가 선정 되었으나 지역 주민의 합의를 얻어내는 문제가 남아있었다. 여기서 춘천경실련 측은 지역 주민과 시측을 오가며 중재자 역할을 했고, 이를 통해 지역민의 합의를 이끌어 결국 혈동 2리와 팔미 3리를 최종 부지로 선정하였다. 이 사례를 통해 비정부 기구가 이러한 환경 갈등의 중재자가 되어 문제를 해결하는 실마리가 될 수 있음을 보았다.

여기서는 이러한 환경 갈등이란 무엇이며, 그 원인과 사례를 간략히 알아본 후, 그러한 문제에 있어서 비정부 기구의 역할에 관해 모색해보고자 한다. 특히 춘천 매립지 선정 사례를 중심으로 하여 그 방향성을 제시할 것이다.

1. 환경 갈등의 정의

환경 갈등은 환경 문제로 인해 발생하는 갈등을 이르는 말이다. 정확한 정의가 있는 것은 아니지만 몇몇 사람들의 정의를 보면 다음과 같다.

▷ 이상돈(1995): 환경오염 피해의 발생으로 인한 분쟁과 환경 및 자원의 이용 및 개발을 둘러싼 이해 당사자간의 대립 현상

▷ 이만형(1995): 지역 선호 시설과 지역 기피 시설을 들러 싼 이해 당사자들 간의 대립 현상

▷ 이창우(1995): 환경 분쟁을 현재 및 미래에 걸쳐 일정 지역에서 인간의 환경권을 침해하거나 자연 환경을 파괴하는 사태에 직면하여 일어나는 당사자간 또는 관련 집단간

의 다툼이 합의에 이르지 못한 상태

　▷ 최병두(1996): 자본주의 사회의 기본 모순으로 인한 계급적 갈등이 사회 생태학적 모순으로 인해 전이되어 나타나는 경제적 수혜집단과 환경적 피해 집단간 갈등

　▷ 김고운(1998): 환경오염으로 인한 피해를 입는 집단과 수혜를 입는 집단과 같은 이해 당사자들 간의 대립적 관계가 형성되어 환경문제를 놓고 치열한 각축을 벌이는 정치의 장이다. 환경 갈등은 환경오염 또는 기피시설의 입지로 인해 피해를 입는 집단과 수혜를 입는 집단이 생기며 발생하는 갈등이라고 할 수 있다.

2. 환경 갈등 발생 원인과 사례

이진아에 따르면 환경 갈등의 발생 원인은 다음과 같은 세 가지로 나뉘며 아래는 그 내용을 정리한 것이다.

1) 혐오 시설을 둘러싸고 나타나는 입지 갈등의 경우

혐오 시설을 둘러싸고 나타나는 입지 갈등의 경우는 가장 오랜 환경 분쟁 유형의 하나로 원인은 다음과 같다. 우선 입지 시설에 대한 외부 효과인 사회적 비용과 편익이 일치하지 않기 때문이다. 주민의 환경권 침해에 대한 보상제도가 마련되어 있고 그에 대한 인식도 있지만 그 액수에 있어 주민과 공공 부문간의 입장 차이가 매우 커 그에 따른 갈등이 발생하고 있다. 또한 시설이 입지 된 지역이나 그렇지 않은 지역이나 그 시설로 인한 혜택은 동일하게 돌아가기 때문에 주민들이 충분한 보상금을 받지 못하는 상태에서는 굳이 시설의 입지에 찬성하려 들지 않는다. 따라서 혐오 시설 입지 지역 주민에게 그에 합당한 인센티브를 제공해야 하는데 아직은 그러한 것이 부족한 형편이다. 둘째로, 민주화, 교육 수준 향상 등에 따른 권리의식의 고양으로 국민이 자신에게 불리한 정책을 수용하지 않으려는 성향이 커졌다. 따라서 정부가 예전과 같이 하향식 정책 결정 및 집행을 더 이상 계속하기가 어려워졌으며, 권위주의적이고 강압적인 방식으로 정책을 밀어붙이지 못하게 되었다. 이러한 갈등의 당사자는 주로 정부나 기업 등 사업주와 입지 선정 지역의 주민이 된다. 사례로는 소각장 건설에 따른 갈등이 많으며, 그 밖에도 몇몇 사례를 아래

에 나타냈다.

- 영광원전 5, 6 호기 건설 허가를 둘러싼 소동
- 핵폐기물 처분장 부지 확보가 어려워 굴업도로 처분장 확정을 강행하려던 정부의 의도가 좌절된 예
- 서울의 노원·도봉구에 광역 소각장을 지으려 했으나 주민의 반발로 규모 축소

2) 낙후지역의 개발 열기로 인한 환경 갈등

지방자치 제도 실시 이후, 각 지역의 자치 단체장은 그 지역 주민들의 투표에 의해 선정되고 있다. 따라서 지자체장들은 재선을 위해 지역 주민들의 여론을 수렴할 필요가 있고 때로는 긍정적 여론을 만들기 위해 노력하기도 한다. 낙후 지역의 개발 열기도 이러한 노력 중의 하나로 볼 수 있다. 지금 한참 개발 열기에 휩싸인 지역들은 1960년 후반부터 진행된 산업화 과정에서 소외된 지역으로 경제적 수준과 지방자치단체의 재정 자립도가 여타 지방에 비해 비교적 낮다. 이에 반해 자연 환경은 비교적 잘 보전되어 이를 관광자원으로 이용하려는 의도로 개발을 추진하고 있다. 이러한 개발 정책은 그간 침체되었던 지역 경제를 살린다는 명목 하에 진행되어 지역 주민들의 호응을 얻고 있다. 그리고 개발 사업은 자치 단체가 부족한 재정 자립 능력 하에서 충분한 돈을 얻을 수 있는 수단이 되기도 한다.

또, 크게 작용하는 또 다른 원인으로는 레저산업 업자들의 압력이 있다. 레저산업은 거품 경제 시기에 현금 회전에 빠른 산업으로 다수의 대기업들이 자금 회전의 안전판처럼 확보해두고 싶어 하는 사업이기 때문이다. 이러한 경우 지역 주민들은 개발을 원하며, 개발 경험이 적어 개발 피해를 두려워하지 않기 때문에 지역 내의 갈등요소는 적은 편이다. 오히려 갈등은 이런 개발의 전국적 확대로 인한 국가적 차원의 손해를 예상하는 환경단체와 해당지역 간에 주로 나타난다. 즉 갈등의 당사자는 환경 단체와 해당지역의 관계자가 되며 아래 몇몇 구체적 사례는 다음과 같다.

- 태백·사북·정선 등 강원남부 폐광지역의 개발 문제
- 전북 무주의 덕유산, 강원도 평창의 발왕산 등지에 동계 국제대회 개최를 지원하기 위한 특별개발 허가 문제
- 설악산 모노레일 건설 문제, 설악산 세계자연유산 등록 문제

- 전남 무등산의 광주 제2순환도로 건설 문제

3) 광역적 환경영향을 일으키는 개발사업과 관련한 지역간 분쟁

지방자치 제도를 실시한 이후 더욱 심각한 사회적 갈등으로 부각되고 있다. 예전에도 상수원 지역과 하수원 지역 사이의 갈등처럼 지역간 갈등이 존재하기는 했지만, 당시에는 문제 해결을 위한 책임자가 중앙정부였기 때문에 지금처럼 지역과 지역간 분쟁의 모습으로 확연하게 나타난 것은 아니었다. 지자체 단위의 의사결정 권한이 커지고 개발의 열기가 높아져가고 있지만 이로 인해 발생되는 환경오염 피해는 지자체의 행정적 경계를 넘어 광역적 차원의 영향을 미치는 경우가 많기 때문에 각 지자체 간에 갈등이 생기는 경우가 많다. 즉, 개발을 추구하고자 하는 지역과 그로 인해 아무런 이익 없이 피해를 입는 지역의 발생으로 인해 각 지역간에 갈등이 발생되게 된다. 따라서 갈등의 당사자도 서로 다른 지역에 거주하며 이익을 입거나 피해를 입는 구성원들이 되게 된다. 이러한 갈등의 몇몇 구체적 사례를 아래에 들어봤다.

- 낙동강 수계에 위천공단을 건설하고자 하는 대구지역과 낙동강 하류의 부산·마산 등지와의 갈등
- 한강 상수원 보호구역인 양수리 일대 주민들이 식수 전용 댐 계획을 요구하자 그보다 상류인 강원도 화천 지역 주민들이 이에 반발한 경우

3. 환경 갈등과 관련 된 비정부 기구의 활동: 춘천 매립지 선정 사례 중심

이민창에 따르면, 환경 관련 비정부 기구는 환경 문제 해결 과정에서 주로 국가권력에 대한 견제와 비판의 기능, 사회문제의 해결에 참여하고 서비스를 제공하는 기능 등을 주로 하며, 추가적으로 환경 의식 고취를 위한 교육과 홍보 등의 기능도 행한다. 그리고 정책에 대한 대응방법으로는 반박성명, 결의대회, 규탄집회, 단식농성, 홍보 등을 한다.

환경 갈등과 관련 된 비정부 기구의 활동은 3가지 사례를 통해 좀 더 구체적으로 알아보겠다. 여기서는 3가지 사례가 선택 되었는데 그린벨트 구역 재조정, 영월댐(동강댐) 건

설, 춘천 매립지 선정 사례이다. 각각의 사례는 비정부 기구의 활동에 의해 의도했던 바가 첫 번째는 실패한 사례, 두 번째와 세 번째는 성공한 사례에 해당한다. 이 보고서에서는 앞의 두 사례는 간략히 요약하고 마지막 사례인 춘천 매립지 선정 사례를 자세히 살펴보고자 한다. 이 사례가 앞으로 비정부 기구의 활동 방향에 시사하는 바가 크다고 여겨지기 때문이다.

1) 그린벨트 구역 재조정

　1970년대 형성된 그린벨트가 1980년대부터 1990년대 후반에 이르는 기간 동안 서서히 완화가 되더니 1990년대 후반부터 2000년까지는 급격하게 해제 및 구역 재조정 등이 일어났다. 특히, 90년대 후반부터 그린벨트의 정책변동에 대한 의견이 논의되고 비정부 기구와 직접적인 정책 관련 이해당사자들의 의견표출이 활발하게 나타났다. 비정부 기구가 그린벨트에 관심을 갖고 활동을 시작한 것은 1990년 '개발제한구역 지키기 공동대책위원회'의 결성에서부터이다. 개별적으로 활동을 해 오던 단체들은 그린벨트 내 대폭적 규제 완화가 발표된 후 1997년 '그린벨트 시민연대'란 이름 아래 16개의 단체가 함께 활동하였다. 이후의 활동은
- 1998. 10. 29: '그린벨트 보전을 위한 연구발표회' 개최
- 1998. 11. 24: '그린벨트 살리기 국민행동' 창립(이하 '국민행동')
- 1999. 1. 20: 현직 국회의원 그린벨트 내 토지 소유자 발표(국민행동)
- 1999. 1. 21: 원칙 없는 그린벨트 해체 규탄 집회(광화문, 국민행동)
- 1999. 2. 24: 과학적·합리적 그린벨트 제도 개선 촉구 의견서 발표(국민행동)
- 1999. 6. 3: 건교부의 TCPA 평가보고서 왜곡 보도자료 반박 의견 발표(국민행동)
- 1999. 6. 25-30: 그린벨트 졸속 해체를 반대하는 기자회견, 단식 투쟁
- 1999. 7. 30: 그린벨트 살리기 범국민 결의 대회(서울역, 국민행동)
- 1999. 8. 24: 그린벨트 해제방침 철회 촉구 집회(14개 권역 동시 집회, 국민행동)

　앞에서도 미리 언급하였지만 이러한 활동에도 불구하고 결국 그린벨트 구역은 해제되었다. 결과적인 측면에서만 본다면, 그린벨트 제도의 완화를 반대하던 비정부 기구의 활동은 실패히였다고 볼 수 있다.

2) 영월댐(동강댐) 건설

이전부터 타당성이 검토되던 영월 지역의 댐건설이 1995년 용수편익을 이유로 건설이 추진되었다. 이후, 1997년부터 비정부 기구의 댐건설 반대운동 참여가 시작된다. 활동은,
 - 동강의 환경가치를 알리는 홍보활동으로 수몰지역 주민들보다는 외부의 행위자들을 대상으로 진행(트래킹, 래프팅, 음악회 및 캠페인 등 다양한 문화 행사, 학술회의 및 토론 회에 참여하거나 개최)
 - 정치적 활동(서명대회, 결의대회, 궐기대회, 대규모 집회, 철야 농성)
 결국 2000년 6월 댐건설 백지화가 발표 되었다. 비정부 기구가 달성하고자 하던 목표가 댐건설의 백지화이므로 결과적인 측면에서 본다면 성공한 사례에 해당된다.

3) 춘천 매립지 선정 사례

(1) 매립지 선정 진행 과정(비정부 기구의 개입 이전)

1992년 춘천시 석사동 애막골 쓰레기 매립장을 건설하려던 시의 계획이 주민 반대로 무산되면서 춘천시는 긴 분쟁에 빠지게 된다. 그 후 4년여 동안 춘천시는 매립장부지를 확보하기 위한 노력을 계속하였으나 결국 부지선정에 실패하고 15곳의 소규모 매립과 가 적치장에 쓰레기를 임시 처리해야 했다. 이러한 임시적인 대응은 당연히 악취, 침출수 문 제 등을 야기했고 이로 인한 해당 지역 주민들의 반발이 끊이지 않았다. 게다가 이러한 임시 처리장마저 포화상태에 이르러 춘천지역 전체가 쓰레기 대란을 겪어야 했다.

(2) 춘천시 부지 선정이 어려웠던 이유

한동환 춘천 경실련 정책 실장은 춘천시 매립장 부지 선정이 어려웠던 이유를 다음의 4가지 이유를 들어 설명하고 있다. 첫째, 주민들의 행정에 대한 신뢰감 상실이다. 춘천시 는 주먹구구식 매립정책으로 비합리적인 매립장 위치 확정을 반복했고, 매립장 현장 관리 의 소홀로 매립장에 대한 주민들이 깊은 불신감을 갖도록 만들었다. 또한 전시 위주의 행 정으로 관에 대한 주민의 불신이 팽배해 시 측의 어떠한 설명에 대해서도 주민들이 수용 할 의사가 없는 상황이었기 되어 해결을 하기가 어려웠다. 둘째, 열린 행정의 부재이다.

시측은 매립장 선정과정에 대한 공개와 주민여론의 수렴 의지의 부재 및 시행방법의 졸속성으로 인해 주민들의 감정만 격화시켜 사태를 오히려 악화시키는 경향이 있었다. 셋째, 합리적 보상체계의 부재이다. 매립장은 어떠한 형태이든 그 지역 주민들에게 손해를 주게 되었다. 따라서 자신들의 의지와 무관하게 다수를 위해 피해를 감내해야 하는 주민들에게 적절한 보상을 하는 것은 혐오시설 입지 선정과정에서 당연한 사항이다. 그러나 춘천시 측은 합리적인 보상책을 제시하지 못했었다. 넷째, 혐오시설을 기피하는 주민들의 님비현상을 들 수 있다. 지역 전체적인 차원에서의 필요성에도 불구하고 자기 주변에 혐오시설이 들어오는 것만은 안 된다는 님비현상은 당연한 반응일지도 모른다. 하지만 사안에 대한 합리적 접근을 통해서 합의를 도출하는 과정 자체를 근본적으로 봉쇄하는 감정적 대응만으로는 지역의 문제를 풀 수 있는 방법이 없다는 점에서 극단적인 님비현상은 사회문제라 할 수 있다.

(3) 매립지 선정 진행 과정(비정부기구의 개입 이후)

가. 춘천시 쓰레기 처리장 선정조정위원회 구성과 매립장 최종 후보지 선정

① 1996. 4. 25: 쓰레기 수거 중단 상황에 이르자 춘천경실련은 시측에 쓰레기 매립장 선정을 위한 민·관 조정위원회를 구성하고 공개적이고 공정한 심사를 통해 쓰레기 매립장 부지를 선정할 것을 건의

② 1996. 5월: 춘천시는 춘천경실련 측의 건의를 받아들여 지역발전기금 30억을 제시하며 춘천시 전역을 대상으로 공개모집을 추진

③ 1996. 5. 27: 춘천경실련 주도로 '춘천시 쓰레기 처리장 선정조정위원회(이하 선정위)'가 15명의 위원으로 정식 결성되고 객관적 기준을 마련하고 매립장 적정 후보지를 선정 결정

④ 이후 시의 공모에 호응하여 2곳이 유치 신청을 했으나 주민 반대와 교통 문제에 의해 유치 실패

⑤ 선정위는 입지 선정 기준에 의해 1차로 15곳을 선정하고 이후 현장답사를 통해 3곳으로 압축한 후 8월 7일 전체 회의를 통해 적지 타당성 검토를 통해 신동면 혈동 2리로 최종 확정하여 발표하였고 시가 이를 받아들이고 경실련에 중재 요청

나. 혈동리 매립장 부지 신정에 내한 최종 합의 과정

① 최종 후보지가 확정되었지만 해당 지역 주민들과의 합의를 이끌어내는 문제가 남음

② 1996. 8. 11: 춘천경실련에서 혈동리 주민들을 대상으로 1차 주민 설명회를 갖고 그 동안의 선정 과정을 공개하며 주민들의 이해를 구했으나 주민들이 강력 반발

③ 주민들의 경실련 사무국 항의 방문이 이어졌고, 경실련 측은 그 동안의 선정과정에 관한 전 자료와 계량화된 성적순위에 의한 부지 결정 과정을 공개하여 혈동리가 적지임을 설명

④ 이후 약 4개월 동안 춘천경실련과 춘천환경련 관계자들이 주민과 시측을 오가며 중재

  - 10. 25: 시민단체와 주민측이 초안을 가지고 회합. 주민측은 선진국형 최첨단 시설을 강조했고, 시민단체 측도 이를 시에 관철시킬 것을 약속. 그 후 시민단체 측 관계자들은 시관계자들과 연속적으로 접촉하여 주민들의 요구사항과 시와의 입장 차이를 조정, 주민들의 의견을 거의 수렴하기로 결정

  - 10. 31: 시관계자, 주민대표, 시민 단체 측이 모여 최종 내용을 확정했으나 주민들의 행정 당국에 대한 불신으로 시가 합의한 내용을 시행 할 수 있는 제도적 장치를 요구

  - 이후, 춘천경실련 측에서 주민들의 불신감 해소를 위해 시장관사를 매립장 예정지로 이전하여 쓰레기 매립장을 선진국형 최첨단 시설로 건설하고 주민 곁에서 시가 약속한 합의사항을 이행하도록 행정의 최고결정권자가 감독하겠다는 의지를 보여줄 것을 설득. 이를 당시 시장이 받아들임.

⑤ 1996. 11. 15: 최종 확정

(4) 결　과

춘천시의 매립장 선정 사례는 중립적 제3자인 비정부 기구의 중재로 인해 환경 갈등이 해결 된 경우로 매우 드문 사례이다. 이 경우 비정부 기구가 매립장 부지 확보를 목표로 객관적인 지표를 기준으로 부지를 시측에 추천했으며 시는 이를 받아들였다. 그리고 이렇게 결정된 후보 부지의 최종 확정을 위해 주민과 시측을 오가며 중재자 역할을 했다. 그리고 이러한 비정부 기구의 활동에 힘입어 결국 혈동리가 매립지로 최종 확정되었다. 매립지를 확보하고자 했던 목표에 도달했으므로 우리는 이를 성공적이라 평가할 수 있다. 그러나 환경 정의 측면에서 본다면 약간의 문제점을 지닌다. 다음의 권해수의 주장이다.

"시는 지역개발기금이라는 경제적 인센티브를 제시함으로써 매립장 건설이 가져올 부(負)의 외부효과를 상쇄하려고 노력했으며, 그 동안 발전에서 소외되어 왔던 지역 주민들은 이를 발전의 기회로 판단하고 응했던 것이다. 이 지역은 그린벨트 지역이며, 대부분

사유지로서 보상이 용이하다는 장점을 갖고 있다. 즉 지역간 불평등을 계층간 불평등으로 전이시키면서 문제를 해결했기 때문에, 다시 말해 그린벨트로 지정되었기 때문에 그 동안 발전 과정에서 상대적으로 소외받을 수밖에 없었던 지역 주민들은 이를 발전의 기회로 판단했다. 그러나 이 문제는 다시 세대간 불평등 문제로 전이되는 결과를 초래하게 된다. 즉 미래 세대를 위해 사용하기로 한 그린벨트 공간에 일정 용도의 시설물을 설치함으로써 다른 용도로의 전환을 방해하는 결과를 가져온다는 것이다."

여기서 세대간 불평등은 환경 정의에 위배되는 사항이다.

(5) 분 석

춘천시 매립장 부지 선정이 세대간 불평등이라는 측면에서는 문제의 소지가 있으나 이전의 여타 사례에 비한다면 환경 갈등을 비교적 잘 해결한 사례라 할 수 있다. 따라서 부지 선정에 성공할 수 있었던 이유를 분석해 보고자 한다. 춘천 쓰레기매립장 선정을 위한 경실련의 활동에서 이러한 사항을 분석하였는데 다음과 같다.

우선 경실련에서는 이전에도 시민 단체 연합으로 쓰레기 매립장 문제를 해결하려 시도했으나 흡족한 결과를 얻지 못한 전례가 있어 이러한 문제를 분석하여 3단계 방법으로 접근하였다 한다.

① 1단계: 쓰레기 매립장 문제를 시당국만의 문제가 아닌 춘천 시민 전체의 문제로 확대하여 전 시민이 위기의식을 느끼고 문제 해결에 직접 참여하도록 매립장 공모를 유도

② 2단계: '쓰레기 처리장 선정 조정 위원회'를 춘천경실련 주도하에 민간 기구로 결성, 객관적이고 공개적인 방법으로 매립장 적지를 선정, 부지 결정에 타당성과 정당성을 부여

③ 3단계: 직접 해당 지역 주민들과 꾸준히 접촉해 매립장 선정의 불가피성을 설명하고, 시를 감시하고 주민들의 불이익에 대해 충분히 보상 받을 수 있도록 노력하겠다는 논리로 주민들을 설득 또한, 위와 같은 3단계의 방법이 가능했던 이유로 춘천경실련이 공공선을 추구하는 정의로운 단체라는 점이 많은 사람들에게 인정을 받고 있었다는 점을 꼽고 있다. 이러한 도덕적 투명성은 주민들에게 신뢰감을 주는 데 결정적인 역할을 하였고, 앞으로 매립장 건설과정에서 최소한의 환경 피해를 유발하도록 성심 성의껏 관리 감독할 수 있다는 믿음을 갖게 했다는 것이다. 그리고 앞으로 이와 유사한 사안이 발생했을 시, 춘천경실련과 같은 도덕적 권위를 확보한 시민단체들이 시민들과 관의 중간에서 합리적으로 조정하고 합의를 이끌어 내는 데 중요한 역할을 하게 될 것이라 예측하였다. 또, 이

러한 역할에 충실하기 위해서는 단체와 그 구성원들이 투명성과 도덕성을 확립하여 시민들의 전폭적인 신뢰를 이끌어 내야한다고 주장하고 있다.

앞으로 비정부 기구가 환경 갈등 문제에 있어 나아갈 방향

춘천시 매립장 부지 선정 사례를 통해, 비정부 기구의 중재를 통해 환경 갈등 문제가 해결될 수 있음을 보았다. 그간 환경 문제에 있어서 비정부 기구의 활동이 환경 보호 측면만을 강조하는 데 그쳐, 대안을 제시하는 현실적인 측면에 있어서 한계를 보여 왔다. 영월댐(동강댐) 건설 반대 사례에서도 대안으로 제시 된 것은 '물 절약 운동'으로 대안으로 보기에는 다소 무리가 따른다. 대게 이러한 '운동'의 경우, 언론의 주목을 받는 짧은 기간 동안만 유지되고 그 이후에는 점점 잊혀져 대안으로서의 효력을 잃기 때문이다. 결국, 영월 지역에 댐을 건설하는 것은 막을 수 있었지만 그 근본 원인이 되었던 물 부족 문제는 해결 할 수 없게 되었다. 즉, 언제든 다시 다른 지역에 댐이 들어 설 가능성이 남게 되었다. 영월 지역 댐건설 저지에는 성공했지만 대안 제시에는 실패하게 된 것이다. 이러한 사례와 비교한다면 춘천시의 사례는 시사하는 바가 크다. 객관적 조사를 통해 최적의 매립장 부지를 선정했을 뿐 아니라, 선정 된 부지에 매립장이 들어설 수 있도록 주민과 시측 사이를 오가며 중재자 역할을 수행해 쓰레기 매립을 위한 장소 문제를 해결했기 때문이다. 혐오 시설의 입지 선정을 둘러싼 환경 갈등 문제는 그 사례가 많을 뿐더러 지금도 계속 발생하고 있다. 지금도 핵폐기물 처리장 시설 입지와 관련해 부안 군민과 정부의 갈등이 극한 상황까지 이르러 양측의 금전적, 정신적 피해가 상당하다. 비정부 기구가 이러한 문제에 있어서 중재자의 역할을 수행한다면 문제의 해결이 좀 더 수월해져, 정부와 주민들이 그 문제를 해결하는 데 소모하게 되는 노력을 줄일 수 있게 해줄 것이다. 여기서는 환경 갈등, 특히 혐오 시설 입지에 있어서 비정부 기구의 '중재자'로서의 역할 수행을 앞으로 나아갈 한 방향으로 제시하고 싶다. 이러한 역할 수행을 위해 앞으로 보완 되어져야 할 점은 다음과 같다. 위에서도 언급 되었듯이, 이러한 역할 수행을 위해서는 비정부 기구가 주민들로부터 신뢰를 가질 수 있는 존재여야만 한다. 그 동안 정부의 정책이 주민들에게 잘 통하지 않은 이유가 정부의 신뢰도가 낮았기 때문임을 인식한다면 당연한 사실이다. 이러한 신뢰는 두 가지로 나뉘는 데 도덕적 측면과 전문적 지식 측면이다. 지금까지의 활동에서는 도덕적 측면보다는 전문성 측면에서 부족한 점이 많다. 도덕적으로 투명하더라도 전문적인 지식이 없는 단체의 주장은 주민들에게 신뢰를 주지 못한다. 춘천 사례에서도 매립장 입지 선정 시 관련 분야 전문가들이 객관적 지표를 가지고 부지를 선정하였고, 또한 그러한 객관적 자료가 바탕이 되어 주민들을 설득 할 수 있었다. 그러므로 비정부 기구가 관련 문제에 관련된 전문가를 확보하는 것은 중요하다. 그러한 전문가가 확보되었을 때, 객관적이고 정확한 지표를 가지고 정책에 관한 의견을 제시할 수 있으며, 그러한 의견 제시가 대외적으로도 인정받고 설득력을 가질 수 있다. 그간 환경 관련 비정부 기구의 활동이 일부 관련 전문가들로부터 인정받지 못한 것도 이러한 전문가의 부재로 인한 전문성의 부족을 들 수 있다. 그러나 아직까지 비정부 기구가 전문성을 가진 인력을 확보하는 데 어려움을 겪고 있는 것이 사실이다. 이민창에 따르면 현재 비정부기구는 재정적 부족으로 인해 전문성을 가진 전문 인력을 갖는 데 한계를 지닌다고 한다. 따라서 재정적 문제 해결을 통해 전문 인력을 확보해야 할 것이다.

참고문헌

1. 김고운, 「지역간 환경 갈등에서 환경운동단체의 역할」, 서울대학교 환경계획학과 석사 학위 논문, 1998.
2. 이진아, 「자치시대 환경 갈등의 세 가지 유형과 과제」, 환경과 생명 Vol.9, 사단법인 환경과 생명, 1996.
3. 권해수, 「[특집2:환경정책, 그 이론과 실천]한국의 환경갈등, 환경운동 그리고 환경정의」, 환경과 생명 Vol.14, 사단법인 환경과 생명, 1997.
4. 이민창, 「환경 NGO의 정책과정참여와 정책변동」, 지방정부연구 Vol.6 No.1, 한국지방정부학회, 2002.
5. http://aids.hallym.ac.kr/chunchon/cksr/garbage.html
6. 한면희, 「환경 운동의 이념과 한국 환경 NGO의 평가」, 환경과 생명 Vol.29, 사단법인 환경과 생명, 2001.

4. 물 부족과 환경문제 이슈

물은 인류를 포함한 생명체의 근원이자 영원한 동반자이다. 그러나 문명의 발전과 동시에 수반되어 온 지구환경의 악화는 급기야 수자원의 오염과 고갈이라는 엄청난 재앙으로 대두되는 시점에 이르렀다. 21세기에 대표적인 물 부족 국가 중의 하나로 우리나라가 지명되고 있는 것은 이미 예고되고 있었던 불행 중의 하나라고 말할 수 있다. 물은 우리의 삶과 생활의 모든 측면에서 필수적인 물질로서, 인간의 생명과 생태계의 보호는 물론 식수공급 및 위생처리, 지속가능한 도시개발, 지속적인 식량생산과 지역개발, 기후변화 등에 막대한 영향을 미친다. 이러한 물 부족의 실태를 알아봄으로써 다시 한 번 물의 중요성을 인식하고 우리나라의 수자원관리체계가 어떠한지 또한 물 부족의 문제를 어떻게 접근하여 해결해야 할 것인지 모색해보고자 한다.

물 부족의 실태

범세계적인 물 문제

1999년 2월 8일부터 UNESCO와 WMO(세계기상기구)의 l 주관으로 세계 100여 개국 대표들이 참가한 범세계적인 물부족 대책에 대한 국제회의가 스위스에서 개최된 바 있다. 여기서 앞으로 25년 후에는 중동에서 미국에 이르기까지 전 세계의 상당수 국가들이 물 부족 사태에 직면할 것이라고 경고했다. 인간이 사용가능한 지구상의 물공급가능량은 연간 약 9조억㎥(9000㎦)이며 이 중 인간이 실제 쓰는 양은 4조 3천억㎥(4279㎦) 정도이다. 따라서 절대적인 양만으로 보면 지구상의 물자원은 아직까지도 여유가 있다고 생각할 수도 있다. 그러나 현재 인구증가에 따른 물 사용량의 급증과 물 자원의 지역적 편재가 세계적으로 심각한 문제로 등장하고 있다. 1950년의 세계 인구는 25억 명이었으나 1990년에 53억 명으로 2배 이상 증가하였고 지난 1999년 10월에는 드디어 60억 명을 돌파하였으며 2025년에는 83억 명에서 2050년에는 100억 명에 이를 것으로 추산하고 있다. 이러한 인구의 증가로 인해 최근 40여 년 동안에 세계의 물소비량은 약 3배 이상 늘어났다. 세계 50

개국의 1인당 물이용가능량의 연도별 변화경향을 살펴보면 1950년에 50,068㎥이였던 것이 1990년에는 28662㎥, 2025년에는 24795㎥으로 시간이 지남에 따라서 물이용가능량은 계속 감소하고 있다. 2000년 3월 17일부터 네덜란드의 헤이그에서 개최된 제2차 세계 물 포럼에서 발표된 세계 물위원외의 보고서에 의하면 현재와 같은 물 소비 추세가 지속될 경우 범세계적인 생태계의 악화는 물론 생물다양성의 손실로 인해 우리 후손들은 심각한 생존의 위협에 직면하게 될 것이라고 경고한 바 있다. 이 보고서에 따르면 2025년 전세계적으로 농업, 공업 및 도시지역이 물수요량은 전술한 바와 같이 4조 3천억㎥～5조 2천억㎥에 이를 것이며 이는 지난 1995년의 물수요량 3조 8천억㎥에 비해 크게 늘어날 것으로 예측했다. 이 양은 약 4년간 우리나라에 내리는 강수총량과 맞먹는 양이다.[59]

1) 세계 주요 물 부족 지역

중국의 경우 문명의 발상지인 황허 강은 '72년 사상 처음으로 말라붙었으며, '85년 이후로는 1년 중 일정기간 동안 물이 없으며. '97년에는 황허 강의 물이 바다에 이르지 못한 날이 226일이 됐다. 인도의 경우 건기에 인도동부의 갠지스 강이 맹골만에 이를 때쯤에는 물은 거의 남아 있지 않다. 인도인들이 강물을 거의 다 퍼다 쓰기 때문에 방글라데시 농부들의 몫은 없다. 나일 강 유역에 살고 있는 이집트, 수단 및 에티오피아의 총인구가 현재 약 1억 5천만 명이지만 2050년에는 3억 4천만 명이 될 것으로 예상되어 물 확보를 위한 싸움도 치열해질 것이다. 미국의 경우도 예외는 아니다. 미국 대평원의 남부지역에서는 이미 오가랄라 대수층의 고갈로 관개농지가 줄어들고 있다. 텍사스와 오클라호마, 캔자스, 콜로라도 주 등의 관개농지는 지난 20여 년간 계속 감소되고 있다.

아랄 해로 흘러들던 아무다랴 강은 투르크메니스탄과 우즈베키스탄에서 마구 끌어다 쓰는 바람에 지금은 완전히 말라버렸으며 민물유입이 줄어든 아랄 해는 염분 농도가 급격히 높아져 한해 1억 파운드나 잡히던 물고기들이 모두 사라졌다.[60]

---

59) 한국 사회문화연구원, 물 부족 위기: 그 실태와 극복방안, 2000.
60) 이경재, 수자원관리정책의 개선방양에 관한 연구, 2002.

2. 물 전쟁시대의 예고와 국가간 물 분쟁

세계 물정책연구소의 포스텔 소장은 "20세기의 국가간 분쟁의 주요인이 석유였다면 21세기의 국제간 주 분쟁요인은 물일 것이다."라고 예고한 바 있으며 그는 1995년 8월의 스톡홀름에서 열린 국제 물 심포지엄에서 지금과 같은 선진국의 물 과소비와 제3세계에서 수자원을 둘러싼 갈등이 즉시 조정·해결되지 않을 경우에 이는 군사 분쟁으로 비화될 수 있다고 경고한 바 있다. 왜냐하면 물자원은 석유처럼 대체재가 없는 유일자원이기 때문에 예부터 물 분쟁은 엄청난 재앙과 파동을 가져올 수 있기 때문이다. 물 전쟁이 다가오고 있다는 말은 두 나라 이상의 영토를 흐르는 국제강을 두고 생각해보면 이를 쉽게 이해할 수 있다. 전 세계적으로 국제강은 214개나 되며, 약 50개국이 걸쳐 있는 "다국적강" 유역에는 세계인구의 35%~40%가 살고 있다. 그 대표적인 예를 들면 다음과 같다

㉠ 욜단강

욜단강은 골란고원에서 발원하는 다국적 강으로서 '67년 시리아가 욜단강 상류인 단에서 댐을 건설하려 하자, 이스라엘은 이스라엘 쪽으로 강물이 흘러내려오지 않을 것을 우려하여 3차 중동전을 일으킨 바 있다. 당시 이스라엘군이 점령한 골란고원은 이스라엘 전체 급수량의 30%를 공급하는 갈릴리호의 주요수원지로서 안보적, 군사적 상황 못지않은 중요한 생명수의 근원지이다. 그 후 시리아와 평화협정의 대가로 골란고원 반환을 추진한 바 있는 이스라엘은 땅은 돌려주되 물은 지키고 싶었기 때문에 골란고원을 반환하더라도 갈릴리해변에 완충지대를 설정하여 상수도 보호원과 함께 주변국이 수자원을 공동 이용할 수 있도록 하자는 협상안을 굽히지 않았다. 욜단강은 실제 폭이 수m~수십m밖에 되지 않은 소하천이다. 그러나 중동의 사막지대에 널리 분포되어 있는 다른 Wadi(평소에는 마른 하천이지만 폭우가 내리는 경우에만 한시적으로 흐르는 간헐하천)와는 달리 이스라엘, 시리아, 욜단 및 팔레스타인기구 등은 욜단강이 바로 그들의 생명의 젖줄기이기 때문에 욜단강 물 확보는 바로 그들의 생명권과 직결되어 있는 중요 사안이다.

㉡ 나일강

나일강은 전술한 바와 같이 상류지역에 수단, 에티오피아, 우간다가 소재하고 있으며 중하류에 소재한 이집트는 총 용수이용량의 90% 이상을 나일강에 의존하고 있다. 따라서

이집트는 나일강 상류에 소재한 수단, 우간다 및 에티오피아가 댐을 건설하여 나일강물을 차단하는 것을 가장 우려하고 있다. 과거 이집트는 상류에 소재하는 이들 나라들이 나일강을 무기화할 경우 언제든지 공격할 수 있는 전쟁준비를 끝내 놓고 있었던 예가 있다.

ⓒ 유프라테스강

터키는 유프라테스강 상류에 아무아댐을 건설하여 시리아로 흘러 들어가는 강물을 차단한 뒤 "아랍 국가들이 원유를 무기화할 경우 우리는 물을 무기화하겠다"고 선언하는 등 양국은 불안한 관계를 유지하고 있다. 이상과 같이 전 세계적으로 물소비량은 시간이 지남에 따라 기하급수적으로 늘어나고 있는 데 비해 지구상의 담수자원은 Roma시대나 지금이나 변함없이 일정한 범세계적인 문자원의 심각성이 있다.

3. 우리나라의 물 문제

1) 수자원 이용현황

우리나라의 수자원총량이라고 할 수 있는 연간 평균 강수량은 1276억㎥로서 세계평균의 1.3배이지만 1인당 강수량은 세계 평균의 1/10 수준에 불과하다. 우리나라 강수량의 특징은 여름철에 연 강수량의 2/3이 집중되는 등 강수량이 계절적·시간적·지역적 편차가 심하고, 따라서 하천의 유량 변동이 매우 심한 것으로 알려져 있다. 또한 우리나라의 지형이 동쪽은 높고 서쪽은 낮은 특성을 가지고 있어서 동해안 지역은 강수가 일시에 바다로 유출되고 서남해안 지역은 종종 홍수 피해가 유발된다. 1998년도를 기준으로 수자원총량 중 74%는 바다 유실, 증발, 지하침투 등으로 손실되고 26%인 331억㎥만이 이용되고 있다. 보다 구체적으로 살펴보면 수자원 총량 중 증발 및 지하침투 등으로 43%가 손실되고, 나머지 57%가 하천 유출량으로 남는다. 이중 바다로 유입되어 유실되는 400억㎥(31%)를 제외한 것이 총 가용수자원이 되는 것이다. 이 가용수자원은 하천수(13%), 댐(10%), 지하수(3%)의 형태로 이용되고 있다. 이 가용수자원도 1965년도 51.2억㎥에서, 1990년도 249억㎥, 그리고 1998년도 331억㎥로 증가하여 오고 있다. 그리고 1998년도의 경우 총 이용량은 생활용수 22%, 공업용수 9%, 농업용수 48%, 및 유지용수 21%로 구성되어 있으며, 1965년도 이후 농업용수의 구성비는 상당히 감소하여 온 반면 생활용수는 증가하여 왔다. 그러나 아직도 물의 총 이용량 중에서 농업용수의 비중이 가장 큰 것을 알 수 있다. 한편 가용수자원을 인구수로 나눈 것이 1인당 가용수자원으로서 1517톤이고 사용을 위한 취수량은 일인당 연간 540톤으로 가용수자원의 약 35.6%이다. UN의 분류에 따르면 이 수치는 우리나라가 물 부족 국가로 분류되는 것을 의미한다.[61]

2) 물 부족국가 한국

UN의 국제인구행동연구소에서는 우리나라를 물 부족 국가군으로 분류한 바 있다. 동 연구소의 분석에 따르면 연간 1인당 물 사용 가능량이 1000㎥ 미만은 물 기근국가, 1000~2000㎥은 물 부족국가, 2000㎥ 이상은 물 풍요국가로 분류하고 있다. 우리나라의 경우 93년 1인당 물 사용 가능량이 1470㎥으로 물 부족 국가군에 해당하였으며, 97년 제2차 연구 결과에서 우리나라는 2025년 1인당 물 사용 가능량이 많게는 1327㎥, 적게는 1199㎥이 될 것으로 전망하여 물 사정이 점차 어려워질 것으로 분석하였다. 우리나라 수자원 장기 종합계획(건교부)에서도 2006년부터 우리나라의 물 사정이 악화될 것으로 전망하고 있다. 건설교통부의 수자원장기종합계획에 의하면 우리나라는 2006년부터 연간 4억 톤, 2011년부터는 연간 20억 톤의 물이 부족하게 될 것으로 전망하고 있다. 우리나라의 연평균 강수량 1274㎜은 세계 평균 973㎜의 1.3배에 이르지만, 높은 인구밀도 때문에 1인당 연간 평균 강수량은 세계 평균의 12.5%에 불과하다는 사실이 이와 같은 전망을 뒷받침해주고 있다. 이와 같은 상황에서도 1인당 물 사용량은 OECD 국가 중 가장 많은 나라이다. 물 부족우려에도 불구하고 우리나라의 1인당 수돗물 급수량은 395리터로서 OECD 선진국보다 높아 물 낭비가 우려되는 상황이다.

---

61) UNEP 한국위원회, 지속가능한 물자원관리: 세계지속가능발전정상회의 준비 3차 세미나.

수자원 관리상의 문제점

1. 공급 위주의 수자원정책

지금까지의 우리나라의 수자원관리는 공급 위주의 정책으로 일관되어 있다는 점이다.

이 문제이다. 댐건설에 의한 공급 위주의 수자원정책이 댐 건설비상승, 댐 개발적지감소, 지역주민의 반대 등으로 한계에 부딪히고 있다. '73년 소양강댐건설시 톤당 개발단가가 3.3 원이던 것이 '96년 횡성댐건설시에는 101.3원으로 30.7배 증가 하였으며, 전체 공사비 중 보상비가 차지하는 비율은 8.4%에서 77.6%로 급상승하였다. 현실적으로 댐 개발은 적정입지가 물리적으로 한계에 다다른 상태이고, 확보된 입지도 지역주민의 반대로 계획에 차질을 보이고 있는 것이 현실이다. 우리나라는 지형, 지질, 수문, 인문상의 특수 여건 때문에 댐건설에 엄청난 사업비가 소요되고, 최근 추가보상비, 사업기간 연장 등으로 댐 개발 단가가 급속히 상승하고 있어 댐 개발 이익이 저하되고 있다.[62] 또한 댐건설에 따른 인간정주·환경·경관·생태계 영향도 심각하다. 일본과 비교해도 우리나라의 계곡형상은 U자형이고 일본은 V자형으로 댐의 저수용량은 일본에 비해 커서 유리한 반면, 효율 면에서는 저수효율이 좋지 않고, 수몰지역이 넓어지는 불리한 특성을 갖고 있다. 즉, 일본의 댐건설의 경우 수몰보상 세대수가 기껏 30~100세대인 반면 우리나라는 1000~2000세대에 달하고 있다. 따라서 지역단절, 인구유출, 교통장애, 주변 경관 훼손, 안개일수 증가, 냉수피해 등 댐건설에 따른 부정적인 영향이 상대적으로 크게 나타나고 있다. 댐호의 퇴사문제와 수질오염문제는 그저 방치해 놓고, 대규모의 자연환경 및 생태계 훼손이 불가피하고 지역주민들이 원치 않는 대규모 댐을 개발해 이 문제를 해결하는 것만이 능사가 아니다.[63]

2. 수자원 관리체계

지금 우리나라에는 수많은 수자원관련 법들이 있다. 하천법, 수도법, 하수도법, 지하수법, 수질환경보전법, 댐 특별법, 한강수계법 등 필요에 따라 생겨난 법이고, 다수기 일본

---

62) 박승홍, 21c 물은 생명입니다./중장기 안정적 수자원확보위한 제안.
63) 한국환경정책평가연구원, 환경정책의 발전방향과 추진전략, 1998.

의 법체계를 모방해서 쓰인 법들이다. 그래서 이 법들은 모순과 갈등을 일으키고 있고, 그래서 법의 해석이 다양할 수 있다. 소관 행정 부처별로 관련 법령을 제정 운영함으로써 법령 상호간 연계체제가 미흡하고, 법령간 충돌가능성이 상존하고 있으니 것이다. 종합적이고 체계적인 물 관리 기본법이 필요하다 또한 정부 각 부처에 분산되어 있는 수자원관리 체계를 일사분란하게 정비해야 한다. 우리나라는 건교부, 환경부 등 물과 관련된 업무를 수행하는 기관이 많으나, 부처별로 고유의 업무성격에 맞춰 정보를 수집·관리하고 있어서 부처간 공동 활용이 저조하며, 물 관리 기초 자료의 생산·관리체계 및 표준화 미흡으로 물 관련 부처간 정보연계 및 활용정도는 극히 초보적인 수준이다.

수요관리 위주의 수자원관리로의 전환

그 동안 우리나라의 수자원정책은 소중한 자원으로서의 물을 효율적으로 이용하는 정책이라기보다는 주어진 자원을 충분하고 저렴하게 공급하는 데에 목표를 두어왔다. 이러한 정책은 현재의 소비성향이 일정하게 유지된다는 가정에서 출발하기 때문에 물 수요를 조절하거나 통제하는 일은 단지 부차적인 일로만 다룰 수밖에 없다. 필요한 수자원을 넉넉하게 공급하는 데에만 초점을 둔 소위 공급 위주의 정책은 필연적으로 대형 댐의 지속적인 건설을 낳았으며, 대규모 댐건설 사업은 규모의 경제 논리에 따라 경제성 있는 것으로 받아들여지고 정부로부터 적극적인 지원과 보호를 받아왔다. 그러나 근래 들어 댐건설로 인해 자연이 감당할 수 있는 환경용량이 급격히 초과되면서 생태계의 교란이 심해지고 주민들의 댐건설에 대한 저항이 거세짐에 따라 입지선정의 어려움과 비용급증의 문제가 발생하기 시작했다. 댐에 대한 인식이 바뀌기 시작하면서 전통적인 수자원정책에도 지속가능한 개발의 원칙에 따라 근본적인 패러다임의 전환의 요구가 일어나게 되었다. 최근 댐건설계획을 둘러싸고 벌어진 주민과 정부부처 간의 격화된 갈등이 보여주듯 과거와 같은 공급일변도의 정책은 그 정당성을 급격히 잃어가고 있다. 수자원에 대한 새로운 패러다임은 무엇보다 물을 계속 개발, 공급하느냐는 것보다는 잘 활용하고 절약하는 게 훨씬 더 경제적인 방법이라는 인식에 기초하고 있다. 이것은 댐건설과 공급시설의 확충에 소요되는 막대한 비용에 비해 물 절약조치에 대한 투자가 경제적으로 더 효율적이기 때문이다. 이에 따라 선진국들은 물 절약을 위한 다양한 정책대안의 도입을 적극적으로 추진하고 있으며, 우리나라에서도 2001년부터 적용되는 새로운 수자원종합계획을 통해 수요관리와 같은 물 절약정책이 점차적으로 확대 도입될 전망이다. 지속가능한 관점에서의 새로운 수자원정책은 수요부문에 존재하는 막대한 양의 물 절약 가능성을 적극적으로 개발하는 데 초점을 두고 있는데 수요관리는 이에 적합한 가장 효율적인 정책수단이라고 할 수 있다.

구분	수량(이수 및 치수)				수질
부처	건설교통부	농림부	산업자원부	행정자치부	환경부
조사	우량·수위·유량 등 수문조사				수질조사
계획	수자원장기종합계획	농어촌용수계획	전원개발계획	방재기본계획	수질보전계획
개발	다목적댐·용수전용 댐건설, 광역 및 공업용수도, 내륙주운	농업용댐건설, 농업용 지하수개발	발전댐건설		지방상수도, 하수처리장
관리	행정구역단위, 하천관리, 공유수면관리, 지하수관리, 다목적 댐관리,광역용수관리, 홍수예경보 및 홍수통제	농업용댐관리, 농업용 하굿둑 관리	발전댐건설	온천관리, 피해상황파악, 응급복구·조치 등 재해대책	수질기준설정, 폐수배출규제, 음용수관리, 지하수수질관리
법령	하천법, 댐건설 및 주변지역 지원법, 지하수법, 공유수면관리법	농어촌정비법, 농어촌발전특별조치법, 농어업재해대책법	전원개발특례법	온천법, 자연재해대책법, 소하천 정비법	환경정책기본법, 수질환경보전법, 수도법, 하수도법, 먹는 물 관리법, 오수·분뇨·축산폐수처리법률

1. 취수원의 다양화

1) 지하수의 보전과 개발

우리나라는 각종 용수의 수원으로서 지표수가 대부분을 차지하고 지하수 개발·이용은 한해극복을 위한 농업용수로의 사용 등으로 국한되어 있어서 지하수 의존도가 낮은 실정이나 장래 물수요량 증가 및 지표수의 오염 등으로 대체수자원으로서 지하수의 개발·이용은 그 중요성이 점차 커질 것이다.

따라서 장래 물 부족 해소와 예비수원을 확보하기 위해 지표수와 연계하여 지하수 개

346

발을 추진하되, 지하수는 보전을 원칙으로 하고 가뭄 시 혹은 지표수 개발이 곤란한 지역의 비상용수 또는 대체용수로서 체계적으로 개발할 필요가 있다.

(1) 관리현황

지하수자원에 대한 관리는 수질관리, 수량관리, 시설물 관리 등으로 구분할 수 있다. 우리나라의 지하수 관리체계를 살펴보면 수질관리는 환경부 수질정책과가 담당하고 있고, 수질 및 수량관리는 건설교통부 수자원 정책과가 담당하고 있으며, 온천수는 행정자치부의 지역진흥과가 담당하고 있다. 시설측면에서는 민방위 급수시설은 행정자치부의 민방위 방제국이 담당하고 있어 지하수 관리가 다원화되어 있음을 알 수 있다.

정부의 지하수관리 부서가 다원화되어 있음에 따라서 관련 법률도 다양하여 지하수법은 건설교통부가 먹는물 관리법은 환경부가 온천법은 행정자치부가 주무부서이다.

지하수 관리는 지하수의 수위 및 수질의 관리로 구분된다. 수위와 수질을 분리하여 관리하는 것보다 통합 관리되는 것이 바람직하다. 그러므로 환경부에서 관리하는 수질측정망과 건설교통부에서 관리 하는 지하수 관측망이 통합관리 되어야 한다.

(2) 이용현황

우리나라는 물 공급을 주로 지표수에 의존하였으나, 지표수의 오염, 댐에 의한 용수공급의 한계 및 물 소비량의 증가로 점차 심화되고 있는 물 수요·공급의 불균형을 해소하기 위하여 지하수의 이용량이 증가하기 시작하였다. 건교부의 1998년도 지하수 조사연보에 따르면, 1997년 말 기준 우리나라의 연간 지하수 개발 가능량 133억 톤에 비하여 총 이용량은 24.5%(33.8억 톤)에 머물러 장래 물 부족에 대비한 대체수원으로서 지하수의 가치가 매우 높음을 알 수 있다.

지하수 자원의 효율적인 이용 및 관리를 위해서는 지하수관련 법적 제도적 뒷받침, 지하수 관리를 위한 전담조직과 기술정책 자문단의 구성, 지하수 개발 및 시공업자들의 기술력 증진을 위한 지속적인 교육 및 관리, 지하수의 수질 및 수량의 체계적이고 장기적인 관리 대책의 확립 등이 이루어져야 한다.(대전광역시, 2000: 90) 그러므로 지하수는 개발단계에서의 올바른 시공과 마무리가 매우 중요하다. 개발 전 단계에서 철저한 사전조사, 개발 시 철저한 오염방지 시설 등의 완벽한 시공, 적정채수량에 대한 정확한 산정, 지하수 수질변화 및 오염에 대한 예측능력, 지하수 개발 시 주변 환경에 미치는 영향에 대한 철저한 평가 등이 이루어져야만 장기적이고 안정적으로 지하수를 이용할 수 있을 것이다. 또한 지하수 개발·이용·관리, 지하수 보전구역 운영관리, 지하수 수질관리, 공공 취수정 보호관리, 지하수 관측망 설치, 지하수 정보관리 전산화 사업 등의 사업이 성공적으로 추진되어야만 지하수 관리체계를 확립하고 양질의 지하수 자원을 지속적으로 이용할 수 있을 것이다.[64]

2) 중수도

중수도란 한번 사용한 물을 재사용, 즉 하수도나 정수장을 지나지 않고 개별적으로 세안이나 샤워 시 사용되는 물을 모아 변기 세척 물로 다시 사용하는 것을 의미한다. 물론 이런 작은 범위의 예시로는 중수도의 경제성을 가늠하기 힘들겠지만, 이것이 많은 생활하수를 줄이고 재활용에 사용함에 따라 추구되는 수자원 절약에는 대단한 경제성을 갖게 되는 바이다.

물 절약 범국민 운동 사이트에서는 중수도 사용을 '중수도를 많이 이용하며 도심 한가운데 거대한 댐을 짓는 것과 같은 효과를 거둘 수 있습니다. 중수도란 한번 쓴 물을 버리지 않고 처리하여 인체와 접촉이 없는 용도로 재이용하는 시설을 말합니다.'이라고 표현했다.

또한 1991년 12월 15일 수도법 제11조에 중수도 제도 규정을 신설을 시작으로 중수도 시행령에서 일정 규모 이상의 건물에 대해서 중수도 시설을 권장하도록 하였다. 또한 하루 300㎥ 이상의 수돗물을 사용하는 건축물은 중수도 사용을 의무화하고 있다.

중수도 시설을 설치했을 때의 혜택은 다음과 같다[65]

중수도 설치 권장대상 (수도법 시행령 15조)	중수도 설치 시 세금감면 (조세감면규제법 제10조, 26조)
-공장: 1000㎥/일 이상 -대형빌딩: 500㎥/일 이상 -공동주택단지: 300세대 이상	-중수도시설 투자금액의 10%까지 소득세 또는 법인세에서 공제하거나 -시설투자금액의 50%에 상당하는 금액을 비용으로 처리해준다.

64) 이경재, 수자원관리정책의 개선방향에 관한 연구. 2002.

65) iwater.seoul.go.kr

중수도는 수자원 개발의 한 수단으로 또 하수도 부담의 경감책으로 중요한 위치를 차지할 수 있다. 일상생활과 생활 활동에 있어서 필수적인 물은 주로 수도 시설을 통하여 수돗물로서 소비자에게 공급된다. 전체 수돗물에서 음용, 취사, 목욕, 세면용과 수세식 화장실, 세탁, 청소, 세차 등의 가정용이 약 70%로서 대부분을 차지하고 있으며, 영업용으로는 20% 기타 목욕용, 공공용, 소방용등으로 약 10%가 소비되고 있다. 중수도는 원칙적으로 음용을 목적으로 하는 생활용수로 이용해서는 안 되며 신체에 직접접촉이 없는 곳에 이용한다. 중수도의 용도는 원칙적으로 사회적 용인도 및 인체의 접촉가능성 측면에서 생활용수 중 수세식 화장실용수, 살수용수, 조경용수와 공업용수 그리고 환경용수로 국한된다. 우리나라는 산업발전으로 인한 물 수용량이 끊임없이 늘어나고 있으나 강우의 계절적인 편중으로 경제적으로 이용가능한 물자원의 총량은 한정되어 있다. 이러한 점은 이것의 대안으로 댐을 건설하려는 계획마저 환경보호 차원에서 대립되는 의견으로 인해 어려운 실정에 도달했고, 이미 5년 전부터 건설이 중지되어온 상황이었다. 여기에 중수도의 이용이란 것은 대형건축물과 대단위 시설물이 늘어나면서 늘어가는 수요량을 줄일 수 있는 방책이 되는 것이다. 따라서 원수 공급량도 줄어들고, 댐건설 수용도 감소되는 이점을 가지고 있다. 거기에 중수도의 효과를 정리하자면 아래와 같다.[66]

(1) 수질오염의 방지효과

중수도가 수질요염방지 측면에서 기영하는 점은 방류수량의 감소에 있다. 중수사용량만큼 하수발생량이 감소하여 하천의 오염부하가 경감된다. 또한 댐의 여유수량 증대는 하천유지 용수의 양을 증대시켜 수질개선에도 기여할 수 있다.

(2) 경제적인 효과

공적인 차원에서 댐건설이나 정수장 및 하수처리장의 시설 확충시기의 연장과 시설용량을 축소시킬 수 있어 공공투자의 우선순위를 정하는 데 여유를 가질 수 있다. 기업의 차원에서의 효과는 중수도의 설치에 따른 재정융자지원 및 수도요금 감면 등 다수의 지원을 받을 수 있어 기업의 여유자금은 또 다른 재화를 창출하는 데에 투자할 수 있다.

---

66) 한국소비생활연구원, 당신은 지금 물을 제대로 사용하고 계십니까?, 2000.

（3）절수효과

중수도 운영에 의한 절수는 실시하기 쉽고 효과가 큰 대형건축물이나 공장시설에서부터 시작되어야 한다. 중수도 설치에 따른 절수효과는 약 20% 정도이면 공장의 경우는 이보다 훨씬 높다. 중수도의 설치운영으로 절약되는 수량만큼 정수장에서 처리된 물을 원거리까지 송수할 필요가 없으므로 에너지를 절약할 수 있다. 더욱이 계단식으로 상류에서부터 사용한 물을 하류로 순차적으로 사용할 수 있다면 효과적인 에너지 절약 책이 될 수 있을 것이다.

3) 해수담수화 시설의 도입

해수 담수화란 무기성분을 제거하는 탈염화와 이온을 제거하는 탈 이온화를 행하여 고농도의 염을 가지고 있는 원수를 담수로 바꾸는 것이다. 해수의 담수화에는 증발법, 역삼투막법, 전기 투석막법, 냉동법 등의 방법이 있으며, 현재까지 가장 많이 사용되고 있는 것은 증발법인데 이는 효율이 우수하나 에너지 소비량이 많으므로 에너지자원이 풍부한 중동지역에서 주로 이용되고 있으며, 최근에는 에너지 소비량이 적고 효율이 뛰어나 역삼투막법의 사용 추세가 늘어나고 있다.

（1）우리나라의 담수화 현황 및 전망

전 세계적으로 약 1900만㎥/일 정도가 이용되고 있으며 대표적인 국가로는 사우디아라비아, 미국, 아랍 에미리트 등이 있다. 우리나라의 해수 담수화는 1980년 후반부터 수백 톤 이상의 공업용수 생산용 중소규모시설과 먹는 물을 생산하기 위한 수십 톤 규모의 역삼투시설이 설치되면서 시작되었다. 국내 최초의 해수를 원수로 하는 담수화 설비는 1989년 후반 보령화력에 설치되어 실험적으로 운영하였던 820㎥/일의 플랜트이다. 최근에는 주로 기수를 원수로 하여 하루 수만 톤 규모의 공업용수를 생산하는 시설이 가동 중에 있으며, 아울러 하루 수십 톤을 생산하는 먹는 물 생산용 해수담수화 시설이 섬 지방에 보급되고 있다. 그러나 섬 지방에 보급되어 있는 수십 톤 규모의 역삼투법 해수담수화 시설은 구조가 간단한 조수기의 형태로 중대규모 시설과는 장치의 구성에 다소 차이가 잇다. 1995년 말 현재 우리나라에서 하루 100㎥ 이상을 처리하는 담수화 시설의 용량은

265,676㎥/일로 나타났다. 세계적인 담수화 추이를 살펴보면, 갈수록 담수화 플랜트의 건설이 많이 늘고 있고 예전에 담수화 플랜트 중 대부분의 비율을 차지했던 다단플래쉬 증발법의 비율이 상대적으로 줄고 있고, 에너지 소비량이 저고 증발법과 비교했을 때 환경에 미치는 영향이 적은 등 여러 가지 이점이 있는 역삼투법의 비율이 늘고 있다. 이상에서 살펴보았듯이 해수담수화는 대체수자원의 일환으로 가뭄 대비용으로 사용될 수 있다. 그러나 현재로서는 어떻게 경제적으로 적용할 것인가 하는 것이 당면한 관건이라 할 수 있다. 따라서 해수담수화는 다음의 대표적인 사항들로 인하여 앞으로 실용화 될 가능성이 높은 것으로 생각된다.

▶댐 및 광역상수도 개발 중심의 수자원 계획 보안 ▶가뭄 대비
▶도서지방의 식수난 해결 ▶지속적인 개발을 위한 상수원 관리 및 수질 관리

4) 빗물 이용시설 확대 추진

우리나라는 강우가 여름에 집중되고 있으나 전량 유실되어 빗물이용에 대한 시설이 부족하다. 고도의 처리과정 없이 값싼 양질의 물을 확보할 수 있는 빗물을 이용 생활용수, 청소용수 등으로 재이용하는 방안을 확대하여야 한다. 2001. 3월 수도법 개정으로 빗물이용시설의 설치가 적합한 건물에 빗물이요시설 설치가 의무화되었으며 시설기준 및 관리 그 밖의 필요한 사항을 정하고 있으며 설치비요의 지원, 수도요금의 경감 등을 할 수 있는 인센티브도 마련되었다. 따라서 빗물이용시설의 확대추진 또한 효율적인 물 관리 방안의 하나인 것이다. 빗물은 화장실 용수, 정원 용수, 세차 등 잡용수로 활용할 수 있고 비상시의 음용수로도 활용이 가능하다. 또한 건물의 냉방에도 사용이 가능한데 비가 오면 지하의 저장조에 빗물을 모아 두었다가 일사량이 많아져 실내온도가 상승하면 지붕위에 설치된 물뿌리개 장치를 이용하여 물을 뿌리는 것이다. 이렇게 하며 여름철 냉방에 따른 전력 사용량의 증가도 예방이 가능하다. 외국의 빗물이용 사례로 일본에서는 옥상에서 집수된 빗물을 지하3층 저류조에 모았다가 지하층의 화장실 세정수로 공급하고 있으며, 단지 내에 투수성 포장 침투트렌지 및 쇄석저류조를 설치하여 빗물을 저류 실개천의 유지용수로, 또한 단지 내 공원에 습지 조성 등 친환경적인 공간 조성에 이용하고 있다. '종합운동장, 실내체육관 등 지붕 면적이 넓은 건축물에는 빗물이용시설을 의무적으로 설치토록 함(수도법 제11조의 3 제1항)'과 같은 법률제정으로 앞으로의 보편화정책을 추진하고

있는 중이다.

5) 인공강우

인공강우란 구름층을 형성되어 있으나 대기 중에 응결핵 혹은 빙정핵이 적어 구름방울이 빗방울로 성장하지 못할 때 인위적으로 인공의 '구름씨'를 뿌려 특정지역에 강수를 유도하거나 인공의 '구름씨'를 뿌려 과냉각수적을 자연적인 상태보다 빨리 동결시켜 잠열방출에 의한 구름내부의 상승류가 강화되어 자연적인 강우량에 비해 더욱 많은 강수를 유발하는 것이다. 인공강우를 실시함으로써 인위적으로 강수량을 증가시키는 것은 기상 분야에서 가뭄의 피해를 경감시키는 수단으로써 활용될 수 있다. 우리나라는 중위도 편서풍대에 위치해 있어서 평균 주 1회 정도 기압공이 통과하므로 비교적 인공강우 실험에 적합한 기상환경을 가지고 있다. 인공강우 기술은 이미 미국을 비롯한 기상선진국에서 실용화된 상태이고, 1996년 현재 세계 40여개 국가에서 연구 또는 실용화 단계에 있다. 인공강우 기술이 실용화되면 매년 겪고 있는 영남 지방의 고질적 가뭄 해소에 다소 도움이 될 수 있으며 앞으로 이 기술을 응용하면 항공기 이·착륙에 장애가 되는 겨울철 공항안개를 소산시키는 기술과 농작물에 막대한 피해를 주는 우박억제 등의 기상조절 분야에까지 활용할 수 있는 효과를 얻을 수 있으리라 본다.[67]

2. 전문적인 행정관리 체계 구축

1) 주목 관청의 일치화

현 6개의 중앙부처, 3개의 공사, 3개의 관리청이 관할하는 것을 독립부서를 창설하여 전담, 책임 할 수 있는 제도가 필요하다. 이것은 정확한 연구와 통계를 위한 책임감 있는 부서의 발촉을 의미하며, 행정체제의 전문성을 의미하기도 한다. 기존의 분할식은 그 나름대로의 부분 전담식의 상호관계를 유지해 왔지만, 이것은 우리나라의 정책에 맞게 형성된 것이 아니라 일부의 행성방식을 임차해온 것에 불과하여 결국 연구에 필요한 통계자

---

67) aerosol.che.cau.ac.kr

352

료의 불일치와 수해나 가뭄 시 대책안 발표도 각자의 영역별로 세분화된 전담방식에 의해 많은 절차와 과정을 거치게 되어 발 빠른 대책이 어려운 단점이다. 또한 이러한 분권은 사고대책 후의 책임행정에도 분할되어 서로의 잘못된 점을 전이시키는 데 급급한 행정으로 전개되어진다. 확실한 책임을 질수 있도록 힘을 분산시키기 보다는 하나의 부서로 통합하여, 수해나 가뭄에 보다 현명한 대처법 모색과 신속한 대응이 사고수습에 이어지고 이를 책임지고 보안해 나갈 수 있는 강력한 행정이 필요한 것이다.

2) 유역별 통합 물 관리 체계 구축

지금까지 물관리가 지방자치제의 권한하에서 분할되어, 여러 가지 조사나 통계 등이 각자의 산출 형태를 갖고 있었으며 이는 지속적인 연구와 데이터 분석에도 큰 영향을 미치고 있다. 정리하자면 이수에 관한 새로운 시도가 지방자치제의 허가를 우선으로 함에 있어서 여러 가지 연구가 난항을 겪고 있다. 따라서 보다 많은 역구들이 활발히 이루어질 수 있도록 유역별 통합 물 관리 체계의 구축이 필요하다.

3) 물 분쟁에 대한 조정기구와 원칙의 정립

하천법 제28조의 규정에 의하면 유수점용에 있어 수량이 부족하거나 그 이용이 상호침해가 될 때에는 하천관리청은 수리권을 조정 또는 제한할 수 있도록 규정하고 있다. 그러나 그 기준에 대한 명확한 규정이나 원칙이 제시되어 있지 않으며 규정도 재량규정으로 되어 있어 실질적인 조정이 이루어지지 않고 있다. 모든 사례에 적법한 규정을 두기는 어렵겠지만 조정에 관한 기본원칙은 있어야 할 것이다. 관행 수리권에서 발전한 선점우선원칙, 상류우선원칙 등은 현실적으로 발생되고 있는 물 분쟁을 해결하기에 충분하지 않으므로 환경변화에 따른 새로운 조정원칙을 정립하는 것이 필요하다. 또한 물 분쟁 해결을 위한 조정기구가 필요하다. 현행 물관련법제에서는 자치단체 간의 분쟁해결을 위하여 지방자치법에 지방자치단체 분쟁조정위원회의 설치에 관한 규정을 두고 있을 뿐이다. 그러나 이 분재조정위원회도 비상설적인 자문기구로서 근본적인 해결기능을 하지 못하고 있다. 따라서 정부는 수자원에 대한 국가소유원칙을 명확히 하고, 물 분쟁조정법을 제정하여 행정절차법에 부합되는 분쟁해결절차를 포함시켜야 할 것이다. 물자원의 효과적인 관리를 위해 광역

협력체를 구성하여 상·하류가 공동 협력하는 시스템의 구축도 바람직할 것이다.[68]

4) 물 관리 법제의 개선

물에 관한 법령을 체계적으로 정비할 필요성이 제기되고 있다. 정부는 수량과 수질의 통합적인 관리체계를 검토한 적이 있고, 물 관리 기본법 안을 국회에 제출하기도 하였으나, 아직 실현되지 않고 있다. 따라서 물 관련 법률 상호간의 종합성, 체계성을 확보하고 물자원의 여러 기능을 연계할 수 있는 물 기본법의 제정이 시급히 실현되어야 할 것이다. 물 자원 이용이 고도화되고 물에 대한 공공성의 인식이 확대됨에 따라 물을 가능한 포괄적으로 규정하여 공수화하는 경향이 일반적인 추세이다. 그러나 우리나라는 이러한 추세와 달리 이들을 개별 법률들로 나누어 규정하고 있고, 수량과 수질도 분리하여 관리하고 있다. 기본적으로 수량과 수질은 밀접한 관계를 가지므로 수량과 수질은 통합 관리 되는 것이 바람직하나 현행법제도는 수량과 수질을 분리하여 규정하고 있다. 따라서 수량관리와 수질관리를 내용으로 법률을 상호협력하고 보완하는 법체계로 기능하여야 하겠고, 또 장기적으로는 통합적 법체계로 발전하여야 할 것이다. 또한 물에 대한 공법적 규제는 다수의 개별 법률에 의해 규정되고 있으나 물에 대한 공개념이 확실하게 정립되어 있지 못하다. 따라서 물에 대한 공개념의 법률상 규정이 필요하다.[69]

3. 절수 정책

1) 절수기기, 누수방지

환경부는 2001년 3월을 기해 물 절약을 위해 수도법 시행령 및 시행규칙을 개정, 2002년 9월 말까지 숙박업소·목욕탕·골프장 등에서 샤워·욕조용, 세면용, 변기용 등 용도에 따라 최대토수유량(밸브를 최대 개방했을 때 단위 시간당 나오는 물의 양)을 일정기준 이하로 제한하는 절수설비를 갖추도록 하고 있다.

---

68) 송수호, 환경친화적인 정책을 통한 물 부족 해결방안 고찰, 2002.
69) 한국토지법학회, 물관련법률의 검토 최근의 동향과 개선방안, 2000.

절수기기 사용 시 사용용수의 절수효과

용 도	일사용량(ℓ/인)	사용비율	절감률	사용가능절수기기
화장실용수	57	27%	32%	양 변 기
음료 및 취사	43	21%	20%	수도꼭지
세탁용수	41	20%	10%	수도꼭지
샤워 및 목욕	29	14%	10%	샤 워 기
세수, 세면	23	11%	20%	수도꼭지
청소, 기타	14	7%	10%	수도꼭지
계	207	100%	20%	-

또 접객업소 외 주택에 대해서도 신축건물의 경우 이 같은 절수 규정을 마련해 절수기 설치를 사실상 의무화했다고 한다.

또한 2002년에는 전국 절수기 설치를 위해 올해 153억 원을 투입하고 2004년까지 767억 원을 들여 절수기 설치사업을 시행할 계획을 준비하고 있다고 한다.

절수기기

절약형 수도꼭지	기존의 욕실 또는 부엌의 수도꼭지에서는 분당 11~27리터의 물을 사용하고 있는데 잠금장치나 조절장치를 부착시켜 물량을 조절할 수 있는 기기를 사용하면 분당 10리터 미만으로 조절할 수 있음
샤워용수	샤워용수는 날씨, 기온, 개인의 성격, 물 절약 의식에 따라 사용량의 차이가 심한데 절수형 샤워기의 사용으로 개인적 차를 줄일 수 있다.
수세식 화장실 변기	최근에 보급되고 있는 수세식 화장실 변기의 용량은 1회 사용 시 13~19리터가 대부분이나 절수형 변기를 사용할 경우 1회 사용량이 평균 6리터 정도이므로 1회 사용 시 7리터의 물을 절약할 수 있고 4인 가족 기준 1일 190리터, 연간 40000리터의 물을 절약할 수 있다.

2) 노후관의 교체

전국에 매설된 16년이 넘어 교체해야 할 수도관 총연장은 4만 2700여㎞로 전체 수도관의 37%에 이르고 있으며 이에 따르나 누수와 수질오염으로 인해 해마다 5천억 원의 손실이 발생하는 것으로 추산되고 있다. 1999년 현재 전국의 평균 누수율이 16.1%로 노후된 상수도관을 통해 낭비되는 약 10억 톤의 물은 5000억 원어치여서 수도관 개량사업은 매우 시급하다. 연간 누수량은 섬진강댐(용수공급량 3억 5000톤) 3개가 있어야 담을 수 있는 양이다.

누수율은 선진국 수준이 6~7% 수준으로 낮추는 것만으로도 2011년 물 부족 예상량 18억여 톤 가운데 6억 톤 이상을 확보할 수 있다. 정부는 2011년까지 총 2조 9000억 원을 투입, 3만 2000㎞를 개량할 예정이지만 현재 노후관 개량사업은 지방자치단체가 재원을 조달하고 정부는 비용의 50%를 융자하는 형식이라 교체실적이 미미한 실정이다. 따라서 정부는 노후관 교체사업을 전액 국고에서 투자하는 방안을 강구해야 할 것이다.

3) 물 값 현실화

우리나라의 국민 1인당 물 사용량은 374ℓ로 프랑스(281ℓ), 영국(323ℓ), 일본(357ℓ)보다 많다. 특히 가계소득 1000달러를 기준으로 사용량을 비교하면 선진국보다 무려 2~11배나 돼 소득수준에 비해 물을 많이 사용하고 있는 것으로 드러났다. 반면 물 값은 톤당 315원으로 미국(769월), 독일(2241원)의 절반에서 7분의 1밖에 되지 않는다. 이는 경제협력개발기구 국가 중 가장 낮은 수준이다. 물 1톤 값이 커피 한잔 값에도 미치지 못하는 현실 때문에 국민들이 물의 소중함을 깨닫지 못할 뿐만 아니라 물을 낭비하는 주요인이라는 것이 전문가들의 지적이다.

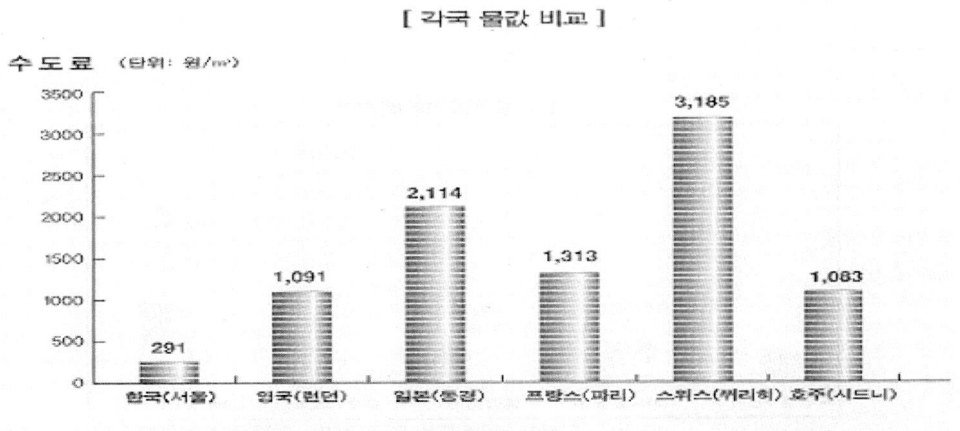

[각국 물값 비교]

수도료 (단위: 원/㎡)

※ 자료 : '96상수도통계(1997, 환경부), 일본수도협회 집지(1997, 일본수도협회)

우리나라의 물 값은 생산원가의 55∼77%에 불과하여 생산원가에도 못 미치는 저렴한 물 값으로 인해 많은 물 낭비가 초래되고 많은 물 문제를 일으켜 많은 사회적 경제적 비용을 초래하고 있는 것이다. 경재제로서 수자원을 인식하는 인식의 전환이 필요하다. 수익자 부담원칙 구현 등 수자원의 개발·관리·분배에서 경제원리가 적용되어야 할 것이다. 물 값을 생산원가의 100% 수준으로 현실화하여 물의 과소비 방지 및 수자원개발의 투자재원을 확보할 필요가 있다. 또한 물이용량에 따른 누진제 및 용도별 차등요금제를 도입하는 방안도 고려할 필요가 있다.

4) 물 절약 운동

물 절약은 국민의 생활습관과 직결되기 때문에 정부의 물 절약 시책만으로는 불가능한 바, 공익을 위해 국민 개개인이 물 사랑 정신이 무엇보다 필요하다. 아래의 표는 세계 선진국과 우리나라의 1인 1일 물 사용량과 국민 소득 1천 달러를 기준으로 했을 때의 물 사용량을 도표화 한 것이다. 상기 표에 의하면 우리나라의 1인 1일 물 사용량은 395ℓ/인/일로써 프랑스의 1.4배, 독일의 약 3배이다. 또한 국민소득 1천 달러를 기준으로 했을 때 우리나라의 물 사용량은 41.6ℓ로서 이는 프랑스에 비해 3.8배이고 독일의 8.7배에 해당한다. 이러한 사실은 우리나라 국민들이 세계 여타 선진제국에 비해 물을 지나치게 많이 사용할 뿐만 아니라 물을 낭비하고 있음을 암시하는 것이다

구 분	한 국	영 국	호 주	프랑스	일 본	독 일
1인1일급수량(단위ℓ)	395	393	479	281	397	132
1인당국민소득(단위$)	9500	17700	20700	25600	34700	27510
국민소득 1천 달러기준물 사용량(단위ℓ)	41.6	22.2	23.1	10.9	11.4	4.8

물의 소중함을 깨닫지 못하고 함부로 써왔기 때문에 이제 물은 오염되고 모자라기까지 하는 것이다. 어떠한 정책이라도 국가 차원에서 채택되지만 이것을 수용하는 것은 국민이기에 정부의 절수정책의 중심에는 국민의 절수 의식 개선이 놓여져야 한다. 이것은 연계되는 정책들의 중요성을 인식하고 현실에 반영하는 주체가 국민이기 때문이다. 이와 관련

해 수자원관련의식을 개선하기 위해 노력하고 있는 외국의 사례, 특히 미국을 중심으로 한 예를 소개하고자 한다.

㉠ 인터넷을 이용한 교육 및 홍보 site의 운영[70]

미국에서 물과 관련된 업무 및 연구를 수행하는 기관으로는 크게 연방정부와 주정부로 구분해서 생각할 수 있으며 연방정부로는 크게 내무성 산하의 미국 지질조사국 및 미국 개척국 등이 있고 국방성산하에는 미 육군 공병단에서 수자원과 관련된 미국 내의 주요 업무 및 연구를 수행하고 있다. 이 밖에도 농무성 산하의 토양보존국 및 상무성 산하의 국립기상청에서 미국 전체의 수자원과 관련된 업무를 수행하고 있다.

한편 주정부에서는 연방정부와는 별개로 각 주정부 자체에 수자원국을 두어 주 자체의 수자원 관련 업무를 수행하고 있을 뿐만 아니라 주 안에 위치하고 있어 각각의 country 별로도 수자원국 및 수자원관련 부서를 두고 주민에 대한 수자원 홍보 및 교육업무를 수행하고 있는 것을 알 수 있다.

㉡ 수자원 홍보 및 교육 프로그램 운영

미국은 이미 40개 이상의 주에서 어떠한 형태로든지 자체적인 물 절약 프로그램을 개발하여 운영하고 있으며 지역 주민들을 대상으로 하여 주정부 및 지방정부가 직접 수자원과 관련된 홍보 및 교육프로그램을 운영하는 경우도 있다. 특히 이러한 주민을 대상으로 하는 수자원 관련 교육프로그램은 특정기간에 시행되는 한시적인 프로그램이 아니라 1년 365일 지속적으로 시행되는 것으로서 미국의 연방정부 및 지방정부가 지역주민의 수자원 관련의식을 개선하기 위하여 얼마나 큰 관심을 갖고 있는지를 알 수 있다. 우리나라에서도 이와 같이 물 관련 교육 프로그램을 개발하여 시민들에게 홍보함으로써 물에 관한 국민들의 의식을 전환시키고 물 절약이 몸에 습관화될 수 있도록 해야 할 것이다. 특히 이러한 물 절약 습관은 하루아침에 이루어지는 것이 아니므로 초등학교 때부터 교과과정에서 이와 관련한 내용을 배울 수 있도록 하는 것도 바람직하다.

---

70) 강정훈, 물 부족현상에 관한 국민의식실태분석 및 정책대안 연구, 국회보 416, 2001.

참고문헌

이경재, 수자원관리정책의 개선방향에 관한 연구, 2002.

강정훈, 물 부족 현상에 관한 국민의식실태분석 및 정책대안 연구, 2001, 국회보 416.

한국소비생활연구원, 당신은 지금 물을 제대로 사용하고 계십니까?, 2000.

한국 사회문화연구원, 물 부족 위기 그 실태와 극복방안, 2000.

백승홍, 21c 물은 생명입니다/중장기 안정적 수자원 확보 위한 제안.

한국토지법학회, 물관련법률의 검토 최근의 동향과 개선방안, 2000.

UNEP 한국위원회, 지속가능한 물자원관리; 세계지속가능발전정상회의 준비 3차 세미나.

송수호, 환경친화적인 저액을 통한 물 부족 해결방안 고찰, 2002.

iwater.seoul.go.kr

5. 매장 위주의 장묘문화와 환경사례

21세기에 접어들면서 인류는 이전의 맹목적인 개발지향의 결과 나타난 지구온난화, 오존층파괴 등의 환경악화가 인류생존을 위협하는 범지구적 문제임을 인식하게 되었다. 그에 따라 1992년 리우유엔환경개발회의에서 "환경적으로 건전하고 지속가능한 개발"의 원칙과 그 실행을 위한 "아젠다 21"을 채택하는 등 해결방향을 모색하기 위해서 국제적인 협력을 강화하고 있다. 또한 우리나라에서도 90년대에 민주화가 진전되면서 환경의 가치를 중시하는 환경운동조직이 양적, 질적으로 성장했으며, 그와 더불어 자연환경과 삶의 질을 중시하는 사람들이 늘어나면서 환경의 보호 및 개선에 대한 가치가 그간 사회의 지배적 신념이었던 경제성장추구에 대해 강력한 견제력을 갖게 되었다. 그리고 이러한 환경 중시의 가치는 원자력 발전소와 같은 중차대한 국가정책에서부터 재생용지를 이용한 공책 같은 개별물품에까지 다방면에 걸쳐 영향을 끼치고 있다.

그런데 환경문제의 심각성을 인식하고 대응해 나가는 데 있어서 환경문제의 개념과 범위를 확정하는 것이 선행되어야 하는데 우리나라에서는 주로 환경을 기상, 생태계 등의 자연환경이나 대기질, 수질 등의 생활환경으로 구분해서 언급하고 있는 실정이다. 그러나 환경문제는 공해문제의 제한된 범위를 벗어나 그 지역이나 사회가 처한 쾌적성의 차원에서 다루어져야 한다. 도시계획 사전에서는 쾌적성이란 기분 좋고 마음에 드는 도시 및 농촌환경을 보존하고 강화하는 일을 포괄하는 것으로 매력적인 오픈스페이스와 사회적, 위락적 시설의 제공, 삶의 쾌적함을 증가시키도록 고안된 기술적 개선이 포함되는 것으로 정의하고 있다.(오진모, 1994, 재인용) 따라서 국가정책이나 민간개별사업이 환경에 어떤 영향을 끼치는지를 살펴 볼 때 자연환경이나 생활환경의 측면과 더불어 쾌적성 개념을 포함하는 사회 환경의 측면을 고려해야 한다. 그렇지만 우리나라는 현재 문제가 되고 있는 경부고속철도나 새만금 사업처럼 여전히 국토를 경제적, 공간적 이용대상으로서만 강조하고 있다. 또한 이러한 사업들에 대해서 반대하는 환경운동 조직들의 주장이나 정부의 각종 환경 규제들은 주로 생태보호 등의 자연환경이나 대기질, 수질 등의 생활환경에 초점을 맞추고 있다. 그러나 해당 지역이 갖는 역사적, 문화적 생활풍습이나 특성과 같은 사회 환경은 비교적 소홀히 취급되고 있는 실정이다. 이러한 면은 우리나라 장묘행태에도 그대로 나타나고 있다. 유교적 전통과 그릇된 풍수지리사상의 영향으로 인한 매장 위주의 장묘관행은 매년 여의도만한 크기의 묘지터가 새로 생기는 결과를 낳았다. 그런데 더욱 큰 문제는 이러한 묘지들이 낮은 구릉지대나 심지어는 깊은 산속에 무분별하게 난립하고 방치되면서 수십 년 된 수목이 불법적으로 벌채되고 폐기되었으며, 그 주위의 생태계를 교란시키고 또한 자연경관을 해치게 되었다. 그간 매장 위주의 장묘관행이 끼칠 영향을 예측하지 못하고 미약한 법체계와 집행으로 자연환경이 파괴되었으며 또한 국토가 비효율적으로 이용된 것이다. 그런데 이렇게 매장 위주의 장묘관행이 자연환경을 파괴했다는 문제점을 인식하는 상황 속에서 그 대안을 실현함에 있어서 많은 저항에 부딪히고 있다는 것을 주목해야 한다. 즉, 궁극적으로 정립되어야 할 장묘제도로 인정되는 집단공원화 장묘지 ─이에는 여러 종류가 있으나 주로 화장을 해서 그 유골이나 재를 집단적으로 모시는 곳으로 도심 내에 위치하는 것을 뜻한다.─ 가 사회 환경 차원의 문제 때문에 그 실현이 어려운 상황이다. 매장 위주의 장묘관행을 연구함에 있어서 위와 같이 국내외적으로 환경문제에 대한 인식과 해결을 위한 활동이 활발한 상황임을 전제로 한다. 그리고 매장 위주의 장묘관행의 문제점과 개선방안이 갖는 환경문제와의 관련성에 대한 명확한 분석을 위해서 개인사설묘지의 난립과 그에 대한 규제의 미비성으로 인해 나타난 자연환경 문제에 관한 부분을 먼저 살펴보고 다음으로, 그 해결방안을 사회 환경 부분과 관련해서 시한부 묘지제도와 일반적으로 가장 최선의 대안으로 여겨지는 집단공원─화장묘지제도의 실현가능성 등을 살펴본다.

매장 위주의 장묘관행으로 인한 자연환경의 파괴

산 자는 죽은 자를 엄숙하고 정중한 예식으로써 보내고 그와의 인연을 끝맺는 것은 동서고금 공통된 모습이다. 매장은 죽은 자를 위한 공간을 마련하는 대표적인 장례형태로 가톨릭의 영향이 강한 프랑스 등의 국가나 유교의 영향으로 조상숭배사상이 강한 우리나라에서 주로 볼 수 있다. 그렇지만 프랑스와는 달리 한국에서는 매장 위주의 장묘관행이 시급히 해결되어야 할 사회문제가 되었는데, 그 이유는 위에서 잠깐 언급했듯이 묘지가 낮은 야산이나 구릉에 위치하며, 풍수지리사상의 영향으로 인해 산재화되었고, 무엇보다 행정체계의 허술한 관리로 인한 결과, 산림이 훼손되고 생태계가 파괴되었기 때문이다. 이 장에서는 우리나라 대표적인 장묘형태인 매장과 화장의 현황과 그 이유를 살펴보고 그것이 자연환경에 어떤 문제점을 끼치게 되었는지 파악한다.

1. 우리나라의 묘지현황과 그 이유

묘지의 종류는 크게 지방자치단체가 설치, 관리하는 공설묘지(공설묘지, 공설화장장, 공설납골당)와 사설묘지(개인묘지, 가족묘지, 문중묘지, 법인묘지, 사설화장장, 사설납골당) 두 가지 형태로 나뉜다. 그런데 우리나라 묘지의 대부분은 개인묘지로서 전체 묘지의 69%를 차지하고 있으며, 집단묘지는 31%에 불과하고 더구나 개인묘지의 70% 이상인 불법묘지가(환경운동연합, 2000) 전국 야산에 산재되어 있기 때문에 전체 묘지의 기수와 면적을 정확히 산출해 내기 어려운 실정이다.

〈표 1〉우리나라 묘지현황

구 분	개소 및 면적	비고
전국 묘지면적	약 1,000㎢(추정)	
전국 분묘 수	약 2000여 만 기(추정)	
연간 증가 분묘 수	약 20여 만 기(추정)	
전국의 무연분묘 수	약 800여 만 기(전국추정분묘의 약40%)	
전국의 공설묘지	220개소	
전국의 사설법인묘지	124개소	
전국의 공설화장장	45개소	
전국의 납골당	93개소	
전국 화장률	30.7%	
전국 병원장례 예식장	362개소	
전국 전문장례식장	28개소	

보건복지부, "우리나라 묘지현황", 1999. 12. 31현재 (윤광길, 2001, 재인용)

〈표 1〉은 보건복지부에서 발표한 우리나라 묘지현황으로 1999년 12월 31일 현재 전국의 묘지면적은 약 1,000㎢이며 분묘 수는 약 2000여 만 기로 추정된다. 이는 국토면적(99,394㎢)의 1%에 해당하며, 서울시 면적(605㎢)의 1.6배에 달하는 규모로서 그 대부분이 경작 가능한 농경지나 산림을 점유한 땅이다. 그런데 매년 약 20여 만 기의 새로운 묘지가 신설되고 있으며 이는 여의도 면적의 1.2배인 9.0㎢에 달하는 것으로서 이러한 추세가 계속될 경우, 2050년이 되면 분묘 수가 약 33,000천기로 늘어나 가용 국토 어디에도 묘지를 쓸 수 없게 될 것으로 예상된다.(권기모, 1997) 그리고 전국의 화장률은 30%로 나타났는데, 이는 같은 유교문화권 국가인 일본의 화장률 99%와 중국의 화장률 100%에 비교했을 때 매우 낮은 수치로 일본이나 중국 모두 정부주도의 강력한 정책이 그 효과를 나타낸 것이다. 일본은 또한 우리나라에서는 혐오시설로 여겨지는 화장장이 도심 내 주택가에 위치하고 있으며, 우리나라의 대통령묘역이 80평인 것과는 대조적으로 중국에서는 덩샤오핑 전 국가주석이 화장되어 바다에 뿌려진 것처럼 지도층이 솔선수범하는 등 화장 위주의 장묘문화 정착을 위해 노력해 왔다.

<표 2> 각국의 화장률 비교

각국의 화장률 비교						
	한국	일본	중국	홍콩	영국	네덜란드	프랑스
화장률(%)	30.6	99	100	72	69	98	8%(1994년)

(환경운동연합, 2000, 매장중심 문화의 개선을 위하여)에서 재인용

이와 같이 매장 위주의 장묘관행이 나타나게 된 주된 이유는 앞에서 언급한 것처럼 유교문화의 영향으로 조상숭배사상이 전통적으로 관습화된 것과 여기에 풍수지리사상의 영향으로 조상의 묘를 이른바 명당에 써야만 자손이 복을 누릴 수 있다는 그릇된 믿음 등이다. 그리고 이러한 것들의 영향으로 화장이 부정적인 것으로 인식되었고 화장장의 시설의 음침함과 비위생 등 현대화가 이루어지지 못한 것도 또 하나의 이유이다. 이러한 근본적인 이유들과 더불어 정부의 근시안적이고 권위적인 의식을 또 하나의 이유로 들 수 있는데 그것은 국립현충원의 예에서 나타난다. 대통령 묘역은 80평, 국가 유공자 묘역은 8평, 대령 이하는 1평 등 신분에 따라 면적과 매장, 화장의 차별을 두는 것으로서 이러한 모습은 과시적이고 호화스러운 불법묘지들이 산림을 훼손하고 경관을 해치면서 산 속에 흩어져 있게 되었고 또 그것을 당연하거나 자랑스럽게 여기는 결과를 발생시키는 원인이 된 것이다. 그리고 이러한 불법묘지를 규제하기 위한 법이나 행정체계의 미비함과 장기적인 장묘정책에 대한 비전 부재도 장묘문제를 일으킨 이유에 해당한다.

2. 불법묘지로 인한 자연생태계의 파괴 및 산림훼손

전통적으로 "묘지는 양지바르고 바위가 없는 토질이 좋은 곳으로서 지세가 너무 험난하지도 않고 너무 높지도 않은 그렇다고 경작지는 아닌 곳을 으뜸으로 생각했기 때문에 현재 잔존하고 있는 묘지 중 구릉지나 산림지에 위치하고 있는 것이 약 92% 정도를 차지한다."(오인모, 1994, 재인용) 이에 따라 묘지 주변에 잘 발달된 자연생태계를 교란시키는 결과를 낳았으며, 산지의 수목들이 무단으로 벌채되고 방치되는 등 산림이 훼손되었고, 또한 무분별하게 흩어져서 자리 잡음으로써 자연경관을 해치는 결과를 초래했다. 환경운동연합은 2002년 8월에 개인묘지 조성이 산림 생태계의 보고인 백두대간에 미치는

영향을 파악하기 위해 국립공원인 지리산 성삼재부터 남원시 야영면 새맥이재에 이르는 약 30km(도상거리)의 백두대간 구간에 대해서 개인묘지 실태조사를 진행하였다.

〈표 3〉 산림의 공익적 가치

대기정화	약 13조 5천억 원
수원함양	약 13조 3천억 원
토사유출방지	약 10조 5백억 원
산림휴양	약 4조 8천억 원
수질정화	약 4조 8천억 원
토사붕괴방지	약 2조 6천억 원
야생동물보호	약 8천억 원
총 계	약 50조억 원

산림청(환경운동연합, 2002, 백두대간 내 개인묘지 산림 훼손 우려 크다.)에서 재인용

백두대간은 지리산과 백두산까지를 잇는 산맥으로 1300여 종의 식물과 수많은 야생동물의 서식처로서 다양한 생물이 살고 있다. 이러한 자연환경의 가치를 정확히 추산하기는 어려우나 산림청에서 발표한 〈표 3〉의 내용처럼 우리나라 산림의 공익적 가치는 약 50조 원에 이르는 것으로 평가되고 있다. 이러한 산림이 파괴되는 것은 천문학적인 경제적 손실을 입는 것임과 아울러 대기환경이나 사회 심리적인 면에 커다란 악영향을 끼치게 되는 것이다. 환경운동연합의 조사는 개인묘지로 인한 산림파괴에 초점을 맞추어 진행되었는데 모두 221기의 개인묘지가 확인되었다. 조사지역의 산 속 묘지는 모두 149기로 조성된지 오래 된 것뿐만 아니라 최근 조성된 묘지도 있는 것으로 확인되었다. 그런데 평균 묘지 넓이는 10평에서 20평이고 심지어는 50평 이상이 되는 것도 있어 현행 법률에서 개인묘지의 넓이를 9평 이내로 제한하고 있는 것을 위반하고 있었다. 그리고 묘지 주변에는 30년 이상 된 수목들이 무단으로 벌채되어 방치되어 있는 등 심각하게 산림이 훼손되어 있었고, 이와 더불어 묘지로 인해 토양이 유실된 상태로 관리되지 않고 방치되어 있는 실정이었다. 그리고 조사된 221기의 묘지 중 72기는 백두대간 길에 인접한 마을 주변에 위치해 있었는데 대부분이 경작 가능한 지역이었다. 토지의 비효율적인 이용뿐만 아니라 지역경관을 해치면서 무분별하게 개인묘지들이 산재되어 있는 상황이었다. 조사 결과에서 주목할 점은 이 지역이 지리산 국립공원구간의 주변임에도 많은 불법개인묘지들이 난립

해 있었고, 국립공원구간 내에도 2기의 묘지가 불법적으로 조성되는 등 지리산지역의 자연환경을 파괴하고 있다는 것이다.

묘지제도의 개선방안

앞 서 진술했듯이 관습적인 매장 위주의 장묘관행 때문에 생태계 파괴 및 산림훼손 등의 자연환경문제는 더 이상 방치될 수 없는 상태에 이르렀다. 그러나 오랜 세월 동안 형성되어온 유교문화나 풍수지리설에 대한 믿음 등의 사회, 심리적 의식을 단 기간에 변화시키는 것은 쉽지 않고, 더구나 장묘제도 개선을 위한 정부의 정책적 의지는 여전히 미약한 상태이다. 그렇지만 사회 여러 단체에서는 화장이나 납골 등의 새로운 장묘제도의 도입을 위해, 화장유언남기기 운동이나 녹색 장묘운동 등 시민의식 변화를 위한 노력을 기울이고 있다. 이 장에서는 묘지제도를 개선하기 위해 필요한 조건들을 살펴보고 선행 연구들의 공통된 사항들을 점검함으로써 바람직한 대안들을 파악한다.

1. 화장문화로의 의식변화

우선 시급히 해결되어야 할 부분이 매장 위주의 장묘문화를 화장 위주로 바꾸기 위한 시민의식의 전환이다. 여전히 전통적인 유교문화로 인한 조상숭배사상이 강하고 풍수지리설의 영향으로 명당이라는 관념을 중요하게 여기는 등의 지배적인 사회 분위기는 넘어서야 할 험난한 장애물들이다. 그러나 요즈음 국내적으로 문제가 되고 있는 새만금 간척사업과 핵폐기물처리장소를 둘러싼 사회갈등의 사례들이 개발과 환경보존이라는 가치에 관련된 선택이 문제가 되고 또한 기술적인 실현가능성에서도 합의가 이루어지지 않은 것에 비해 매장 위주의 장묘관행의 대안인 화장제도는 ―최선의 대안으로 여겨지는 화장을 통한 도심 내 집단공원묘지는 4장에서 자세히 언급한다.― 어느 정도 사회적 합의가 이루어졌고 기술적, 경제적 부분 역시 외국사례를 통해 충분히 입증되었다. 다만 그간의 비위생적이고 노후한 화장장에 대한 고정된 인식과 화장이 객사한 자에게만 해당하는 것이라는 잘못된 편견이 획기적인 변화를 이끌어내지 못하는 원인이 되고 있다.

제도적 개선방안에 앞서서 이루어져야 할 화장 위주의 장묘제도 정착을 위한 국민의식의 변화를 위해서는 다음 세 가지 방안을 생각할 수 있다. 첫째는 지도층의 솔선수범이다. 사실 일부 지도층 인사들이 이른바 명당이라는 곳에 불법의 호화묘지를 조성하고 자랑하는 그릇된 행태와 국립현충원의 서열에 따른 묘지에 대한 차별적인 규정들이 현실이다. 그러나 고 최종현 선경그룹 회장이 자신의 유언에 따라 화장되는 등 정, 재계 지도층 내에서도 화장을 유언하는 것이 확산되고 있다. 지도층이 솔선수범한다면 화장이 가난한 사람들의 어쩔 수 없는 선택이거나 횡사한 자에게 해당된다는 편견이 잘못된 것이라는 국민적 공감대가 더욱 용이하게 형성될 것이다. 두 번째는 국민의식전환을 유도하는 체계적이고 구체적인 사회교육이다. 전반적으로 국민의 교육수준이 향상되고 인터넷 등을 통한 상호의사교류가 활발한 때이기 때문에 일반국민 스스로 잘못된 지식이나 인식에 대한 비판과 전환이 가능하다. 그런데 이러한 면을 더 조직적이고 직접적으로 이끌어 내기 위해서는 녹색장묘운동이나 화장유언남기기 운동처럼 시민사회단체들의 더 많은 관심과 노력이 전개 되어야 하며, 이를 뒷받침하기 위해서 대중전파매체를 적극 활용하여야 한다. 그리고 초중고 정규교육에도 화장과 관련된 내용을 반영시켜 이러한 문제가 특별한 일회성 이슈가 아닌 경험적이고 필수적으로 인지해야 할 부분으로 받아들이도록 해야 할 것이다. 셋째로는 정부의 정책적 지원이다. 즉, 화장이 결코 부정적인 장묘행태가 아님을 지속적으로 알리는 노력과 함께 정부 정책에 순응하는 사람에게는 얼마간의 인센티브를 부여하는 등의 재정적 지원을 하는 것이다. 일본의 98%의 화장률은 바로 정부주도가 적극적으로 화장을 유도하고 기반시설을 정비하는 노력의 결과로서 정부의 정책적 지원이 얼마나 중요한 지를 보여준다고 할 수 있다.

2. 매장 위주 장묘제도에 대한 대안들

거듭 진술하듯이 매장 위주 장묘관행으로 심각한 자연생태계와 산림의 파괴가 초래되었고 더 이상 허용할 수 없는 지경에 이르렀다. 따라서 매장 위주의 묘지제도를 바꾸는 것이 시급한데 이것은 바로 위에서 말한 것처럼 국민들의 의식의 전환이 근본적으로 바탕이 되어야 한다. 그렇지만 그러한 의식변화는 단기간에 이루어 질 수 없고 단계적으로 제도를 만들고 기존 자원이나 시설을 정비하면서 병행되어 정착되어야 한다. 장묘문제 해결을 위한 방안에는 여러 가지가 있는데, 다음은 여러 전문가들 사이에서 공통적으로 정립된 사항들이다.

우선, 당장 개선이 가능한 부문으로는 묘지면적의 축소, 묘지의 집단화, 이를 뒷받침하는 매장 및 묘지에 관한 법률 개정과 행정조치 등 세 가지이다. 묘지면적의 축소는 여전히 매장을 전제로 한 것으로 임시방편적인 수단이라고 할 수 있지만 프랑스와 같이 분묘 1기당 면적을 1평 이하로 줄일 경우 전체 묘지면적을 상당부분 줄여 그만큼의 삼림파괴를 막을 수 있는 효과를 거둘 수 있다. 화장률이 30%의 상황을 고려하면 정책에 대한 저항을 비교적 덜 받으면서 큰 효과를 볼 수 있는 실현가능성이 높은 방안이다. 묘지의 집단화는 현재 대부분의 개인묘지들이 허가 없이 산발적으로 조성되어 무연분묘가 발생하고 토지의 비효율적 이용과 자연환경 파괴의 주된 원인이 되었기 때문에 이를 한 곳에 집단적으로 모아서 지속적인 사후관리를 도모하기 위한 방안이다. 개인묘지에 대한 규제강화와 상호 병행되면 일정효과를 얻을 수 있고 또한 시행이 용이하고 정치적 실현가능성이 높은 방안이나, 화장제도를 위한 것은 아닐 뿐더러 서울처럼 몇몇 대도시의 경우는 집단묘지 역시 이미 포화상태에 이른 상황이다. 매장 및 묘지에 관한 법률 개정과 행정조치 역시 당장 개선이 가능한 부문으로 실제로 지난 십여 년간 개인묘지에 대한 규제를 강화하고 화장장과 납골당에 대한 규정을 두는 등 조금씩 진전을 이루었다. 그러나 일본이나 중국과 같이 화장제도가 발달한 국가와 비교했을 때는 그 규제 정도가 약하고 행정적 관심이 많이 부족한 실정이다. 위와 같은 단기 내에 개선 가능한 방안들은 어느 정도의 실효는 거둘 수 있으나 근본적인 해결책이라고는 할 수 없다. 일반적으로 장기적인 계획과 시행이 뒷받침되어야만 정착이 가능한 시한부 묘지제도의 활성화와 집단공원－화장묘지제도들이 현재의 매장 위주 장묘관행에 대한 가장 바람직한 대안으로 인정되고 있다. 시한부 묘지제도란 묘지에 대해 개인이 소유권을 갖는 것이 아니라 일정한 기간 동안 사용권만 갖는 원칙(환경운동연합, 2002)으로 일정한 기간이 －2001년 1월부터 시행된 '장사등에관한법률'에서는 분묘의 설치기간을 15년으로 하고, 5년에서 15년까지로 연장 신청할 수 있게 했다.－ 지난 뒤 매장된 시체를 파서 화장을 하고 그 자리는 다시 산림복구를 위해 나무를 식재해서 원래 상태의 자연환경으로 회복하는 것을 목적으로 하는 제도이다. 이는 개인묘지나 집단묘지 모두 적용해야 하는 것으로서 우리나라처럼 매장에 대한 선호도가 높은 상황에서 최종적인 화장제의 정착으로 가는 과도기적 제도로서 훌륭한 기능을 할 것으로 기대된다. 토지의 재사용이란 의도로 유골을 급히 처리한다는 오해를 일으킬 여지도 있으나 시신의 탈골, 부패의 기한을 고려하여 시한을 다양하게 정하며 등급별 계약조건을 달리하는 등의 선택범위를 높여주고 시신수습 및 화장절차를 정중하

고 신뢰성 있게 행한다면 그러한 저항을 상당부분 줄일 수 있을 것으로 예상된다. 이미 홍
콩, 싱가포르 등의 아시아 국가들과 프랑스, 독일, 이탈리아 등의 유럽권 국가의 상당수가
이 제도를 도입, 시행하여 상당한 실효를 얻고 있는데, 특히 프랑스의 경우는 화장률이 1994
년 8%에 불과하지만 묘지의 집단화와 시한부 묘지제도의 시행으로 화장률이 더 높은 우리
나라와는 달리 효과적으로 장묘문제를 해결할 수 있었다. 우리나라에서는 시한부 매장제가
시행된 지 3년이 채 안되었기 때문에 그 실효성을 아직 입증할 수는 없으나 강력한 법집행
과 체계적인 행정적 관리가 병행된다면 어느 정도 현재의 장묘문제를 개선하는 역할을 할
수 있을 것으로 기대된다. 시한부 매장제도가 상당한 효과를 거둘 수 있지만 일단 매장을 하
는 방법이기 때문에 근본적인 해결책이라고는 할 수 없다. 전문가들 사이에서 일반적으로
인정되는 가장 바람직한 장묘제도로서는 도심 내에 위치하는 집단공원－화장묘지제도를 들
수 있다. 사실 이 제도는 일반적인 집단묘지와 유사하고 연구자마다 상정하는 매장, 화장,
그리고 납골 등의 장례방법도 다르며, 도심 또는 외곽지역 등의 묘지위치도 다른 형편이다.
그러나 현 매장 위주 장묘문화와 관련된 우리나라의 자연환경 및 사회적 여건을 고려했을
때, 도심 내에 위치하며 화장의 방법을 사용하고 주변지역과의 문화적, 심리적 휴식처로서
의 공원기능을 하는 것이 가장 이상적인 것으로 본 보고자는 평가하며 따라서 일반적으로
사용하는 집단공원묘지라는 용어 대신에 도심 내에 위치하는 집단공원－화장묘지제도라는
용어를 통해 이러한 면을 반영한다. 다음 4장에서 현 매장 위주의 장묘관행으로 인한 자연
환경파괴의 문제점을 해결하고 궁극적으로 사회적 요구에 부응할 수 있는 최선의 대안으로
서의 집단공원－화장묘지제도의 실현가능성을 사회 환경과 관련해서 파악한다.

〈표 4〉 각국의 장묘제도의 정책방향

		정책방향	기타
한 국		단위면적 축소, 화장권장, 시한부묘지제도도입, 무연분묘정리	
중 국		화장제 적극 권장, 화장 및 납골시설 확충	공무원이 화장을 하지 않으면 장례지원 없음
일 본		묘지공원화 벽묘지 보급, 무연묘지 정비	
네덜란드		화장권장	개인, 사설묘지허가하지 않음
영 국		화장권장	묘지 나눠쓰기 운동, 묘지재사용
프랑스		묘지아파트, 가족묘지개발, 시한부묘지확대	묘지아파트와 시한부묘지제도가 가장 잘되어 있으며 실효를 거둠.

보건복지부, 한식과 성묘, 2001

집단공원 - 화장묘지제도의 사회 환경 측면

앞서 진술했듯이 서울시 등의 몇몇 지역을 제외한 전국의 화장률이 30%밖에 되지 않고 시한부매장제가 도입된 지 3년이 채 안 되어 있는 등 전반적으로 충분한 조건이 마련되지 않은 상황이기 때문에 가장 바람직한 장묘제도 여겨지는 집단공원 - 화장묘지제도가 당장 실현되기는 어려울 것이다. 또한 화장률이 높다고 해서 당장 그 실현이 가능한 것은 아닌데 이러한 면은 최근 서울시 원지동 추모공원 조성계획을 철회의 예에서 나타나고 있다. 왜냐하면 집단공원 - 묘지제도가 정착하기 위해서는 여러 사회, 문화, 경제적으로 복잡한 요인들이 해결되어야 하기 때문이다. 이 장에서는 우선 집단공원 - 묘지제도를 둘러싼 사회, 문화, 경제적 요인들을 사회 환경이란 용어로써 규정하고 그에 대해 정의를 내리며 그것이 이 제도의 정착에 어떤 관계를 갖고 있는지 살펴본다. 그리고 서울시의 원지동 추모공원 조성계획과 철회의 사례를 통해 구체적으로 그러한 관계를 파악한다.

1. 사회 환경의 중요성

환경이란 용어 자체는 둘러싸인 구역이나 경계, 또는 사람의 생활체를 둘러싸고 있는 사물, 사정, 상태를 뜻하는 포괄적인 개념이라고 할 수 있다. 그리고 이것은 가정환경, 교육환경, 자연환경 등의 용어처럼 다른 수많은 분야들과 결합하면서 새로운 의미로 형성된다. 본 보고서는 우리나라 장묘제도의 문제점과 개선방안을 조사하면서 그와 관련된 환경의 개념을 자연환경과 사회 환경으로 나누어 살펴보고 있다. 이것은 우리나라 환경영향평가법에서 환경의 범주를 자연환경, 생활환경, 그리고 사회경제환경으로 구분한 것을 따른 것으로 이미 앞서 1장에서는 매장 위주의 장묘관행이 삼림내의 동식물상 파괴의 문제점을 낳은 것을 자연환경의 범주에서 살펴보았다. 그리고 이번 장에서는 집단공원 - 화장묘지제도의 실현가능성을 사회 환경 개념과 관련하여 파악하고자 한다. 환경영향법 내에서는 사회경제환경을 인구, 주거, 산업, 공공시설, 교육, 교통, 문화재 등으로 그 의미를 한정시키고 있는데 본 보고서는 위의 의미에 덧붙여 쾌적성이나 지역주민의 의식 등을 포함하는 보다 포괄적인 개념으로서 사회 환경이란 용어를 사용한다.

도심 내에 위치하는 집단공원 - 화장묘지제도가 실현되기 위해서는 이를 둘러싼 사회

환경에 관한 문제의 해결이 선행되어야 하는데, 다음처럼 크게 세 가지로 나누어 볼 수 있다. 우선 현재 매장 위주의 장묘문화가 화장으로 바뀌어야 하므로 국민의식의 전환이라는 면에서 사회 심리적 부분이 포함된다. 앞서 3장의 화장 위주의 장묘문화를 위한 국민의식의 전환에 관해서 살펴본 것과 같은 맥락으로 이해할 수 있다. 전국의 화장률은 꾸준히 증가해 오고 있고 특히 서울의 화장률은 59%, 부산은 66% 정도로서 화장에 대한 선호가 높은 것으로 밝혀졌다. 그런데 문제는 제주도나 전남의 경우에 화장률이 겨우 18%로 나타나 지역별로 그 편차가 심하다는 것이다. 이러한 수치들이 의미하는 바는 화장문화를 위한 사회 심리적 부분을 개선시키기 위해서는 대중매체나 정규교육을 이용한 전국적인 국민의식 전환노력과 아울러 각 지방자치단체들이 그 지역 상황을 고려해서 화장률에 따른 시설 정비나 의식개선 노력을 기울여야 한다는 것이다. 집단공원 – 화장묘지제도와 관련된 두 번째 사회 환경은 문화적 부분으로서 이 시설이 일단 도심 안이나 근교에 위치하여 하며 그 주변 지역주민들의 문화나 휴식공간으로서의 기능과 함께 녹지조성 등의 쾌적성을 증진시키는 노력이 수반되어야 하기 때문이다. 우리나라의 경우는 토지의 경제적인 효율성을 강조해 왔기 때문에 집단공원 – 화장묘지와 같이 경제적 측면에서 비생산적인 시설은 환영을 받지 못하는 것이 현실이다. 이러한 면은 서울의 경우에 집단묘지 시설들이 주로 서울 외곽이나 경기도에 위치하는 상황인 것에 비해 일본이나 프랑스 등의 국가에서는 화장장이나 집단묘지들이 시내 한복판의 주택가에 바로 인접해 있다는 사실에서 확연히 차이를 드러낸다. 그러나 앞서 문제 제기에서도 밝혔듯이 이제는 도시를 계획할 때, 특히 주거지역의 경우에는 쾌적성이란 부분을 중요시해야 한다. 즉 삶의 질을 생각하며 그러한 것을 뒷받침할 수 있는 녹지조성이나 문화시설의 설비가 수반되어야 할 때인 것이다. 세 번째 사회 환경에 속하는 것은 집단공원 – 화장묘지제도의 실제적인 실현에 있어서 발생할 수 있는 사회갈등을 조정하고 합의를 이끌어 낼 수 있는 정치적 부분이다. 기존의 비위생적이고 노후화된 화장장과 집단묘지들에 대한 인식이 여전히 남아있기 때문에 이러한 시설들을 혐오시설로 여기고 자신의 지역에 들어오는 것을 반대하는 것이 현실인데, 뒤에서 살펴볼 서울시의 원지동 추모공원 철회도 이와 관련이 있다. 그렇지만 이 부분은 프랑스나 일본 등의 국가에서 그 기술적인 부분이 이미 입증되었고 장례시설들을 현대화되고 아울러 편의성을 도모하고 관련 필요시설을 갖춤으로써 지역주민들의 불응을 줄일 수 있었다. 그리고 이런 외면적인 부분뿐만 아니라 보다 근본적으로 국가정책적으로 장묘문제를 사회복지의 측면에서 다루어 가고 있다. 일본의 경우에는 자치단체 별로 영속성, 비영리성, 필요성이라는 3대원칙의 기본이념 아래 국가의 지도하에 공영 묘지를 중심으로 운영하고 있다.(윤광길, 2001) 우리나라에서는 장묘문제와 관련된 행정 부서들이 공무원들 사이에서 기피되는 현실을 비교하면 정책적 접근 자세부터 다르다는 것을 알 수 있다. 따라서 집단공원-화장묘지제도의 실제적인 실현을 가능하기 위해서는 지역주민들과의 사회적 합의를 이끌어 내는 노력과 함께 장기적인 정책적 계획과 지원이 뒷받침되는 정치적 부문의 개선이 필요하다.

집단공원-화장묘지제도를 둘러싼 사회 환경

사회 심리적 사회 환경

문화적 사회 환경   집단공원-화장묘지제도   정치적 사회 환경

2. 서울시 추모공원사업의 계획과 철회(환경운동연합, 2003)

앞의 논의처럼 우리나라는 집단공원-화장묘지제도가 급격히 정착되기에는 화장률이나 시한부 매장제도 같은 선행조건들이 미비한 상태이고 사회 환경적인 면에 관한 인식이나 의지가 덜 성숙된 상황이다. 따라서 집단공원-화장묘지제도를 국내 전체적인 부분과 관련 되어 적용된 실제사례를 찾아보기는 어렵다. 그러나 서울시는 자체의 인구, 녹지, 그리고 행정의 전국적 위상 등의 특수성 때문에 이 제도를 실제로 적용하려는 노력이 있었는데, 그 결과는 만족스럽지 않은 상태이다. 이는 그 필요성에도 불구하고 사회 환경, 특히 정치 적 부분과 관련해서 여러 문제가 있었기 때문인데, 다음에서 서울시의 원지동 추모공원 조 성사업의 배경과 계획, 그리고 철회의 구체적인 예를 통해 그러한 면을 살펴보도록 한다.

서울시는 화장률이 50%를 넘어섰으며, 2005년에는 70%를 넘어 설 것으로 예상되는 데 반해 유일한 화장시설인 시립 벽제 승화원은 이미 그 한계용량을 초과한 상태이며 6개의 시립 추모의 집 -추모의 집이란 유골이나 화장한 재를 모시는 납골당의 이름으로 기존 의 부정적 인식을 완화하고자 하여 국민공모로 선정한 이름이다.- 중 5개소가 이미 만장

상태에 이른 상황이다. 그에 따라 97년에 서울시 장묘제도 개선 및 시설확충방안 연구용역을 시작으로 해서 2001년에 원지동 지역을 추모공원으로 확정하기에 이르렀다. 이 사업은 이제까지 논의해 온 도심 내 집단공원－화장묘지의 일반조건을 갖추고 있는 것으로 많은 기대를 모았었다. 즉, 화장, 납골형 장묘시설을 도심과 가까운 곳에 설치하기 위해 개발제한구역을 해제하였으며, 장례식장, 승화원, －기존의 부정적 이미지가 강했던 화장장의 새로운 이름이다.－ 추모의 집, 공원이 한 곳에 설치되는 완전 무공해 최첨단의 복합 장묘시설을 건설해서 편리성뿐만 아니라 심리적 접근성을 높이려 했고, 또한 친환경적인 추모문화시설을 설치하며 시민들의 휴식, 문화향유를 위한 다목적 생활공간의 창출을 목적으로 한 것이었다. 그리고 이 사업의 실현을 위해 학계, 전문가, 시민단체, 시의원 등의 사회전반의 사회적 논의의 과정을 거치기도 했다. 그런데 결국 2003년에 서울시와 보건복지부는 이와 같은 결정을 번복했는데, 이 지역에 병원을 유치하고, 예정된 화장시설의 규모를 줄이며 납골시설과 장례식장 계획은 아예 삭제했으며 서울시 스스로 장묘시설을 혐오시설로 인정하는 등 2001년의 추모공원의 설립 취지를 무색하게 하는 결정을 내린 것이다. 서울시가 들고 있는 이유에는 교통량의 증가나 병원시설의 유리함 그리고 장묘계획의 수정가능성 등인데 이러한 주장 자체도 설득력이 없고 무엇보다 큰 이유는 부지가 서초구라는 지역적 특성 때문이라는 견해가 지배적이다. 결국은 지역 주민들의 반발에 서울시가 중차대한 장묘정책을 그르치는 우를 범하는 것으로 향후 장묘대란은 물론 제2추모공원을 추진하는 부산시나 그 외 자치단체 등 전국적으로 악영향을 미칠 것으로 예상된다. 이번 서울시의 원지동 추모공원조성의 철회는 화장률이 높고 이 사업에 대한 각 계의 사회 인사들의 합의가 도출 되는 등 사회 심리적 사회 환경이 어느 정도 갖추어졌으며, 또한 친환경적이고 휴식 및 문화 향유를 위한 다목적 생활공간 건립을 위해 기술적, 재정적 지원이 충분한 상황 등의 문화적 사회 환경이 완비 되었음에도 불구하고 정부가 이를 활용하고 실제 집행해 나가는 데에 있어서 역량이 부족했던 것으로 즉, 정치적 사회 환경이 미약한 결과라고 할 수 있다.

이상에서 논의한 바와 같이 현재의 매장 위주의 장묘관행은 시급히 해결해야 할 사회문제이다. 그간 유교문화로 인한 조상숭배사상과 풍수지리사상으로 인해 전 국토의 야산과 구릉에 개인묘지가 불법으로 산재하면서 자연생태계를 교란시키고 산림을 훼손하며 자연경관을 악화시키는 결과를 초래한 것이다. 결국은 지배적인 매장제 관습을 화장제로 전환하고 궁극적으로는 도심 내에 위치하는 집단공원－화장묘지제도가 정착되어야 한다.

그렇지만 이를 실현하기 위해서는 많은 제약과 장애물을 넘어서야만 한다. 가장 중요한 것은 우선 화장이 경제적으로 궁핍한 사람들만이 하는 것이고, 좋지 않은 일과 연관된 죽음의 경우에만 해당한다는 잘못된 인식을 바꾸는 것으로 이를 위해서는 지도층의 솔선수범과 지속적인 사회교육 그리고 정부의 정책지원이 필요하다. 그리고 제도적인 면에서는 단기간에 효과를 내고 비교적 정책에 대한 순응을 이끌어 내기 용이한 묘지면적의 감소나 집단 묘지화 그리고 이를 위한 법률 개정과 행정집행관리의 지속성이 필요하다. 이러한 제도의 운영을 정착화 시키면서 화장률이 낮음에도 장묘문제가 심각하지 않은 프랑스에서 그 실효를 거두고 있는 시한부매장제가 활성화되도록 해야 하는데, 일단 우리나라도 이 제도가 법제화되었으므로, 지속적인 관심과 행정관리를 통해 제대로 정착되도록 해야 할 것이다. 이러한 국민의식 변화와 단기 및 과도기적 제도의 성공을 통해서 결국에는 집단공원-화장묘지제도가 정착되어야 하며, 이를 위해서는 사회환경의 세 측면, 사회심리적, 문화적, 그리고 정치적 부분이 성숙되어야 할 것이다. 최근 서울시의 원지동 추모공원 조성 계획과 그 철회를 둘러 싼 사회갈등은 이 제도의 정착을 위해서 더욱 논의되고 연구되어야 할 것이다. 사랑하는 사람이 죽는다는 것은 슬픈 일이다. 그러기에 정중하고 엄숙한 예로써 마지막 길을 배웅하며 그가 묻힌 곳이나 재가 모셔진 곳을 찾아가 그와의 추억을 회상하는 풍경들은 인간으로서는 너무나 자연스러운 모습이다. 중요한 것은 그런 추모의 마음이지 결코 관의 크기는 아닐 것이다.

참고문헌

오진모, 1994, 묘지와 환경보전, 강원개발연구원, pp.38, 42.

환경운동연합, 2000, 매장중심 문화의 개선을 위하여.

윤광길, 2001, 우리나라 묘지 행정에 관한 연구, 배재대학교 국제통상대학원 pp.15, 23.

권기모, 1997, 우리의 매장문화 이대로 좋은가, 월간 환경운동.

환경운동연합, 2002, 백두대간 내 개인묘지, 산림훼손 우려 크다.

환경운동연합, 2003, 서울시 제2추모공원 목적 및 2001년 서울시 장묘정책.

박석돈, 2001, 바람직한 장묘문화.

김태복, 1994, 한국의 묘지문제와 개혁방안, 21세기 장묘문화 국제 심포지엄.

한겨레21, 1998, 마지막 효도, 매장이 최선인가.

보건복지부(http://www.mohw.go.kr), 노인복지정책과, 장사등에관한법률 해설.
환경운동연합(http://kfem.or.kr).

6. 선진 국가에서의 제도와 환경정책

전체적인 흐름은 선진 국가들이 지구자원의 거대한 소비자인 동시에 환경오염자라는 인식하에 7개의 주요 국가(오스트레일리아, 캐나다, 독일, 이탈리아, 일본, 영국, 미국)를 대상으로 정책과정(특히 제도적 관점에서)을 살펴보는 것으로 구성되어 있다. 세부적인 흐름은 각 국가의 환경정책의 주요한 관심사(정책역사, 정책과정, 정책성과)순으로 이루어져 있다. 특히 주요한 관심사 중에서 정책과정의 세 가지 주요한 제도(기업과 산업, 연방과 지방정부, 국제조직)의 역할과 영향을 강조하고 있다.

첫째, 7개 국가의 주요한 환경문제나 정책의 전반적인 검토를 제공하는 데 있다.

둘째, 이러한 국가들의 환경정책을 형성하거나 유지하게 하는 행위자(actors), 가치(value), 이익(interest), 특별히 제도(instituition)를 논의하는 것이다.

셋째, 각 국가에서의 정책과정과 환경정책의 효과성에 대한 시사점을 제공하는 데 있다.

주요 문제(Central Question)

○ 첫째, 정책연구는 정책 자체를 기술하는 데 관련되어 있다(policy history)

- 예를 들어 환경정책, 무역정책, 외국정책과 같이 구체적인 정책영역에서의 실질적인 정책의 묘사를 포함한다)

- 이전과 현재의 정책 사이의 변화에 대한 역사적 설명을 제공한다.

- 한 국가에서의 환경정책과 문제점이 무엇일까?

- 정책이 어떠한 중요한 변화가 수년 동안 발생했는가?

- 환경정책과 이슈가 수년 동안 어떻게 진전되어 왔는가?

○ 둘째, 공공정책의 연구는 어떻게 정책이 형성되었으며 어떻게 변화하는지의 이해와 관련되어 있다(policy process).

- 다른 나라에서의 정책의 변화를 설명하거나 수 시간 동안 동일한 국가(country)에서의 다른 주(state)를 설명하는 데 관련되어 있다.

- 이러한 연구의 초점은 정책과정에서의 변화를 이해하고 형성하는 데 있다. 그들은 정책과정의 이론을 개발하는 데 있다.

- 이것은 정책형성과 법제정, 집행에서의 정치적인 부분을 포함 한다.

- 이글에서는 환경정책과정을 이해하고 설명하는 데 제도적인 관점을 사용한다.

  ● 제도적 관점은 역사적인 측면에서 정치적이고 경제적인 제도 양자를 포함 한다.

  ● 제도와 역사는 환경정책을 형성하는 데 있어서 중요하다.

- 환경정책형성과 집행에 있어 제도가 어떠한 역할을 행하는가?

- 어떻게 해서 제도적으로 약정된 환경정책이 구조화되고 형성되는가?

- 수년 동안 어떻게 제도적 협정의 역할과 영향이 전개되어 왔는가?

○ 셋째, 정책연구는 정책의 효과성을 평가하는 데 관련되며 이러한 효과성을 설명하는 요인을 찾아내는 데 있다(policy performance).

- 정책결정자의 의도된 효과에 대한 실질적인 정책의 효과를 비교하는 데 초점을 두고 있다.

- 그리고 난 이후에 정책의도와 정책성과 사이의 괴리를 설명할 수 있는 요인을 연구한다.

- 비교정책연구가 자주 다른 국가나 주에서의 정책효과성의 차이점에 대한 원인을 찾아내는 데 관련된다.

- 환경문제를 다루는 데 환경정책과 규제의 효과성을 소개하고 있다

제도와 환경(Intituitional and Environment)

○ 중요한 제도의 세 가지 조직

  ① 기업과 산업 ② 연방과 지방 ③ 정부국제조직

○ 환경정책과 환경정치에서 기업과 산업의 역할의 중요성은 입증되고 있다(Ophuls and Boyan 1992 etc). 이글에서 소개되고 있는 국가와 같이 정치적 민주주의와 자본시장 경제국가일수록 더욱 그러할 것이다.

- 환경정책이 결정되고 이행되는 과정을 형성하는 주요한 기관일 것이다.

- 공무원의 환경정책의 결정을 지도하고 구속하는 가치와 규범을 정의하는 데 중요한 행위자이다.

○ 국가와 지방정부 사이의 관계에 대한 제도적 협약이 주로 산업화된 국가에서 환경정책의 중요한 결정요인이 될 것이다.(환경결정권의 이전의 문제)

- 거의 모든 산업화된 국가에서는 현재 환경규제권을 이행하는 책임을 주나 도시정부수준으로 이양하고 있다.

- 정부의 수준과 정부의 다른 기관 사이에서의 권한과 권력의 배분은 환경정책과 이행에 영향을 미치고 있다.

○ 국제기관이라 함은 "행위 역할을 규정하고, 행동을 억제하고, 기대를 형성하는 규정의 지속적이고 연계된 배열"로서 정의되고 있다(Keohane 1989, 3). 이러한 조직은 공식적인 국제기관(Haas 2000, 558)과 회의(convention)의 형태를 취한다.

경제조직과 환경(Economic Organization and the Evironment)

○ 미국에서의 기업과 산업, 정부와의 관계는 정부와 기업이 경제적 성장을 보장하기 위해 정책결정에서 환경과 시민참여를 자주 희생하는 일본보다 좀더 적대적이다.

○ 일본과 유럽은 역사적으로 2차세계대전 이후에 그들의 경제를 성장하기 위해서 어쩔 수 없는 기업과 산업과 가까이 지낼 수밖에 없었다.

○ 물론 역사적인 측면뿐만 아니라 정치적이고 법적 문화에서도 차이가 있다.

○ 경제기관과 환경 사이의 갈등은 환경에 협소하고 엄격하게 돈의 가치를 부여하려는 관행에서 비롯된다(Evernden 1993; Wright 1994).

○ 환경적인 문제의 심각성을 인식하고 있지만 물질적 가치(반 물질주의 가치와 물질주의적 행태가 혼재함)가 여전히 기업과 산업에 존재하고 있다.

- Bowaman(1995, 51)은 대부분의 미국인은 환경보호에 대한 열렬한 주장을 행하지 않고 환경을 보호하기 위한 전투에 만족하고 있음을 "impressive evidence"라 결론을 내렸다.

○ 반 물질주의적인 가치와 더불어 사전예방의 원칙과 세대 간의 형평성이 환경정책에 영향을 주게 되었다. 그리고 지탱가능한 발전이 환경보호를 하면서도 계속된 물질적인 부를 가능케 했다.

○ 이러한 분위기하에서 각종 회의가 구성되고 ……전 세계의 기업들도 환경적인 것을

올바르게 하는 것이 자신의 이익을 위해서 도움된다고 이해하기 시작했다.

정부간의 관계와 환경보호(Intergovernmental Relations and Evirionmental Protection)

○ 국가와 지방정부사이에 배분된 정책결정권과 책임성의 방식은 환경정치에 영향을 미치며, 환경정책을 형성하고, 이러한 정책의 이행을 규정한다. 연방 vs 비연방, 연방 내에서도 다르다.

○ 1960대 말까지 집권화된 국가정부에 의해 형성되고 집행된 정책과 규제를 통해서 환경을 보호하려 했다. 이러한 규제적 접근을 "명령과 통제"로 불렸는데 이러한 것은 시간 소모적이고 자위적이고 정치적인 관여에 지나치게 민감하기 때문에 문제가 있다고 비판받았다.

○ 이러한 것으로 미국에서는 중앙에서 지방으로의 환경정책자원과 규제권한을 이양하도록 하는 분권화에 대한 슬로건이 나타나게 되었다(B. G. Rabe).

  − 미국에서 환경주의자를 포함한 공익 측면뿐만 아니라 높은 비용 때문에 연방정부 규제에 대한 기업과 산업의 불만족은 주와 지방정부에 보다 많은 권한을 부여하는 운동으로 나아가게 하였다

○ 정부상호간(연방이나 주정부) 사이의 관계가 모든 산업화된 국가에서의 환경정책에 중요한 역할을 할 것이라는 것도 고려해야 한다.

International Organizations and Global Environmental Protection (국제조직과 전세계적인 환경보호)

○ 선진국에서의 환경정책에서의 가장 중요한 변화중의 하나는 지구환경의 이슈에 대해 관심이 고조되고 있다는 점이다.

○ 국제적인 환경문제의 전개과정

1972년 UNCHE(인간환경에 대한 UN회의, 스톡홀름)가 국제 환경을 중요한 국가문제임을 합법화하는 데 도움을 주었다. 이것은 그 동안의 환경주장운동을 국제적인 정책의제로 나아가게 하였다.

○ 국제조직은 국제적인 환경정책과 프로토콜을 만드는 데 도움을 주지만 그들은 집행, 감시, 강제를 행할 권한을 거의 가지지 못하고 있다.

국제적인 환경협약을 국가목표화 행동에 포함시키는 것이 국제환경정책에서 직면하고 있는 주요한 문제의 하나이다.

○ 물론 각국에서도 이러한 한계점을 인식하고 있지만 국가주권의보다 큰 문제를 불러 일으킬 수 있기 때문에 효과적인 국제 감시와 강제에 메커니즘에 동의하기를 꺼려한다.

○ 이러한 장애에도 불구하고 세계의 많은 국가들은 국제환경협약의 적어도 하나 정도 가입한 당사자이다. 또한 국제조약의 효과적인 이행과 강제의 증거가 증가하고 있다.

예를 들자면 실제로도 오존층의 경우에 협약에 따라 이행되고 있으며, 세계의 각국이 CFC(프레온 가스)방출을 줄이려는 조치를 행하고 있다. ○ 그러므로 국제기관이 21세기의 환경정책에서 주요한 행위자가 될 것은 확실할 것이다. 흔히 사람들은 요즘 환경문제가 많이 심각해졌다고 말한다. 도대체 뭐가 심각하고 어떤 부분이 문제이기에, 환경문제가 많은 이들의 관심을 끌어 모으는 것일까? 환경은 바로 우리 삶의 터전이다. 예를 들어, 우리가 사는 집의 지붕에 작은 틈이 생겼다고 생각해보자. 당장 불편을 겪지 않아 나중에 고쳐야지 하며 보수를 미루게 됐다. 매일 조금씩 커져가는 지붕의 틈 사이로 어느 날 폭우가 쏟아진다. 그 틈은 커다란 구멍으로 변하게 됐고 집안으로 비가 새어 들어오기 시작하며 큰 불편함을 일으킨다. 당장 문제해결을 위해 지붕으로 올라가서 보수를 하기엔 너무 위험하다. 천둥, 번개가 치며 한 치 앞도 분간 할 수 없을 정도의 장대비가 쏟아지고 있기 때문이다. 할 수 없이 비가 그치면 지붕을 고쳐야겠다고 생각하며 세숫대야로 물을 받으며 위기를 모면하려고 한다. 근데 장마철 이라면 어떻게 해야하나? 쉴 새 없이 쏟아지는 비…… 그저 원망만 하다가는 집이 물바다로 변할 뿐이다. 비가 그치지 않고 오랫동안 내리면 내릴수록 피해는 커지게 된다. 이처럼 당장 해결을 하고 싶어도 그럴 수 없는 문제가 발생할 수도 있다. 지금 우리 앞에 맞닥뜨린 환경문제도 이와 비슷하다고 할 수 있다. 환경문제 발생시 안이한 자세로 대처하면 더 심각한 문제로 우리앞에 다시 다가오게 된다. 환경문제가 생기면 곧바로 대처하고 또 그런 문제가 발생하지 않도록 사전에 예방을 한다면 피해를 최소화 할 수 있을 것이다. 환경문제의 심각성이 대두된 것은 채 100년도 되지 않는다. 인류의 긴 역사에서 100년은 아주 짧은 시간이다. 우리는 이 짧은 시간에 엄청난 변화를 겪어왔다. 산업혁명 이래로 세상의 발전 속도는 이 전과는 비교도 안 될 정도로 빠르게 진행되고 있다. 산업화가 우리손에 편리함이라는 달콤한 사탕을 쥐어줬지만, 한편으로는 충치를 일으킬 수 있는 원인 또한 같이 주었던 것이다. 치아에 이상이 누적되면 우리는 통증을 느끼고 조치를 취하게 된다. 하지만 이런 경우 치아뿌리까지 썩어있어 치료가 불가능한 상태에 이르러 치아를 뽑아내야하는 상황에 이르기도 한다. 입속에는 여러 개의 치아가 있어 한 개를 뽑아도 다른 치아가 기능을 대신할 수 있지만 우리가 사는 지구는 단 하나이다. 적어도 우리가 죽을 때까지 지구에 심각한 문제는 일어나지 않을 것이라며 안심하는 사람들도 많이 있다. 지구 온난화로 해수면이 높아져봤자 몇 미터도 안 될 것이고, 대기가 오염돼도 당장 쉬는 데는 지장이 없을 것이다. 물이 오염됐다고? 정수기가 해결해 주지 않는가! 하지만 우리의 자손들을 생각해 보자. 그들은 태어날 때부터 산소마스크를 써야하고 밖에 나갈 때는 방독면과 보호의를 착용해야 할지도 모른다. 마실 물은 정수기에 걸러 마실 수 있을지 모르지만, 시커먼 바다에 존재하지 않는 물고기를 맛보지는 못할 것이다. 현재 보고된 각종 환경오염 사례로 인한 인류, 생태계에 대한 피해만 보더라도 환경문제가 얼마나 심각한지 알 수 있다. 환경문제는 건강 및 생명과 직결되는 상황으로 이어진다. 당장 우리 눈에 보이지 않는다고 방심해서는 안 된다. 산업화로 인한 각종 화학물질이 우리에게 어떤 위험성을 가지는지 예전에는 미처 몰랐지만 속속 드러나고 있는 그 폐해는 우리를 긴장하게 한다. 게다가 환경오염문제는 일부 지역, 나라의 문제가 아니라 초국가적인 문제이다. 난분해성 오염물질은 바람을 타고 어느 곳으로도 날아갈 수 있으며 바다의 한 곳이 심하게 오염되면 그 주변 해역에도 점차 오염을 일으키게 된다. 전 세계가 공통된 시각으로 환경 문제에 관하여는 철저히 협조하고 적극적인 대처 방안을 마련해야만 미래에 닥쳐올 환경재앙을 극복할 수 있을 것이다.

V. 비교론적 시각에서 본 한국의 환경행정구조

1. 미국 · 일본 · 필리핀 · 영국의 환경행정

환경문제는 현대 인류가 안고 있는 난제 중의 하나이다. 지구온난화현상이나 오존층파괴 그리고 산성비의 사례에서 볼 수 있듯이 환경문제는 국내수준을 벗어나 지구 문제화되고 있다. 인류가 생존하기 위해서는 지혜를 모아야 할 때이다. 환경보전에 관한 지혜를 모으는 방법의 하나로 비교연구를 들 수 있다. 비교행정은 제2차세계대전 이후 본격화되었다(김수영·오영석, 1995: 63). 행정학이 보편적 학문으로 존립할 수 있는 기반을 공고히 하고 사회문제의 해결에 필요한 지식을 획득하기 위해서이다(Almond, 1966: 878; 박천오 외, 1996: 13-15). 국내외적으로 직면한 환경문제의 해결 방안을 모색하고 환경행정을 하나의 일반화된 학문 영역으로 발전시키기 위해서는 한국의 환경행정구조와 외국의 그것들을 비교 연구하는 작업이 요구된다. 한국과 외국의 환경행정을 비교 하는 데는 다양한 방법 혹은 분야에서 이루어질 수 있지만, 본 연구에서는 국가 간 환경행정 구조를 비교하는 데 초점을 맞추었다. 조직구조란 조직의 성공적인 활동을 위해 필요한 일과 부서 그리고 직위나 권한관계 등을 안정적으로 짜놓은 틀 또는 뼈대를 의미한다(박경원·김희선, 1998: 46; 김상묵, 1999: 2). 조직구조가 중요한 이유는 조직구조 자체가 조직의 정책결정과 집행에 영향을 미치고 있기 때문이며, 또한 조직이 추구하는 방향과 전략, 정책집행, 문제해결방식 등을 표현하기 때문이다(Chandler, 1962; Fredrickson, 1986). 한국과 외국의 환경행정 구조를 분석하는 데 '권한'과 '기능'이라는 두 기준을 사용하였다. 즉, 양국의 환경과 관련된 업무를 담당하고 있는 부처들 간의 권한의 집중·분산의 정도와 기능의 집중·분산의 정도를 분석의 도구로 사용하였다. 이 논의를 바탕으로 한국의 환경행정 구조를 조직의 '전문화'와 '조정'의 관점에서 논의하였다.[71] 또한 이 논의를 바탕으로

---

71) 일반적으로 전문화는 조직 목표의 효율적 달성을 위해 업무를 부서별·개인별로 분화시키는 것이라면, 조정은 전문화된 부서나 개인의 활동을 조직목표 달성을 위해 통합하는 것을 의미한다. 전문화만 강조하면 업무 간 조정이 어렵게 되고 조정만 고려하여 조직구조를 짜게 되면 전문화가 손상될 수 있기 때문이다.

우리나라 환경행정구조의 발전방향에 대해서 언급하였다. 미국과 일본은 우리나라와 유사한 환경행정 구조를 갖고 '전통적' 환경기능에 치중하고 있는 반면 필리핀과 영국은 환경행정 관련 기능들까지 통합한 구조를 갖고 있다. 환경행정구조에 관한 논의에 앞서 비교연구의 유용성을 높이기 위하여 우리나라 환경행정을 둘러싸고 있는 사회·정치·경제 환경의 변화에 대해서도 이해하여야 한다.

환경의 변화와 미래

환경행정은 순수한 과학적 영역이나 사회적 진공상태에서 전개되는 정형화된 사무가 아니다. 환경행정은 한 국가의 사회·정치·경제·기술·환경문제의 심각성 정도 등에 따라 그 구조와 기능이 변하게 된다. 이러한 맥락에서 후술하게 될 우리나라 환경행정 구조의 발전방향에 대한 논의가 유의미하기 위하여 환경행정이 현재 직면하고 있는 국내외적 변화에 대해 언급하기로 한다.

1. 경제구조의 세계화

냉전구도의 해체와 함께 전 세계가 하나의 자본주의 경제체제로 재편되었다. 이러한 경제구조가 국가들의 경제발전에 대한 욕구를 더욱 증대시키고 있다. 특히 후발국의 경제발전에 대한 욕구는 자연자원의 고갈과 환경 훼손을 초래하게 될 것이다. 이러한 상황에서 선진국은 자유무역의 기치 아래 무역과 환경을 연계하고 있다.

우리나라도 IMF체제의 경험과 함께 경제발전에 대한 욕구가 어느 때보다 더 강하다. 또한 지방자치제도의 실시와 함께 지역개발에 대한 욕구가 증대되고 있고 지역개발의 환경에 대한 피해가 가시화되고 있다.

2. 환경위기의 지구화

환경문제가 한 국가의 문제에서 지구적 문제로 확대 심화되었다. 오존층파괴·기후변화·생물종감소·토양유실로 인한 경작지 감소 등이 발생하고 있다. 중국은 1998년 기후변화의 영향으로 양쯔 강이 범람하였으며 인구 2,500명이 사망하는 재난을 겪었다 (http://www.moenv.go.kr). 지구환경문제의 대두와 함께 세계적으로 환경산업의 중요성이 증대되고 있다는 것도 우리에게 시사하는 바가 크다.

3. 환경의식의 변화

환경의식의 양적 성장과 함께 내용 또한 변하고 있다. 단순한 환경오염의 제거로부터 쾌적한 정주공간의 추구 쪽으로 변하고 있다. 과거와 달리 자연생태계의 보전·야생동식물의 보호·자연경관의 보호 등에 대한 관심이 높아지고 있다.

국가 간 환경행정 구조의 비교

모든 행정 분야가 그러하지만 환경행정도 국가마다 그 구조와 내용에 있어 공통점과 차이점이 있다. 공통점은 환경행정이 추구하는 목표와 대상이 유사한 데서 기인하는 것이라면, 차이점은 각국이 처해 있는 지리·사회·경제·역사·문화·정치적 요인들이 다르기 때문이다. 예를 들면, 독일을 비롯한 유럽 국가들은 재활용과 소각장 중심의 폐기물정책에 중점을 두고 있는 반면, 미국은 지금도 매립 중심의 폐기물정책을 시행하고 있다(문태훈, 1997: 225).

1. 한국 환경행정의 구조와 특징

1) 환경행정의 발달

환경행정의 주무부처인 환경부는 1967년 보건사회부의 공해계로 출발하였다. 이후 1980년의 환경청 신설과 1990년의 환경처로의 승격 그리고 1994년 환경부로 승격되면서 오늘날의 모습을 갖추게 되었다. 1960년대 이후 환경행정은 위생관리에서 공해방지 그리고 환경관리로 최근에는 사전예방에까지 중점을 두는 방향으로 발전해 왔다.

「정부조직법」제38조 2항에 의하면 환경부는 "자연환경 및 생활환경의 보전과 환경오염방지에 관한 사무"를 담당하도록 되어 있다. 환경부의 임무가 환경보전이라는 '전통적' 기능에만 국한되어 있음을 알 수 있다. 환경보전 중에서도 주로 생활환경에 초점이 맞추어져 있으며 최근에 들어 자연환경보전 기능이 추가되고 있다.[72]

2) 환경행정의 구조

환경문제의 특성상 환경 관련 업무들이 행정자치부를 비롯한 여러 중앙부처와 지방자치단체에 분산·위임되어 있다. 천연기념물의 관리·해양환경관리·국토개발계획의 수립·자연자원의 관리 등과 같이 환경행정과 직접적 관련성이 높은 업무가 여러 부처에 산재해 있다. 이렇게 권한과 기능이 여러 부처에 분산되어 있어 종합적이고 체계적인 환경행정을 수립하고 집행하는 데 장애요인이 되고 있다.[73]

환경행정은 지방정부에도 분산되어 집행되고 있다. 지방자치단체들은 관할 구역 내 환경보전 대책의 수립, 일반폐기물의 수집·처리, 오수·분뇨·축산·폐수의 처리 등 고유업무와 공단 외 지역의 오염물질 배출업소 관리 및 환경개선부담금의 부과징수 등 환경부 장관으로부터 위임받은 사무를 처리하고 있다. 전체 환경행정업무 중 14.4%만이 지방

---

[72] 국립공원 관리기능이 1999년에야 환경부의 자연 보전 국에 추가되었다는 사실이 이를 잘 대변해 주고 있다.

[73] 자연환경 분야를 예로 들어보면, 희귀 동식물 중 천연기념물로 지정된 것은(검은 독수리, 수달 등) 문화재청이, 그렇지 않은 포유동물과 새와 나무는 산림청이, 물고기는 해양수산부가, 양서류·파충류·곤충 그리고 초본류는 환경부가 각각 관리하고 있다. 더군다나 문화재보호법은 문화유적과 동식물을 한꺼번에 다루고 있는데 이것은 세계에 유례가 없는 일이다.

사무이고 20.3%는 지방위임사무 그리고 65.3%가 국가사무이므로 우리나라 환경행정은 아직까지 중앙집권화되어 있다고 하겠다(김번웅·오영석, 1997: 161). 지금까지의 논의를 바탕으로 우리나라 환경행정 구조를 도식화해보면 〈그림 1〉과 같다.[74]

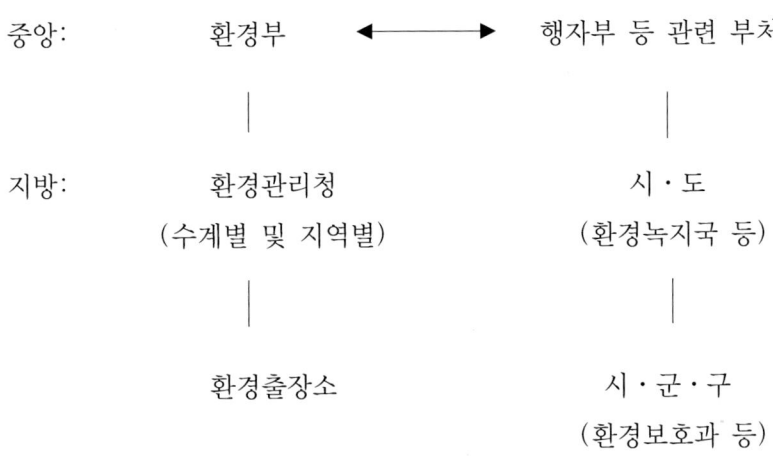

〈그림 1〉 한국의 환경행정 구조

3) 환경행정의 특징

우리나라 환경행정은 지난 40여 년간 조직과 기능 그리고 법체계라는 측면에서 많은 발전을 이룩하였다. 그러나 아직까지도 정책의 체계성과 집행에 많은 문제점을 보이고 있다. 특히 집행이 매우 취약하다. 이런 의미에서는 우리나라 환경행정은 수사학적으로만 발달되어 왔다고 비판을 하는 학자들도 있다. 이러한 현상의 주된 원인으로는 예산과 전문성의 부족과 함께 경제성장 위주의 분위기가 아직도 우리 사회에 팽배해 있기 때문이다. 환경부의 위상이 다른 부처에 비해 상대적으로 약하다는 것도 주요한 원인이 되고 있다. 환경정책의 수립과 집행 과정에 기업들이 영향을 미치고 산업자원부를 위시한 경제부처들이 기업들의 이익을 대변하여 환경행정의 약화를 초래하는 경우가 많다. 1992년의 낙동강 페놀오염사건의 발발과 현재의 시화호 오염사건들이 이를 잘 대변해 주고 있다(문

---

74) 이러한 분산회된 환경행정 구조는 성도의 차이만 있을 뿐이지 비교대상으로 선정된 모든 국가에서 공통적으로 발견되고 있다. 따라서 다른 국가의 환경행정 구조를 그림으로 나타내는 것은 피하기로 한다.

384

태훈, 1997: 396).

2. 한국과 미국의 환경행정 구조 비교

1) 환경행정의 발달

　미국의 환경행정은 1960년대의 환경의식의 고조, 1970년대의 환경법과 제도의 정비, 1980년대의 환경보전과 경제성장의 대립 속에서 환경행정의 침체, 그리고 1990년대의 환경과 경제적 가치의 조화를 추구하는 방향으로 전개되어 왔다. 지속가능개발이라는 새로운 패러다임에 입각하여 환경보전과 경제성장을 동시에 추구하는 방향으로 행정력을 모으고 있다(The President's Council on Sustainable Development, 1997). 환경행정의 주무부처인 환경보호청(Environmental Protection Agency: EPA)은 1970년 조직개편계획 제3호(Reorganization Plan #3)에 의해 독립기관으로 설치되었다. 환경보호청의 사명은 "국민의 건강을 보호하고, 생명체가 의존하고 있는 대기·수자원·토지와 같은 자연환경을 보전하는 것"이다.[75]

2) 환경행정의 구조

　미국의 정치구조는 매우 다원화되어 있다. 의회와 행정부 그리고 법원에 권한이 분산되어 있어 상호 견제가 심할 뿐만 아니라 기업체를 비롯한 각종 이익단체들의 정치적 활동이 활발하여 권한이 어느 한 부처나 이익에 편재되어 있지 않다. 지방정부들도 자율적으로 정책을 결정하고 집행하는 풍토가 강하다. 미국의 이러한 정치구조가 환경행정의 구조에 그대로 반영되어 있다. 의회와 법원 그리고 환경단체와 경제단체들이 환경정책의 형성과 집행에 적극적으로 참여하고 있어 행정과정이 매우 가시적이고 갈등이 표면화된다. 환경기능들이 농업부·통상부·내무부 등 여러 중앙부처와 독립기관 등에 분산되어 있으며, EPA는 단일오염매체에 근거한 국 단위 편제를 통해 자연·대기·수질·상하수도·폐기물 등을 보전 관리하고 있다. 이러한 미국의 단일매체적인 환경규제방식은 많은 비판을

---

[75] http://www.epa.gov/epahome/epa.html

받아 왔다(Howe, 1991 : 13-14).

3) 환경행정의 특징

미국의 환경행정은 우리나라와 달리 행정기관에 재량권과 자율성이 적다. 의회가 환경규제법에 구체적 목표와 기준 심지어 일정까지 명시하고 EPA는 이를 집행하는 방식이다. 이는 행정기관의 재량권 남용을 막기 위해서 인데, 1970년의 Clear Air Act와 1972년의 Federal Water Pollution Control Act에 잘 나타나 있다. 환경행정의 집행방식을 '협의를 통한 강제(enforcement through consultation)'와 '강압을 통한 강제(enforcement through coercion)'로 구분해볼 때 미국은 후자에 속하는 대표적인 국가다(문태훈, 1997 : 235-236). 1990년대 들어 미국 환경행정의 새로운 특징은 경제원리에 입각한 규제수단들이 강구되고 있다는 것과 국가발전의 새로운 패러다임으로 제시되고 있는 지속가능개발을 뒷받침하는 정책들이 도입되고 있다는 것이다. 배출권판매제도의 도입이나 지속가능개발위원회(The President's Council on Sustainable Development)의 구성 등에서 이를 엿 볼 수 있다. 지금까지의 논의를 바탕으로 한국과 미국의 환경행정 구조를 비교해보면 〈표 1〉과 같다.

〈표 1〉 한국과 미국의 환경행정 구조 비교[76]

비교기준		한국	미국
주무부처		환경부	Environmental Protection Agency
관련 부처		행자부, 산자부 등	에너지부 등
부처 간	권한	대등한 수준이나 환경부 위상이 낮음	독립기관
	기능	전통적 환경보전 기능(생활환경 치중). 환경 관련 기능들이 타 부처에 분산	국민건강과 환경보전(자연환경도 중시). 환경 관련 기능들이 타 부처에 분산
	전문화	환경보전이란 전통적 가치에 입각한 전문화	우리나라와 유사하나 지속가능개발에 입각한 전문화 추진
	조정력	환경보전위원회(미약), 물관리정책조정위원회(강력 그러나 물관리에 한정)	환경위원회(CEQ) – 최근에 권한 강화
환경행정주무부처	성격	환경보전위원회(미약), 물관리정책조정위원회(강력 그러나 물관리에 한정)	환경위원회(CEQ) – 최근에 권한 강화
	사명	환경보전기능으로 유추	국민 건강보호와 환경보전
	권한	계층적(지자체에 비해 환경부와 특별지방행정기관에 많은 권한과 기능)	우리나라와 유사, 그러나 상대적으로 분권화된 구조
	기능	오염매체별로 분화	우리나라와 유사
	전문화	전통적 가치에 입각하여 발달(단일 오염매체 중심)	우리나라와 유사
	조정력	기능의 분산으로 상대적으로 약화	우리나라와 유사
정책적 특징		행정부 우위의 폐쇄적 행정	다원주의 정치구조에서의 가시적 행정
		경제 이익의 반영이 팽배	환경·경제이익의 균형을 추구
		환경행정의 구체적 내용은 행정권에 위임된 형태	법률에 환경기준과 오염물질 배출기준 등이 자세하게 명시되어 행정의 재량권 제한

3. 한국과 일본의 환경행정구조 비교

1) 환경행정의 발달

제2차세계대전 이후 일본은 수출 지향적 경제성장 모델·거점 중심의 집중적인 지역개

---

76) 분석틀의 일부는 김상묵(1999: 26)에서 원용하였다.

발·에너지 다소비형의 중화학공업화 전략을 추진하면서 산업과 경제를 부흥시켰다. 그러나 가장 오염된 산업국가라는 오명도 획득하게 되었다. 수은 중독으로 인한 미나마타병과 카드뮴 중독으로 인한 이타이이타이병이 좋은 예라 하겠다. 이러한 사회적 분위기를 반영하여 1967년 공해대책기본법의 제정되었고 1970년 일본의 소위 공해국회에서 14개 환경법을 통과시키게 된다. 환경오염통제기본법이 개정된 것을 비롯하여 대기오염통제법 등의 환경관련법들이 제정되었다.

1993년 지금까지의 환경오염통제기본법과 자연 보전법에 기반하고 있었던 환경행정의 기본구도를 개혁하기 위하여 환경기본법을 제정하였다. 이 법은 현재세대와 미래세대를 위하여 환경을 보전해야 한다는 점을 강조하고, 환경에 미치는 부하를 최소화하면서 지속가능개발을 이룩할 수 있는 사회체제를 구축하고, 국제협조를 통하여 지구환경보전에 이바지한다는 목표를 표방하고 있다.

2) 환경행정의 구조

일본의 환경행정 주부부처는 1971년에 설립된 환경청(環境廳)이다. 환경청은 처음에 기획조정국·자연환경보전국·대기보전국·수질환경보전국 4개 국으로 출발하였다. 이후 1974년에 환경보건과 1990년에 지구환경과가 신설되었다. 따라서 일본 환경청은 우리나라의 환경부 그리고 미국의 EPA처럼 환경매체별로 조직된 전통적 환경행정 구조에 기반을 두고 있으며 기능 또한 그러하다. 환경청의 주요 기능은 기본환경정책의 계획의 수립과 추진, 국가환경정책의 전반적인 조정 등이다. 부처 간 환경분쟁에 관한 종합적인 조정기구로는 1989년에 설치된 지구환경보전위원회에 있다. 환경청의 조직과 기능 그리고 환경청 외의 타 부처들의 환경 관련 기능은 〈부록 3〉에 수록되어 있다. 일본의 경우 환경행정에 대한 최종적인 책임은 환경청장관에게 있지만, 개개의 환경오염원에 대한 구체적인 규제권한의 행사는 법률에 의하여 지방자치단체장의 권한으로 규정되어 있다. 환경 관련법의 집행과 강제의 책임은 기본적으로 현(縣)정부에 위임되어 있고 경우에 따라 시정부에 위임된 것도 있다(정회성 외, 1998: 81-82).

3) 환경행정의 특징

　일본의 환경행정은 행정부가 의회와 법원에 비하여 상대적으로 높은 자율성과 재량권을 지니고 있다. 환경청은 이 자율성과 재량권을 이용하여 기업체를 지도하고 설득하고 협상하여 기업체들로 하여금 환경기준과 오염물질 배출기준을 준수하도록 유도한다. 미국이나 우리나라보다 더 비공식적 채널을 통해 환경목표를 달성하고 있다. 환경협약을 체결하여 단계적인 환경개선을 도모하기도 한다. 일본의 환경행정조직 특히 지방자치단체들의 환경행정조직들은 오염방지 관련 조직이 상대적으로 잘 발달되어 있는데, 이는 일본의 환경정책이 지방정부와 주민들이 공해병과 싸우는 과정에서 발전했기 때문이다. 일본의 환경기준은 기본적으로 전국적 수준에서 정하는 일률적인 기준이다. 단, 지역이나 수역의 특성에 따라 환경기준을 달리 정할 필요가 있는 경우는 정부가 해당 지역이나 수역의 환경기준설정을 도도부현(都道府縣) 지사에게 위임할 수 있도록 되어 있다. 배출기준 또한 기본적으로 중앙에서 결정하지만 지방자치단체에 의하여 보완되고 강화된다. 예를 들면, 대기오염방지법 제4조는 대기오염에 관한 배출기준은 지방자치단체의 조례에 의해보다 엄격한 기준으로 변경할 수 있도록 하고 있다. 일본의 배출기준은 오염물질의 성격이나 오염원의 입지, 오염시설의 형태 등에 따라 탄력적으로 운영된다. 일단 배출기준을 엄격하게 설정해 놓고 이를 기업이나 지역주민들과의 협의를 통하여 절충적으로 적용하는 형태를 취하고 있는 것이다. 결국 일본의 배출기준은 환경기준과 마찬가지로 오염자가 지켜야 할 기준이라기보다는 행정부가 오염원인자를 지도하기 위한 가이드라인적인 성격이 강하다(문태훈, 1997: 338-339).

　지금까지의 논의를 바탕으로 한국과 일본의 환경행정 구조를 비교해보면 〈표 2〉와 같다.

〈표 2〉 한국과 일본의 환경행정 구조 비교

비교기준		한국	일본
주무부처		환경부	환경청(環境廳)
관련 부처		행자부, 산자부 등	국토청 등
부처 간	권한	대등한 수준이나 환경부 위상이 낮음	우리나라와 유사
	기능	전통적 환경보전 기능(생활환경 치중). 환경 관련 기능들이 타 부처에 분산	우리나라와 유사하나 공해병으로 인해 주민건강 관련 기능 발달, 환경 관련 기능들이 타 부처에 분산
	전문화	환경보전이란 전통적 가치에 입각한 전문화	우리나라와 유사
	조정력	환경보전위원회(미약), 물관리정책조정위원회(강력 그러나 물관리에 한정)	정부합동지구환경보전위원회
환경 행정 주무 부처	성격	행정부처	행정부처
	사명	환경보전기능으로 유추	국민건강보호와 환경보전기능. 최근 지속가능개발 추진을 법에 명시
	권한	계층적(지자체에 비해 환경부와 특별지방행정기관에 많은 권한과 기능)	계층적. 한국에 비해 지자체에 많은 재량권 부여
	기능	오염매체별로 분화	오염매체 별로 분화
	전문화	전통적 가치에 입각하여 발달(단일 오염매체 중심)	우리나라와 유사
	조정력	기능의 분산으로 상대적으로 약화	우리나라와 유사
정책적 특징		선오염 후해결의 성격이 강함	우리나라와 유사. 환경행정이 화학물질에 의한 공해의 방지와 주민의 건강보호에서 출발하여 이에 대한 배려가 강함
		집행이 일률적이고 강제적 명령방식에 크게 의존	강제적 명령에 근거하되 기업체와 비공식적 협상에 의존하고 기업체도 협조적
		환경보전에 지자체 역할 미미	중앙정부보다 적극적인 지자체 많음

4. 한국과 필리핀의 환경행정 구조 비교

1) 환경행정의 발달

필리핀의 환경행정은 환경자연자원부(Department of Environment and Natural Resources:

DENR)이다. DENR의 역사는 멀리 1863년 스페인 식민시대에 필리핀의 풍부한 산림자원을 관리하기 위하여 창설된 Inspection General de Montes에서 시작한다. 그 후 1901년 기존의 산림자원 관리기능에 자연자원 관리기능을 추가하여 Department of Interior로 확대 개편되었다. 1987년 에너지·환경·자연자원 관리 기능을 함께 통합한 대형부처 Department of Energy, Environment and Natural Resources를 창설하였으나 시행치 못하고 에너지부문은 대통령실로 옮기고 환경과 자연자원 부문을 통합한 중앙부처가 만들어져 오늘에 이르고 있다. 이때 DENR의 계선기능의 상당 부분을 막료기능화 하였으며 중앙정부의 권한과 기능도 상당부분 지역과 지방사무소로 이전하였다(http://www.denr.gov.ph/history.htm).

2) 환경행정의 구조

필리핀의 환경행정은 대통령을 정점으로 권한과 기능이 지방정부에까지 분산되어 있다. 〈부록 4〉는 필리핀의 DENR과 환경행정 관련 중앙행정기관의 조직과 기능을 요약한 것이다. 이 부록에서 볼 수 있듯이 환경보전과 연관된 에너지 개발이나 국토계획의 수립 등의 기능이 타 부처에 속해 있다. 그러나 한국의 경우와는 달리 DENR에서 환경 업무와 자연자원관리 업무를 동시에 관장하고 있어 그만큼 분산의 정도가 약하다. DENR이 환경보전과 자연자원관리에 관한 권한을 동시에 갖고 있기 때문에 그만큼 개발과 환경 관련 정책들에 대한 통합과 조정이 용이하게 이루어 질 수 있다. 그러나 DENR이 다른 중앙부처와 동등한 지위에 있는 한 관련 기능 간의 체계적 조정에는 어느 정도 한계가 있을 것이다. 더군다나 필리핀은 개발도상국이기 때문에 환경보다는 개발에 중점을 둔다면 DENR의 환경기능은 더욱 약화될 수밖에 없다. 대통령의 정책 간의 조정장치도 수질관리와 같은 특정 사안에 국한되어 있어 종합적 측면에서 체계적으로 관련 업무들을 조정하는 데는 어려움이 있다.

3) 환경행정의 특징

우리나라 환경부와는 달리 DENR의 임무는 명확하게 공개적으로 표명되어 있다. DENR의 임무는 "지속가능개발을 이룩할 수 있는 정책의 개발·정보와 기술의 이전·참여와 협동을 통한 환경의 보전과 관리"에 있다(http://www.psdn.org.ph/denr/thedenr.html).

DENR의 구조와 기능은 필리핀의 사회적 특수성, 즉, 다른 국가에 비해 상대적으로 풍부한 산림자원을 체계적으로 관리하는 데서부터 시작되었다. 그러나 유한한 산림자원을 환경용량 내에서 재생산에 입각하여 무한하게 활용하기 위해서는 환경문제를 취급해야 할 당위성이 발생하였으며 이에 DENR의 임무에 자연스럽게 환경보전과 자연자원관리가 결합하게 된 것이다.

DENR은 지방의 특별행정기관들이 잘 발달되어 있어 환경정책의 집행과 관련하여 강력한 리더십을 발휘하고 있다. 필리핀은 전통적으로 지방정부에게 높은 자율성을 부여하여 왔기 때문에(고우성 외 1995: 205) DENR이 조직목표를 효율적으로 달성하기 위하여 특별지방행정기관들을 발달시킨 것이다.

DENR의 또 다른 특징은 우리나라와 달리 차관과 차관보에게 일정한 업무를 부여하고 있다. 이러한 구조는 정책들이 분야별로 책임감 있게 추진될 수 있다는 장점이 있다. 그러나 위에서도 설명하였지만 자연자원개발과 환경보전이 한 부처 내에 공존하고 있어 만약 개발이 강조된다면 자칫 환경보전기능이 무시될 개연성이 높다.

지금까지의 논의를 바탕으로 우리나라와 필리핀의 환경행정 구조를 비교해보면 〈표 3〉와 같다.

〈표 3〉 한국과 필리핀의 환경행정 구조 비교

비교기준		한국	필리핀
주무부처		환경부	환경자연자원부(DENR)
관련 부처		행자부, 산자부 등	에너지부 등
부처 간	권한	대등한 수준이나 환경부 위상이 낮음	대등한 수준이나 DENR 위상이 높음
	기능	전통적 환경보전 기능(생활환경에 치중), 타 부처에 환경 관련 기능들이 분산	DENR에 환경업무와 자연자원 관리업무 통합, 일부 관련 기능은 분산
	전문화	환경보전이란 전통적 가치에 입각한 전문화	지속가능개발에 입각한 전문화
	조정력	환경보전위원회(미약), 물관리정책조정위원회(강력 그러나 물관리에 한정)	DENR(환경과 자원개발 간 문제의 부처 내 조정), 대통령실의 특별팀(특별 사안)
환경 행정 주무 부처	성격	행정부처	행정부처
	사명	환경보전기능으로 유추	지속가능개발
	권한	계층적(환경부와 특별지방행정기관에 많은 권한과 기능), 필리핀에 비하여 지자체에 많은 권한과 기능 이양	계층적(DENR과 특별지방행정기관에 집중)
	기능	오염매체별로 분화	오염매체 및 자연자원관리 분야별로 분화
	전문화	전통적 가치에 입각하여 발달(단일 오염매체 중심)	지속가능개발에 입각하여 발달(환경보전과 자원개발 통합)
	조정력	기능의 분산으로 상대적으로 약화	기능의 통합화로 상대적으로 강화
정책적 특징		특별행정기관과 지자체의 부담체제	우리나라와 유사
		환경보전기능에 국한	환경보전기능과 자연자원관리기능 통합
		차관의 고유 업무 영역이 없음	차관이 고유 업무영역을 갖고 추진

4. 한국과 영국의 환경행정구조 비교

1) 환경행정의 발달

세계 최초의 산업 국가답게 영국의 환경문제는 다른 나라에 비해 일찍 사회문제화되었다. 영국의 환경문제는 귀족지주계급들이 산업활동에 따른 오염을 통제하고 자신들에게 미치는 폐해를 줄이고자하는 노력에서 출발하였다(문태훈, 1997: 282-283). 이는 일본이

나 우리나라처럼 일반대중의 건강과 재산상의 피해를 줄이기 위한 노력에서 출발한 환경
행정과는 그 출발 기반이 다르다 하겠다. 영국의회는 1863년 세계 최초로 오염통제기준을
마련하게 되는데 이것이 소위 알칼리법이다.

1970년 이후 영국 환경행정의 주무부처는 환경부(Department of Environment)였다. 이
때 환경부는 기존의 주택부·지방부·교통부·공공사업부 등 여러 부처에 산재되어 있던
환경행정기능을 이관 받았다. 1997년 환경부는 다시 교통부와 통합하여 환경교통지역부
(Department of the Environment, Transport and the Regions: DETR)로 대형화되었다.
이러한 통합의 주된 목적은 관련 정책들에 대한 보다 통합적인 접근이 이루어지도록 하기
위함이었다. DETR의 사명은 국내외의 지속가능개발을 증진시키고 경제적 번영을 촉진하
며 지방의 민주주의를 지원함으로써 삶의 질을 향상시키는 것이다(김상묵, 1999: 18-19).

2) 환경행정의 구조

영국 중앙정부의 고위층 구성은 내각책임제 국가 중에서도 매우 독특하다. 정부 각 부처
를 책임지는 각료 간에도 복잡한 계층제가 존재하기 때문이다. DETR은 각료진(Ministerial
Team) 9명으로 구성되어 있다. 각료진의 정점에는 부처를 책임지며 내각에 참여하는 담당
장관이 있다. 환경부 담당 장관은 부수상직을 겸임하고 있다. 담당 장관 밑에는 4명의 각외
장관(Minister of State)과 4명의 정무차관(Parliamentary Under Secretary)이 있다. 각외장
관은 담당 장관과 함께 정부부처를 통솔하며 통상적으로 특정한 책임이 부여되고 각자가
수행하는 업무영역에 따라 담당 분야가 직명의 뒤에 명시되어 있다. DETR의 각외장관들
은 각각 '지방정부·주택', '지역개발 및 노시계획', '환경', '교통'을 담당한다. 정무차관은
소속부처의 업무와 관련된 의회업무를 담당하며 담당 장관의 지시에 따라 특정업무에 대
한 책임을 부여받기도 한다(박천오 외, 1996: 221-222). 이렇게 많은 수의 각료진을 두는
이유는 내각책임제하에서 행정부처에 대한 정치적·행정적인 책임성을 확보하고 고위층
간의 조정과 협력을 통해보다 원활한 업무수행을 꾀하기 위해서이다(김상묵, 1999:
20). 영국 환경행정 구조의 특징은 한국·미국·일본과 비교하여 환경 관련 업무들을
한 부처에 통합하였다는 것이다. 토지이용계획과 개발계획 그리고 교통기능까지 한 부
처에서 다루고 있어 한경행정과 관련된 권한과 기능이 다른 나라에 비교하여 상대적으로
한 부처에 집중되어 있다. 1996년 왕립산업대기오염감사단(Her Majesty's Industrial Air

Pollution(Alkali) Inspectorate) · 왕립오염감사단(Her Majesty's Inspectorate of Pollution) · 국립하천관리청(National Rivers Authority) · 폐기물규제관리청 등의 환경행정 집행기관들을 통합하여 환경청(Environmental Agency)을 발족하였다(정회성 외, 1988: 75).[77] 환경청은 잉글랜드와 웨일즈지역의 8개의 광역사무소와 26개의 기초지역사무소를 두고 있으며, 폐수배출규제 · 폐기물의 처리운반 · 대형 배출업소에 대한 지도단속 · 오염지역관리 · 수자원관리 · 홍수방지 · 레크리에이션 · 선박 · 어업관리 등을 담당하고 있다. 영국은 배출업소의 규모에 따라 중앙정부 책임이냐 지방정부 책임이냐가 결정된다. 대형배출업소인 경우에는 중앙정부가 직접 배출업소의 인허가 등 규제행위를 하고, 소형의 경우에는 지방자치단체의 환경건강과들이 담당하고 있다. 실질적인 환경정책의 집행은 상당부분 지방정부의 권한으로 분권화되어 있다(문태훈, 1997: 301).

3) 환경행정의 특징

영국의 환경행정은 한국이나 미국의 환경행정과 비교해볼 때 독특하다. 조문화된 환경기준이 없으며, 처벌이 최소화되고 있는 점, 강제는 융통성이 있으며 행정부는 상당한 행정재량권을 보유하고 그 집행은 분권화되어 있다는 점, 그리고 규제자와 피규제자 간에는 밀접한 협력관계가 형성되고 있으며, 주민들의 규제과정에 대한 참여가 제한되고 있다는 점 등이다(문태훈, 1997: 279). 예를 들면, 음용수 관리에 있어 정부가 정하고 있는 것은 '마실 물은 단지 건강에 좋아야 한다'는 정도이며 건강에 좋은 것이 무엇인지는 각 지역의 수질관리청에서 결정하도록 하고 있다. 이러한 맥락에서 오염방지책도 '최선의 실용적인 수단(best practicable means)'을 강구토록 하고 있다(Vogel, 1986:70; 문태훈, 1997: 287~288). 환경행정의 집행방식을 '협의를 통한 강제(enforcement through consultation)'이냐 혹은 '강압을 통한 강제(enforcement through coercion)'로 구분해볼 때 영국은 전자에 속하는 대표적인 국가다. 그러나 이러한 비공개적이고 비정형적인 행정 유형에 변화가 일고 있다. 1990년 환경보전법(Environmental Protection Act of 1990)에 잘 나타나 있듯이, 엄격한 오염규제와 강한 처벌을 도입하고 있으며 중앙의 왕실오염검사관(HMIP)과 지방정부의 권한이 강화되었다. 또한 대중들의 환경정보에 대한 접근권을 강화하기 위하여 오염검사관의 환경정보와 기업체들의 규제준

---

77) 환경청은 DETR 환경보호국(Environmental Protection Group) 환경보호전략부(Environmental Protection Strategy Directorate) 감독을 받는다.

수 여부에 대한 정보의 공개를 인정하고 있다(Franklin et. al., 1995: 28; 문태훈, 1997: 323). 지금까지의 논의를 바탕으로 우리나라와 영국의 환경행정 구조를 비교해보면 〈표 4〉와 같다.

〈표 4〉 한국과 영국의 환경행정 구조 비교

비교기준		한국	영국
주무부처		환경부	환경·교통·지역부(DETR)
관련 부처		행자부, 산자부 등	통상산업부(DTI) 등
부처 간	권한	대등한 수준이나 환경부 위상이 낮음	초대형부처로 위상이 높음(부총리 급)
	기능	전통적 환경보전 기능(생활환경 치중), 타 부처에 환경 관련 기능들이 분산	전통적 환경기능에 교통·지역개발 기능까지 통합
	전문화	환경보전이란 전통적 가치에 입각한 전문화	지속가능개발 추구하는 방향으로
	조정력	환경보전위원회(미약), 물관리정책조정위원회(강력 그러나 물관리에 한정)	각료진의 정치력에 의하여
환경행정주무부처	성격	행정부처	행정부처
	사명	불멸시, 환경보전기능으로 유추	지속가능개발
	권한	계층적(환경부와 특별지방행정기관에 많은 권한)	계층적
	기능	오염매체별로 분화	오염매체 및 환경 관련 교통·지역개발 업무별로 분화
	전문화	전통적 가치에 입각하여 발달(단일 오염매체 중심)	지속가능개발 방향으로 전문화 추진
	조정력	기능의 분산으로 상대적으로 약화	기능의 통합화로 상대적으로 강화
정책적 특징		'강압을 통한 강제'방식으로 집행	'협의를 통한 강제'방식으로 집행
		획일적 환경기준과 배출기준	매우 포괄적이고 유연하게 적용
		생활환경 중심의 행정	우리나라에 비해 자연환경 보전의 중요성 인식과 지속가능개발 추진

지금까지의 논의를 통해볼 때 5개 국가의 환경행정 구조는 공통점과 차이점을 모두 지니고 있었다. 환경행정의 특성상 관련 기능들이 여러 부처에 분산되어 있었으며 집행기능도 상당 부분 지방자치단체에 위임하고 있었다. 또한 정책 집행의 전문성과 효율성을 높이기 위하여 중앙환경행정기관 아래 특별지방행정기관들을 두고 배출 규모가 큰 오염원들은 직

접 관리하는 구조를 지니고 있었다. 그러나 각 국가의 중앙환경부처가 추구하는 목표(혹은 사명)와 행정 구조 그리고 기능에 차이점 또한 많았다. 상대적으로 우리나라는 환경행정의 전통적 기능이라 할 수 있는 환경보전에 주력하고 있었으며, 환경보전 중에서도 자연환경 보다는 생활환경에 치중하고 있었다. 미국과 일본의 환경행정은 우리나라와 유사한 구조를 지니고 있었다. 그러나 기능이라는 측면에서 생활환경과 자연환경을 모두 중시하고 있었으며, 두 나라 모두 국민의 건강보호를 환경행정의 주요 기능으로 간주하고 있었다. 또한 지속가능개발의 추구라는 목표 아래 환경과 경제가치를 조화시키려는 정책적 노력이 가시화 되고 있었다. 필리핀과 영국은 중앙환경부처로 하여금 전통적 환경기능과 관련 기능들을 모두 다 다루도록 하는 구조를 지니고 있었다. 필리핀은 지속가능개발을 중앙환경기관의 공식 사명으로 천명하고 환경보전과 자연자원 관리기능을 통합화시켰으며, 영국은 환경기능과 교통 그리고 지역개발기능까지 통합화한 초대형조직을 지니고 있었다.

환경행정 구조의 발전방향

1. 새 패러다임의 구축

환경행정구조를 논하는 데 있어 먼저 고려하여야 할 것은 환경행정이 추구해야 할 방향 혹은 패러다임에 관한 논의이다. 패러다임에 관한 합의가 이루어져야 이에 맞추어 환경행정 구조에 대해 언급할 수 있기 때문이다. 위에서도 여러 차례 언급하였지만 세계는 인류 발전의 방향을 환경보전과 경제개발의 조화라는 지속가능개발로 설정하고 있다. 지속가능개발이란 미래세대의 욕구를 해치지 않고 현세대의 욕구를 충족시키는 방향에서 환경을 보전하고 개발을 추진할 수 있는 사회체제를 구축하는 것을 의미한다(김번웅·오영석, 1997: 273). 우리나라 환경행정의 비전과 임무도 지속가능개발에 입각하여 새롭게 정립하는 것이 바람직하며 이에 맞추어 환경행정구조를 개편하여야 할 것이다. 이를 위해 국가적 차원의 노력이 요구된다. 예를 들면, 산업구조를 오염부하가 적고 청정에너지를 사용하는 구조로 바꿔야 하는 것 등이다. 일본 환경공사처럼 공해방지를 위한 엄격한 설비를 갖춘 공장입지를 조성하고 기업은 장기의 저리융자를 얻어 건설비용의 실비만을 지불하고 입주할 수 있게 하는 정책도 좋은 방안이라 하겠다(문태훈, 1997: 341).

2. 환경행정 관련 기능과 권한의 통합

지속가능개발에 입각하여 국가발전을 추진하기 위하여 우리나라 중앙환경행정부처의 권한과 기능을 확대하여야 한다. 필리핀과 영국의 중앙 환경행정 부처처럼 여러 부처에 산재해 있는 환경 관련 행정기능들을 한 부처에 통합화하여 정책의 효율성과 효과성을 높여야 한다.

1) 부처 내 기능의 통합

위에서도 언급하였지만, 우리나라 환경부는 단일 오염매체별로 조직되어 있다. 수질 보전국·대기 보전국 등의 편재가 바로 그것이다. 이러한 조직구조는 특정 기능의 전문성을 높이는 데는 장점이 많다. 한 분야의 업무를 지속적으로 담당하게 되면 관련 기술과 기법이 발달하기 때문이다. 그러나 환경문제가 다매체적 성격을 띠고 있는 한 이러한 부처조직은 문제 해결에 있어 효과적이지도 효율적이지도 못하다. 환경문제를 종합적 시각에서 판단할 장치가 없기 때문이며 조정력 또한 찾기 힘들다. 대기·수질·폐기물을 통합하여 환경문제에 접근하고 해결책을 모색하는 방향으로 기능이 재편되어야 한다는 것이다. 영국 환경보전법의 통합적 오염방지(Integrated Pollution Control: IPC)처럼 일정 규모 이상의 개발사업 혹은 오염지역 만큼이라도 통합적 접근법을 도입하는 것이 바람직하다. 미국도 미시간 호수의 수질을 개선하는 데 통합적 접근법을 활용하였다(???).

2) 부처 간 기능의 통합

환경행정의 범위와 대상은 매우 방대하며 다양하다. 이런 이유로 환경행정 관련 기능들이 여러 부처에 분산되어 있다. 환경행정기능이 여러 부처에 산재되어 있으면 관련 정책에 혼선이 유발될 가능성이 높아지고 유기적이고 통합적인 환경 관리 및 정책 수립이 어렵게 된다. 이럴 경우 종국에는 환경보전이라는 환경행정의 궁극적 목표를 달성하기가 어렵게 된다. 더군다나 지속가능개발이라는 새로운 패러다임 안에서 국가가 발전하기 위해서는 환경 기능과 관련이 있는 국토개발·자연자원관리·에너지관리·교통정책 등의 분야는 한 부처 아래 통합 것이 바람직하다. 필리핀과 영국이 좋은 예라 하겠다.

우리나라 환경부는 다른 경제부처에 비하여 정치적 위상이 낮다. 환경과 개발을 둘러싼 부처간 갈등이 발생했을 경우 독자적으로 조정력을 발휘할 수 없다. 그렇다고 청와대나 국무총리실에서 환경문제를 둘러싼 부처간 갈등을 조정해 줄 제도적 장치를 갖추고 있는 것도 아니다. 따라서 새로운 세기와 국민 욕구에 맞는 환경행정을 실현하고 지속가능한 국가발전을 모색하기 위하여 환경보전과 경제개발 관련 기능과 권한을 통합한 부처의 출현이 바람직하다.

세계는 급변하고 있다. 이 변화의 중심축 중의 하나가 환경문제이다. 환경문제를 중심으로 국제질서와 국가질서가 재편되고 있다. 지구환경문제가 심각해지면서 국제환경레짐이 등장하고 이를 둘러싸고 남북문제가 재현되고 있다(천정웅, 1995). 선진국을 위시한 대부분의 국가들이 인류발전의 새로운 패러다임으로 지속가능개발이라는 개발전략을 수용하고 이에 부응하지 못하는 국가는 어떠한 형태로든 제재를 할 것으로 보인다. 환경과 무역의 연계가 한 제재수단이 될 것이다. 이러한 맥락에서 EIB(Environmental Business International Inc.)는 세계환경시장규모는 1996년 4,530억 달러에서 2005년 6,610억 달러로 증가할 것이라는 분석을 내놓고 있다. 동구를 제외한 아시아의 개도국 및 신흥공업국의 환경시장도 연평균 6.8%의 높은 성장을 지속할 것이라는 전망이다(http:\\www.mdenv.go.kr).

우리나라도 이 변화의 소용돌이에서 살아남기 위하여 국가발전의 패러다임을 지속가능개발로 설정하고 이를 추진할 수 있는 행정구조의 변천을 시도해야 한다. 환경과 개발 관련 기능들을 한 부처에 모아 권한과 기능의 통합화를 꾀하고 이를 통해 전문성과 조정력을 증대시켜야 할 것이다. 지속가능개발이라는 새 술은 새 부대에 담아야 하기 때문이다.

새로운 패러다임에 입각하여 환경행정구조를 바꾸는 것은 쉬운 일이 아니다. 변화에는 희생과 노력이 따르기 때문이다. 그러나 변화하는 시대 흐름에서 한 국가가 번영하기 위해서는 변화에 능동적으로 대처하는 수밖에 없다. 능동적으로만은 부족하다 체계적이고 종합적인 관점에서 준비하고 실천하여야 한다. 미래는 준비하는 자의 것이다.

참고문헌

고우성. (1995). 「동남아의 정치경제」. 서울: 21세기 한국연구재단.
김번웅·오영석. (1997). 「환경행정론」. 서울: 대영문화사.

김상묵. (1999). "중앙환경행정조직에 대한 비교연구-한국·미국·영국의 사례를 중심으로-" 동국대학교 21세기국제사회연구회 발표논문. 경주 동국대학교 진흥관, 1999년 4월 28일.

김수영·오영석. (1995). 「발전행정론」. 서울: 제일법규사.

동남아정치연구회. (1995). 「동남아정치입문」. 서울: 박영사.

문태훈. (1997). 「환경정책론」. 서울: 형설출판사.

박경원·김희선. (1998). 「조직이론강의」. 서울: 대영문화사.

박천오 외. (1996). 「비교행정론」. 서울: 법문사.

이시경. (1993). 지방환경행정조직의 기구개편과 기능조장. 「한국행정학보」 27(1).

이승호. (1996). 지방환경행정조직 개편방안. 국회???

정회성 외. (1998). 「환경행정론」. 서울: 향문사.

천정웅. (1995). 「지구환경레짐의 정치경제학」. 서울: 한울아카데미.

환경부. (1998). 「환경백서」. 서울: 환경부.

환경부의 조직과 기능

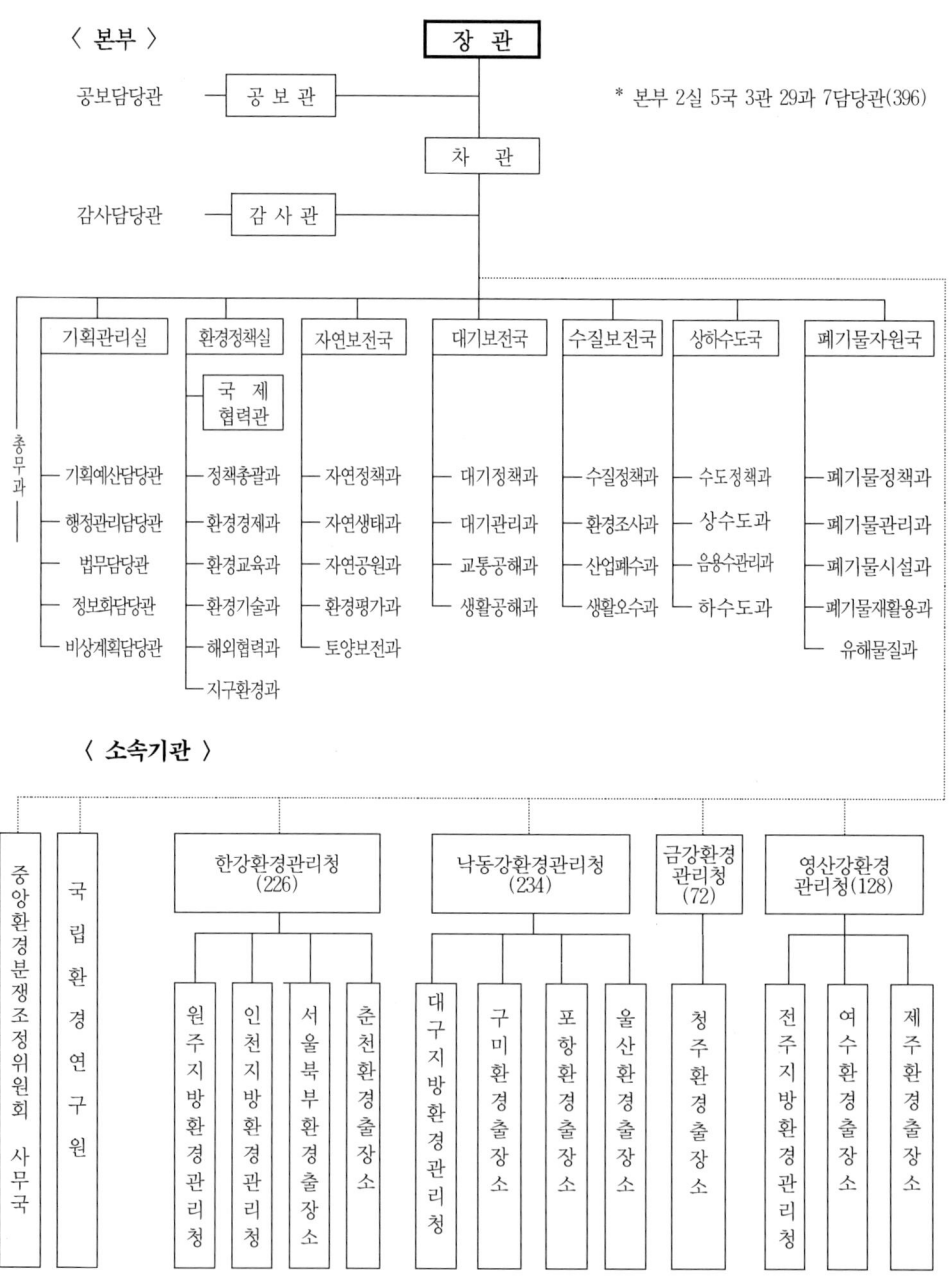

〈 본부 〉

장 관

공보담당관 — 공 보 관

* 본부 2실 5국 3관 29과 7담당관(396)

차 관

감사담당관 — 감 사 관

총무과

기획관리실	환경정책실	자연보전국	대기보전국	수질보전국	상하수도국	폐기물자원국
	국 제 협력관					
기획예산담당관	정책총괄과	자연정책과	대기정책과	수질정책과	수도정책과	폐기물정책과
행정관리담당관	환경경제과	자연생태과	대기관리과	환경조사과	상수도과	폐기물관리과
법무담당관	환경교육과	자연공원과	교통공해과	산업폐수과	음용수관리과	폐기물시설과
정보화담당관	환경기술과	환경평가과	생활공해과	생활오수과	하수도과	폐기물재활용과
비상계획담당관	해외협력과	토양보전과				유해물질과
	지구환경과					

〈 소속기관 〉

중앙환경분쟁조정위원회 사무국

국립환경연구원

한강환경관리청 (226)
- 원주지방환경관리청
- 인천지방환경관리청
- 서울북부환경출장소
- 춘천환경출장소

낙동강환경관리청 (234)
- 대구지방환경관리청
- 구미환경출장소
- 포항환경출장소
- 울산환경출장소

금강환경관리청 (72)
- 청주환경출장소

영산강환경관리청 (128)
- 전주지방환경관리청
- 여수환경출장소
- 제주환경출장소

부 서	주 요 기 능
공보관	공보업무에 관하여 장관 보좌
감사관	사정업무에 관한 사항, 환경부 및 소속기관에 대한 감사, 산하단체에 대한 감사, 진정 및 비위사항에 조사·처리, 다른 기관에 의한 환경부 및 그 소속기관에 대한 감사결과의 처리에 관한 사항 등
기획관리실	기획예산, 행정관리, 법무행정, 환경통계업무의 기획 및 총괄, 비상계획 업무
환경정책실	정책총괄, 환경교육업무, 기술정책, 기술지원, 해외협력, 지구환경업무
자연보전국	자연환경보전, 자연생태계보전, 환경영향평가업무, 유독물질관리, 토양환경보전, 국립공원관리업무
대기보전국	대기정책, 대기관리, 교통공해방지, 소음진동규제
수질보전국	수질정책, 환경오염조사, 산업폐수관리, 생활오수관리
상하수도국	상·하수도 정책, 음용수관리
폐기물자원국	폐기물정책, 폐기물관리, 폐기물시설, 폐기물재활용업무

환경행정 관련 중앙행정기관

기 관	담당부서	관장업무
국무총리	환경보전위원회 물관리정책조정위원회	환경보전장기종합계획의 수립 및 환경보전에 관한 정부의 주요 시책을 심의 - 환경부 차관을 위원장으로 하는 실무대책위원회 국가 물관리정책의 통합·조정 - 실무는 수질개선기획단
환경부	2실 5국 3관 29과 7담당관	환경행정 주무부서
행자부	지방국	일부 환경행정과 관련하여 지방자치단체를 감독(예, 환경영향평가제도상의 주민참여)
과학기술부	원자력실	○원자력안전규제 ○방사능방호대책의 수립·시행 ○원자력이용 및 개발계획의 수립·조정 ○핵물질 및 방사선 산업폐기물의 운송·처리 및 처분에 대한 규제
외교통상부	국제경제국	○환경 관계 국제협력에 관한 외교정책 수립·시행및총괄·조정 ○환경관계 조약 및 협정의 체결교섭과 국가 간의 협력에 관한 사항 ○환경관계 해외정보의 수집·교류 및 해외동향 조사·연구
농림부	농정기획심의관 농촌개발국 농산정책심의관	○농지의 이용·보존에 관한 사항 ○농촌 용수개발에 관한 사항 ○농약의 수출입 및 제조업의 허가와 감독

기 관	담당부서	관장업무
산업자원부	산업정책국 자원정책실	○산업공해에 관한 업무 ○공업단지의 배치 및 관리 ○폐기물의 국가 간 이동 및 처리에 관한 사항 ○저유황유의 공급 및 공해방지 ○동력 및 지하자원의 개발계획의 종합·조정 ○신에너지 및 대체에너지 연구 ○석탄 광구의 종합·조정 및 폐광대책 ○원자력발전소의 안전관리와 폐기물의 처리·처분의 지원
건설교통부	국토계획국토지국 주택도시국 수자원심의관실 교통안전국 육상교통국 항공국	○국토건설종합계획의 입안·조정 ○토지이용계획의 수립 및 총괄·조정 ○국토이용관리법에 의한 규제지역의 지정·관리 ○산업기지 개발구역 및 지방공업개발 장려 지구의 지정 ○도시계획의 총괄·조정 ○도시계획법상의 지역·지구 및 구역의 지정·관리 ○개발제한구역의 지정·관리 ○하천관리 및 하천·호소의 매립과 점용 ○해안관리 및 해면매립 ○수자원종합개발계획 수립·조정 ○댐건설 및 관리 ○자동차 형식승인 및 성능시험 ○자동차 정비 및 검사(배출가스, 소음) ○노후차량 대체업무 ○항공기 정비기준인가, 항공기검사·정비
노동부	근로기준국	○산업안전 및 산업보건정책의 수립 ○직업병의 예방대책과 작업환경 개선
문화관광부	관광국 문화재관리국	○관광지의 지정·개발 ○골프장업 및 종합휴양업의 지도·감독 ○천연기념물등 문화재의 지정·해제 및 보호·관리
해양수산부	해양정책실 (해양환경과)	○수산자원의 보호 및 공해대책 수립 ○수질오염에 관한 조사 ○적조현상에 관한 조사 연구
산림청	임정국 영림국	○산림의 보호 및 산지훼손행위의 단속 ○야생 동·식물의 보호 및 수렵의 규제 ○산림기본계획 ○환경오염방지를 위한 산림환경조성
농촌진흥청	기술보급국	○토양검정 및 개량지도 ○농약사용법 지도

(출처: 환경백서(1998)를 수정·보완)

〈부록 2〉 미국의 환경행정 구조

Environmental Protection Agency의 조직과 기능

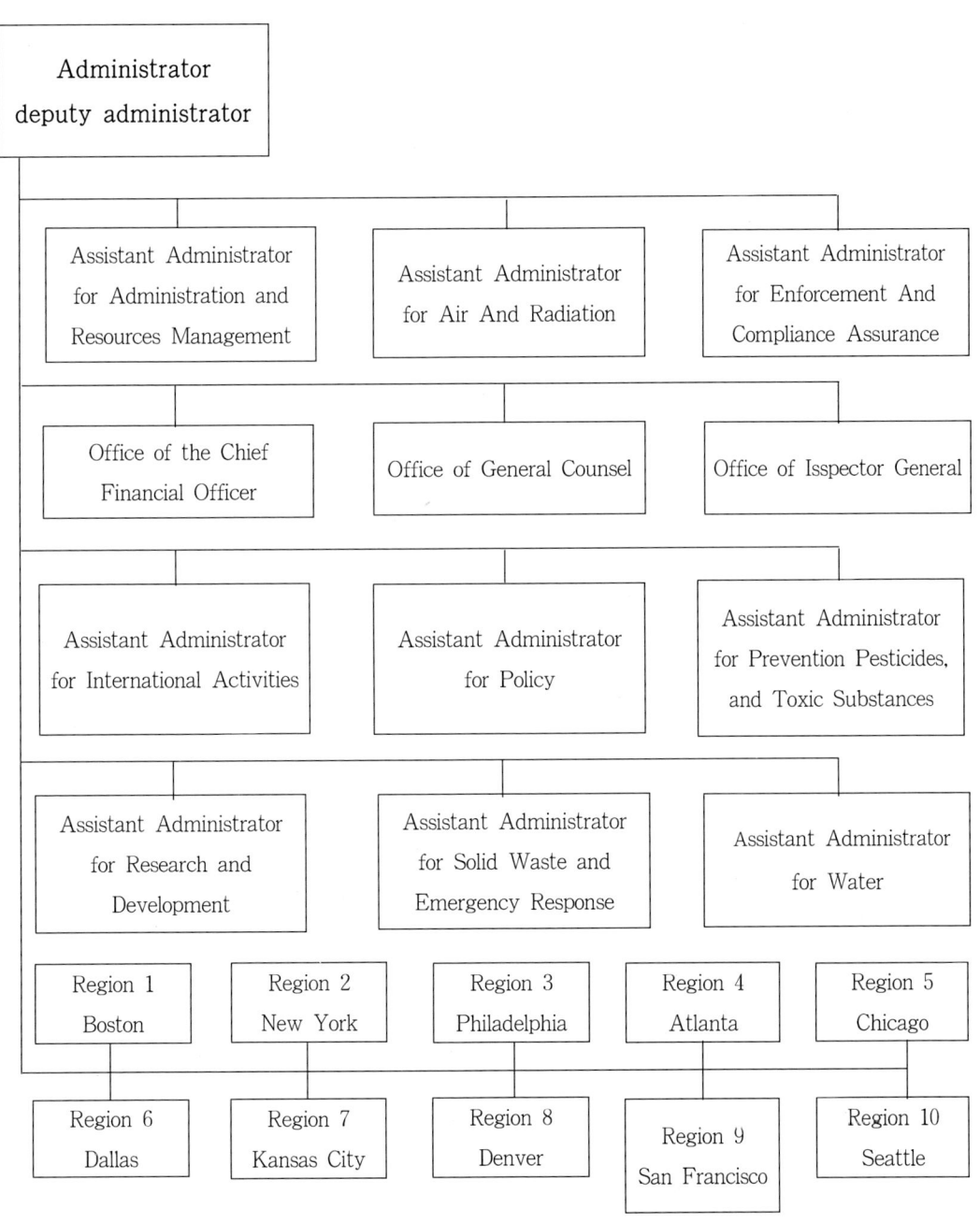

부 서	주요 기능
청장실(Office of Administrator)	EPA 대한 전반적인 감독기능 수행. 청장실에는 행정심판부, 아동건강보호부, 공보관, 환경협력관리관, 의회·정부 간관계부, 지역운영부, 혁신담당관, 중소기업지원담당관, 과학자문위원회, 과학정책위원회가 소속.
행정자원관리국(Office of Administration and Resource Management)	EPA의 사명을 달성할 수 있도록 관리·운영 및 인프라 구축업무를 담당. 산하에 기록실(History Office)과 인적자원·조직과(Human Resources and Organizational Services) 등이 소속.
대기·방사능국 (Office of Air and Radiation)	대기오염과 방사능 노출 방지 담당. 프로그램 개발, 기술정책 및 규제방안 개발. 실내외 공기, 대기오염의 정체 및 이동, 산성비, 오존층 파괴, 방사능 보호 및 오염방지 문제를 다룸.
인디언환경국(American Indian Environmental Office)	인디언 거주 지역의 공중보건 및 환경보호를 강화하기 위한 EPA의 노력을 조정. 특히 인디언들이 자신들의 환경프로그램을 운영할 수 있는 역량을 배양하도록 하는데 역점. 환경보호청의 인디언정책 개발과 집행을 감독하고 지원함.
규제집행국 (Office of Enforcement and Compliance Assurance)	정부가 제정한 환경법이 제대로 준수되도록 하는 역할. 모든 국민들의 안녕과 국가의 환경 및 자연자원을 보호하는 사명을 지니고 있다. 목적은 규제대상으로 하여금 오염방지에 초점을 둔 방안들을 이행하도록 촉구하고 환경법을 준수하도록 함. 산하에 집행역량부(Enforcement Capacity and Outreach Office), 환경심판부(Office of Environmental Justice), 기획·정책분석부, 연방시설사업부(Federal Facilities Enforcement Office), 형사집행부(Office of Criminal Enforcement, Forensics, and Training), 연방사업부(Office of Federal Activities), 규제이행부(Office of Regulatory Enforcement), 유적복원사업부(Office of Site Remediation Enforcement)가 있다.
농약·독극물국 (Office of Prevention, Pesticides and Toxic Substances)	유독화학물의 잠재적인 위험으로부터 국민의 건강과 환경을 보호하는 역할. 화학물질의 위험성에 대한 국민들의 알 권리와 오염예방을 증진. 동식물과 생태계 그리고 국민들을 보호하기 위하여 농약과 화학물질을 평가. 산하에 오염예방부, 유독물질부, 농약프로그램부, 독극물유출부(Office of Toxics Release) 등이 있다.
폐기물·사고대책국 (Office of Solid Waste and Emergency Response)	고체 쓰레기와 응급대책프로그램에 대한 정책 개발과 지도 담당. 위험한 폐기물의 매립, 지하저장탱크, 고체 폐기물에 대한 방향과 기준을 설정. 고체 폐기물 관련 활동에 대한 기술적 지원 담당. 고체 폐기물에서 에너지를 추출하는 작업과 관련된 업무도 수행. 유기된 폐기물과 유출 사고에 대응하기 위한 프로그램의 개발과 집행, 오염된 토양과 지하수 관련 혁신기술 개발 장려도 담당.

부 서	주 요 기 능
물관리국 (Office of Water)	자연자원프로그램의 개발, 기술정책, 식수에 대한 규제, 수질, 하천수, 오염기준, 습지보호, 해양, 하천유역의 개발을 포함한 수질 관련 활동을 책임. 지하수·음용수부(Office of Ground Water and Drinking Water), 과학기술부(Office of Science and Technology), 폐수관리부(Office of Wastewater Management), 습지·바다·하천유역부(Office of Wetlands, Oceans, and Watersheds)가 있다.
연구 개발국 (Office of Research & Development)	5개의 분야별 연구소와 과학정책부(Office of Science Policy) 및 자원관리·행정부로 구성. 주요 기능은 ① 환경보호정책을 위한 과학기술 기반구축 및 정보제공, ② 국가생태계 관리를 위한 기초과학 기술축적, ③ 환경노출에 대한 인체의 유해성 평가, ④환경오염방지로부터 환경오염 예방 차원의 연구 개발 유도 및 환경공학기술 선도역할 수행, ⑤환경정책 지원을 위한 단기 연구과제 수행, ⑥현재 및 장래 환경문제의 원인규명을 위한 장기 연구과제 수행.
재정관 (Chief Financial Officer)	EPA의 기획, 예산, 분석 및 재무관리 담당.
감사관 (Office of Inspector General)	EPA의 프로그램과 운영에 대한 감사 담당.
정책국 (Office of Policy)	EPA의 언론정책, 기획 및 평가기능, 정책 및 경제 분석업무 수행.
국제활동국 (Office of International Activities)	국제정책 및 국제환경문제 담당.

환경행정 관련 중앙행정기관

구 분	부 처	기능
대통령실	대통령비서실	종합적인 정책, 기관업무 조정
	환경위원회(CEQ)	환경정책, 기관 업무 조정.
	관리예산처	예산, 기관조정, 관리
	과학기술정책처	과학기술정책, 기관조정
중앙부처	농업부	산림, 토양보존, 연구, 황야지역
	통상부	대양·대기감시, 해양생물자원관리, 연안지역 및 해안보호지역관리, 해양오염 관리
	국방부	국가 기간시설건설·준설 및 토목허가, 군사시설로 인한 환경오염 규제
	에너지부	에너지정책, 조정, 석유 배당, 연구·개발
	보건복지부	국민 및 환경보건 관련 문제
	주택·도시개발부	주택, 도시공원, 도시계획
	내무부	국립공원, 야생생물서식지, 토지관리국, 국공유지, 인디언소유 토지, 수자원, 어류 및 야생동물, 대륙붕, 배타적 경제수역, 에너지 및 광물자원, 광산토지개간, 광산보건안전연구, 자연재해
	법무부	환경법, 소송
	노동부	직장보건
	국무부	국제환경문제
	교통부	대중교통, 도로, 항공기소음, 대기오염
기타기관	지속가능개발위원회	'의제21'의 추진에 관한 자문
	연방에너지규제위원회	전력공급 및 요금, 수력발전프로젝트 허가
	해양포유동물위원회	해양포유동물보호
	국가과학재단	과학연구기금 운용 및 조정
	핵규제위원회	핵발전소 허가 및 규제
	테네시계곡개발청	전력발전, 수자원 관리
	국제개발청	개발지원

〈부록 3〉일본의 환경행정 구조

環境廳의 조직과 기능

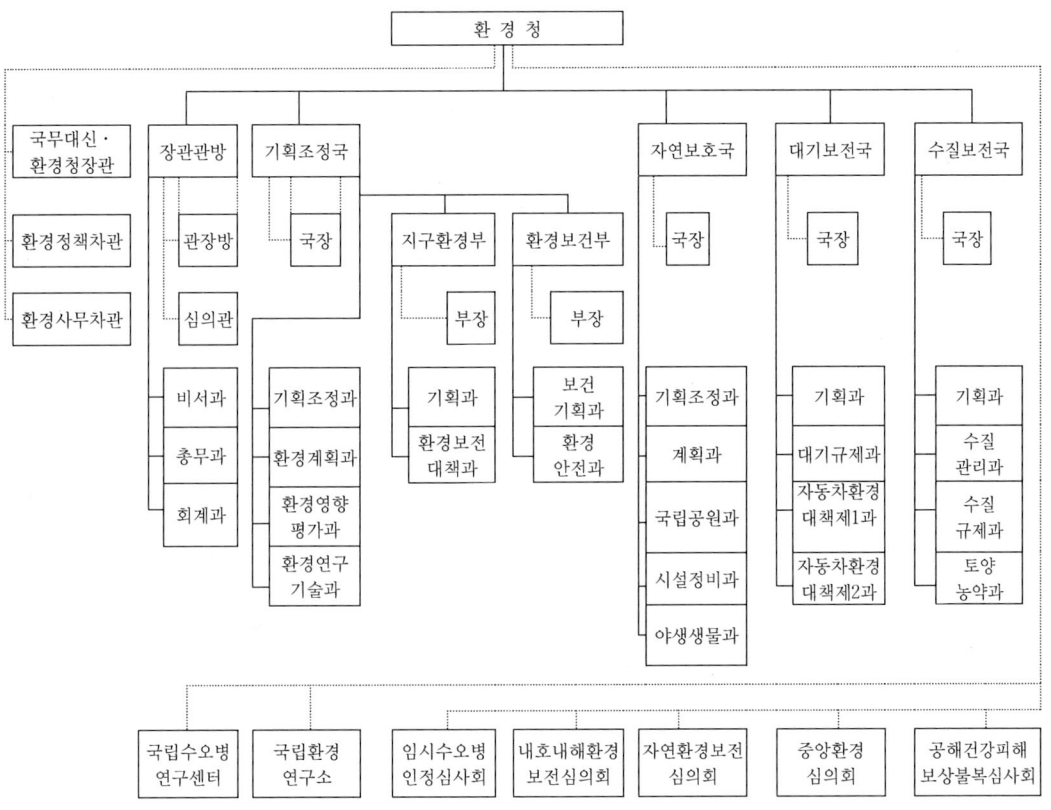

부 서	주 요 기 능
장관	예산·입법·인사·홍보 등의 업무. 환경청의 각 기관에 분산되어 있는 업무를 조정하면서 환경청이 가장 효율적이고 효과적으로 활동할 수 있도록 하는 업무. 관리조정청(Management and Coordination Agency) 산하에 있는 지역행정검사국(Regional Administrive Inspection Agency)으로부터 올라오는 정보를 통하여 지방의 환경 상황을 지속적으로 모니터.
기획·조정국	기본적인 환경보전정책들을 기획하고 형성하고 촉진. 정부 내 모든 기관들의 환경보전 활동을 행정적으로 조정하는 역할도 담당. 환경영향평가제도의 시행과 환경교육의 추진 그리고 기업 내 자발적 환경보전활동을 지원(ECO Mark Program, Green Purchasing Network 등). 환경백서의 발간과 환경기술의 개발과 연구도 이 부서에서 지원.
지구환경부	지구환경문제와 관련된 역할된 업무를 담당. UNEP와 같은 환경 관련 국가기구들과의 접촉 지구환경문제와 관련된 외국과의 업무처리 등을 담당. 지구온난화·오존층파괴·산성비·유해산업폐기물의 국가 간 이동 등의 국제적 차원에서 발생하고 있는 환경문제를 다룸.
환경보호부	화학물질이 원인이 되어 인간과 생태계에 미치는 부정적 영향을 방지하는 업무 수행. environment risk의 평가와 관리 그리고 홍보가 주된 업무. 일본 환경문제의 시발점이라 할 수 있는 미나마타병도 이 부서에서 관리.
자연보호국	자연환경의 보호와 생물다양성의 보존에 관련된 업무 담당. 자연보전지역의 지정과 전국 자연환경의 실태조사(Green Census)·자연공원의 지정·각종 자연환경교육 프로그램 시행. 자연환경 보호와 관련된 국제연대도 이 부서에서 담당.
대기보전국	대기오염의 근절. 공장과 자동차로부터 대기오염 배기가스를 규제하는 업무 담당. 오존층파괴·산성비와 같은 대기 관련 지구환경문제 국내 해결방안의 강구와 집행에 관련된 업무 담당. 소음·진동·악취에 관련된 환경문제도 담당. 공회전금지캠페인(Idling Stop Campaign) 등 시행
수질보전국	공유수면·지하수·토양오염·농약오염·산업폐기물을 비롯한 폐기물의 처분과 재활용·해양환경의 보전에 관한 업무를 담당. 수자원의 순환성에 초점을 맞추어 이에 맞는 보전환경을 수행하려고 정책적 노력.
국립환경연구소	환경의 보존과 오염에 관한 국립연구소. 1974년에 설치된 이 연구소 산하에 환경정보센터(Environmental Information Center) 지구환경연구센터(Center for Global Environmental).
환경교육원	1973년에 수립. 공무원들에게 환경행정과 관련된 행정기술과 분석기법들을 교육하고 훈련시킴.
국립수오병연구센터	1978년에 설립. 소위 미나마타병의 의료연구를 담당하고 있다.
환경청 산하 5개 위원회	임시수오병인정심사회(Special Certification Council for Minamata Disease), 내호내해 환경보전심의회, 자연환경보전심사회, 중앙환경심의회, 공해건강피해 보상불복심사회

〈부록 4〉 필리핀의 환경행정 구조

환경자연자원부(Department of Environment and Natural Resources)의 조직과 기능

중앙:

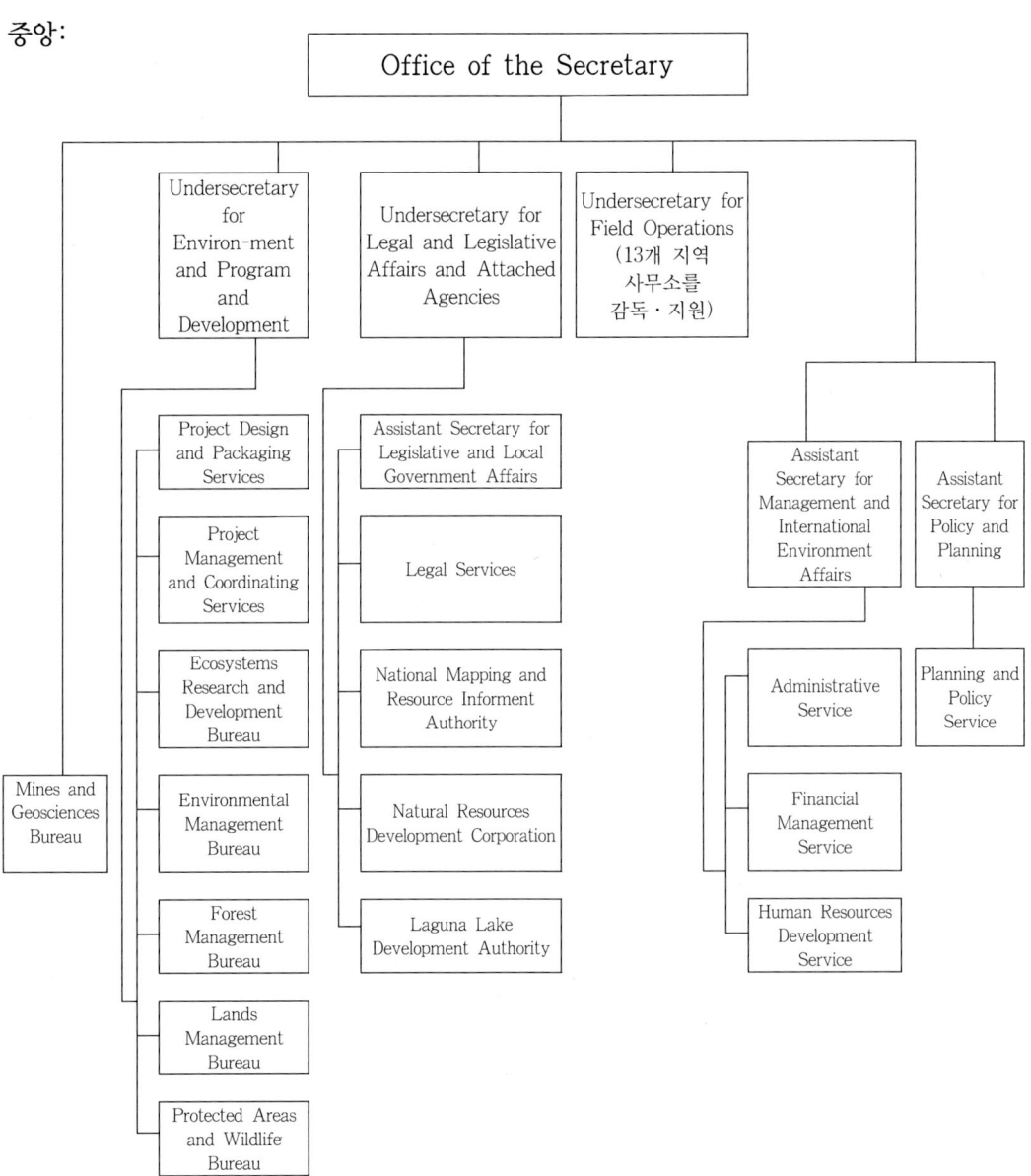

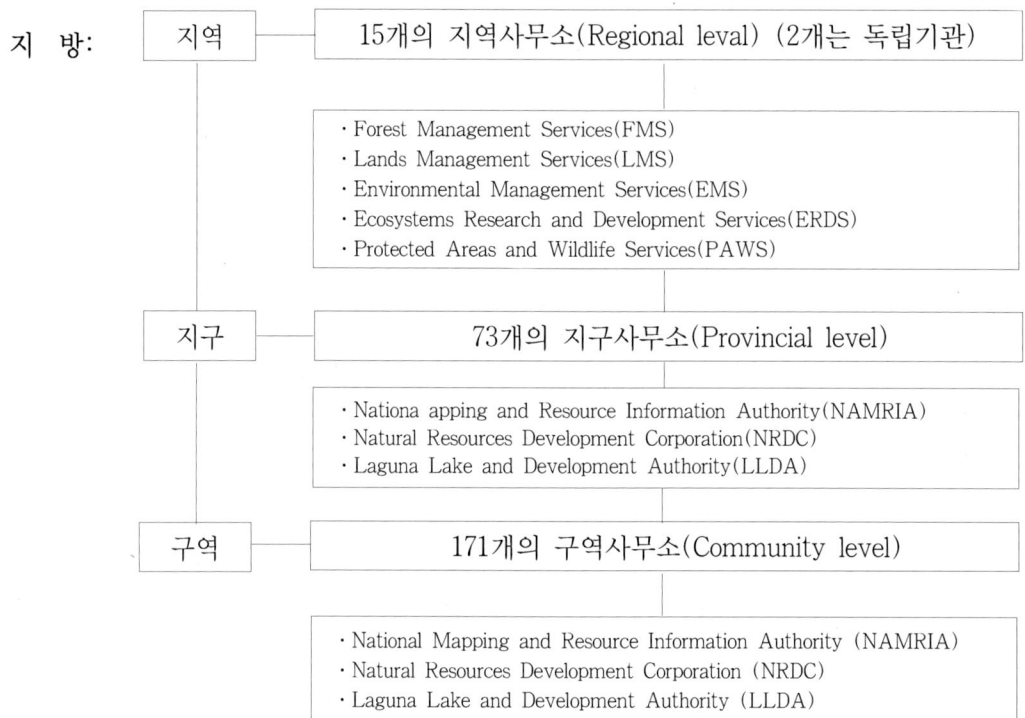

지 방:　지역 ── 15개의 지역사무소(Regional leval) (2개는 독립기관)

· Forest Management Services(FMS)
· Lands Management Services(LMS)
· Environmental Management Services(EMS)
· Ecosystems Research and Development Services(ERDS)
· Protected Areas and Wildlife Services(PAWS)

지구 ── 73개의 지구사무소(Provincial level)

· Nationa apping and Resource Information Authority(NAMRIA)
· Natural Resources Development Corporation(NRDC)
· Laguna Lake and Development Authority(LLDA)

구역 ── 171개의 구역사무소(Community level)

· National Mapping and Resource Information Authority (NAMRIA)
· Natural Resources Development Corporation (NRDC)
· Laguna Lake and Development Authority (LLDA)

(참고: Autonomous Region of Muslim Mindano에는 4개의 지구사무소와 8개의 구역사무소가 별도로 있음)

부 서	주요 기능
장관실 (Office of the Secretaty)	DENR의 모든 업무를 총괄. 환경과 자연자원 관리에 관하여 대통령을 보좌.
차관실 (Offices Of the Undersecretaries)	**환경·프로그램·개발담당차관(Undersecretary for Environment and Program and Development)** 산하 7개의 부서가 소속. Project Design Packaging Services, Project Management and Coordination Services, Ecosystems Research and Development Bureau, Environmental Management Bureau, Forest Management Bureau, Lands Management Bureau, Protected Areas and Wildlife Bureau. 이 차관실이 우리나라 환경부의 기능을 담당하고 있다. DENR 부서 중 기능과 권한의 측면에서 가장 중요한 역할을 담당함.
	법무 및 소속기관관리담당 차관(Office of the Undersecretary for Legal and Legislative Affairs and Attached Agencies) 산하 1명의 차관보를 포함하여 5개의 부서가 소속. Assistant Secretary for Legislative and Local Government Affairs, Legal Services, National Mapping and Resource Information Authority, Natural Resources Development Corporation, Laguna Lake Development Authority. 우리나라 환경부의 기획실과 총무과 기능을 담당.
	지역담당 차관(Office of the Undersecretary for Field Operations) 13곳의 지역사무소를 감독·지원.
차관보실 (Offices of the Assistant Secretaries)	**관리·국제환경업무담당차관보(Assistant Secretary for Management and International Environment Affairs)** 산하 3개 부서가 소속: Administrative Service, Financial Management Service, Human Resources Development Service. 인사와 재정을 담당.
	정책·기획담당차관보(Assistant Secretary for Policy and Planning) Planning and Policy Service를 소속기관으로 두고 있으며 정책개발 기능을 수행.
	입법·지방정부담당차관보(Assistant Secretary for Legislative and Local Government Affairs) 산하에 Legislative and Local Government Affairs Office, 환경행정과 관련하여 지방정부를 감독·지원한다.

부 서	주 요 기 능
국(Bureau) 6개의 국 중 광산지구과 학국을 제외한 5국은 환 경·프로그램·개발담당 차관실에 소속되어 있다. 광산지구과학국은 장관의 지휘 아래 독립적으로 일 을 한다.	**환경관리국(Environmental Management Bureau)** 환경관리국은 자연·생활환경의 관리와 공해방지를 위한 각종 입법·정 책·프로그램들을 기획. 지역과 지구사무소를 지원. 공해분쟁과 관련한 공청회 주관.
	생태계연구 개발국(Ecosystems Research and Development Bureau) 국토의 생태계에 관련된 각종 프로그램의 개발과 조사를 담당. 생태계 관련 기술의 개발과 프로그램들 간의 예산 배정권.
	산림국(Forest Management Bureau) 산림과 수원의 보존·개발·관리 업무를 담당.
	토지국(Lands Management Bureau) 국유지의 관리를 담당하고 사유지에 대한 조사권.
	생태보전구역관리국(Protected Areas and Wildlife Bureau) 생태보호구역의 관리를 담당하고 생물종 다양성 확보를 위해 노력. 유전 자 자원과 멸종 위기에 처한 동식물을 관리.
	광산지구과학국(Mines and Geosciences Bureau) 광물자원의 개발과 지질에 관련된 정책을 입안·집행. 광산 채굴권의 허 가와 계약에 관하여 장관을 보좌. 광산 관리에 필요한 기준 제정.

경행정 관련 중앙행정기관

기 관	관 장 업 무
Presidential Task Force(on Waste Management, on Water Resources Development and Management)	특정 사안에 대처하기 위한 특별팀
Department of Environment and Natural Resources	환경보전과 자연자원관리 주무부서
Department of Energy(DOE)	에너지의 수출입, 탐사, 개발 등
Department of Health	공공보건에 관련된 업무
Department of Science & Technology	과학·기술 관련 업무
Department of Transportation and Communication (DOTC)	교통·통신·항구 등의 국가기반시설 건설
National Economic and Development Authority	경제개발계획수립
Philippine Atmospheric, Geophysical and Astronomical Service	자연재해의 연구 및 관리

(출처: http://www.webpinoys.com/directory/ 자료들을 재구성)

〈부록 5〉 영국의 환경행정 구조

DETR의 조직과 기능

각료진:

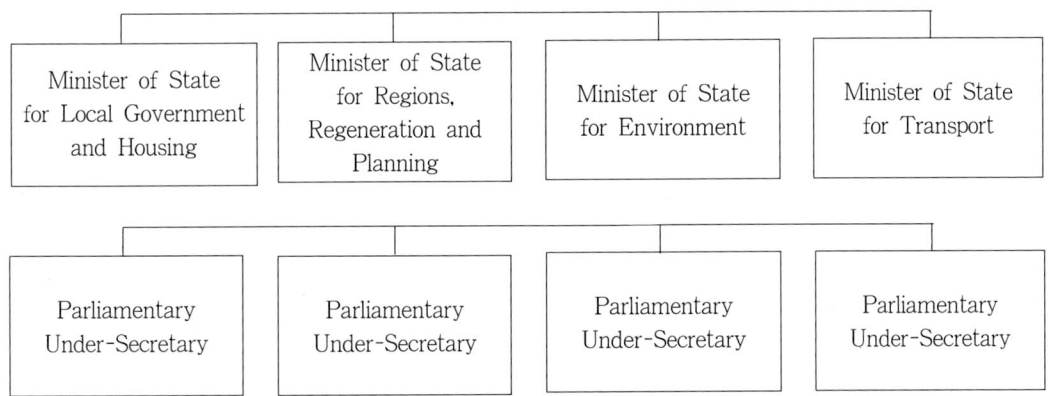

각료진 직책	기　　능
담당 장관	부수상직을 겸임, 부처 총괄 및 조정
각외장관	4명의 각외장관(Minister of State). 담당 장관과 함께 정부부처를 통솔하는 기능. 특정한 책임이 부여되고 각자가 수행하는 업무영역에 따라 담당 분야가 직명 뒤에 명시. 지방정부·주택, 지역개발 및 도시계획, 환경, 교통.
정무차관	4명의 정무차관(Parliamentary Under Secretary). 소속부처의 업무와 관련된 의회업무 담당. 담당 장관의 지시에 따라 특정업무에 대한 책임

집행기관:

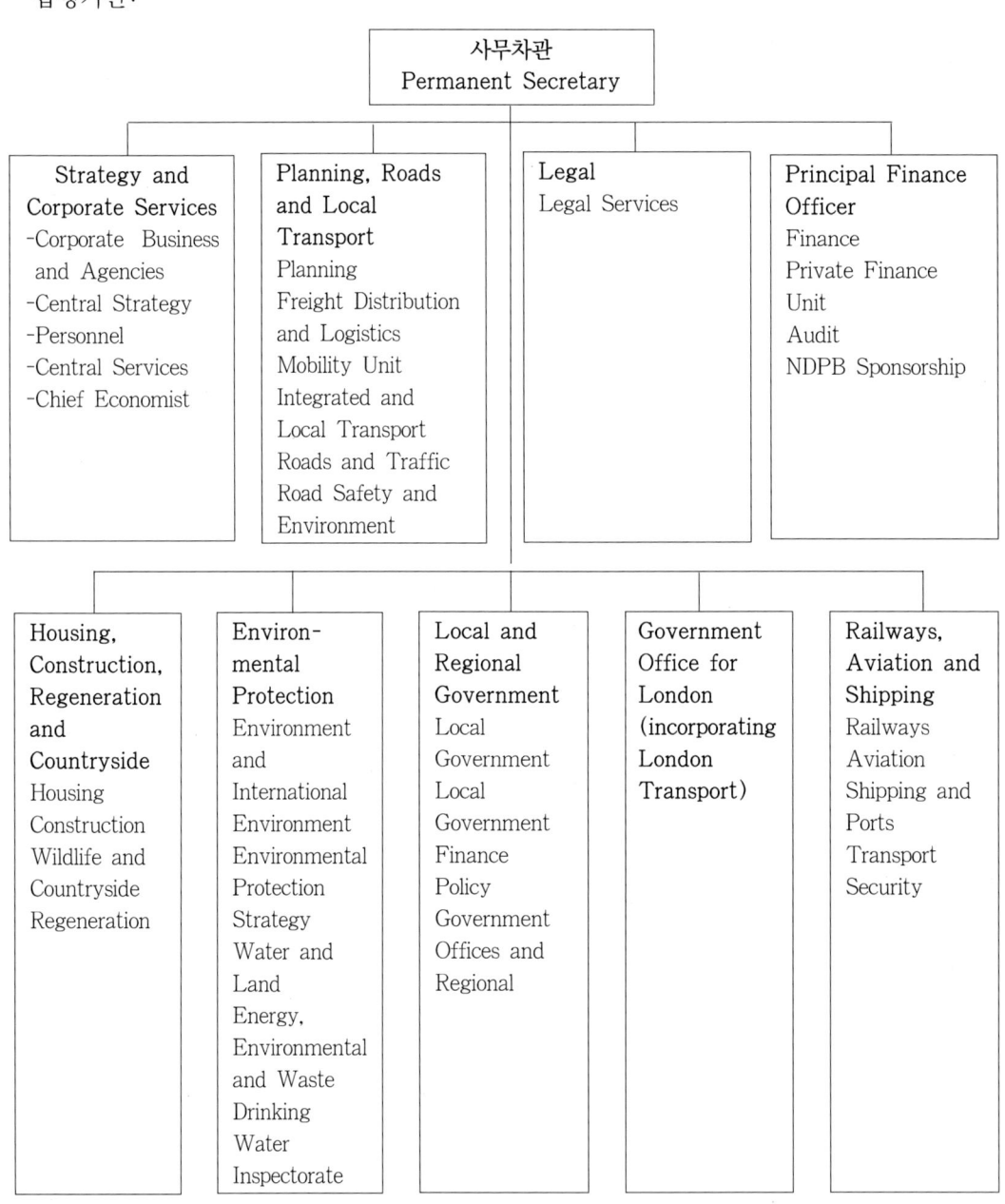

사무차관
Permanent Secretary

Strategy and Corporate Services
-Corporate Business and Agencies
-Central Strategy
-Personnel
-Central Services
-Chief Economist

Planning, Roads and Local Transport
Planning
Freight Distribution and Logistics
Mobility Unit
Integrated and Local Transport
Roads and Traffic
Road Safety and Environment

Legal
Legal Services

Principal Finance Officer
Finance
Private Finance Unit
Audit
NDPB Sponsorship

Housing, Construction, Regeneration and Countryside
Housing
Construction
Wildlife and Countryside
Regeneration

Environmental Protection
Environment and International Environment
Environmental Protection Strategy
Water and Land
Energy, Environmental and Waste
Drinking Water Inspectorate

Local and Regional Government
Local Government
Local Government Finance Policy
Government Offices and Regional

Government Office for London (incorporating London Transport)

Railways, Aviation and Shipping
Railways
Aviation
Shipping and Ports
Transport Security

부 서	주 요 기 능
환경보호국 (Environmental Protection Group)	환경을 보호·개선하고, 정부 내 타부서 및 국제적으로 타 정책들과 환경을 통합하는 업무. 국에는 ① 국의 정책을 조정하는 역할을 담당하며, 정부의 환경정책 전반을 검토하고, 경제적·통제적 자문과 분석을 제공하는 환경보호전략부(Environmental Protection Strategy Directorate), ② 에너지 효율선 증진, 지탱가능한 에너지 정책, 폐기물 감량 및 재활용을 담당하는 '에너지·환경 및 폐기물부'(Energy, Environment and Waste Directorate), ③ 수질환경 및 물 산업에 대한 규제체제, 물공급 및 수자원을 포함하여 잉글랜드지역의 모든 물 정책에 대하여 책임을 지는 '물 및 토지부'(Water and Land Directorate), ④ 먹는 물에 대한 수질규제, 수질관련 사건에 대한 조사 및 기소를 담당하는 '먹는 물 검사부'(Drinking Water Inspectorate), ⑤ 대기오염 방지, 지방환경의 질 증진, 오존 층 보호, 기후변화협약 관련업무, 영국내 기후변화프로그램의 조정, 유전자조작유기체를 포함하여, 화학 및 생물공학 관련 문제, 방사선폐기물의 관리와 처리를 담당하는 '환경과 국제부'(Environment and International Directorate)를 두고 있다.
지방정부국 (Local and Regional Government Group)	지방정부부(Local Government Directorate), 지방정부재정정책부(Local Government Finance Policy Directorate),정부사무소 및 지역부(Government Offices and Regional Directorate) 등으로 구성.
주택·건설·재개발 및 농촌국(Housing, Construction, Regeneration and Countryside Group)	주택부(Housing Directorate), 재개발부(Regeneration Directorate), 건설부(Construction Directorate), 야생동물·농촌부(Wildlife and Countryside Directorate)로 구성.
기획·도로·교통국 (Planning, Roads and Local Transport Group)	기획부(Planning Directorate), 통합·지방교통부(Integrated and Local Transport Directorate), 도로·교통부(Roads and Traffic Directorate), 도로안전·환경부(Road Safety and Environment Directorate), 화물운송부(Freight Distribution and Logistics Directorate), 이동성단(Mobility Unit)으로 구성.
철도·항공·해운국 (Railways, Aviation and Shipping Group)	철도부, 항공부, 해운·항국부, 교통안전과로 구성.
전략 및 기업서비스국 (Strategy and Corporate Services Group)	DETR의 전략적 방향을 제공하고 DETR과 집행기관의 효과적 관계 구축, 부처의 능률성 증징을 담당하는 운영·기관과(Corporate Business and Agencies Division), 정책의 전략적 개발을 통해 부처 내 전책들이 상호 연계·통합되도록 하고 미래상황에 대처하도록 하는 중앙전략부(Central Strategy Directorate), 경제학, 정책평가 및 조세문제를 다루는 경제자문부(Chief Economist Directorate), 인사과, 정보기술과 관리, 금무환경 및 조달을 담당하는 총무과(Central Services)가 있다.
그 외 재정국(Finance Group), 법률국(Legal Group), 홍보부(Directorate of Communication)	

2. 환경보호와 여성의 환경정책 비교

사회환경의 변화

21세기 지구촌이 해결해야 할 화두(話頭)는 환경문제(envirenment), 정보문제(information), 복지문제(welfare)이다.

정보문제(information)

1) 정보네트워크: 시간적 공간적 거리 단축
   ex) 지구촌 소식을 한눈에 즉시 볼 수 있다. 미국의 9.11테러사건(CNN)
       초고속정보통신망(메가 패스, 하나로통신, 두루넷 등)
       정보화기술 첨단화: 기억장치 개발 무한대, 핸드폰, NATE.

2) 지식정보화 사회: 신지식인(사람), 지식과 정보가 자원(돈)이 되는 사회,
                    인터넷으로 세계는 하나 – 글로벌화(globalization)됨
   ex) 첨단산업: 반도체, 자동차, 조선 등 세계적, 향후 유전공학, 우주공학 등 발달
       홈씨어터, DVD, 디지털카메라
   문   화: 영화(심형래의 용가리, 스필버그의 주라기공원), 연극(송승환의 난타) 등
   스포츠: 박찬호(야구), 박세리(골프), 차두리(축구)의 활약

복지문제(welfare)

1) 국민기초생활보장법 제정과 보완
   현 정부 들어서(IMF 이후) 생산적 복지 지향: 과거에는 저속득자 생활보호차원

2) 복지선진국으로 가야한다.
   국민연금/고용보험/의료보험/산업재해보험 등

3) 분야별 복지

    생활복지: 최저생활보장

    노인복지: 노인인구가 2010년이 되면 전 인구의 10% 이상 노령화 사회

              ex) 일본: 1996년에 15%, 2006년에는 20%

              우리나라는 2030년에 23.1%까지 증가 예상 – 인구감소/심각한 사회문제

    장애자복지: 선천적 장애 및 후천적 장애(교통사고 등)의 증가

    여성복지(부녀자복지): 성 주류화(mainstream gender) 개념 도입 – 평등지위

        1995년 「여성발전기본법」 제정

        (국제사회에는 1985년 나이로비 유엔 3차 세계 여성대회에서 처음 등장)

        1998년 여성특별위원회(대통령직속)

        1999년 '남녀차별 금지 및 구제에 관한 법률'

        2001년 1월 여성부 출범, 9급 공무원 합격자 여성 50% 이상

    유   형: 요보호 여성의 복지지원사업/여성시설서비스/모자보건사업/영유아보육사업

              등 일반여성 보육사업

    아동복지: 미래의 꿈나무 양성(탁아소, 유아원, 유치원 증설)

환경문제(envirenment)

1) 환경의 유형

    자연환경: "삼천리금수강산", 3면이 바다 – 천혜의 자연환경.

              국내) 설악산, 지리산, 소금강, 한려수도, 제주도 등

              외국) 뉴질랜드, 호주, 미국 5대호(나이아가라폭포), 그랜드 캐넌

    인공환경: 에버랜드, 롯데월드, 드림랜드, 신도시 등이다.

2) 환경과 인간

    지구는 포화상태(60억 명): 남·북극 탐험 중. 우주개발에 나서야 할 때.

    지구는 공해물질 증가: 환경파괴로 몸살상태

        ex) 자연환경: 급격한 생태계 파괴로 인하여 오염심각

    한편, 우리나라는 2025년 이후 5,600만 명을 정점으로 인구감소 되고 있다.

최근에도 1.3명/1부부의 출산. 최근에도 출산기피 및 독신으로 인구규모 위협

3) 환경보호를 위한 인류의 노력

우리 공동의 미래(Our Common Future): 지속가능한 개발이라는 개념을 처음으로 제안한 브룬트란트 보고서 제목. 하지만 환경관련 국제회의는 실효성 기대 어려움. 환경보호의 실효성을 확보하기 위한 국제적 노력이 절실한 때이다.

　1) UN인간환경회의: 1972년 스웨덴 스톡홀름
　2) UN환경과 개발을 위한 정상회의(UNCED): 1992년 브라질 리우데자네이로 개최
　3) 지속가능 개발을 위한지구정상회의(WSSD): 2002년 8월 26일부터 9월 4일까지
　　남아프리카공화국 요하네스버그에서 개최 – 환경부장관 김명자가 참가하였었다.

∴ 미국은 자국의 이익이 되는 사안들에 대해서는 철저한 관철을 주장했고 자신들에게 도움이 되지 않은 사항에 대해서는 무관심: 앙꼬 없는 찐빵이 되고 있다.

환경공해(오염)의 매체별 유형

1. 대기오염(air pollution)

　1) 자동차 증가에 따른 매연과 공장이나 소각장의 매연(특히, 이산화황, 다이옥신) 등 인체의 치명적. 예를 들면, 무분별한 벌목으로 생태계 불균형 심각하다.
　사례) 브라질의 아마존이나, 인도네시아, 시베리아 등지의 과도한 난벌로 생태계 파괴 – 최근의 환경재해(홍수 등) 속출
　2) 프레온가스 과다사용 – 오존층 파괴, 지구온난화로 빙하층 침하 – 해수면 상승

2. 수질오염(water pollution)

　1) 세제의 과다한 사용과 생활하수로 인한 수질오염 심각함

2) 공장폐수 유출심각 - 피혁이나 섬유제품 ex)폐수총량제 실시

3) 가축분뇨처리시설 ex) 돼지, 닭, 소 등 특히 홍성의 경우 심함

4) 농약의 과다사용: 생태계 파괴로 인한 메뚜기, 미꾸라지의 멸실

　　ex) 친환경농업(문당리 오리농법)은 예외

5) 위락시설: 대부분 경치가 아름다운 절경에 위치함

　　ex) 4대강 유역의 위락시설(리조트, 러브호텔, 음식점 등)

3. 토양오염(land pollution)

1) 중금속이 함유된 특정폐기물 매립 ex) Love운하사건, 일본 - 이따이 이따이 병

2) 계속된 화학비료 사용으로 토양의 산성화

3) 폐기물의 불법매립

　　ex) 일반쓰레기(페스치로폼, 비닐, 유리병 등)나 건축폐기물 불법매립

4) 화학성 원료나 폐유의 유출: 공단 등에서 유출되는 폐수의 토양오염

　　ex) 울산이나 여수의 화학공단

4. 폐기물오염(waste pollution)

1) 방사성 핵폐기물장: 현재 우리나라 원자력 발전소 20기 - 처리장 全無

　　전체 발전량의 70% 이상

　　ex) 울진, 영광, 고리……임해안

2) 쓰레기소각장: 공공소각장(국내 15개 정도, 대도시 주변) - 다이옥신 저감

　　ex) 일원동, 목동, 상계동, 일산, 평촌, 분당, 성서, 다대포……

3) 위생매립장: 각 자치단체별. - 위생적인 관리

　　ex) 김포매립장: 계획은 2030년, 실제 2015년 포화예상된다.

5. 소음공해

1) 최근 도시지역의 소음공해가 몇 년 사이 3배 이상 증가 - 일상생활에 많은 어려움

기준: 55db데시벨 이하 - 쾌적한 생활.

현재 평균65데시벨 이상으로 스트레스, 정신장애 유발(현행 규제기준 너무 낮다.)

    ex) 건축현장, 도로건설, 공장 등

2) 도로주변: 방음벽 설치로 많은 지역 완화

3) 공장지역: 공단지역 조성으로 주거지역과 격리

환경오염의 특성과 환경보호 방안

1) 환경오염은 지역이 광범하다: 지구촌 전체가 합심해야 한다.

    ex) 중국의 공단에서 유출되는 매연, 황사 등

        지역별로 서로 협조체제 유지해야 한다. 상류와 하류, 공해지역과 비공해지역

2) 환경매체는 통합 관리되어야 한다.

    ex) 쓰레기매립장: 악취, 폐수, 쓰레기, 토양 등 함께 관리해야 한다.

3) 환경공해시설 감시는 담당자 스스로 해야 한다. 뿐만 아니라 주민참여가 절대 필요

    ex) 환경파수꾼/환경감시원

4) 파괴된 환경은 원상회복이 불가하다 - 환경은 보호가 관건

    ex) 난지도 쓰레기매립장 - 생태공원으로 활용: 언제 문제될지 모름

        시화호 오염 - 죽음의 땅, 물

5) 환경보호는 가정의 (윤리)교육에서 시작된다.

    ex) 유아기부터 가정에서 환경교육을 생활화해야 한다. 교과서 개정 필요

        중·고생은 환경(윤리)과목을 신설해야 한다.

6) 환경보호는 民·官이 협력해야 한다.

    ex) 환경혐오시설 입지선정에 협조해야 한다.(우리생활의 필수시설)

        먼저 환경시설은 위생적 운영되야 함. 환경피해는 철저히 보상 되어야 한다.

환경보호와 여성의 역할

1) 가정에서
　　가. 쓰레기배출원을 최소화
　　나. 분리수거의 생활화
　　다. 철저한 재활용/재사용
　　라. 일상에서 생활화/자녀에 대한 환경교육

2) 사회에서
　　가. 정보교환/생활의 지혜
　　나. 쓰레기의 자원화
　　다. 자원봉사/솔선수범/홍보대사
　　라. 환경보호는 "어머니의 손"(invisual hand)으로부터

3) 국가에서
　　가. 여성의 환경보호에 파수꾼: 페미니즘의 환경친화적 개념 확대 모색
　　　　여성의 아름다움과 섬세함으로 환경은 적극적인 보호가 필요하다
　　나. 여성정책과 연계
　　　　복지나 보건 분야뿐만 아니라 환경 분야에도 여성공무원 적극 활용
　　다. 환경국가로 발전하는데 일조
　　　　親환경적 정책과 활동으로 환경선진국 조성에 힘써야 한다.

I. 환경은 汎지구적 문제이다.

한·중·일 3국 간 장거리이동 대기오염물질 공동감시 합의

3국 전문가들은 '96년 제1차 전문기회의를 통해 동북아시억에서 장거리이동 대기오염물질의 심각성을 공동 인식하고, 이후 '99년 제1차 조사실무전문가회의에서 1999년 9월부터

2004년 8월까지(5년간) 3단계로 구분하여 공동연구를 수행하기로 합의하였다.

봄철 황사문제

WSSD참가 중 김명자 환경장관, 퇴퍼 유엔환경계획(UNEP) 사무총장과 만나 100만 불 규모의 동북아 황사대응사업 착수에 합의하였다.

: 김명자 환경부장관과 클라우스 퇴퍼(Klaus Toepfer) UNEP사무총장은 지난 8. 31일 지속가능개발 정상회의(WSSD)가 개최되고 있는 남아공화국 요하네스버그에서 양자회담을 개최하여 지구환경금융(GEF)의 지원을 받는 「동북아시아 황사대응 사업안」 채택에 대해 협의하고 10월 중 GEF의 승인을 얻어 금년 내 총 100만 불 규모의 황사방지 사업에 착수하기로 의견을 같이하였다. 앞으로 환경부에서는 황사로 인한 국민의 건강과 재산 피해를 최소화하고 사업비 부담 등에서 국익을 보전하기 위해, 10월 중 외교부, 재경부, 기상청 등 관계부처 대책회의를 개최하여 정부의 종합대응방안을 마련하는 등 황사사업에 효과적으로 대응해 나가기로 하였다.

환경행정의 문제는 어느 한 부분적인 문제가 아니라 전반적이고 다원화적인 문제이다.

즉 다원주의로 해법을 찾아야 할 것이다. 정치, 경제, 문화, 행정, 경제, 교육등 전반적인 관련성이 있다.

행정과 교육이 종합예술이듯이 환경행정과, 환경정책 또한 종합예술적인 마인드가 있어야 한다.

• 저자 •

김진욱
金進昱

Kim, Jin—Wook

• 약 력 •

경희대학교 법과대학 행정학과 (행정학 학사)
경희대학교 대학원 (행정학 석·박사)
University of Indiana State, Bloomington 방문교수
경희대학교 사회과학연구원 연구박사(post-doctor)

현 혜전대학 행정전산과 교수, 학과장
현 한국지방행정학회 이사
현 한국행정학회, 한국정책학회, 한국정책분석평가학회 회원
현 홍성군정자문위원, 도시계획위원, 정보화추진위원
현 통계청 통계품질관리위원
현 『천년한국』 환경포럼 위원
현 법무부 홍성교도소 시민옴부즈만
현 한국방송통신대학교 경기지역대학 강사

경희대학교 사회과학원 연구원 역임
경희대, 경찰대, 명지대, 상명대, 안양대, 세명대, 방송대 강사 역임
(주)이타임즈인터넷 경영지원실장 역임
당진군 인사위원회 위원 역임
태안군 공무원시험 출제위원 역임
서산시 결산자문위원 역임
서울시 수돗물 포럼 위원 역임
푸른충남21 위원 역임
국무총리실 호국보훈단 실무추진위원 역임
환경부 새천년 환경포럼 위원 역임
(사)제대군인지원단 위원 역임
국방부 육군본부 제대군인지원사업 프로그램개발 위원 역임
충청남도 도청입지선정위원회 평가위원 역임

• 주요논저 •

「다매체 예방적 환경행정체제에 관한 연구」(2001)
「환경오염시설에 대한 주민의식조사 연구」(2002)
「매립장 입지선정 과정에서 지역 간 주민인식차이 분석」(2002)
「환경오염시설의 효율적 관리방안에 관한 연구」(2004)
「우리나라 참전용사 명예선양에 관한 연구」(공동 1998)
「우리나라 제대군인 지원정책에 관한 연구」(1999)
「우리나라 중소기업의 핵심역량 강화방안에 관한 연구」(공동 2003)
「우리나라 개인정보보호에 관한 실증적 연구」(2004)
「우리나라 개방형 임용제도의 문제점과 개선방안 연구」(공동 2005)
「2005년도 대입전형 변형에 따른 대학의 대응전략」(공동 2005)
「조선의 과거제도에 대한 정책적 연구」(공동 2005)
『환경혐오시설관리운영방안』(집문당 공저 1999)
『현대사회와 직업윤리』(법문사 공저 2001)
『현대사회와행정』(대영문화사 공저 2003)
『현대환경행정론』(한국학술정보 공저 2006)
『행정사무관리론』(한국학술정보 공저 2006)
외 다수

• 연락처 •
jwkim@hj.ac.kr   041-630 5273

• 저자 •

한만봉
韓萬奉
Han Man-Bong

• 약 력 •

1994. U.S.A. Midwest University (M.Div 교역학석사)
2002. 고려대학교 (교육정책학 석사-수석장학생)
2002. Midwestan Graduate school (D.Th. Hon)
2005. 성균관대학교 대학원 박사Cand (교육행정학 전공)

1991. 한국세무신문사 전문취재부 기자
1995. 한국어린이선교원신학교 캠퍼스 분교장
2002. 고려교육정책학회 상임회장(학진 학회검색가능)
2002. 몬테쏘리학회 상임회장(학진 학회검색가능)
2002. 고구려대학교 설립추진위원회 법인이사
2003. 한주신학 학술원 설립이사(신학원 교수)
2003. U.S.A. Glenford University 교육학과 교수역임
2004. U.S.A. Cohen University 정책학과 외래교수
2004. 한국복지상담학술재단 이사 겸 홍보처장
2005. U.S.A Holy People University Campus 유학담당 지도교수
2005. PHILIPPINE PRESBYTERIAN THEOLOGICAL COLLEGE 객원교수
2005. 지방분권신문사 사장 (대표 이사)

• 주요논저 •

우리나라의 복지행정제도에 관한 고찰 연구(1988)
Kal Barth 의 신관 연구(1988)
한국 민중문화와 민중 신학 연구(1992)
Rein hold Niebuhr & Marx 에 대한 상관관계 연구(1993)
A CHRONOLOGICAL HARMONY OF THE RESURRECTION
  APPEARANCES OF JESUS THE MESSIAH(1994)
북한종교의 변화 전망 연구(2002)
교육위원회와 지방의회간의 갈등 현상에 관한 연구(2001)
조선조 과거시험 방식의 정책적 분석(공동, 2005)
조선의 과거제도에 대한 정책적 연구(공동, 2005)
조선왕조 과거제도 인사정책 연구(공동, 2005)
조선왕조 과거시험주기 정책적 주장 분석연구(공동, 2005)
조선왕조 과거제도가 현대 정책에 주는 의미(공동, 2005)
과거제도 시험주기의 정책 분석연구(공동, 2005)
북한 종교지형 변천 정책 분석연구(공동, 2005)
『대학생활영어 ENGLISH LANGUAGE』(공저)
『행정경제교육』(저술)
『행정정책기획론』(저술)
『의원학』(저술)
『교육정책학』(저술)
『산학협동교육학』(저술)
『현대교육학실기론』(저술)
『현대환경행정론』(공저)
『행정사무관리론』(공저)
외 다수

• 연락처 •

doctor@skku.edu   010-4432-8561   041-633-8561, 633-5741, 631-2094

현대환경행정론

- 사례중심 Confidence -

• 초판 인쇄	2006년 8월 31일
• 초판 발행	2006년 8월 31일
• 지 은 이	김진욱 · 한만봉
• 펴 낸 이	채종준
• 펴 낸 곳	한국학술정보㈜
	경기도 파주시 교하읍 문발리 526-2
	파주출판문화정보산업단지
	전화 031) 908-3181(대표) · 팩스 031) 908-3189
	홈페이지 http://www.kstudy.com
	e-mail(출판사업부) publish@kstudy.com
• 등 록	제일산-115호(2000. 6. 19)
• 가 격	35,000원

ISBN 89-534-5546-4 93350 (Paper Book)
          89-534-5547-2 98350 (e-Book)